Privatisierung und Realoptionen

Europäische Hochschulschriften

Publications Universitaires Européennes
European University Studies

Reihe V
Volks- und Betriebswirtschaft

Série V Series V
Sciences économiques, gestion d'entreprise
Economics and Management

Bd./Vol. 2463

PETER LANG
Frankfurt am Main · Berlin · Bern · New York · Paris · Wien

Matthias Brunkhorst

Privatisierung und Realoptionen

Einflußfaktoren auf Realoptionen der Privatisierungsagentur und der Investoren: Eine theoretische und quantitative Analyse ostdeutscher Unternehmens-Privatisierungen

PETER LANG
Europäischer Verlag der Wissenschaften

Die Deutsche Bibliothek - CIP-Einheitsaufnahme

Brunkhorst, Matthias:

Privatisierung und Realoptionen : Einflußfaktoren auf Realoptionen der Privatisierungsagentur und der Investoren: Eine theoretische und quantitative Analyse ostdeutscher Unternehmens-Privatisierungen / Matthias Brunkhorst. - Frankfurt am Main ; Berlin ; Bern ; New York ; Paris ; Wien : Lang, 1999

(Europäische Hochschulschriften : Reihe 5, Volks- und Betriebswirtschaft ; Bd. 2463)
Zugl.: Hamburg, Univ., Diss., 1998
ISBN 3-631-34384-1

D 18
ISSN 0531-7339
ISBN 3-631-34384-1

Meinen Eltern

DANKSAGUNG

Zu ganz besonderem Dank bin ich Dr. Bernd Lucke verpflichtet, ohne dessen Bereitstellung der bei der Treuhandanstalt erhobenen Daten diese Arbeit nicht die interessanten statistischen Ergebnisse erbracht hätte, wie sie hier vorliegen. Herrn Professor Dr. Karl-Ernst Schenk danke ich besonders für die Betreuung der Arbeit. Ohne seine wissenschaftlichen Anregungen, hätte diese Arbeit einen deutlich deskriptiveren Charakter bekommen. Professor Schenks Arbeiten verdanke ich einen großen Teil meiner Kenntnisse über Planwirtschaften und Institutionenökonomie. Den Teilnehmern der Oberseminare am Lehrstuhl von Professor Schenk danke ich für die zahlreichen interessanten Diskussionsbeiträge und Anregungen für die vorliegende Arbeit. Besonderer Dank gilt Arne Klindt für die interessanten Diskussionen und konstruktiven Hinweise. Dr. Jan Hoffmann war mir immer ein sehr interessierter Gesprächspartner für die Arrangements der statistischen Untersuchungen, wofür ich ihm sehr dankbar bin. Dr. Jörg Borrmann danke ich vielmals für die aufmerksame Durchsicht des Manuskripts, die konstruktiven Anmerkungen und vor allem für sein Interesse am Thema. Stefan Ringstorff danke ich für die präzise Erfassung des umfangreichen Datenmaterials.

Sehr wichtig für die Entstehung dieser Arbeit war auch die Unterstützung aus der Unternehmenspraxis. Hervorzuheben ist das Engagement von Dr. Michael Schumann und Marcus W. Mosen (damals beide Treuhandanstalt), das Sichten von Datenmaterial der Treuhandanstalt zu ermöglichen. Sehr wertvoll waren für mich auch die Gespräche mit Vertretern von Price Waterhouse Corporate Finance und die Einsichtnahme in Detaildaten einer Umfrage in Ostdeutschland. Hier habe ich insbesondere Kilian Krieger und Mark Young zu danken. Entscheidende Erfahrungen für diese Arbeit habe ich auch durch meine Tätigkeit für Dr. Steffens Alvano & Partner gesammelt. Ich danke Dr. Rolf Steffens und Dr. Wolfgang Alvano für das entgegengebrachte Vertrauen für ein weites Aufgabenspektrum, das diese Erfahrungen erst ermöglichte.

Ferner möchte ich es nicht versäumen, all denjenigen zu danken, die mir die innere Kraft gaben, dieses Projekt fertigzustellen. Ganz besonderer Dank gebührt Claudia Mensing, die mich zu dem Schritt, diese Arbeit anzufertigen bewogen und immer wieder motiviert hat. Monika Weiler danke ich vielmals für die Anregungen, schwierige Klippen zu umschiffen und die mir stets zuteil gewordene Zerstreuung in schwierigen Projektphasen. Für die Durchhalteparolen und die Erinnerung daran, das Ziel nicht aus den Augen zu verlieren, danke ich Dani und Pieter Wasmuth, Dr. Hetti und Thomas Lagemann und Christian Ringstorff. Für den in der Schlußphase entfachten Wettbewerb zwischen uns darüber, wer eher fertig wird, bin ich Dr. Claudia Flick sehr dankbar. Besonderer Dank gebührt auch Herrn Hans-Henning Ihlefeld und Josef A. Vogt, die mir in entscheidenden Momenten den nötigen zeitlichen Spielraum und den Ansporn gaben, diese Arbeit fertigzustellen.

Wiesbaden, im Februar 1999 Matthias Brunkhorst

"No risk, no return."

VORWORT

Bei Unternehmensprivatisierungen am Beispiel Ostdeutschlands hätten strategische Überlegungen der Investoren einerseits zu einem ausgeprägten Bieterwettbewerb um Staatsunternehmungen führen müssen (und damit zu relativ hohen Unternehmenspreisen), andererseits hätten hohe Kosten für Sanierungs-, Ersatz- und Erweiterungsinvestitionen und Arbeitsplätze kein Hinderungsgrund für strategisch motivierte Unternehmensakquisitionen sein dürfen, denn diese Kosten müßten in den strategischen Investitionensrechnungen bereits antizipiert worden sein. Dennoch waren die Privatisierungserlöse für Treuhand-Unternehmungen deutlich geringer als ursprünglich erwartet. Die Beobachtung, daß pönalisierte Beschäftigungs- und Investitionsverpflichtungen, Betriebsfortführungsklauseln und Spekulationsklauseln die Desinvestitions-Optionen bzw. Expansions-Optionen des Investors / des Privatisierungsobjektes restringieren und Investitionen in THA-Unternehmungen bereits ex ante zu potentiellen Sunk Cost werden lassen, führte zu der *zentralen Hypothese, daß Kaufpreisabschläge dafür hingenommen werden mußten, daß den Akquisitionsobjekten resp. den Investoren Realoptionen benommen wurden, die selbst hohe eigenständige Werte annehmen können.* Damit einhergeht, daß der Anteil versunkener Kosten an Investitionen in Treuhand-Unternehmen durch den Wegfall von Realoptionen umso höher ist, je unsicherer das ökonomische Umfeld ist. Auch dies führt zu sinkenden Unternehmenspreisen.

In der Literatur zu Investitionen unter Unsicherheit werden fünf Realoptionstypen unterschieden, die hier aufgegriffen werden: die Timing-Option, die Expansions-Option, die Kontraktions-Option, die Desinvestitions-Option und die Switching-Option. Im 2. Kapitel werden die einer Privatisierungsagentur zur Verfügung stehenden Vehikel zur Unternehmensprivatisierung hinsichtlich ihrer Wirkungen auf Realoptionen analysiert. Dabei wird sowohl nach ex ante- und ex post-Situation als auch nach Privatisierungsagentur und Privatisierungsobjekten bzw. Investoren als auch nach Realoptionstypen differenziert. Die ex ante-Situation wird wesentlich durch die Privatisierungsverfahren charakterisiert. Es wird herausgearbeitet, daß käuferseitig die *Timing-Option* um so stärker restringiert wird, je formalisierter der Bietprozeß ist, während seitens der Privatisierungsagentur keine grundsätzliche Tendenz festzustellen war. Die *Expansions-Option* des Investors wird um so weniger unterstützt, je formalisierter das Privatisierungsverfahren ist. Der Auftrag der Privatisierungsagentur läßt bei ihr eine Expansions-Option irrelevant werden. Die *Kontraktions-Option* - hier verstanden als Unternehmensaufspaltungen zur Schaffung kleinerer Unternehmenseinheiten - konnte durch den Käufer und Verkäufer um so weniger beeinflußt werden, je formalisierter das Privatisierungsverfahren ausgestaltet wurde. Eine *Desinvestitions-Option* ist für den Käufer ex ante nicht relevant, bei der Privatisierungsagentur wird sie hingegen um so stärker unterstützt, je formalisierter das Verkaufsverfahren ausgestaltet ist. Eine Form der Desinvestitions-Option - die Liquidations-Option der Privatisierungsagentur wird im wesentlichen durch sozial-motivierte Akteure restringiert, indem diese politischen Druck auf die Treuhandanstalt ausübten, wodurch die Treuhandanstalt gezwungen wurde, ihre Unternehmungen zu subventionieren, statt zu liquidieren, um Arbeitsplätze zu sichern. Die *Switching-Option* des Käufers und Verkäufers wird im wesentlichen kaum durch die Verkaufsverfahren beeinflußt.

Besondere Bedeutung kam der Privatisierung im Wege des MBO bzw. MBI zu. Sie eröffnen der Privatisierungsagentur in geeigneten Branchen und Unternehmensgrößenstrukturen, ihre Desinvestitions-Option auszuüben. Bei diesen Privatisierungen konnte spezifisches Humankapital in Form von ostdeutscher resp. westlicher Sanierungsexpertise und weitgehend unspezifisches Finanzkapital bereitgestellt werden. Aufgrund der umfangreichen Unternehmens- und Marktkenntnisse der MBO-Investoren war zu erwarten, daß die Umfeldunsicherheit keine so starke negative Wirkung auf die Privatisierungserlöse hatte wie dies bei Übernahmen durch Externe der Fall wäre. Dies konnte statistisch verifiziert werden. Finanzkapital bildete bei MBOs einen stark ausgeprägten Engpaß und damit eine relativ starke Realoptionsrestriktion, wie mit Hilfe der Bürgschaftsvariable statistisch verifiziert werden konnte.

Im 3. Kapitel werden die im theoretischen Teil erarbeiteten qualitativen Aussagen regressionsanalytisch getestet. Die Untersuchung konzentriert sich im wesentlichen auf Vertragsausgestaltungen, Investorenzielgruppen (MBO, MBI, M&A) und die zeitliche Dimension. Mit Hilfe der Regressionsanalysen konnte festgestellt werden, daß von den Garantien, die der Investor der Privatisierungsagentur geben mußte, in der Regel nur *eine* Garantie als realoptionsrestringierend eingestuft werden konnte. Darüber hinaus werden nicht nur die garantierten Beträge selbst analysiert, sondern auch die mit ihnen verbundenen Pönalisierungen. So können auf Branchenebene der verschiedenen Investorengruppen (und für M&As auch branchenübergreifend) die Pönalisierungen gerade dort optionsrestringierend und daher kaufpreisreduzierend gewirkt haben, wo durch die vertraglich garantierten Investitions- und Arbeitsplatzzusagen per se noch keine kaufpreisreduzierende Wirkung festgestellt werden konnte. Bei dieser um die Pönalisierungen erweiterten Betrachtung der Investitionen und Arbeitsplätze trat die Kaufpreisreduzierung teilweise erst durch die Indikatoren für Realoptionsrestriktionen (die Pönalisierungen) ein - also nicht durch tatsächlich bereits im Zeitpunkt der Unternehmensübernahme feststehende Kosten der Investitions- und Arbeitsplatzgarantien. Die Werthaltigkeit von Realoptionen und die Wirkung ihrer Restriktion konnte damit in diesem Bereich verifiziert werden.

Bei Betrachtung der Gewichtung der erklärenden Variablen wurde deutlich, daß neben den "harten" Faktoren Gewinne und Risiko, die Indikatoren für Realoptionen eine mindestens ebenso große Gewichtung annehmen. Bei den Management-Buyouts hatten die Realoptionen sogar einen stärkeren Einfluß auf die Unternehmenskaufpreise als der Gewinn. Im Ergebnis konnte sowohl theoretisch als auch statistisch festgestellt werden, daß die Restriktionen von Expansions-, Kontraktions- und Desinvestitions-Optionen auf der Erwerberseite einen erheblichen negativen Einfluß auf die Kaufpreise für Treuhand-Unternehmungen hatten.

Wiesbaden, im Februar 1999 Matthias Brunkhorst

Inhaltsverzeichnis

Verzeichnis der Abbildungen

Verzeichnis der Tabellen

Verzeichnis der verwendeten Symbole

Variable und Kennzahlen

C	Wert oder Preis einer europäischen oder amerikanischen Kaufoption
P	Wert oder Preis einer europäischen Verkaufsoption
p	Wert oder Preis einer amerikanischen Verkaufsoption
S	Aktienkurs
X	Basispreis (= Ausübungspreis) einer Option
τ	T - t = Restlaufzeit (einer Option) in Perioden
r_f	Zinssatz für risikofreie Zahlungen bei diskreter Verzinsung
n	Anzahl gleicher Zeitintervalle (, in die die Restlaufzeit einer Option unterteilt wird)
h	Länge der Zeitintervalle (der Restlaufzeit der Option); also τ / n
kp_ue	Nettoverkaufserlös der THA im Verhältnis zur letzten Umsatzangabe der betreffenden THA-Unternehmung unmittelbar vor der Privatisierung (Umsatzmultiplikator)
i_ue	Investitionszusagen des Investors im Verhältnis zur letzten Umsatzangabe
ap_ue	Arbeitsplatzzusagen des Investors im Verhältnis zur letzten Umsatzangabe
gv_ue	die letzte Unternehmensgewinnangabe (bzw. -verlustangabe) unmittelbar vor der Privatisierung im Verhältnis zur letzten Umsatzangabe (Umsatzrendite)
gv_ue_va	Varianz der gv_ue innerhalb einer Branchengruppe
poenal1	vorhandene (1) oder nicht vorhandene (0) Pönalisierung der Investitionszusagen
poen1_va	Varianz der poenal1 innerhalb einer Branchengruppe
poenal2	vorhandene (1) oder nicht vorhandene (0) Pönalisierung der Arbeitsplatzzusagen
poen2_va	Varianz der poenal2 innerhalb einer Branchengruppe
markttag	Verweildauer der THA-Unternehmung auf dem Markt für Unternehmensverkäufe [in Tagen]
arbeitpl	Anzahl der Arbeitsplätze der THA-Unternehmung unmittelbar vor der Privatisierung
buerg	Bankbürgschaft des Käufers liegt vor (1) bzw. liegt nicht vor (0)
gesetz	Inkrafttreten eines Gesetzesbündels zur Förderung von Investitionen in den neuen Bundesländern
gv_var	Varianz des nicht normierten THA-Unternehmensgewinns/-verlustes innerhalb einer Branchengruppe
PIP	Pro-Investitions-Preis; also Preis für jede garantierte 1 DM Investition
AER	Arbeitsplatz-Erhaltungs-Rate; garantierte Arbeitsplätze im Verhältnis zu den originär vorhanden gewesenen Arbeitsplätzen
PQI	Pönalisierungs-Quote der Investitionen; prozentualer Anteil der Pönalisierungsklauseln an der Anzahl der Investitionsgarantien
PQA	Pönalisierungs-Quote der Arbeitsplätze; prozentualer Anteil der Pönalisierungsklauseln an der Anzahl der Arbeitsplatzgarantien

Indizes

a	kleinste nichtnegative ganze Zahl, die größer ist als $\ln \{X/(d^n S_t)\}/\ln(u/d)$
i,j	Laufindizes
t	Index zur Kennzeichnung des Bewertungszeitpunktes

Parameter

b	allgemeiner Parameter des Regressionsmodells
e	Eulersche Zahl
w	Eintrittswahrscheinlichkeit für eine positive Entwicklung
u	up, Wertänderungsparameter für einen Anstieg
d	down, Wertänderungsparameter für einen Abstieg

Statistische Maße

B	Beta-Koeffizient
σ	Standardabweichung der Aktienrendite pro Periode bei kontinuierlicher Verzinsung
R^2	um die Freiheitsgrade angepaßtes Bestimmtheitsmaß

Verzeichnis der verwendeten Abkürzungen

A.	Auflage
Abb.	Abbildung
Abs.	Absatz
BB	Der Betriebsberater
BBO	Belegschafts-Buyout
BFuP	Betriebswirtschaftliche Forschung und Praxis
BGB	Bürgerliches Gesetzbuch
BGBl.	Bundesgesetzblatt
BHO	Bundeshaushaltsordnung
BInvG	Gesetz über besondere Investitionen in der DDR
BJoE	Bell Journal of Economics
BMG	Beteiligungs- und Managementgesellschaft mbH
BMJ	Bundesministerium der Justiz
BVS	Bundesanstalt für vereinigungsbedingte Sonderaufgaben
CAPM	Capital Asset Pricing Model
c.p.	ceteris paribus
DB	Der Betrieb
DDR-IG	DDR-Investitionsgesetz
DMBilG	D-Markbilanzgesetz
DIW	Deutsches Institut für Wirtschaftsforschung
DtZ	Deutsch-deutsche Rechtszeitschrift
DVO	Durchführungsverordnung
DZWir	Deutsche Zeitschrift für Wirtschaftsrecht
EVertr	Einigungsvertrag
FAZ	Frankfurter Allgemeine Zeitung
FN	Fußnote
GBl.DDR	Gesetzblatt der DDR
GG	Grundgesetz
GmbHR	GmbH Rundschau
GPH	Gesellschaft zur Privatisierung des Handels mbH
H.	Heft
HB	Handelsblatt
HFA	Hauptfachausschuß des Instituts der Wirtschaftsprüfer
HGB	Handelsgesetzbuch
HWWA	Hamburger Weltwirtschaftsarchiv
IBO	Institutional Buyouts
IDW	Institut der Wirtschaftsprüfer
InVorG	Investitionsvorranggesetz
i.V.m.	in Verbindung mit
iw	Institut der deutschen Wirtschaft Köln
JEL	Journal of Economic Literature
JoF	Journal of Finance
JoFE	Journal of Financial Economics
JoPE	Journal of Political Economy
KAGG	Gesetz über Kapitalanlagegesellschaften

KVG	Kommunalvermögensgesetz
M&A	Mergers & Acquisitions
max	Maximum
MBI	Management-Buyin
MBO	Management-Buyout
n.a.	nicht anwendbar
NPV	Net Present Value
OECD	Organisation for Economic Co-Operation and Development
PrHBG	Hemmnisbeseitigungsgesetz
S.	Seite
Sp.	Spalte
SVR	Sachverständigenrat zur Begutachtung der gesamtwirtschaftlichen Entwicklung
Tab.	Tabelle
THA	Treuhandanstalt
THA KredG	Treuhandkreditaufnahmegesetz
THG	Treuhandgesetz
TLG	Treuhandliegenschaftsgesellschaft
URG	Umweltrahmengesetz
URüV	Unternehmensrückgabeverordnung
Verf.	Verfahren
VermG	Vermögensgesetz
VermRAnpG	Vermögensrechtsanpassungsgesetz
VIZ	Zeitschrift für Vermögens- und Investitionsrecht
Vol.	Volume
vs.	versus
VwGO	Verwaltungsgerichtsordnung
VZOG	Vermögenszuordnungsgesetz
WiSt	Wirtschaftswissenschaftliches Studium
WISU	Das Wirtschaftsstudium
WM	Wertpapiermitteilungen
WPg	Die Wirtschaftsprüfung
ZfbF	Schmalenbachs Zeitschrift für betriebswirtschaftliche Forschung
ZIP	Zeitschrift für Wirtschaftsrecht
2. VermRändG	Zweites Vermögensrechtsänderungsgesetz
ZWS	Zeitschrift für Wirtschafts- und Sozialwissenschaften

1. Kapitel
Einführung: Das Problem des Verfalls von Unternehmenspreisen im Privatisierungsprozeß

1. Einleitung

1.1 Problemstellung und Abgrenzung des Themas

Von der Privatisierung ostdeutscher Unternehmungen versprach sich der Gesetzgeber noch zu Beginn des Privatisierungsprozesses euphorisch erhebliche Verkaufserlöse. Auch im Treuhandgesetz vom 17. Juni 1990 wurde davon ausgegangen, und es wurden gar verschiedene Aufgaben der Treuhandanstalt festgeschrieben, die einen Erlösüberschuß (Verkaufserlöse abzüglich notwendiger Ausgaben für den Betrieb des Privatisierungsprozesses) voraussetzen. So sieht § 5 Abs. 2 Treuhandgesetz vor, den Sparern in der ehemaligen DDR zu einem späteren Zeitpunkt ein verbrieftes Anteilsrecht am volkseigenen Vermögen einzuräumen. Artikel 26 Abs. 6 Einigungsvertrag sieht vor, daß das volkseigene Vermögen "ausschließlich und allein zugunsten von Maßnahmen" in Ostdeutschland zu verwenden ist.[1]

Die erzielten Erlöse für Treuhand-Unternehmungen sind jedoch weit hinter den Erwartungen zurückgeblieben.[2] Nach Berechnungen der Treuhandanstalt müssen auf den theoretisch ermittelten Wert für Treuhandobjekte Preisabschläge von durchschnittlich über 90% hingenommen werden.[3] Solch hohe Differenzen bedürfen der Erklärung. Offenbar wurde in ersten Schätzungen ein falsches Modell gewählt. Die vorliegende Arbeit soll helfen, Ursachen für diese Lücke zwischen theoretischem und realisiertem Unternehmenswert aufzuzeigen und das Interesse auf ein hilfreicheres Unternehmensbewertungsmodell zu lenken.

Sinn/Sinn haben bereits 1991 Gründe für die sich damals bereits abzeichnenden hinter den Erwartungen zurückbleibenden Verkaufserlöse aufgezeigt:

1. die geringe Effizienz der ehemals planwirtschaftlich geführten Unternehmungen (Schrotthypothese);[4]
2. die wettbewerbspolitische Auswahl der Erwerber;[5]
3. Beschäftigungsauflagen der Treuhandanstalt;[6]

---

1 G. Sinn und H.-W. Sinn, Kaltstart: volkswirtschaftliche Aspekte der deutschen Vereinigung, Tübingen 1991, S. 87.

2 Während die THA noch im Jahre 1990 mit Verkaufserlösen in Höhe von 600 Mrd. DM rechnete, erwartete sie Ende 1994 nur noch ca. 73 Mrd. DM; siehe H.-W. Sinn, Magere Erlöse, in: Wirtschaftswoche Nr. 1/2 vom 7.1.1994, S. 36; Vorstand der Treuhandanstalt, Bericht des Vorstandes der Treuhandanstalt über den Abschluß der Arbeiten zum 31.12.1994, in: Treuhandanstalt (Hrsg.), Treuhand-Informationen, Ausgabe 21, 30. Dezember 1994, S. 13.

3 G. Sinn und H.-W. Sinn, Kaltstart, 1991, S. 92.

4 Die Schrotthypothese wird von ihnen jedoch als nicht schlagkräftiges einziges Argument entkräftet. G. Sinn und H.-W. Sinn, Kaltstart, 1991, S. 87-92.

5 G. Sinn und H.-W. Sinn, Kaltstart, 1991, S. 92f.

6 G. Sinn und H.-W. Sinn, Kaltstart, 1991, S. 93.

4. Kreditfinanzierung der Einigungspolitik, die über den Anstieg der Kapitalmarktzinsen z.T. die Ertragswerte der Treuhand-Unternehmungen vernichtet habe;[1]
5. der aus der Angebotserhöhung an ostdeutschen Unternehmungen resultierende Portfolio-Effekt;[2]
6. die mikroökonomische Kreditbeschränkung der potentiellen Unternehmenskäufer[3]
7. und schließlich eine makroökonomische Inkongruenz finanzieller Ströme und Bestände.[4]

Ohne die vorgenannten Gründe in Frage zu stellen, soll ergänzend auf der mikroökonomischen Ebene mit dem theoretischen Instrumentarium angewandter Optionsbewertungsmodelle herausgearbeitet werden, wo die *Ursachen* für einen Preisverfall liegen und unter welchem *Mechanismus* diese Ursachen zu einem Preisverfall geführt haben.

Im Mittelpunkt der Argumentation steht die Flexibilität, d.h. die Handlungsmöglichkeiten des Managements, und somit die Nutzungsmöglichkeiten der privatisierten Unternehmung nach der Privatisierung. Es muß deshalb der Frage nachgegangen werden,

a) welche *Faktoren* die Nutzungsmöglichkeiten der privatisierten Unternehmungen bzw. die Handlungsalternativen der Treuhandanstalt restringiert haben;
b) welche *Nutzungsmöglichkeiten* der privatisierten Unternehmungen im einzelnen restringiert wurden;
c) welche *Realoptionen* als Folge der Nutzungsrestriktionen bei den privatisierten Unternehmungen bzw. der Treuhandanstalt betroffen waren.

Es wird anhand der Theorie über Realoptionen aufgezeigt, daß vor allem bei den zu privatisierenden Unternehmungen und der Treuhandanstalt selber die ihnen inhärenten Realoptionen restringiert wurden. Nach neueren Erkenntnissen aus der Übertragung der Bewertung von Finanzoptionen auf reale Investitionen nehmen solche Optionsbestandteile einen erheblichen Anteil am Unternehmenswert an. Solche sich im Kaufpreis ausdrückenden Zuschläge auf den nach Ertragswert- oder Discounted-Cash-flow-Methode ermittelten Unternehmenswert wurden gemeinhin als Goodwill oder strategischer Zuschlag bezeichent.[5] Mit dem neueren Instrumentarium der Realoptionen läßt sich dieser strategische Unternehmenswert feiner in die ihn beeinflussenden Bestandteile unterteilen und analysieren. Es wird in dieser Arbeit aufgezeigt, daß es im Privatisierungsprozeß Ostdeutschlands zahlreiche Faktoren gegeben hat, die gerade diese Optionsbestandteile beeinflußt haben. Folgerichtig muß die Restriktion solcher Realoptionen zu einem erheblichen Preisabschlag führen.

---

1 G. Sinn und H.-W. Sinn, Kaltstart, 1991, S. 93-97.

2 G. Sinn und H.-W. Sinn, Kaltstart, 1991, S. 97-101.

3 G. Sinn und H.-W. Sinn, Kaltstart, 1991, S. 101-104.

4 G. Sinn und H.-W. Sinn, Kaltstart, 1991, S. 104-110.

5 S. Valcárcel, Ermittlung und Beurteilung des "strategischen Zuschlags" als Brücke zwischen Unternehmenswert und Marktpreis, in: DB, 45. Jg. (1992), H.12, S. 589.

Auf dem Gebiet der akademischen Forschung erhofft man sich in letzter Zeit von der Anwendung von Optionbewertungsmodellen auf Realinvestitionen interessante Einblicke in die Bewertung ihrer Flexibilität:

"The application of option pricing to the problem of modeling flexibility for strategic investment decisions is exciting because it is the *first major advance in capital budgeting in decades* (Hervorhebung durch den Verfasser). It shows great promise for solving a wide set of interesting and useful problems."[1]

Mittlerweile erfährt dieses Thema zunehmende Aufmerksamkeit auch in der Unternehmensbewertungspraxis.[2] Auch für weitere Privatisierungsaktivitäten kann der Erkenntnisgegenstand der Realoptionen und die regressionsanalytisch durchgeführte statistische Untersuchung helfen, mögliche Wirkungen von Realoptionsrestriktionen bei den Privatisierungsobjekten sachgerechter einzuschätzen.

1.2 Gang der Untersuchung

Bevor mit der Analyse von realoptionenrestringierenden Faktoren begonnen wird, wird im Anschluß an die Einleitung exemplarisch anhand der Treuhandanstalt das Dilemma herausgearbeitet, in dem sich eine Privatisierungsagentur zwischen gemeinwirtschaftlichen Interessen und individuellem Gewinnstreben befindet. Die Voraussetzungen für und die Realoptionen selber werden knapp umrissen und die Anwendungsgrenzen von Optionsbewertungsmodellen für reale Investitionen werden aufgezeigt. Nachdem hiermit die Voraussetzungen für die Analyse des Themas geschaffen worden sind, wird in dem ersten Abschnitt des 2. Kapitels zuerst der Prozeß bis zum Vertragsabschluß (ex ante-Phase) analysiert. Sie beschränkt sich im wesentlichen auf die von der Privatisierungsagentur angewandten Mechanismen zur Privatisierung. Daran schließt sich die Analyse der Nachprivatisierungsphase (ex post-Phase) an. Sie konzentriert sich auf die Analyse der Realoptionen bei den privatisierten Unternehmungen. Selbstverständlich wirkten sich Faktoren beider Phasen auf den *Gegenwarts*wert der zu privatisierenden Unternehmung aus. Im Anschluß an die theoretische Analyse werden die aus ihr gewonnen Hypothesen statistisch überprüft. Abschließend werden die statistischen Ergebnisse vor dem Hintergrund der theoretischen Ableitungen einer kritischen Würdigung unterzogen.

---

1 T.E. Copeland und J.F. Weston, Financial Theory and Corporate Policy, 3rd. Ed., Reading / Massachusetts, 1988, Reprint 1992, S. 430.

2 U.K. Hochstetter, Der richtige Wert junger Unternehmen: Neue Ansätze für die Bewertung von Unternehmen, in: Unternehmensbeteiligungen, Verlagsbeilage zur FAZ, Nr. 93 vom 22.4.1997, S. B21.

2. Das Dilemma: öffentlich-rechtliche Aufgaben der Treuhandanstalt versus individuelle Vermögensmaximierung der Investoren

2.1 Der gesetzliche Auftrag und die Aufgaben der Treuhandanstalt

Die Aufgaben, die der Treuhandanstalt vom Gesetzgeber zugewiesen wurden, sind sehr vielschichtig. Zielkonflikte und unterschiedlich akzentuierte Aufgabenhierarchien konfrontierten die Treuhandanstalt nicht selten mit schwer lösbaren Optimierungsproblemen. Kloepfer arbeitet nicht weniger als 13 Aufgabenbereiche heraus:[1]

a) Privatisierung,
b) Sanierung,
c) Stillegung,
d) Strukturanpassung der Wirtschaft,
e) Sicherung und Schaffung von Arbeitsplätzen,
f) Reprivatisierung,
g) Kommunalisierung,
h) Vermögenszuordnung,
i) Erteilung von Investitionsvorrangbescheiden,
j) Erteilung von Grundstücksverkehrsgenehmigungen,
k) Verwaltung des Sondervermögens,
l) Finanzierung des Kreditabwicklungsfonds und der Staatlichen Versicherung der DDR in Abwicklung,
m) Einräumung verbriefter Sparer-Anteilsrechte.

Diese Aufgaben werden in den gesetzlichen Grundlagen für die Treuhandarbeit explizit genannt oder lassen sich aus ihnen ableiten. Die gesetzlichen Grundlagen werden insbesondere bestimmt durch das Treuhandgesetz (THG) vom 17.6.1990[2], das durch fünf dazu ergangene Durchführungsverordnungen (DVO)[3], die Satzung der THA vom 18.7.1990 und die Geschäftsordnung der THA vom 18.9.1990 ergänzt und vertieft wird. Des weiteren waren für die Arbeit der THA der Einigungsvertrag (EVertr)[4], das Kommunalvermögensgesetz (KVG)[5], das Vermögenszuordnungsgesetz (VZOG)[6], das

---

1 M. Kloepfer, Öffentlich-rechtliche Vorgaben für die Treuhandanstalt, in: W. Fischer et al. (Hrsg.), Treuhandanstalt, Berlin 1993, S. 50-55.

2 Gesetz zur Privatisierung und Reorganisation des volkseigenen Vermögens (Treuhandgesetz - TreuhG) vom 17. Juni 1990, GBl. DDR I, Nr. 33, S. 300.

3 1. DVO vom 15.8.1990, GBl DDR I, Nr. 53, S. 1076; 2. DVO vom 22.8.1990, GBl DDR I, Nr. 56, S. 1260; 3. DVO vom 29.8.1990, GBl DDR I, Nr. 57, S. 1333; 4. DVO vom 12.9.1990, GBl DDR I, Nr. 60, S. 1465; 5. DVO vom 12.9.1990, GBl DDR I, Nr. 60, S. 1466.

4 Vertrag zwischen der Bundesrepublik Deutschland und der Deutschen Demokratischen Republik über die Herstellung der Einheit Deutschlands (Einigungsvertrag - EVertr) vom 31. August 1990, BGBl. 1990 Teil II, S. 899.

5 Gesetz über das Vermögen der Gemeinden, Städte und Landkreise (Kommunalvermögensgesetz - KVG) vom 6.7.1990, GBl. DDR I, S. 600.

6 Gesetz über die Feststellung der Zuordnung von ehemals volkseigenem Vermögen (Vermögenszuordnungsgesetz - VZOG) vom 22.3.1991, BGBl. 1991 Teil I, S. 784-786.

Vermögensgesetz (VermG)[1] und das Investitionsvorranggesetz (InVorG)[2] mit seinen Vorläufern heranzuziehen. Die Konsequenzen dieser Gesetze für die Privatisierungsdurchführung der THA und die Bewertungen ihrer Beteiligungsunternehmungen werden unten im 2. Kapitel mit dem optionstheoretischen Instrumentarium analysiert.

Wie sollte sich die Treuhandanstalt angesichts der Vielschichtigkeit der Aufgaben und der daraus resultierenden Zielkonflikte (wenn z.B. die Sicherung von Arbeitsplätzen mit der Schaffung effizienter Wirtschaftsstrukturen kollidierte) verhalten? In der wirtschaftswissenschaftlichen[3] Literatur werden Art und Rangfolge derjenigen Aufgaben kontrovers diskutiert, die sich auf die Behandlung des der Treuhandanstalt zugewiesenen Vermögens beziehen und die Kernproblematik der Privatisierung in Ostdeutschland darstellen (Buchstaben a) bis e) der o.g. Aufzählung).

Die Schaffung effizienter Wirtschaftsstrukturen stellt den übergeordneten Auftrag dar, dem die Privatisierung, Sanierung bzw. Stillegung von Unternehmungen der Treuhandanstalt dienen sollen.[4] Diese Zweck-Mittel-Hierarchie wird auch bereits in der Präambel des Treuhandgesetzes betont.[5] Aus ihr folgt, daß Sanierungsmaßnahmen nur bei solchen Unternehmungen vorgenommen werden durften, bei denen eine Privatisierungschance bestand. Wurden die Voraussetzungen für eine Privatisierung durch die Sanierung erfüllt, so war von einer Fortsetzung der Sanierung abzusehen.[6] Wenn die Unternehmung hingegen als nicht sanierungsfähig eingestuft werden mußte, war die Unternehmung stillzulegen.[7] War eine Unternehmung weder privatisierungs- noch sanierungsfähig, so war eine Stillegung zwingend geboten.[8] Wurde die Schaffung effizienter Wirtschaftsstrukturen (Buchstabe d)) als Priorität anerkannt, so konnte der Sicherung und Schaffung von Arbeitsplätzen (Buchstabe e)) keine unbedingte Priorität

---

1 Gesetz zur Regelung offener Vermögensfragen (Vermögensgesetz - VermG) vom 23.9.1990, BGBl. 1990 Teil II, S. 885ff., Neufassungen des VermG siehe Tabelle 5 zur Gesetzgebungschronik im 2. Kapitel dieser Arbeit.

2 Gesetz über den Vorrang für Investitionen bei Rückübertragungsansprüchen nach dem VermG (Investitionsvorranggesetz - InVorG) vom 14.7.1992, BGBl. 1992 Teil I, S. 1368 ff.

3 Priorität für die Privatisierung forderten: R. Maurer, B. Sander und K.-D. Schmidt, Privatisierung in Ostdeutschland - Zur Arbeit der Treuhandanstalt, in: Die Weltwirtschaft, 1991, Nr. 1, S. 45; Sachverständigenrat zur Begutachtung der gesamtwirtschaftlichen Entwicklung (SVR), Marktwirtschaftlichen Kurs halten: Zur Wirtschaftspolitik der neuen Bundesländer, Sondergutachten vom 13. April 1991, S. 14-17. Für eine Priorität der Sanierung plädiert J. Priewe, Sanieren, dezentralisieren, demokratisieren: Plädoyer für die Neufassung des Treuhandgesetzes, in: Blätter für deutsche und internationale Politik, 1991, Nr. 7, S. 844.

4 § 2 Abs. 6 Satz 1THG.

5 Präambel (2. Spiegelstrich) THG.

6 M. Kloepfer, Öffentlich-rechtliche Vorgaben, 1993, S. 56. Anderer Ansicht ist R. Weimar, Entscheidungspraxis der Treuhandanstalt zwischen unternehmerischer Freiheit und verwaltungsrechtlichem Ermessen, in: Deutsche Zeitschrift für Wirtschaftsrecht, 2. Jg. (1992), H. 12, S. 494; R. Maurer et al., Privatisierung in Ostdeutschland, 1991, S. 47.

7 M. Kloepfer, Öffentlich-rechtliche Vorgaben, 1993, S. 56.

8 § 8 THG; W. Spoerr, Treuhandanstalt und Treuhandunternehmen zwischen Verfassungs-, Verwaltungs- und Gesellschaftsrecht, Köln 1993, S. 81 f., R. Weimar, Entscheidungspraxis der Treuhandanstalt, 1992, S. 498; H. P. Westermann, Der rechtliche Rahmen und seine Veränderung, in: W. Fischer et al. (Hrsg.), Treuhandanstalt, 1993, S. 89.

zukommen. Denn die ehemaligen Kombinate der DDR waren durch eine Überbesetzung mit Arbeitskräften gekennzeichnet und die Anpassung der Mitarbeiterstrukturen gehörte somit zu den dringendsten Restrukturierungsaufgaben in den Unternehmungen der Treuhandanstalt.[1] Eine vorrangige Sicherung von Arbeitsplätzen würde Unternehmensstillegungen ausschließen und hätte kontraproduktive Folgen für die Privatisierung gehabt. In den Verhandlungen mit potentiellen Erwerbern hatte die THA jedoch auf beschäftigungsintensive Lösungen hinzuarbeiten. In einer späteren Phase der Privatisierung wurde unter zunehmendem politischen Druck, der Sanierungsauftrag der Treuhandanstalt auf sogenannte "sanierungs*würdige*" Unternehmen ausgedehnt.[2]

Die in der obigen Aufzählung unter den Buchstaben f) bis k) genannten Aufgaben der THA waren solche hoheitlichen Aufgaben, mit denen die THA gesetzgeberische Entscheidungen über die Zuweisung von Vermögenswerten vollzog. Die Erfüllung dieser Aufgaben war Voraussetzung für die Privatisierung, Sanierung bzw. Stillegung von Treuhand-Unternehmungen.[3]

Vor dem Hintergrund der kostenintensiven Sanierungsaufgabe mußten hinter all den vorgenannten Aufgaben die Finanzierung des Kreditabwicklungsfonds und der staatlichen Versicherung der DDR in Abwicklung und die Verbriefung von Sparer-Anteilsrechten (Buchstaben l) und m)) als nachrangig eingestuft werden.[4]

2.2 Gesetzliche Restriktionen der Treuhandanstalt

Ein derart komplexes Aufgaben- und Zielsystem, wie es für die THA entwickelt wurde, insbesondere eine komplexe Fragestellung der Priorität zwischen Privatisierung und Sanierung, kann nicht allein durch die Formulierung von gesetzlichen Zielen gelöst werden. Aus den juristischen Bestimmungen müssen sich für die relevanten Akteure effektive Handlungsrestriktionen ergeben, die die Privatisierungs- und Sanierungsaktivitäten der THA steuern. In einem Vorgriff auf die im 2. Kapitel zu diskutierenden Realoptionsrestriktionen durch den gesetzlichen Rahmen und seinen Einfluß auf den Privatisierungsprozeß wird an dieser Stelle einführend auf die grundsätzlichen juristischen Rahmenbedingungen eingegangen.

Aus ökonomischer Sicht zu kritisieren ist, daß der Handlungsspielraum der Treuhandanstalt zur Privatisierung oder Sanierung ihrer Unternehmungen keinen wirksamen finanziellen Restriktionen unterlagen. So war die Treuhand als bundesunmittelbare

---

1 Deutsches Institut für Wirtschaftsforschung und Institut für Weltwirtschaft, Gesamtwirtschaftliche und unternehmerische Anpassungsprozesse in Ostdeutschland, Achter Bericht, in: DIW-Wochenbericht, 60. Jg. (1993), Nr. 13, S. 132.

2 J. Schwalbach, Begleitung sanierungsfähiger Unternehmen, in: W. Fischer et al. (Hrsg.), Treuhandanstalt, Berlin 1993, S. 180.

3 M. Kloepfer, Öffentlich-rechtliche Vorgaben, 1993, S. 57.

4 M. Kloepfer, Öffentlich-rechtliche Vorgaben, 1993, S. 57.

Anstalt öffentlichen Rechts[1] aufgrund einer harten Patronatserklärung des Bundesministers der Finanzen vom 9. Oktober 1990 verpflichtet, im Zweifelsfalle als letzte Instanz alle Verbindlichkeiten der THA zu übernehmen und war somit nicht konkursfähig.[2] Das Treuhandgesetz sah in § 2 Abs. 7 Kreditaufnahmen und die Begebung von Schuldverschreibungen vor, in Erwartung, diese durch spätere Privatisierungserlöse zurückzahlen zu können. Der Kreditermächtigungsrahmen wurde zwar zunächst im Staatsvertrag vom Mai 1990 auf 17 Mrd. DM für die Jahre 1990 und 1991 und im Einigungsvertrag vom September 1990 schließlich auf 25 Mrd. DM für denselben Zeitraum begrenzt. Bereits in den Folgejahren wurde dieser Kreditrahmen weiter expandiert und eine Rückführung des Kreditvolumens durch die Privatisierungserlöse bis zum 31.12.1995 wurde bereits 1992 nicht mehr angestrebt.[3] Bis zum Zeitpunkt ihrer Auflösung am 31.12.1994 hatte sich ein Finanzierungsdefizit in Höhe von gut 260 Mrd. DM ergeben.[4] Sofern der THA finanzielle Restriktionen vorgegeben waren, wurden sie durch Verhandlungen mit dem Bundesfinanzminister aufgeweicht, so daß die Finanzierung der THA nicht mehr stringent von den Privatisierungserlösen und anderen Einnahmen abhing. Eine mit weicher Budgetschranke ausgestattete Institution THA[5] unterlag weder für ihre Privatisierungs- noch für ihre Sanierungsaktivitäten wirksamen Restriktionen, die für die effizienteste Faktorallokation hätte sorgen können.

Desweiteren ergaben sich Restriktionen der Handlungs- und Verfügungsrechte der THA im Innenverhältnis, die die rechtliche Selbständigkeit der THA-Beteiligungsunternehmen gegenüber der THA garantierten. Im Bereich der Privatisierungsaufgabe war dies jedoch nicht der Fall: Die THA konnte alle privatisierungserschwerenden Rechtsgeschäfte verbieten und aufheben, und das TreuhG räumte ihr alle notwendigen Verfügungsrechte für die *Privatisierung* ein. Hingegen war sie im Innenverhältnis mit schwachen Verfügungsrechten für die *Führung und Sanierung* ihrer Beteiligungsunternehmen ausgestattet.[6]

2.3 Der Einfluß von Kontrollinstitutionen auf die Privatisierungstätigkeit der Treuhandanstalt

Die Privatisierungsdurchführung der Treuhandanstalt unterlag einer äußerst vielfältigen Kontrollstruktur. Die Kontrolle wurde ausgeübt durch eine exekutive Aufsicht, die Ausschüsse des Bundestages, die Rechnungshöfe, die Bundesländer, die Kommission

---

1 R. Weimar, Treuhandanstalt und Treuhandgesetz, in: Betriebsberater, 43. Jg. (1990), Beilage 40, S. 11.

2 H. Brücker, Privatisierung in Ostdeutschland: eine institutionenökonomische Analyse, Frankfurt a.M. 1995, S. 216f.

3 H. Brücker, Privatisierung in Ostdeutschland, 1995, S. 217f.

4 Treuhandanstalt (Hrsg.), Treuhand-Informationen, Ausgabe 21, 30. Dezember 1994, S. 2.

5 J. Kornai, Economics of Shortage, Amsterdam et al. 1980, Bd. 2, S. 304; ders., The Soft Budget Constraint, in: Kyklos, 39. Jg. (1986), Nr. 1, S. 4.

6 H. Brücker, Privatisierung in Ostdeutschland, S. 219-223.

der Europäischen Gemeinschaft und in Zweifelsfällen durch die Gerichte.[1] Erweiternd kann auch das Kartellamt einbezogen werden.[2]

Auf der **exekutiven Seite** übte seit Inkrafttreten des Einigungsvertrages der Bundesminister der Finanzen die Fach- und Rechtsaufsicht über die Treuhandanstalt aus.[3] Da es sich bei der Treuhandanstalt um ein Unternehmen im Sinne des § 112 Abs. 2 Satz 1 BHO handelt, hat der Bundesminister der Finanzen nach Maßgabe des § 65 Abs. 1 Nr. 3 und 4, Abs. 2,3 und § 4 BHO, § 68 Abs. 1 BHO und § 69 BHO auch haushaltsrechtliche Kontrollaufgaben gegenüber der Treuhandanstalt wahrzunehmen.[4] Zur Sicherstellung der fachaufsichts- und haushaltsrechtlichen Kontrolle bedurften Privatisierungen und Finanzhilfen der Treuhandanstalt der Zustimmung des Bundesfinanzministers, wenn bestimmte festgelegte Größenordnungen, z.B. Anzahl der Beschäftigten, die Bilanzsumme oder der Umsatz der zu privatisierenden Unternehmung überschritten würden.[5] Dabei sind Wertgrenzen im Zeitablauf gesenkt worden, um den Einfluß des Bundesfinanzministerium auch nach Ab- und Aufspaltungen von Treuhand-Unternehmungen und bei Verbleib kleinerer Einheiten im Treuhand-Unternehmensportefeuille stabil zu halten.[6] Der Zustimmung durch das Bundesfinanzministerium bedurfte zudem eine Verlängerung der Laufzeiten, eine Überschreitung von Obergrenzen für Kredite der Treuhandanstalt nach dem Einigungsvertrag[7] und die Übertragung eines nicht in Anspruch genommenen Teils des Kreditrahmens auf das folgende Wirtschaftsjahr.[8] Der Anteil der Unternehmungen, die die Grenzwerte zur Genehmigungspflicht durch das Bundesfinanzministerium erfüllten, war mit 0,81% an der Gesamtanzahl der privatisierten Unternehmungen sehr niedrig.[9] Dies ist jedoch nicht der Fall bei Betrachtung der gesamten Investitions- und Arbeitsplatzzusagen. Der Anteil der seitens des Bundesfinanzministeriums zustimmungspflichtigen Investitionsgarantien betrug 12,47%, der Anteil der zustimmungspflichtigen Arbeitsplatzgarantien belief sich auf 9,03%.[10]

Die **parlamentarische Kontrolle** wurde durch den Haushaltsausschuß und verschiedene zu späteren Zeitpunkten eingesetzte parlamentarische Ausschüsse konstituiert.[11] Das

---

1 M. Kloepfer, Öffentlich-rechtliche Vorgaben, 1993, S. 60-75; ähnlich jedoch ohne Einbeziehung der Gerichte R. Mayr, Die Privatisierungspolitik der Treuhandanstalt: eine Analyse zum Vertragscontrolling auf der Basis einer empirischen Untersuchung, Stuttgart 1995, S. 6-10.

2 R. Mayr, Die Privatisierungspolitik der Treuhandanstalt, 1995, S. 6 und 9f.

3 Art. 25 Abs. 1 Satz 3 EVertr, BGBl 1990, Teil II, S. 889.

4 M. Kloepfer, Öffentlich-rechtliche Vorgaben, 1993, S. 61.

5 M. Kloepfer, Öffentlich-rechtliche Vorgaben, 1993, S. 61f.

6 M. Kloepfer, Öffentlich-rechtliche Vorgaben, 1993, S. 62; R. Mayr, Die Privatisierungspolitik der Treuhandanstalt, 1995, S. 7.

7 Für 1990 und 1991: Art. 25 Abs. 4 Satz 3 EVertr; Anschlußregelung: § 3 Satz 2 Gesetz zur Regelung der Aufnahme von Krediten durch die Treuhandanstalt (Treuhandkreditaufnahmegesetz - THA KredG) vom 3.7.1992, BGBl. 1992 Teil I, S. 1190.

8 § 3 Satz 1 THA KredG.

9 R. Mayr, Die Privatisierungspolitik der Treuhandanstalt, 1995, S. 7.

10 R. Mayr, Die Privatisierungspolitik der Treuhandanstalt, 1995, S. 8.

11 M. Kloepfer, Öffentlich-rechtliche Vorgaben, 1993, S. 63-66.

Parlament nahm seine Kontrollfunktion vor allem durch förmliche Anfragen, die Aktuelle Stunde und das informelle Auskunftsersuchen wahr.[1] Der Haushaltsausschuß hatte mit Wirkung vom 24.10.1990 einen Unterausschuß Treuhandanstalt eingesetzt, dessen 13 Mitglieder sich ausschließlich aus ordentlichen Mitgliedern des Haushaltsausschusses rekrutierten.[2] Der haushaltsrechliche Schwerpunkt dieses Ausschusses stieß in der Öffentlichkeit und im Parlament zunehmend auf Kritik, so daß sich am 10.4.1993 an Stelle des Unterausschusses ein eigenständiger Ausschuß "Treuhandanstalt" mit nun 24 Mitgliedern konstituierte.[3] Inhaltlich wurde die Arbeit des vorangegangenen Unterausschusses fortgeführt, die in der Mitwirkung an die Treuhandanstalt betreffenden Gesetzesvorhaben, die kritische Begleitung der laufenden Arbeit der Treuhandanstalt und in Petitionsbehandlungen bestand.[4] Auch der Ausschuß Treuhandanstalt konnte aufgrund seiner sehr breit angelegten Funktion und den ihm von der Treuhandanstalt und der Bundesregierung erteilten Auskünften die Parlamentarier schon bald nicht mehr zufriedenstellen.[5] Dies hatte zur Folge, daß ein spezieller Untersuchungsausschuß Treuhandanstalt eingesetzt wurde, der bestimmte Einzelfälle, in denen Erwerbern von Treuhand-Unternehmungen Unregelmäßigkeiten im Umgang mit den erworbenen Gesellschaften vorgeworfen wurde, zu überprüfen hatte.[6]

Die Wirtschaftsführung der Treuhandanstalt wird durch den **Bundesrechnungshof** geprüft.[7] Der Begriff der Wirtschaftsführung umfaßt alle Maßnahmen oder Unterlassungen, die geeignet sind, sich finanziell auszuwirken[8], also grundsätzlich alle Privatisierungsvorgänge der THA. Bei seiner Urteilsfindung hat der Bundesrechnungshof die Maßstäbe der Ordnungsmäßigkeit und Wirtschaftlichkeit des Finanzgebarens heranzuziehen.[9] Ordnungsmäßigkeit bezeichnet die Rechtmäßigkeit der Vermögenswirtschaft in einem umfassenden Sinne.[10] Der Begriff der Wirtschaftlichkeit in diesem Zusammenhang kennzeichnet die optimale Relation von Kosten und Nutzen, wobei nach dem Grundsatz der Sparsamkeit zu verfahren ist,[11] demnach die einzusetzenden Mittel auf den zur Erfüllung der Aufgaben unbedingt notwendigen Umfang zu beschränken sind.[12] Im Rahmen der Informationsbeschaffung bei der THA hattte der Bundesrechnungshof den besonderen Umständen, unter denen die THA ihre Arbeit aufnehmen mußte, Rechnung zu tragen.[13] Die THA, die gegenüber dem Bundesrechnungshof umfassende Auskunfts- und Berichtspflichten wahrzunehmen hatte, beurteilte

---

1 M. Kloepfer, Öffentlich-rechtliche Vorgaben, 1993, S. 64.

2 M. Kloepfer, Öffentlich-rechtliche Vorgaben, 1993, S. 65.

3 M. Kloepfer, Öffentlich-rechtliche Vorgaben, 1993, S. 65.

4 M. Kloepfer, Öffentlich-rechtliche Vorgaben, 1993, S. 65.

5 M. Kloepfer, Öffentlich-rechtliche Vorgaben, 1993, S. 65; R. Mayr, Die Privatisierungspolitik der Treuhandanstalt, 1995, S. 8.

6 M. Kloepfer, Öffentlich-rechtliche Vorgaben, 1993, S. 66.

7 M. Kloepfer, Öffentlich-rechtliche Vorgaben, 1993, S. 66.

8 § 89 Abs. 1 Nr. 2 BHO i.V.m. § 111 Abs. 1 Satz 2 BHO.

9 Art. 114 Abs. 2 Satz 1 GG; § 90 BHO i.V.m. § 111 Abs. 1 Satz 2 BHO.

10 § 90 (1. Halbsatz) BHO i.V.m. § 111 Abs. 1 Satz 2 BHO.

11 § 90 Abs. 3 BHO i.V.m. § 111 Abs. 1 Satz 2 BHO.

12 M. Kloepfer, Öffentlich-rechtliche Vorgaben, 1993, S. 67.

13 M. Kloepfer, Öffentlich-rechtliche Vorgaben, 1993, S. 67.

den Aspekt der Angemessenheit der Informationsbeschaffung durch den Bundesrechnungshof jedoch kritisch. Die Prüfer des Bundesrechnungshofes würden nicht ausreichend auf die Besonderheiten der Privatisierungsrahmenbedingungen eingehen.[1]

Den **Bundesländern** stand eine originäre unmittelbare rechtliche Einflußnahme auf die Tätigkeiten der THA in Form von Steuerungs- und Überwachungsbefugnissen im Rahmen der Arbeit des Bundesrates zu.[2] Des weiteren nahmen die Länder auf Tätigkeiten der THA Einfluß über den Verwaltungsrat der THA, die Treuhandkabinette der Landesregierungen sowie über die Länder-Wirtschaftsministerkonferenz. Hervorzuheben ist der Einfluß der Vertreter der fünf neuen Bundesländer und Berlins auf den **Verwaltungsrat** der THA[3] und die Beiräte der THA-Niederlassungen. Der Verwaltungsrat bestand aus 24 Mitgliedern: jeweils zehn Vertreter aus Wirtschaft und Politik (hierunter die fünf Ministerpräsidenten der neuen Bundesländer) und vier Gewerkschaftsvertreter.[4] Die Stellung des Verwaltungsrates ist der des Aufsichtsrates von Aktiengesellschaften angenähert,[5] womit sich seine Aufgaben ähnlich definieren: Sie bestehen in der Bestellung und Abberufung des Vorstandes[6] und in der Überwachung der Geschäftsführung.[7] Zur Erfüllung dieser Aufgaben steht dem Verwaltungsrat ein umfangreiches Informations-, Einsichts- und Prüfungsrecht zu,[8] das in der Weise umgesetzt wurde, daß der Vorstand der THA den Verwaltungsrat schriftlich in monatlichen Verwaltungsratssitzungen informierte, die Vorstandsmitglieder mündliche Ressortberichte erstatteten[9] und der Präsident der THA den Verwaltungsratsvorsitzenden über alle wichtigen Geschäftsangelegenheiten unverzüglich zu unterrichten hatte.[10] Darüber hinaus waren dem Verwaltungsrat neben dem Wirtschaftsplan der THA, Vorhaben zur Finanzmittelaufnahme am Kapitalmarkt und Unternehmensgründungen sowie Privatisierungen, Sanierungen oder Stillegungen zur Genehmigung vorzulegen, die bestimmte, im Zeitablauf mehrfach geänderte, Obergrenzen überschritten.[11] Gemäß Privatisierungshandbuch der THA in der Fassung vom 31.3.1992 war die Genehmigungspflicht erreicht, wenn bei den zu veräußernden Unternehmungen zwei der folgenden Obergrenzen überschritten wurden:[12] Anzahl der Arbeitnehmer lag über 2.000; die Bilanzsumme überstieg 100 Mio. DM; der voraussichtliche Jahresumsatz war höher als 300 Mio. DM. Mit der dargelegten Kompetenzausstattung des Verwaltungsrates, insbesondere zugunsten politischer und gewerkschaftlicher - also tendenziell eher arbeitnehmerfreundlicher - Interessen hatte er einen erheblichen Ein-

---

1 R. Mayr, Die Privatisierungspolitik der Treuhandanstalt, 1995, S. 9.

2 M. Kloepfer, Öffentlich-rechtliche Vorgaben, 1993, S. 68.

3 Art. 25 Abs. 2 Satz 2 EVertr.

4 R. Mayr, Die Privatisierungspolitik der Treuhandanstalt, 1995, S. 6.

5 W. Spoerr, Treuhandanstalt und Treuhandunternehmen, 1993, S. 9.

6 § 3 Abs. 2 Satz 2 THG.

7 § 4 Abs. 1 Satz 1 THG.

8 § 8 Abs. 2 Satz 1 THA-Satzung.

9 M. Kloepfer, Öffentlich-rechtliche Vorgaben, 1993, S. 44.

10 § 4 Abs. 1 Satz 3 THG; § 8 Abs. 3 THA-Satzung.

11 M. Kloepfer, Öffentlich-rechtliche Vorgaben, 1993, S. 44; R. Mayr, Die Privatisierungspolitik der Treuhandanstalt, 1995, S. 6f.

12 R. Mayr, Die Privatisierungspolitik der Treuhandanstalt, 1995, S. 7.

fluß auf die zugesagten Arbeitsplatz- und Investitionsgarantien der Investoren. Mayr ermittelte eine Entscheidungsbeteiligung des Verwaltungsrates an den gesicherten Arbeitsplätzen in Höhe von 13,24% und an den garantierten Investitionen in Höhe von 29,45%.[1] Von besonderer politischer Relevanz war der Einfluß der **Treuhand-Wirtschaftskabinette** auf die Tätigkeit der THA. Hierbei handelt es sich um Gremien, die bei den Landesregierungen gebildet wurden und an denen sowohl Vertreter der neuen Bundesländer als auch der THA-Länderabteilungen und -Branchendirektorate mitwirkten.[2] Die Funktion der Wirtschaftskabinette liegt im Informationsaustausch zwischen THA und den Bundesländern und insbesondere deren Abstimmung im Hinblick auf für den Arbeitsmarkt bedeutsamen Entscheidungen. Letztendlich sollte eine starke Kohärenz der Länder- und THA-Aufgaben hergestellt werden.[3] Eine Abstimmung der Aufgaben zwischen THA und Länderregierungen ist deshalb von besonderer Relevanz, weil im Gegegensatz zu den Ländern, denen ein Mandat arbeitsmarkt- und strukturpolitischer Natur zukommt,[4] die THA originär keine aktive Strukturpolitik betrieb.

Mit dem Beitritt der DDR zur Bundesrepublik Deutschland am 3. Oktober 1990 ergab sich eine territoriale Erweiterung der Europäischen Gemeinschaft auf das Beitrittsgebiet.[5] Die **Kommission der Europäischen Gemeinschaften** hat damit auch die Kontrollfunktion gem. des Beihilferechts der Gemeinschaft über die Vergabe von Finanzhilfen (Liquiditäts- und Einzelbürgschaften) durch die THA. Da jedoch die potentiell beihilferechtlich relevanten Sachverhalte im Tätigkeitsbereich der THA überaus groß war, hatte die Kommision in einer grundlegenden Entscheidung vom 18. September 1991 auf die Notifizierung der Vielzahl einzelner Vorgänge durch die Bundesregierung verzichtet.[6] Für Finanzhilfen in den sogenannten sensiblen Bereichen Stahl-, Schiffbau-, Chemiefaser-, Kraftfahrzeugindustrie sowie in der Fischerei und Landwirtschaft behielt sich die Kommission hingegen das Recht auf Einzelfallprüfungen vor.[7] Hingegen waren Privatisierungen, bei denen nicht der Bewerber mit dem höchsten Preisgebot den Zuschlag erhielt und der Gesamtvorstand den Unternehmensverkauf zu genehmigen hatte, grundsätzlich der EG-Kommission anzuzeigen.[8]

Gerichte üben eine Kontrolle über die Entscheidungen der THA aus, sofern Rechtsmittel zulässig sind. Im Rahmen dieser Arbeit ist primär von Bedeutung, ob und wie

---

1 R. Mayr, Die Privatisierungspolitik der Treuhandanstalt, 1995, S. 8.

2 M. Kloepfer, Öffentlich-rechtliche Vorgaben, 1993, S. 69; R. Mayr, Die Privatisierungspolitik der Treuhandanstalt, 1995, S. 9.

3 R. Schmidt, Aufgaben und Struktur der Treuhandanstalt im Wandel der Wirtschaftslage, in: P. Hommelhoff (Hrsg.), Treuhandunternehmen im Umbruch: Recht und Rechtswirklichkeit beim Übergang in die Marktwirtschaft, Köln 1991, S. 34; W. Spoerr, Treuhandanstalt und Treuhandunternehmen, 1993, S. 12f.

4 Art. 91a Abs. 1 und 104a GG.

5 H.-W. Rengeling, Das vereinte Deutschland in der Europäischen Gemeinschaft: Grundlagen zur Geltung des Gemeinschaftsrechts, in: Deutsches Verwaltungsblatt, 105. Jg. (1990), H. 23, S. 1308.

6 M. Kloepfer, Öffentlich-rechtliche Vorgaben, 1993, S. 69.

7 R. Krüger, Privatisierung ostdeutscher Unternehmen in EG-koordinierten Krisenbranchen, in: Wirtschaftsdienst, 72. Jg. (1992), Nr. XI, S. 594-601.

8 R. Mayr, Die Privatisierungspolitik der Treuhandanstalt, 1995, S. 10.

Betroffene über die Judikative Entscheidungen der THA rückgängig machen können, weniger jedoch die Fragestellung, welche Gerichte für welche Rechtsstreitigkeiten im Zusammenhang mit der THA zuständig sind. Für den Einfluß auf die Privatisierungsentscheidung der THA erscheint dies von nachrangiger Bedeutung. Auf Fälle der Investitionsvorrang-, Vermögenszuordnungs- und Restitutionsentscheidungen wird im 2. Kapitel an den entsprechenden Stellen eingegangen.

Mit dem Beitritt der fünf neuen Bundesländer zum Bundesgebiet hat sich auch der Verantwortungsbereich des **Kartellamtes** auf die neuen Bundesländer ausgeweitet.[1] Der Einfluß des Kartellamtes, gemessen in der Beteiligung an mit den Privatisierungsfällen verbundenen Arbeitsplatz- und Investitionsgarantien, betrug 15,71% bzw. 27,92%.[2] Relativierend muß hier jedoch einbezogen werden, daß es nicht Aufgabe des Kartellamtes war, Einfluß auf die Arbeitsplatz- und Investitionsgarantien zu nehmen. Das Kartellamt überwacht lediglich anhand bestimmter Unternehmensgrößen-Kriterien im Hinblick auf Wettbewerbsstrukturen, ob eine Unternehmensübernahme oder -fusion *zwischen den anzeigepflichtigen Unternehmungen* erfolgen darf. Wäre solch ein Zusammenschluß vom Bundeskartellamt untersagt worden, hätte in den meisten Fällen wahrscheinlich immer noch die Option zum Verkauf an den Bewerber mit dem zweitbesten Gebot und ähnlich hohen Arbeitsplatz- und Investitionsgarantien bestanden.

Zusammenfassend kann konstatiert werden, daß die größte und unmittelbarste Einflußnahme auf Privatisierungsentscheideungen der THA durch die neuen Bundesländer selbst herbeigeführt wurde, und zwar über die Treuhand-Wirtschaftskabinette und in besonderem Maße über den Treuhand Verwaltungsrat. Zwar auch einen unmittelbaren Einfluß, der aber in weniger starkem Umfange genutzt wurde, hatte als fachaufsichtsrechtliche Kontrollinstitution das Bundesministerium der Finanzen. Andere oben behandelte Gremien hatten eher ex post Kontrollfunktionen inne und konnten weniger direkt Einfluß auf die Entscheidungsprozesse der THA nehmen.

2.4 Die Motive potentieller Investoren

Für die Zwecke dieser Arbeit sei als repräsentativ ein Investor angenommen, der seine aktuelle Vermögensposition maximiert. Bei dem Investor kann es sich um eine Unternehmung, das Management (beim Management-Buyout) oder einen privaten Investor handeln. Investoren streben einen möglichst niedrigen Unternehmenskaufpreis und möglichst günstige, d.h. sie gegenüber dem Verkäufer potentiell wenig in die Pflicht

---

1 Zur Arbeit des Bundeskartellamtes und den angezeigten Zusammenschlüssen mit ostdeutschen Unternehmen vgl. T. Frisch, Zusammenschlüsse mit ostdeutschen Unternehmen, HWWA-Report Nr. 89, Hamburg 1991; ders., Privatisierung und Unternehmenskäufe in Ostdeutschland: Statistische Auswertung der Zusammenschlüsse mit ostdeutschen Unternehmen und Analyse ausgewählter Branchen, HWWA-Report Nr. 104, Hamburg 1992; ders., Unternehmenszusammenschlüsse in den neuen Bundesländern: Statistische Auswertung der Zusammenschlüsse mit ostdeutschen Unternehmen und ausgewählte Probleme der Privatisierung, HWWA-Report Nr. 119, Hamburg 1993.

2 R. Mayr, Die Privatisierungspolitik der Treuhandanstalt, 1995, S. 10.

nehmende, Vertragsklauseln an. Die Interessenlage des repräsentativen Investors ist den Interessen der THA somit diametral entgegengesetzt. Die Besonderheit bei THA-Unternehmen - mit erheblichen Konsequenzen für die Unternehmensbewertung - bestand in der Informationsasymmetrie zwischen Vertretern der THA und potentiellen Investoren hinsichtlich der Qualität der THA-Unternehmungen.[1] Weil bei einer Vielzahl von Privatisierungsfällen der potentielle Investor mit der Geschäftsleitung der THA-Unternehmung in Kontakt getreten war, bevor die THA eingeschaltet wurde, kannten viele Erwerber die Unternehmung besser als die Verkäuferin THA. Während die potentiellen Erwerber die THA-Unternehmung systematisch über einen gewissen Zeitraum beobachten, sorgfältig die vorhandene Substanz ermitteln, sich über rechtliche Verhältnisse (insbesondere hinsichtlich Restitutionsansprüchen) und Marktchancen informieren konnten und sie von der Geschäftsleitung der THA-Unternehmung bestens über Stärken und Schwächen des Kaufgegenstandes informiert wurden, konnten Vertreter der THA häufig nur auf ad hoc für das Privatisierungsverfahren beschaffte Informationen (z.B. wenig aussagefähige DM-Eröffnungsbilanzen) zurückgreifen. Eine systematische Beobachtung ihrer Beteiligungs-Unternehmungen über einen gewissen Zeitraum hatte seitens der Privatisierungsagentur bei vielen Privatisierungen zumindest bis Ende 1992 nicht stattgefunden.[2]

Die Interessen der Investoren korrelieren partiell positiv mit denen der Geschäftsleitungen der zu privatisierenden Unternehmungen. Weil viele ehemalige volkseigene Betriebe Investitionen und Entwicklungen mit eigenen finanziellen Mitteln nicht erbringen konnten, waren Geschäftsführer großer THA-Unternehmungen an einer schnellen Privatisierung interessiert, dies natürlich auch vor dem Hintergrund einer frühzeitigen Sicherheit über ihre Arbeitsplätze.[3] Aus der häufig längeren und besseren Bekanntschaft zwischen Erwerber und Geschäftsleitung als zwischen THA und Geschäftsleitung resultiert für die Unternehmensbewertung und Kaufpreisfindung, daß diese für den Erwerber vorteilhafter gestaltet werden konnte als für die Privatisierungsagentur selbst. Es kam sogar oft vor, daß DM-Eröffnungsbilanzen von durch den Erwerbsinteressenten empfohlenen Wirtschaftsprüfern erstellt wurden, mit der Konsequenz von extrem vorsichtig bewerteten Vermögensgegenständen.[4] Ganz andere Interessen verfolgten hingegen z.T. die Geschäftsleitungen kleinerer THA-Unternehmungen, um möglichst wie bisher ohne Rationalisierungen weiterwirtschaften zu können. In einzelnen Fällen spielte hier auch eine Rolle, daß Geschäftsführer solcher Gesellschaften die heruntergewirtschaftete Gesellschaft schließlich selbst günstig erwerben wollten.[5]

Neben der oben beschriebenen bekannten Informationsasymmetrie muß ein weiterer wichtiger Aspekt der Vermögensmaximierung des Investors berücksichtigt werden, namentlich das *langfristige Wertsteigerungspotential der Investition*. Dieses strategi-

---

1 W. Spoerr, Treuhandanstalt und Treuhandunternehmen, 1993, S. 142.

2 W. Spoerr, Treuhandanstalt und Treuhandunternehmen, 1993, S. 142.

3 W. Spoerr, Treuhandanstalt und Treuhandunternehmen, 1993, S. 143.

4 W. Spoerr, Treuhandanstalt und Treuhandunternehmen, 1993, S. 143.

5 o.V., Genex-Nachfolger beschenkten sich selbst, in: Süddeutsche Zeitung, Nr. 102 vom 3.5.1991, S. 29; o.V., Interflug-Liquidator prüft wegen Betruges, in: FAZ, Nr. 116 vom 22.5.1991, S. 19.

sche Upside Potential begründete für zahlreiche Käufer von Treuhand-Unternehmungen das primäre Kaufmotiv. Einen Hinweis darauf gibt zum einen, daß 70% der - nach Einschätzung einer von Price Waterhouse durchgeführten Studie - erfolgreichsten ehemaligen THA-Unternehmungen, gemessen an Branchenkenngrößen, noch vor Mitte 1991 von der Treuhandanstalt privatisiert wurden.[1] Zu einer Zeit also, als die Umweltunsicherheit noch wesentlich höher war als gegen Ende der Privatisierungsfrist. Zum anderen wird diese These gestützt durch die in dieser Studie untersuchten Kaufmotive für Treuhand-Unternehmungen. Eine große Rolle unter den von den Befragten selbst genannten Beweggründen zur Unternehmensakquisition spielten fünf *strategisch begründete Motive*, die sehr eng miteinander verknüpft sind:[2]

- Marktanteilssicherung im bestehenden Markt,
- Erschließung neuer Märkte,
- Erweiterung der Produktpalette,
- Diversifikation in neue Branchen und
- Sprungbrett in den Osten.

Diese Motive spielten sowohl für die identifizierte Käufergruppe mit primär *strategischen* Motiven als auch für Käufer mit primär *finanziellen* Interessen als auch für Käufer, die aus Gründen der Economies of Scale die akquirierte Unternehmung in den Konzern unter Zusammenlegung zentral zu führender Bereiche Finanzen, Personal, Einkauf etc. *integrieren* wollen, eine entscheidende Rolle.

Abb. 1: Die Kaufmotive der Akquisiteure von Treuhandunternehmungen

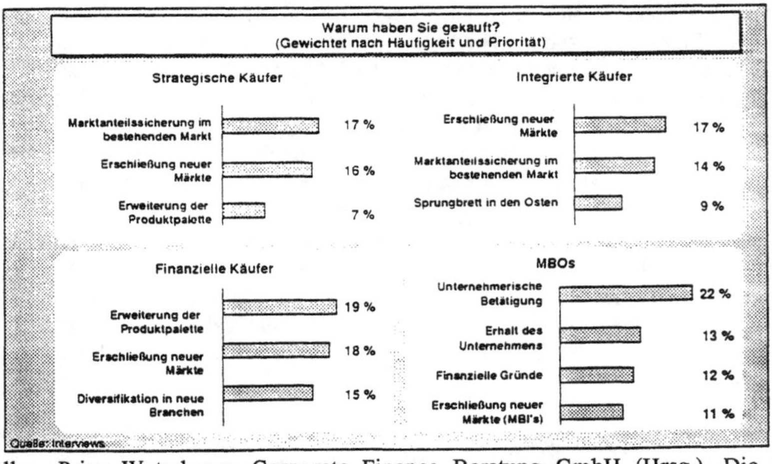

Quelle: Price Waterhouse Corporate Finance Beratung GmbH (Hrsg.), Die Zeit danach: Was wurde aus den Treuhand-Verkäufen?, Leipzig 1993, S. 36.

Entscheidend für die vorliegende Arbeit sind die von den Käufern selbst genannten Kaufmotive und an dieser Stelle insbesondere die oben genannten, die strategisch

---

[1] Price Waterhouse Corporate Finance Beratung GmbH (Hrsg.), Die Zeit danach: Was wurde aus den Treuhand-Verkäufen?, Leipzig 1993, S. 17 und 24f.

[2] Price Waterhouse (Hrsg.), Die Zeit danach, 1993, S. 36.

orientiert sind und folglich auf Intentionen von Folgeinvestitionen und Expansions-Optionen[1] hinweisen. Abbildung 1 zeigt die in der Price Waterhouse-Studie von den Akquisiteuren am häufigsten genannten Unternehmensübernahmemotive.

Es wurde deutlich, daß Käufer von Treuhand-Unternehmungen theoretisch grundsätzlich die Expansions-Option hätten halten müssen.

2.5 Das Paradoxon und die zentrale Hypothese

Dieses starke Investoreninteresse hätte theoretisch einen starken Bieterwettbewerb um Treuhand-Unternehmungen auslösen und zu hohen positiven Preisen für diese führen müssen. Paradoxerweise war dies aber nicht der Fall. Die in der Privatisierungsliteratur bisher nicht berücksichtigte Theorie der Realoptionen führt für die vorliegende Arbeit deshalb zur folgenden zentralen **These**:

Die den Treuhand-Unternehmungen ursprünglich immanent gewesenen Realoptionen (wie sie unten in den Abschnitten 4.4 bis 4.8 für Investitionen außerhalb von Transformations-Volkswirtschaften identifiziert werden), die zu einer höheren Bewertung führen als die reine Kapitalwertmethode, sind durch verschiedene institutionelle Arrangements restringiert worden und haben die Investition in eine Treuhand-Unternehmung bereits in der ex ante-Kalkulation größtenteils zu Sunk Costs werden lassen.[2]

---

1 Auf die Realoptionstypen und ihre Implikationen für Investitions-Nettobarwerte wird unten in den Abschnitten 4.4 bis 4.8 dieses Kapitels eingegangen.

2 Unter Sunk Cost sind irreversible Investitionsausgaben zu verstehen, die auch bei einer Aufgabe der Investition nicht vollständig zurückgeholt werden können. Bestünde eine Investition zu 0% aus Sunk Cost (wäre sie also vollständig reversibel), könnte man den Investitionsbetrag durch Veräußerung des Investitionsprojekts vollständig wiedergewinnen. Eine Option des Investitionsaufschubs wäre in einer solchen Situation nicht notwendig und verlöre ihren Wert, weil das Investitionsprojekt jederzeit ohne Verlust der investierten Beträge abgebrochen / veräußert werden kann. Dies ist natürlich eine sehr unrealistische Situation, denn selbst firmen-unspezifische Investitionsprojekte werden für einen potentiellen Käufer genauso unrentabel sein wie für den potentiellen Verkäufer, mit der Folge, daß ein verlustfreier Abbruch nicht möglich ist. Zum Konzept der Sunk Cost vgl. J.P. Krahnen, Sunk Costs und Unternehmensfinanzierung, Wiesbaden 1991, S. 41-69; A.K. Dixit und R.S. Pindyck, Investment under Uncertainty, Princeton, New Jersey 1994, S. 8f.

3. Besonderheiten bei der Bewertung sanierungsbedürftiger Unternehmungen in einem unsicheren Umfeld und die Konsequenzen für die Wahl des Bewertungsmodells

3.1 Unternehmensbewertung im Privatisierungskontext

Wie bei Unternehmensverkäufen außerhalb von Privatisierungsanlässen[1] muß auch der Verkäufer Treuhandanstalt eine Vorstellung von dem wahrscheinlich zu erzielenden Preis haben. Wenngleich Preis und Wert nicht identisch sind, so kann die Bewertung eines Gutes doch entscheidende Preisgrenzen aufzeigen, die für einen Alternativenvergleich Entscheidungshilfen geben.[2] In der speziellen Situation der Treuhandanstalt handeln die Privatisierer als Treuhänder staatlichen Vermögens und müssen mit Hilfe von Unternehmensbewertungsgutachten beauftragter Dritter ihre Entscheidung, zu einem bestimmten Preis zu verkaufen, absichern.

Die Unternehmensbewertung stellt somit die Brücke dar für die finanzielle Erfassung aller Unternehmensaktivitäten und daraus resultierender Ansprüche zu einer Kennziffer und der letztendlichen Kaufpreisfindung.[3]

---

1 Zu den sonst üblichen Anlässen und den Funktionen (Beratungs-, Argumentations- und Vermittlungsfunktion) einer Unternehmensbewertung vgl.: M.J. Matschke, Der Entscheidungswert der Unternehmung, Bd. 21 der Schriftenreihe "Betriebswirtschaftliche Beiträge" hrsg. von H. Münstermann, Wiesbaden 1975; G. Sieben, Der Entscheidungswert in der Funktionenlehre der Unternehmensbewertung, in: BFuP, 28. Jg. (1976), S. 491-504; ders., Funktionen der Bewertung ganzer Unternehmen und von Unternehmensanteilen, in: WISU, 12. Jg. (1983), H. 12, S. 539-542; V.H. Peemöller, 1. Aufgaben und Anlässe der Unternehmensbewertung, in: V.H. Peemöller (Hrsg.), Handbuch Unternehmensbewertung, I Allgemeiner Teil, Landsberg a.L. 1984, S. 1-6; B. Bellinger und G. Vahl, Zweckgerechte Werte für Unternehmen und Unternehmensanteile: Stellungnahme zu dem "Erhebungsbogen zur Unternehmensbewertung" des IDW, in: DB, (1989), H. 31, S. 1531f.; H. Fischer, Teil II: Bewertung, in: W. Hölters, (Hrsg.), Handbuch des Unternehmens- und Beteiligungskaufs, 4. völlig überarb. und erw. Aufl., Köln 1996, S. 69-72.

2 Zu den funktionenabhängigen Begriffen Preisober- bzw. -untergrenze, Schiedspreis ("fairer" Einigungspreis), Arbitriumwert und Argumentationswert bzw. -preis vgl. M.J. Matschke, Entscheidungswert der Unternehmung, Wiesbaden 1975; Ders., Funktionale Unternehmensbewertung. Bd. II: Der Arbitriumwert der Unternehmung, Wiesbaden 1979; A. Wagenhofer, Der Einfluß von Erwartungen auf den Argumentationspreis in der Unternehmensbewertung, in: BFuP, (1988), H. 6, S. 532-552; K. Bierle, 16. Bewertungsobjekt und Wertansätze bei der Unternehmensbewertung, in: V.H. Peemöller (Hrsg.), Handbuch Unternehmensbewertung, 1984, S. 5-9; V.H. Peemöller, Aufgaben und Anlässe, 1984, S. 4-6.

3 Zum Spannungsverhälnis zwischen Wert und Preis vgl.: grundsätzlich: W. Stützel, Wert und Preis, in: Handwörterbuch der Betriebswirtschaft, Bd. I/3, 4. völlig neugest. Aufl., Stuttgart 1976, Sp. 4404-4425; speziell bei Unternehmungen: G. Jaensch, Wert und Preis der ganzen Unternehmung - Beiträge zur betriebswirtschaftlichen Forschung, Bd. 23, Frankfurt a.M. 1966, S. 3-20; A. Wagenhofer, Einfluß von Erwartungen, 1988, S. 532-552; K. Ruhnke, Unternehmensbewertung: Ermittlung der Preisobergrenze bei strategisch motivierten Akquisitionen, in: DB, 44. Jg. (1991), H. 37, S. 1889-1894; S. Valcárcel, Ermittlung und Beurteilung, 1992, S. 589-595.

3.2 Besonderheiten bei der Bewertung sanierungsbedürftiger Unternehmungen im Umfeld der volkswirtschaftlichen Transformation

Die Besonderheit der Bewertung von Unternehmungen der THA bestand darin, daß sich einerseits das ökonomische Umfeld innerhalb kürzester Zeit verändert hatte, was zu Problemen auf der Ertragsseite führte, und andererseits die Unternehmungen selbst auf der Kostenseite und in der Ressourcenausstattung schlechter gestellt waren als die marktwirtschaftlichen Wettbewerber. Die Differenzen zwischen theoretischen Werten und tatsächlich erzielten Preisen waren bei THA-Unternehmungen besonders herausragend. Es wurden sowohl substantielle Prämien als auch Preisabschläge beobachtet.[1]

Für Unternehmensbewertungsgesichtspunkte kann diese Ausgangssituation mit dem Privatisierungs-Deregulierungs-Paradoxon beschrieben werden.[2] Dieses schwer lösbare Paradoxon tritt bei der Unternehmensprivatisierung durch Verkauf im Zuge der Transformation gesamter Volkswirtschaften auf. Der Verkauf von Unternehmungen setzt funktionsfähige Güter- und Finanzmärkte voraus, die in einem Transformationsumfeld kurzfristig nicht gegeben sind. Einerseits muß für die Privatisierung über Verkauf eine Unternehmensbewertung vorgenommen werden, die eine Schätzung des Ertragswertes erforderlich macht, was sinnvoll nur dann möglich ist, wenn die Marktchancen der betreffenden Unternehmung in einem marktwirtschaftlichen Umfeld abschätzbar sind, das sich aber gerade noch nicht funktionsfähig etablieren konnte.[3] Andererseits müssen funktionsfähige Finanzmärkte vorhanden sein, die das Sparkapital der Bevölkerung in Risikokapital transformieren und dafür sorgen, daß die Kapitalallokation optimiert wird.

Für die Wahl des Unternehmensbewertungsmodells bedeutet die oben geschilderte Situation, daß in besonderem Maße die extreme Unsicherheit bezüglich der künftigen wirtschaftlichen Entwicklungen Berücksichtigung finden muß. Das bei der Unternehmensbewertung zu lösende Prognoseproblem gewinnt vor diesem Hintergrund eine neue Qualität.[4] Die aus der Transformation der Volkswirtschaft resultierende Ertragsschwäche von Unternehmungen ist eine weitere Besonderheit, die in der deutsch-

---

1 M. Bracklo, Dealing with Value Uncertainty, in: OECD (Hrsg.), Valuation and Privatisation, Paris 1993, S. 103, 105.

2 Zum Privatisierungs-Deregulierungs-Paradoxon vgl. A. Bohnet und C. Ohly, Zum gegenwärtigen Stand der Transformationstheorie: Eine Literaturstudie, in: Zeitschrift für Wirtschaftspolitik, 41. Jg. (1992), H. 1, S. 41; D. Lösch, Der Weg zur Marktwirtschaft: Grundzüge einer Theorie der Transformationspolitik, Veröffentlichungen des HWWA-Instituts für Wirtschaftsforschung - Hamburg, Bd. 4, Baden-Baden 1993, S. 45f.

3 Politikinduzierte erschwerende Gründe zur Etablierung eines funktionierenden Gütermarktes in Ostdeutschland lagen in der Währungsumstellung im Verhältnis zwei Mark der DDR zu einer Deutschen Mark und in dem der Produktivitätsentwicklung weit vorausgeeiltem Lohnniveau. Zur Entwicklung der Produktivitäts- und Lohnentwicklung in Ostdeutschland vgl. F.J. Link, Makroökonomischer Rahmen, Investitions- und Transferbedarf, Vorabdruck der iw-trends, 1992, Nr. 3, S. 5.

4 Zur ausführlichen Behandlung des Prognoseproblems vgl. W.-R. Bretzke, Das Prognoseproblem bei der Unternehmensbewertung: Ansätze zu einer risikoorientierten Bewertung ganzer Unternehmungen auf der Grundlage modellgestützter Erfolgsprognosen, Düsseldorf 1975.

sprachigen Literatur zur Unternehmensbewertung eher den Ausnahmefall darstellte.[1] Für die Bewertung von Treuhand-Unternehmungen ist deren Ertragsschwäche jedoch der Normalfall, wie die Statistik im 3. Kapitel zeigen wird. Hieraus ergibt sich das Problem, daß der Ertragswert unter Going-Concern-Annahmen geringer sein kann als der Liquidationswert der Unternehmung. Damit der Investor aus solch einer Konstellation keinen Arbitragegewinn dergestalt erzielen kann, daß er die Unternehmung zu einem Preis nahe dem Ertragswert kauft (oder bei einem negativen Wert sogar eine Ausgleichszahlung vom Verkäufer erhielte), um sie anschließend zu liquidieren, mußte sich die THA die Unternehmensfortführung durch pönalisierte Investitions- und Beschäftigungsauflagen und durch Spekulationsklauseln - wonach der in einer bestimmten Zeit nach der Privatisierung erzielte Gewinn aus Verkäufen von Vermögensgegenständen der privatisierten Unternehmung ganz oder teilweise mit der THA geteilt werden muß - absichern lassen.[2]

Der Substanzwert als (Teil-)Rekonstruktionswert zu Wiederbeschaffungskosten war für die Preisfindung von THA-Unternehmen grundsätzlich ungeeignet, weil die zur Privatisierung anstehende Substanz von Einzelunternehmungen nicht in der vorgefundenen Weise vom Investor rekonstruiert würde.[3] Obwohl die reine Substanzwertbetrachtung in der Literatur zur Unternehmensbewertung keine Akzeptanz findet[4] (eine Ausnahme bildeten hier noch die ersten vom DDR-Ministerium der Finanzen erlassenen Hinweise zur Bewertung von Unternehmungen der DDR in der Übergangsphase der Transformation)[5], hatte sich die THA bis Mitte 1991 bei der Kaufpreisfindung an Substanzwerten orientiert, die auf Basis der bilanziellen Ansätze (bewertet zu Anschaffungs- bzw. Herstellungskosten) ermittelt wurden.[6] In der Literatur der Privatisierungsanfangsphase wurde mangels gesicherter Schätzungen über die Zukunftserfolge

---

1 G. Sieben, Zur Wertfindung bei der Privatisierung von Unternehmen in den neuen Bundesländern durch die Treuhandanstalt, in: DB, 45. Jg. (1992), H. 41, S. 2042.

2 Wenn der Ertragswert unter dem Liquidationswert liegt, bildet letzterer gem. des Beschlusses des Landesgerichts Berlin vom 24.11.1982 den Unternehmenswert. Von dieser Regel kann unter dem besonderen Umstand, daß die Unternehmung nach Verkauf weitergeführt werden soll und auch tatsächlich weitergeführt wird abgewichen werden. Vgl. A. Csik, 9. Rechtsprechung und Unternehmensbewertung, in: V.H. Peemöller (Hrsg.), Handbuch Unternehmensbewertung, 1984, S. 6f.

3 M. Balz, Konzernrecht und Treuhandanstalt: Zur Rolle der Unternehmensbewertung bei der Privatisierung, in: WPg, 46. Jg. (1993), Nr. 1/2, S. 13.

4 Entscheidend für die Erstellung von Bewertungsgutachten durch Wirtschaftsprüfer sind vor allem: Institut der Wirtschaftsprüfer (IDW): Anwendung der Grundsätze zur Durchführung von Unternehmensbewertungen bei Bewertungen in der DDR (HFA 2/1990), in: IDW (Institut der Wirtschaftsprüfer): Bewertung von Unternehmen in der DDR - Stellungnahmen des Instituts der Wirtschaftsprüfer (IDW) und Hinweise des Ministeriums der Finanzen der DDR, Düsseldorf 1990, S. 57-62; Dass.: Grundsätze zur Durchführung von Unternehmensbewertungen (HFA 2/1983), in: IDW (Institut der Wirtschaftsprüfer): Bewertung von Unternehmen in der DDR, Düsseldorf 1990, S. 63-94.

5 Ministerium der Finanzen der DDR: Hinweise für die Bewertung von Unternehmen, in: IDW (Institut der Wirtschaftsprüfer): Bewertung von Unternehmen in der DDR, Düsseldorf 1990, S. 9-56, hier S. 52.

6 A. Moxter, Grundsätze ordnungsmäßiger Unternehmensbewertung, 3. A., Wiesbaden 1991, S. 41.

der THA-Unternehmungen gerade die Anwendung des Substanzwerts herausgestellt.[1] Desweiteren unterlag der Handlungsspielraum der THA zahlreichen Restriktionen ihres Zielsystems und des rechtlichen Umfeldes, die im Kaufvertrag berücksichtigt werden mußten und sich erheblich auf die Kaufpreisfindung ausgewirkt haben müssen, wie im 2. Kapitel gezeigt wird.

Vor diesem Hintergrund erscheint die unkritische Übernahme von Bewertungsverfahren, die in erster Linie für die Bewertung ertragbringender Unternehmungen gedacht sind, nicht angezeigt. Deshalb wird in dieser Arbeit ein Bewertungsansatz gewählt, der in besonderem Maße die kaufvertraglichen Regelungen und die sich daraus ergebenden Restriktionen zukünftiger Handlungsoptionen der Investoren, des Managements der privatisierten Unternehmungen und der THA berücksichtigt. D.h. die THA und die zu privatisierende Unternehmung wird jeweils als Bündel von Handlungsoptionen betrachtet, die mit Optionsbewertungsmodellen bewertet werden können. Aus diesem Grunde wird im folgenden Abschnitt 4 dieses Kapitels dargelegt, unter welchen Annahmen Optionsbewertungsmodelle auf Finanzoptionen angewandt werden können und wie dieser Ansatz auf reale Investitionen übertragen werden kann.

4. Anwendung finanzieller Optionsbewertungsmodelle auf Realinvestitionen

4.1 Übersicht über Bewertungsverfahren der finanziellen Optionstheorie als Ausgangsbasis für die Bewertung von Realoptionen

4.1.1 Definitionen und Annahmen

Trotz der Vielzahl von Optionen auf ganz unterschiedliche Underlying Assets sei eine Option grundsätzlich wie folgt definiert: Eine Option gibt dem Optionskäufer das Recht, aber nicht die Pflicht, das der Option zugrundeliegende Gut (Underlying Asset) zu einem im Abschlußzeitpunkt fest vereinbarten Preis (Ausübungspreis, Basispreis, Strike Price) innerhalb (American Style) oder nur am Ende (European Style) einer bestimmten Frist (Exercise Date, Expiration Date, Maturity) zu kaufen (Kaufoption, Call-Option) bzw. zu verkaufen (Verkaufsoption, Put-Option).[2] Die Grundannahme der folgenden Ausführungen zu allgemeinen grundsätzlichen Restriktionen und zu den Bewertungsmodellen einfacher Aktienoptionen ist, daß die Anlagen auf funktionierenden arbitragefreien Märkten erfolgen, so daß risikofreie Gewinnmöglichkeiten ausgeschlossen werden.[3] Des weiteren gelten folgende Annahmen: [4]

---

1 R. Diedrich, Substanzwertorientierte Verfahren zur Bewertung von Unternehmen in der ehenaligen DDR, in: BFuP, 43. Jg. (1991), Nr. 2, S. 155-167.

2 H. Lipfert, Devisenhandel mit Devisenoptionshandel, 3., neu bearb. und erw. Aufl., Frankfurt a.M. 1988, S. 147f.; T.E. Copeland und J.F. Weston, Financial Theory, 1992, S. 241-243; J.C. Hull, Options, Futures, and Other Derivatives, 3. A., Upper Saddle River, NJ, 1997, S. 4f.

3 J. Wilhelm, Zum Verhältnis von Capital Asset Pricing Model, Arbitrage Pricing Theory und Bedingungen der Arbitragefreiheit, in: ZfbF, 33. Jg. (1981), S. 891-905.

"1. Es existiert ein Markt, auf dem Aktien, Anleihen sowie Aktienoptionen des amerikanischen und europäischen Typs begeben und gehandelt werden. Alle Geschäfte in Aktien und Anleihen sind sofort zu erfüllen.
2. Der Marktzugang ist für alle Anleger und Emittenten frei. Es existieren keine Steuern, Transaktionskosten, Informationskosten und Kosten finanzieller Anspannung. Die Finanztitel sind beliebig teilbar, wobei eine ganze Option auf ein Stück des jeweils zugrundeliegenden Titels lautet. Die Preisbildung wird nicht durch gesetzliche Vorschriften beeinträchtigt. Die Stillhalter erfüllen stets ihre Verpflichtungen aus Optionsgeschäften und müssen keine Sicherheiten bereitstellen.
3. Die Marktteilnehmer sind bereit, risikobehaftete Titel zu übernehmen. Sie sind Nutzenmaximierer und verhalten sich rational in dem Sinne, daß sie von zwei Titeln, die in jeder Zukunftslage den gleichen Wert aufweisen, denjenigen mit dem gegenwärtig niedrigeren Preis kaufen und/oder den anderen Titel verkaufen.
4. Leerverkäufe sind uneingeschränkt zulässig. Die Leerverkäufer erfüllen stets ihre Verpflichtungen und müssen keine Sicherheiten bereitstellen.
5. Risikofreie Geldanlagen und Geldaufnahmen können in unbeschränkter Höhe erfolgen. Der Anlagezinssatz ist positiv, im Zeitablauf konstant und entspricht dem Aufnahmezinssatz. Es herrscht Geldwertstabilität, und es existiert nur eine Währung.
6. Es erfolgen keine Ausschüttungen an die Aktionäre."

Diese Annahmen ermöglichen es in erster Linie, die Argumentation zu vereinfachen. Die weiteren Ausführungen ließen sich unter Aufhebung dieser Annahmen modifizieren; an den Ergebnissen und Grundaussagen dieses Abschnitts änderte sich c.p. nichts.[1]

Im Verlauf der Arbeit werden Symbole mit folgender Bedeutung verwendet. Sie basieren im wesentlichen auf den entsprechenden englischsprachigen Begriffen:

t Bewertungszeitpunkt, wobei $0 \leq t \leq T$
mit 0 = Beginn der Optionsfrist
T = Ablauf der Optionsfrist
C_t Wert oder Preis[2] einer europäischen oder amerikanischen Kaufoption in t[3]
P_t Wert oder Preis einer europäischen Verkaufsoption in t
p_t Wert oder Preis einer amerikanischen Verkaufsoption in t
S_t Kurs der zugrundeliegenden Aktie in t

---

4 L. Jurgeit, Bewertung von Optionen und bonitätsrisikobehafteten Finanztiteln, Wiesbaden 1989, S. 53f. Zu den mit diesen Annahmen getroffenen Verteilungs- und Präferenzannahmen vgl. L. Jurgeit, Bewertung, 1989, S. 54f. und die dort zitierte Literatur.

1 J.C. Cox und M. Rubinstein, Options Markets, Englewood Cliffs, N.J., 1985, S. 39f. und S. 128; R.C. Merton, Theory of Rational Option Pricing, in: BJoE, Vol. 4 (1973), S. 143.

2 In diesem Abschnitt zu den Optionsbewertungsmodellen wird der Optionswert stets als Marktwert aufgefaßt, so daß Optionswert und -preis hier synonym verwendet werden.

3 Unter den genannten Annahmen ist es für den Käufer einer amerikanischen Kaufoption nicht vorteilhaft, diese vor Ablauf der Optionsfrist auszuüben. Daher sind europäische und amerikanische Kaufoptionen c.p. äquivalent, so daß hier dieselbe Bezeichnungsweise ausreicht.

X Basispreis (= Ausübungspreis) einer Option
τ T - t = Restlaufzeit in Perioden
r_f Einperioden-Aufzinsungsfaktor für risikofreie Zahlungen bei diskreter Verzinsung

Nachdem in diesem Abschnitt die theoretischen Grundlagen für Optionbewertungen aufgezeigt worden sind, sollen in den folgenden Abschnitten die zwei verbreitetsten Optionsbewertungsmodelle mit speziellen Kursverlaufshypothesen dargestellt werden. Eine ausführliche Übersicht über Optionsbewertungsmodelle und eine Systematisierung liefert Jurgeit.[1]

4.1.2 Binomialmodell

Binomialmodelle zählen zu den Modellen ohne spezifizierte Risikopräferenzen. Es handelt sich dabei um sogenannte Duplikationsmodelle.[2] Zu den im vorangegangenen Abschnitt 4.1.1 aufgeführten Annahmen gilt folgende zusätzliche Annahme 7:

7. Finanztitel werden zu zeitdiskreten Handelszeitpunkten gehandelt. Über den zukünftigen Aktienkursverlauf bestehen unter den Marktteilnehmern homogene Erwartungen. Der Aktienkursverlauf entspricht einem multiplikativen Binomialprozeß mit konstanten Wertänderungsparametern u (= up) und d (= down).[3]

Dabei entspricht u-1 der einperiodigen Aktienrendite bei günstiger Kursentwicklung, die sich mit der Wahrscheinlichkeit w einstellt, und d-1 der einperiodigen Aktienrendite bei ungünstiger Kursentwicklung, die sich mit der Gegenwahrscheinlichkeit 1-w einstellt. Weil Aktienkurse nicht negativ werden können, muß gelten $d \geq 0$.[4] Außerdem muß zwischen u, d und dem Einperiodenaufzinsungsfaktor r_f folgende Beziehung bestehen: $u > r_f > d$,[5] weil unter den getroffenen Annahmen am Markt keine unausgenutzte Arbitragemöglichkeit bestehen darf.[6]
Das allgemeine n-periodige Binomialmodell läßt sich entwickeln, indem die Restlaufzeit τ der Option in n gleiche Intervalle der Länge $h = \tau / n$ unterteilt wird und die Bewertung der Kaufoption rekursiv vom Verfalltag bis zur Gegenwart vorgenommen wird.[7]

---

1 L. Jurgeit, Bewertung, 1989, S. 90-98 und die dort zitierte Literatur.

2 Die Bezeichnung Duplikationsmodell resultiert daraus, daß sich die Kaufoption durch ein Portefeuille mit einem sicheren Endwert von Null aus der zugrundeliegenden Aktie und risikofreien Titeln duplizieren läßt; siehe L. Jurgeit, Bewertung, 1989, S. 98-100.

3 J.C. Cox, S.A. Ross und M. Rubinstein, Option Pricing: A Simplified Approach, in: JoFE, Vol. 7 (1979), S. 231, 261-263; L. Kruschwitz und R. Schöbel, Eine Einführung in die Optionspreistheorie, in: WISU, 13. Jg. (1984), Nr. 2, S. 69 und Nr. 3, S. 116.

4 T.E. Copeland und J.F. Weston, Financial Theory, 1992, S. 257.

5 Entscheidend an dieser Relation ist, daß $r_f > 1$ ist und $r_f > d$ sein soll, d.h. es kann gelten $u > r_f > d \geq 1$; siehe L. Jurgeit, Bewertung, 1989, S. 103.

6 L. Jurgeit, Bewertung, 1989, S. 102f.

7 Zur ausführlichen Entwicklung und Herleitung des Modells, siehe J.C. Cox, S.A. Ross und M. Rubinstein, Option Pricing, 1979, S. 229-263.

(4.1)
$$C_t=\frac{1}{r_f^n}\sum_{j=0}^{n}\frac{n!}{j!(n-j)!}q^j(1-q)^{n-j}*\max(0;u^jd^{n-j}S_t-X)$$

mit
$$q=\frac{r_f-d}{u-d}$$

und
$$1-q=\frac{u-r_f}{u-d}$$

Da alle am Ende der Restlaufzeit möglichen Aktienkurse, die nicht über dem Basispreis liegen (also $u^j d^{n-j} S_t \leq X$), keinen Wertbeitrag leisten, können diese vernachlässigt werden. Zur Veinfachung der Gleichung wird deshalb a als kleinste nichtnegative ganze Zahl definiert, für die gilt $a > \ln \{X/(d^n S_t)\}/ \ln (u/d)$ oder $u^a d^{n-a} S_t > X$ mit $X > 0$, $S_t > 0$ und $d > 0$. Gleichung (4.1) läßt sich dann vereinfachen zu[1]

(4.2)
$$C_t=\frac{1}{r_f^n}\sum_{j=a}^{n}\frac{n!}{j!(n-j)!}q^j(1-q)^{n-j}*\max(0;u^jd^{n-j}S_t-X)$$

bzw. mit ausgeschriebenem Maximum-Term:

(4.3)
$$C_t=S_t\sum_{j=a}^{n}\frac{n!}{j!(n-j)!}(q\frac{u}{r_f})^j[(1-q)\frac{d}{r_f}]^{n-j}-X\frac{1}{r_f^n}\sum_{j=a}^{n}\frac{n!}{j!(n-j)!}q^j(1-q)^{n-j}$$

Der zweite Summen-Term der Gleichung (4.3) entspricht der komplementären Binomialverteilungsfunktion B(a, n, q), d.h. der kumulierten binomialverteilten Dichtefunktion von j für $n \geq j \geq a$. Folgerichtig ist der erste Summen-Term eine entsprechende Verteilungsfunktion B(a, n, q') mit $q' = qu/r_f$ und $1-q' = (1-q)d/r_f$.[2] Unter Verwendung der Schreibweise der Binomialverteilung gilt deshalb:[3]

(4.4)
$$C_t=S_tB(a,n,q')-Xr_f^{-n}B(a,n,q)$$

mit
$$q=\frac{r_f-d}{u-d}$$

und
$$q'=\frac{qu}{r_f}$$

Es wurde gezeigt, daß sich der Wert einer Kaufoption unter den genannten Annahmen mit einem Portefeuille aus der zugrundeliegenden Aktie und risikofreien Titeln dupli-

---

1 L. Jurgeit, Bewertung, 1989, S. 113f. Dort findet sich auch die weiter reduzierte Schreibweise mit komplementärer Binomialverteilungsfunktion.

2 L. Jurgeit, Bewertung, 1989, S. 114.

3 L. Jurgeit, Bewertung, 1989, S. 114.

zieren läßt. Folgerichtig ist der Kaufoptionswert nur von S_t, X, u, d, r_f und n abhängig, nicht jedoch von Eintrittswahrscheinlichkeiten, individuellen Risikopräferenzen oder Charakteristika anderer Finanztitel als der zugrundeliegenden Aktie.

4.1.3 Black-Scholes-Modell

Für die Herleitung des Black-Scholes-Modells ist es notwendig, die Annahme 7[1] durch Annahme 7' zu ersetzen:[2]

7'. Der Handel von Finanztiteln erfolgt nicht diskret (diskontinuierlich) sondern kontinuierlich. Die Marktteilnehmer haben hinsichtlich des zukünftigen Aktienkursverlaufs homogene Erwartungen. Der Aktienkursverlauf folgt einem Itô-Prozeß[3] mit konstanter Standardabweichung der Aktienrendite pro Periode.

Die oben benannte Duplikationsstrategie gilt auch hier, wobei gemäß Annahme 7' das Portefeuille kontinuierlich angepaßt wird.

Wenn die Zahl der Perioden n gegen unendlich gehen, nähert sich der multiplikative Binomialprozeß einer log-normalen Verteilung an. Das Black-Scholes-Modell, das die Standardnormalverteilung verwendet, kann als Grenzfall des Binomialansatzes hergeleitet werden.[4] Dies führt zu folgender Kaufoptionsbewertungsgleichung:[5]

---

1 Siehe Abschnitt 4.1.1.

2 R.C. Merton, Rational Option Pricing, 1973, S. 162f., 167-169.

3 Dieser spezielle Itô-Prozeß ist eine geometrische Brown´sche Bewegung (Wiener Prozeß wird synonym für Brown´sche Bewegung verwendet). Gemäß dieser Kursverlaufshypothese sind die Kurse am Ende eines beliebigen Zeitintervalls logarithmisch normalverteilt; F. Black und M. Scholes, The Pricing of Options and Corporate Liabilities, in: JoPE, Vol. (1973), Nr. 3, S. 640; R.C. Merton, Rational Option Pricing, 1973, S. 162f. und 168f.; C.W. Smith Jr., Option Pricing: A Review, in JoFE, Vol. 3 (1976), S. 15; C.W. Haley und L.D. Schall, The Theory of Financial Decisions, 2. Aufl., New York 1979, 249, 271; N. Senghas, Präferenzfreie Bewertung von Kapitalanlagen mit Options-Charakter, Königstein i.Ts., 1981, S. 27f., 105-107. Itô-Theorem: mathematische Regel zur Differenzierung und Integration der Funktionen von zeitkontinuierlichen Zufallsprozessen; R. Klump, Wiener-Prozeß und das Itô-Teorem, in: WiSt, 14. Jg. (1985), Nr. 4, S. 183f. Wirl/Dangl (1997) weisen darauf hin, daß die bei Dixit/Pindyck (1994) geführten Analysen von Investitionen unter Unsicherheit - gekennzeichnet durch Brown´sche Bewegung - sich auf Fälle beschränken, in denen die resultierende Differentialgleichung loglinear und somit die analytische Lösung bekannt ist. Dieses Verfahren ist in seiner Anwendung auf reine Ausstiegsprobleme und triviale Investitionsentscheidungen begrenzt und gereicht nicht zur kontinuierlichen Lösung optimaler Investitionsentscheidungen, die zu nichtlinearen Differentialgleichungen führen. Siehe F. Wirl und T. Dangl, Investition bei Unsicherheit: Was Dixit und Pindyck verschweigen am Beispiel der optimalen Wartung und des Austauschs einer Maschine, Arbeitspapier der Otto-von-Guericke Universität Magdeburg 1997, S. 3-14.

4 Black und Scholes verwendeten tatsächlich eine andere Herleitung ihrer Kaufoptionsbewertungsgleichung, die aber nicht sehr transparent und teilweise widersprüchlich ist, weshalb hier Jurgeit gefolgt wird; siehe L. Jurgeit, Bewertung, 1989, S. 92, 118, Anhänge B und C.

5 L. Jurgeit, Bewertung, 1989, S. 117f.

(4.5)

$$C_t = S_t N(d_1) - X r^{-\tau} N(d_2)$$

mit[1]

$$N(d_i) = \int_{-\infty}^{d_i} \left(\frac{1}{\sqrt{2\Pi}}\right) e^{\frac{-x^2}{2}}$$

für i =1,2

$$d_1 = \frac{\ln\left(\frac{S_t}{X r^{-\tau}}\right)}{\sigma\sqrt{\tau}} + \frac{1}{2}\sigma\sqrt{\tau}$$

$$d_2 = d_1 - \sigma\sqrt{\tau}$$

σ ist die Standardabweichung der Aktienrendite pro Periode bei kontinuierlicher Verzinsung. Da die Black-Scholes-Kaufoptionsbewertungsgleichung unter Verwendung stetiger Zeit arbeitet, wird in der Literatur meist der Abzinsungsfaktor für kontinuierliche Verzinsung verwendet, mithin $e^{-r\tau}$.[2] Weil in dieser Arbeit jedoch der Herleitung des Black-Scholes-Modells als Grenzfall des zeitdiskreten Binomialmodells gefolgt wird, wird hier der Abzinsungsfaktor bei diskreter Verzinsung $r^{-\tau}$ verwendet.[3]

Ein Vergleich der Kaufoptionsbewertungsgleichung des mehrperiodigen Binomialmodells (Gleichung 4.4) mit dem Black-Scholes-Modell (Gleichung 4.5) macht deutlich, daß die Unterschiede in den für den gegenwärtigen Aktienkurs und Basispreis verwendeten stochastischen Verteilungen sowie im Abzinsungsfaktor bestehen. Das mehrperiodige diskontinuierliche Binomialmodell läßt sich in das Black-Scholes-Modell überführen, indem die Perioden zwischen aufeinanderfolgenden Handelszeitpunkten soweit verkürzt werden, daß sich einem kontinuierlichen Aktienhandel angenähert wird. Dazu ist die gegebene Optionsrestlaufzeit τ in n Teilperioden der Länge τ/n zu unterteilen. Der Abzinsungsfaktor pro Teilperiode beträgt $r^{-\tau/n}$ und für n Teilperioden folglich $r^{-(\tau/n)n} = r^{-\tau}$ mit $2 \leq n < \infty$.[4] Gemäß dem Grenzwerttheorem von DeMoivre und Laplace läßt sich die Binomialverteilung in eine Standardnormalverteilung überführen, wenn für $n \to \infty$ $nq \to \infty$ strebt. Wenn sich für u und d Werte

1 $N(d_i)$ = kumulierte Dichtefunktion der standardnormalverteilten Zufallsvariablen x im Bereich $-\infty$ bis d_i.

2 R.A. Brealey und S.C. Myers, Principles of Corporate Finance, 3rd Ed., New York et al. 1988, S. 487.

3 L. Jurgeit, Bewertung, 1989, S. 117.

4 L. Jurgeit, Bewertung, 1989, S. 119.

ergeben, die diese Bedingung erfüllen, strebt B(a, n, q) gegen $N(d_2)$, und bei nq' $\rightarrow \infty$ konvergiert analog B(a, n, q') gegen $N(d_1)$.[1]

Wie bereits bei dem n-periodigen Binomialansatz deutlich wurde - und da der Black-Scholes-Ansatz analog interpretiert werden kann - ist die Bewertungsgleichung unabhängig von Erwartungswerten der Investoren, individuellen Risikopräferenzen sowie den Charakteristika anderer Finanztitel als dem zugrundeliegenden und dem risikofreien Titel.[2] Duplikationsstrategisch analysiert gibt $N(d_1)$ die Anzahl der in dem Äquivalenzportefeuille zu haltenden Aktien und $XN(d_2)$ den Rückzahlungsbetrag der zu begebenden risikofreien Null-Kupon-Anleihe an. Die Portefeuillekomponenten werden entsprechend der Entwicklung des zugrundeliegenden Titels und der Restlaufzeit kontinuierlich angepaßt.[3]

Die Bewertung von europäischen Verkaufsoptionen kann über die Bewertung der Kaufoption in Verbindung mit der sogenannten Put-Call-Parity, über die das Äquivalenzportefeuille hergestellt wird, erfolgen oder aber mit der analogen Black-Scholes-Bewertungsgleichung für Verkaufsoptionen. Die Put-Call-Parity lautet:[4]

(4.6) $$C_t - P_t = S_t - Xr^{-\tau}$$

Umgestellt nach P:

(4.6)' $$P_t = C_t - S_t + Xr^{-\tau}$$

Ersetzt man C_t mit der Bewertungsgleichung (4.5) des Black-Scholes-Modells ergibt sich[5]

(4.7) $$P_t = S_tN(d_1) - Xr^{-\tau}N(d_2) - S_t + Xr^{-\tau}$$
mit d_1 und d_2 wie unter Gleichung (4.5) genannt.

Diese Gleichung läßt sich zusammenfassen zu:

(4.8) $$P_t = Xr^{-\tau} [1 - N(d_2)] - S_t[1 - N(d_1)].$$

Da aufgrund der Symmetrie der Normalverteilung $1 - N(d) = N(-d)$ gilt, läßt sich (4.8) weiter vereinfachen zu:

---

1 C.-C. Hsia, On Binomial Option Pricing, in: JoFR, Vol. 6 (1983), S.43f.; H. Uhlir und P. Steiner, Wertpapieranalyse, Heidelberg, Wien 1986, S. 196f.

2 R.C. Merton, Rational Option Pricing, 1973, S. 163-169; R. Geske und S. Trautmann, Option Valuation: Theory and Empirical Evidence, in: G. Bamberg und K. Spremann (Hrsg.), Capital Market Equilibria, Berlin u.a. 1986, S. 90.

3 J.C. Cox, S.A. Ross und M. Rubinstein, Option Pricing, 1979, S. 254, Fußnote 12; J.C. Cox und M. Rubinstein, Options, 1985, S. 205; R. Geske und S. Trautmann, Option Valuation, 1986, S. 90.

4 In Anlehnung an T.E. Copeland und J.F. Weston, Financial Theory, 1992, S. 250f.

5 L. Jurgeit, Bewertung, 1989, S. 154.

(4.9) $P_t = Xr^{-\tau} N(-d_2) - S_t N(-d_1)$.

Zwischen amerikanischen und europäischen Verkaufsoptionen bestehen Bewertungsunterschiede, die aus der größeren Flexibilität der amerikanischen Verkaufsoption bei dividendenlosen Aktien resultieren - ganz im Gegensatz zu entsprechenden Kaufoptionen.[1] Das Recht der vorzeitigen Ausübung hat also möglicherweise einen positiven Wert, so daß amerikanische Verkaufsoptionen c.p. mehr wert sein können als europäische Verkaufsoptionen.[2] Für amerikanische Put-Optionen ist daher eine speziellere Vorgehensweise erforderlich, als es oben für europäische Optionen gezeigt wurde. Für die Bewertung amerikanischer Verkaufsoptionen ist es erforderlich, stets zu prüfen, ob die nicht ausgeübte Option p_t° weniger wert ist als die ausgeübte Option. Der Wert einer amerikanischen Put-Option kann daher charakterisiert werden als

(4.10) $p_t = \max (p_t^\circ; X - S_t)$.[3]

Eine solche optimale Ausübungsstrategie bei amerikanischen Put-Optionen ist bei den Modellen zur Bewertung europäischer Put-Optionen zu berücksichtigen. Bei zeitkontinuierlichen Modellen, wie dem Black-Scholes-Modell, erhält man keine geschlossene Bewertungsgleichung, so daß weitere numerische Näherungsverfahren notwendig werden.[4] Durch rekursive Anwendung des einperiodigen diskontinuierlichen Binomialmodells ist hingegen eine exakte Bewertung amerikanischer Verkaufsoptionen möglich.[5]

4.1.4 Zusammenfassung

In den vorangegangenen Abschnitten wurde aufgezeigt, daß es möglich ist, europäische und amerikanische Kauf- bzw. Verkaufsoptionen vor Ablauf der Restlaufzeit eindeutig zu bewerten. Von der Vielzahl gegebener Optionsbewertungsmodelle wurden für die Zwecke des Rahmens dieser Arbeit zwei Duplikationsmodelle, nämlich das n-periodige Binomialmodell und das Black-Scholes-Modell ausführlicher behandelt. Bei diesen Modellen läßt sich die Option durch ein Portefeuille aus der zugrundeliegenden Aktie und risikofreien Titeln unabhängig von speziellen Risikopräferenzen des Anlegers und unabhängig von Erwartungswerten und Charakteristika hinsichtlich anderer Titel duplizieren. Daraus resultiert ein vergleichsweise geringer Daten-, Prognose- und Rechenaufwand. Anhand des Black-Scholes-Modells wird deutlich, daß Kaufoptionswerte eine positive Funktion des Aktienkurses und der Standardabweichung der Aktienrendite sind und Verkaufsoptionswerte eine negative Funktion des zugrundeliegenden Titels und eine positive Funktion der Standardabweichung dieses Titels. Arbitragekalküle führen bei europäischen Kaufoptionen dazu, daß eine Variation der

1 L. Jurgeit, Bewertung, 1989, S. 60f., 71.

2 L. Jurgeit, Bewertung, 1989, S. 71.

3 L. Jurgeit, Bewertung, 1989, S. 162f.

4 G. Barone-Adesi und R.E. Whaley, Efficient Analytic Approximation of American Option Values, in: JoF, Vol. 42 (1987), S. 301-320; L. Jurgeit, Bewertung, 1989, S. 163.

5 Der Ansatz wird exemplarisch aufgezeigt bei L. Jurgeit, Bewertung, 1989, S. 164-169.

Restlaufzeit c.p. zu einer Werterhöhung der Option mit der längeren Restlaufzeit führt. Dies ist auch intuitiv plausibel, weil die längerfristige Option mindestens die gleichen Chancen bietet wie die kurzfristigere Option. Dies gilt auch für amerikanische Put-Optionen. Europäische Put-Optionen müssen hinsichtlich des Einflusses der Restlaufzeit auf den Optionswert differenzierter betrachtet werden, weil es zu gegenläufigen Effekten kommen kann: Einerseits führt eine längere Restlaufzeit zu einer stärkeren Diskontierung des Basispreises und folglich tendenziell zu einem Wertrückgang, andererseits kann bei der Erwartung niedrigerer Aktienkurse zum Ende der längeren Restlaufzeit eine Wertsteigerung erfolgen. Für die Bestimmung der Wirkungsrichtung einer längeren Restlaufzeit sind bei europäischen Verkaufsoptionen zusätzliche Annahmen über den zukünftigen Kursverlauf des zugrundeliegenden Titels unabdingbar.[1]

Für die nachfolgenden Analysen sollen der Binomialansatz und das Black-Scholes-Modell herangezogen werden.

4.2 Erkenntnisgegenstand und Vorteile einer auf Realinvestitionen übertragenen Optionstheorie

Der Kauf eines Unternehmens stellt für den Käufer eine Investition dar, die - wie andere Investitionen auch - bewertet werden sollten, um die Vorteilhaftigkeit gegenüber Alternativanlagen beurteilen zu können. Grundsätzlich sind die meisten Investitionsentscheidungen in unterschiedlichen Ausprägungen mit drei Charakteristiken verbunden:[2]

a) Investitionen sind teilweise oder vollständig irreversibel, d.h. die ursprünglichen Anschaffungskosten einer Investition sind zumindest in der Weise versunken, wie sie nicht wieder in anderes Sachvermögen oder Finanzvermögen umgewandelt werden können; anders ausgedrückt: Im Falle des vorzeitigen Investitionsabbruchs können ursprünglich eingesetzte finanzielle Mittel nicht durch Erlöse (entweder durch Verkauf der Investition selbst oder durch Verkauf der mit dieser Investition erzeugten Leistungen) aus dieser Investition gedeckt werden.
b) Zukünftige Cash-flows der Investition unterliegen der Unsicherheit, so daß lediglich Wahrscheinlichkeiten für alternative Verläufe der Investitionsentwicklungen abgeschätzt werden können.
c) In bezug auf den sachgerechten Zeitpunkt einer Investitionsdurchführung hat der Investor einen gewissen Spielraum, den er dazu nutzen kann, die Investition zu einem späteren Zeitpunkt durchzuführen und fundiertere zukunftsbezogene Informationen über die Vorteilhaftigkeit der beabsichtigten Investition zu sammeln, wobei ein vollständiger Informationsstatus nicht möglich sein wird.

Die *orthodoxen Investitionstheorien* der Kapitalwertmethode tragen den wichtigen qualitativen und quantitativen Zusammenhängen zwischen Irreversibilität, Unsicherheit und Investitions-Timing nicht in ausreichendem Maße Rechnung. Es muß sogar davon

---

1 J.C. Cox und M. Rubinstein, Options, 1985, S. 37, 146.

2 A.K. Dixit und R.S. Pindyck, Investment under Uncertainty, 1994, S. 3.

ausgegangen werden, daß Investitionsentscheidungen in weit höherem Maße von der Volatilität[1] und der Unsicherheit des ökonomischen Umfeldes abhängen als vom Zinssatz oder Unternehmenssteuern selbst, auf deren Analyse und Schätzung sich die othodoxen Investitionstheorien im wesentlichen konzentrieren.[2] Unter der orthodoxen Investitionstheorie sollen im folgenden alle Methoden verstanden werden, die Variationen der Kapitalwertmethode darstellen.[3] Der neoklassische Zweig der orthodoxen Investitionstheorien postuliert, solange in ein Projekt zu investieren bis der Nettogegenwartswert einer zusätzlich investierten Einheit Kapital Null ist - die marginalen Erlöse also gerade noch die marginalen Kosten decken. Sodann wird die Ermittlung der Grenzerlöse und Grenzkosten einer infinitesimal kleinen Einheit zusätzlich investierten Kapitals fokussiert.[4] In der theoretischen und empirischen ökonomischen Literatur lassen sich zwei unterschiedliche Varianten finden. Der eine Ansatz geht zurück auf Jorgensen (1963)[5], der andere auf Tobin (1969)[6]. Jorgensen vergleicht den Grenzertrag einer zusätzlich eingesetzten Einheit Kapital mit den äquivalenten "Nutzungskosten" pro Periode, die aus dem Kaufpreis und Zinssatz sowie aus Abschreibungen und Steuern berechnet werden.[7] Tobin vergleicht den Gegenwartswert einer zusätzlich investierten Einheit Kapital mit den Anschaffungskosten der Investition. *Tobins Q* dient als Entscheidungskriterium und berechnet sich aus dem Verhältnis der abgezinsten Zukunftsgewinne der Investition zu ihren Anschaffungskosten bzw. Wiederbeschaffungskosten. Eine Investition sollte demzufolge nicht vorgenommen werden, wenn $Q < 1$.[8]

Das Dilemma einer Investitionsentscheidung liegt in der Regel jedoch darin, daß Investitionen - und Investitionen in Treuhand-Unternehmungen in besonderem Maße - auf der einen Seite größtenteils irreversibel sind und auf der anderen Seite eine "Jetzt-oder-nie-Entscheidung" darstellen, d.h. wenn sie gegenwärtig aufgrund eines negativen Kapitalwerts und/oder aufgrund der Irreversibilität nicht durchgeführt werden, bestehen diese Investitionsmöglichkeiten auch zukünftig nicht mehr. Damit verfiele auch die Option auf Zukunfts-Cash-flows, die aus Folgeinvestitionen generiert werden könnten.[9]

---

1 Volatilität steht an dieser Stelle generell für die Schwankungsstärke der für die Investitionsbewertung relevanten Einflußfaktoren des ökonomischen Umfeldes. In bezug auf Finanzoptionen ist die *Volatilität* definiert als die Standardabweichung der prozentualen Kursänderungen des Underlying Asset. Sie wird zunächst auf Basis zurückliegender Kursänderungen berechnet und für das Black-Scholes Optionsbewertungsmodell für die "implied volatility" der Zukunft extrapoliert. Vgl. H. Lipfert, Devisenhandel, 1988, S. 153f. und 156f.

2 A.K. Dixit und R.S. Pindyck, Investment under Uncertainty, 1994, S. 4.

3 Die Begriffe der Kapitalwert und Nettogegenwartswert werden in dieser Arbeit synonym für die englische Bezeichnung Net Present Value (NPV) verwendet, wobei hier auch für die Kapitalwertmethode angenommen wird, daß nur Zahlungen (Cash-flows) abgezinst werden.

4 A.K. Dixit und R.S. Pindyck, Investment under Uncertainty, 1994, S. 5.

5 D.W. Jorgensen, Capital Theory and Investment Behavior, in: American Economic Review, Vol. 53 (1963), S. 247-259.

6 J. Tobin, A General Equilibrium Approach to Monetary Theory, in: Journal of Money, Credit and Banking, Vol. 1 (1969), February, S. 15-29.

7 D. Jorgensen, Capital Theory, 1963, S. 247-259.

8 J. Tobin, A General Equilibrium, February 1969, S. 15-19.

9 A.K. Dixit und R.S. Pindyck, Investment under Uncertainty, 1994, S. 6.

Eine *optionstheoretische Betrachtung* von Investitionen berücksichtigt, daß eine Unternehmung mit Investitionsmöglichkeiten - analog einer Finanzoption - eine Kaufoption auf diese Investitionen hält, also das Recht, nicht aber die Pflicht hat, in der Zukunft Vermögensgegenstände ihrer Wahl zu akquirieren. Führt eine Unternehmung eine irreversible Investition durch, d.h. übt sie ihre Kaufoption auf Vermögensgegenstände aus, so verfällt simultan damit ihre Option, das Investitionsprojekt aufzuschieben. Aufgrund der Irreversibilität der Investition ist die Unternehmung nicht in der Lage zu desinvestieren, ohne Sunk Costs zu erleiden, wenn die Marktkonstellationen sich zu ihrem Nachteil entwickeln. Da Optionen per se einen Wert haben, stellt die verfallene Option auf Investitionsaufschub Opportunitätskosten dar, die sich im Gegenwartswert der Investition widerspiegeln müssen. Eine Investitionsentscheidung aufgrund des Kapitalwerts alleine ist folglich nicht ausreichend; die Entscheidungsregel sollte auch den mit einer Investition verbundenen Optionswerten Rechnung tragen. Folgerichtig müßte der Entscheidungswert inklusive Optionswert (Hurdle Rate) größer sein als der Kapitalwert exklusive Optionswert.

Opportunitätskosten der Investition können hinreichend groß sein, um eine nach der reinen Kapitalwertmethode getroffene Investitionsentscheidung unter optionstheoretischer Betrachtung gegenteilig zu beurteilen. Ein ökonomisches Umfeld, das großen Veränderungen unterliegt, kann unter dem Realoptionsansatz eine wesentlich größere Auswirkung auf die Investitionsentscheidung haben als beispielsweise der Zinssatz.[1] In der Realität beobachtete Investitionsentscheidungen basieren häufig auf vorgegebenen internen Renditen, die bei dem drei- bis vierfachen der Kapitalkosten liegen.[2] Summers (1987) fand Hurdle Rates zwischen 8% und 30 % mit einem Durchschnittswert von 17% und einem Median von 15%. Der Zinssatz für risikofreie Anlagen war wesentlich niedriger. Unter Berücksichtigung der steuerlichen Abzugsfähigkeit lag der nominelle Zinssatz bei 4% und der reale Zinssatz nahe bei 0%.[3] Zwar würde bereits der kritische Zinssatz (Hurdle Rate), der für Investitionen mit systematischem Risiko angemessen wäre, den risikofreien Satz überschreiten, jedoch nicht genügend, um die o.g. Zahlen zu rechtfertigen. Sie werden deshalb den Investitionsprojekten inhärenten Optionen beigemessen.[4]

Wenn einer Investition bestimmte Realoptionen inhärent sind, die vom Management im günstigen Zeitpunkt ausgeübt werden können - wie bei der Option auf Investitionsaufschub, bei der das Management solange lernt[5] bis eine Investition durchgeführt wird, oder wie bei der Option auf Folgeinvestitionen, falls die erste Investition durchgeführt wurde - erlauben diese Optionen dem Management, den gegenwärtigen Unter-

---

1 A.K. Dixit und R.S. Pindyck, Investment under Uncertainty, 1994, S. 6.

2 A.K. Dixit und R.S. Pindyck, Investment under Uncertainty, 1994, S. 7.

3 L.H. Summers, Investment Incentives and the Discounting of Depreciation Allowances, in: M. Feldstein (Hrsg.), The Effects of Taxation on Capital Accumulation, Chicago, Illinois 1987, S. 300.

4 A.K. Dixit und R.S. Pindyck, Investment under Uncertainty, 1994, S. 7.

5 Lernen in diesem Sinne heißt, Informationen über das Investitionsumfeld und somit über die Profitabilität sowie das sachgerechte Timing einer Investition zu sammeln. Vgl. A.K. Dixit und R.S. Pindyck, Investment under Uncertainty, 1994, S. 6.

nehmenswert zu steigern. Eine optionstheoretische Betrachtung von Realinvestitionen ließe folglich Rückschlüsse auf den Wert des Managements einer Unternehmung zu.[1] Im bilanziellen Ausweis einer Unternehmung spricht man von Intangibles oder immateriellem Geschäftswert, ohne zu erkennen, daß es sich hierbei um ein Abbild von Realoptionen der Unternehmung handelt.[2]

Das Grundthema einer Anwendung des finanziellen Optionsbewertungsmodells auf Investitionen, Unternehmensakquisitionen und Produktionsentscheidungen ist, daß *Flexibilität* einen Wert hat.[3] Konkret läßt sich mit Hilfe der Optionstheorie die Wirkung von Flexibilität - vor allem die Möglichkeit eines zukünftigen Abbruchs der Investition (Abandonment Option)[4], die aufgrund der Ausgestaltung der Übernahme-Verträge bei Treuhand-Betrieben mittelfristig regelmäßig nicht gegeben ist, sowie die Wirkung von Unsicherheit einer Investition auf ihren Gegenwartswert analysieren.

Im Gegensatz zur einfachen Kapitalwertmethode, bei der vom Investor nur bestimmte Prämissen - wie Diskontierungszinssatz, Cash-flows, Risikoabschläge und Anfangsauszahlung - gesetzt werden können, berücksichtigt ein optionstheoretischer Ansatz die dem Management überlassenen Entscheidungen über die Ausübung derjenigen Optionen, die den intendierten Investitionen inhärent sind. Auf diese Weise ist es dem Management möglich, auf sich ändernde Umweltzustände zu reagieren und den Unternehmenswert zu steigern oder Verluste zu begrenzen. Während ein optionstheoretischer Bewertungsansatz diesen Möglichkeiten Rechnung trägt, behandelt die orthodoxe Kapitalwertmethode die Unternehmung und ihr Management als passiven Investor.[5]

Die Vorzüge der praktischen Anwendung von Optionsbewertungsmodellen liegen darin, daß sie meist auch ohne Schätzung von Eintrittswahrscheinlichkeiten, Erwartungswerten oder zusätzlichen Präferenzannahmen auskommen, weil sie Optionen auf der Basis von Hypothesen über die Wertentwicklung der zugrundeliegenden Objekte bewerten. Auf diese Weise spart der Investor Kosten der Informationsbeschaffung.[6] Bewertungsmodelle, die umfangreiche - allerdings häufig mit hoher Unsicherheit behaftete - Daten benötigen und stärker den Marktzusammenhang berücksichtigen (State-Preference-Modelle, CAPM, Arbitrage-Pricing-Modelle) erscheinen für einen Unternehmenskauf von der Treuhandanstalt weniger geeignet, weil solche Investitionen mit hoher Unsicherheit behaftet sind und ein funktionierender Unternehmensmarkt für Treuhand-Betriebe - zumindest zeitweilig - nicht existierte.

In der vorliegenden Arbeit wird der mathematische Zusammenhang zwischen den Veränderungen im Realoptionenbündel einzelner Treuhand-Betriebe und ihrem Unternehmenswert aufgezeigt. Es werden Optionsbestandteile bei Realinvestitionen aus der

---

1 R.A. Brealey und S.C. Myers, Principles, 1988, S. 495.

2 R.A. Brealey und S.C. Myers, Principles, 1988, S. 495.

3 T.E. Copeland and J.F. Weston, Financial Theory, 1992, S. 429.

4 T.E. Copeland und J.F. Weston, Financial Theory, 1992, S. 419, Fußnote 9.

5 R.A. Brealey und S.C. Myers, Principles, 1988, S. 500.

6 L. Jurgeit, Bewertung, 1989, S. 42-44.

Perspektive des Investors und der Treuhandanstalt analysiert und zur Erklärung der Wirkung verschiedener Vertragsarrangements auf den Gegenwartswert der Investition Treuhand-Unternehmung herangezogen. Für die vorliegende Arbeit im Bereich der Treuhand-Unternehmungen ist im Lichte der Optionstheorie zu analysieren, welche Optionen von den beteiligten Akteuren (potentielle Investoren, die Verkäuferin THA und den Treuhand-Unternehmungen) zu welcher Zeit gehalten wurden, wie neue Optionen eröffnet wurden und bestehende vernichtet wurden und welche Wirkungen sich daraus für den Wert einer Treuhand-Unternehmung im Zeitpunkt des Verkaufs normativ ergeben mußten.

Es bietet sich auch das Herausarbeiten von Grenzwerten für Treuhand-Unternehmungen unter gegebenen Parametern an. Die optionstheoretische Betrachtung von Investitionen in Treuhand-Betrieben wird zeigen, daß Unternehmensübernahme-Verträge mit der Treuhandanstalt verschiedene Verwässerungen der Nutzungsrechte an den Investitionen beinhalten, die sich über eine Flexibilitätseinschränkung negativ auf den Nutzen aus der Unternehmung auswirken und folglich einem transaktionkostenminimierenden Privatisierungsprozeß nicht förderlich sind.[1] Ein erhöhter Gesamtnutzen des Investors aus einer Unternehmensakquisition ist aber ein wesentlicher Grund für eben diese Akquisition.[2]

Rühmann (1992) hat einen Vorschlag zur praktischen Anwendung von Optionen bei den Privatisierungsverfahren der THA unterbreitet. Er schlug vor, die Treuhandanstalt solle potentiellen Investoren Call-Optionen auf Treuhand-Betriebe verkaufen.[3] Vor dem Hintergrund des Privatisierungs-Sanierungs-Dilemmas ist ein solcher Ansatz jedoch kritisch zu beurteilen, weil die Sanierung von der THA durchgeführt werden müßte und das finanzielle Risiko auf die THA und letztendlich auf die steuerzahlende Bevölkerung übertragen würde, der Investor jedoch aufgrund seiner Call-Option das Recht besäße, die THA-Unternehmung zum im Optionskontrakt vereinbarten Basispreis zu übernehmen, ohne sich substantiell an den Sanierungsinvestitionen beteiligt zu haben.

4.3 Unternehmensbewertung mit Hilfe der Optionsbewertung

Die Interpretation des Eigenkapitals einer verschuldeten Unternehmung als Kaufoption auf den Unternehmswert haben Black/Scholes 1973 mit der Präsentation ihres Optionsbewertungsmodells bereits mitgeliefert.[4]

---

1 Aus institutionenökonomischer Sicht gelangen zu demselben Ergebnis: E. Furubotn und S. Pejovich, Property Rights and Economic Theory: A Survey of Recent Literature, in: JEL, 1. Jg. (1972), Nr. 4, S. 1139; H. Brücker, Privatisierung in Ostdeutschland, 1995, S. 230.

2 J. Vickers und G. Yarrow, Privatization: An Economic Analysis, Cambridge, Massachusetts 1988, S. 19.

3 P. Rühmann, Kaufoptionen - ein Ansatzpunkt zur Privatisierung von Treuhandunternehmen?, in: Wirtschaftsdienst, 72. Jg. (1992), Nr. V, S. 247-249.

4 F. Black und M. Scholes, Pricing of Options, 1973, S. 649-652.

Die für eine Unternehmensbewertung mit Hilfe von Optionsbewertungsmodellen einzubeziehende Referenz-Unternehmung mit vergleichbarer Risikostruktur dürfte für zu privatisierende Staatsunternehmungen in der Praxis extrem schwer zu finden sein. Eine solche Unternehmensbewertung kann in Anbetracht der Vielzahl zu privatisierender Unternehmungen nicht ernsthaft empfohlen werden. Aus diesem Grunde wird an dieser Stelle nicht näher auf die Unternehmensbewertungsmethode, basierenden auf der Optionstheorie, eingegangen. Der Erkenntnisgegenstand dieser Arbeit ist qualitativer Art hinsichtlich der Wirkungsanalyse von Realoptionen auf den Unternehmenswert. Aus diesem Grunde wird in den folgenden Abschnitten auf die dazu erforderlichen Realoptionen näher eingegangen.

4.4 Die Timing-Option

Unter der Prämisse der Unsicherheit zukünftiger Umfeldeinflüsse und der Irreversibilität der Investition wird das Investitionstiming zu einem entscheidenden Faktor in der Kalkulation des Investitionsprojektes.[1] Wenn unter Unsicherheit ein Investitionsprojekt aus der Gegenwart betrachtet zukünftig hohe Gewinne erzielen oder aber große Verluste verzeichnen kann und in einer Sensitivitätsanalyse einen positiven Nettogegenwartswert erzielt, so ist vom Investor zu analysieren, ob der Unternehmenskauf besser heute als in der Zukunft getätigt werden sollte.[2]

Unter der Timing-Option ist das Recht, nicht aber die Pflicht, des Optionsinhabers zu verstehen, Investitionsmöglichkeiten aufzuschieben oder aber explizit den ursprünglich geplanten Investitionszeitpunkt vorzuziehen.[3] Diese Realoption wird von Majd/Pindyck als *Flexibilitätsoption* der Investitions*beschleunigung* beziehungsweise des Investitions*aufschubs* bezeichnet.[4] Gemeinsam ist allen Beschreibungen, daß mit der betrachteten Investition grundsätzlich die Möglichkeit verbunden ist, diese Investition heute oder zu einem späteren Zeitpunkt durchzuführen. Im optionstheoretischen Sinne handelt es sich hierbei um eine amerikanische Kaufoption mit unsicherem Basispreis (= zu investie-

---

1 R. McDonald and D. Siegel, The Value of Waiting to Invest, in: Quarterly Journal of Economics, Vol. 101 (1986), November, S. 707.

2 R.A. Brealey und S.C. Myers, Principles, 1988, S. 495.

3 In der Literatur wird z.T. nur darauf eingegangen, ein Investitionsprojekt weiter in die Zukunft zu verschieben, nicht aber darauf, daß dieses auch zeitlich vorgezogen werden kann. Dementsprechend wird bei diesem Typus Realoption auch häufig von der Option to Defer gesprochen; siehe R. McDonald and D. Siegel, Value of Waiting, 1986, S. 707-728; R.A. Brealey und S.C. Myers, Principles, 1988, S. 495-498; T.E. Copeland, T. Koller und J. Murrin, Valuation: Measuring and Managing the Value of Companies, 2nd Ed., New York 1996, S. 474f.; K.M. Fischer, Realoptionen: Anwendungsmöglichkeiten der finanziellen Optionstheorie auf Realinvestitionen im In- und Ausland, Diss., Hamburg 1996, S. 106; H. Liebler, Strategische Optionen: eine kapitalmarktorientierte Bewertung von Investitionen unter Unsicherheit, Konstanz 1996, S. 72. Kilka differenziert gar zwischen der "option to defer construction" und der "option to wait"; siehe M. Kilka, Realoptionen: optionspreistheoretische Ansätze bei Investitionsentscheidungen unter Unsicherheit, Frankfurt a.M. 1995, S. 81-99.

4 S. Majd and R.S. Pindyck, Time to Build, Option Value, and Investment Decisions, in: Journal of Financial Economics, March 1987, S. 7-27.

render Betrag) und einer Laufzeit bis zur letztmöglichen Investitionsdurchführung, die z.B. durch das Ablaufen einer Lizenz oder eines Patents determiniert werden kann.

Im Gegensatz zu einer Finanzoption kann bei einer Realoption der Basispreis im Zeitablauf variieren, weil sich zum einen die zukünftigen ökonomischen Umweltzustände ändern können und weil es sich zum anderen - wenn der Investor die Investition in eigener Regie durchführt - um eine interpretatorische Kaufoption handelt, die der Investor mit sich selbst abschließt; einen Stillhalter gibt es in dieser Situation nicht.[1] Ein Basispreis ist allerdings dann fixierbar, wenn es sich um eine bereits erstellte Investition handelt, die von einem Akquisiteur zum in der Gegenwart bereits fixierten Kaufpreis (= Basispreis) übernommen wird. Dies könnte bei Unternehmensübernahmen der Fall sein.

Zur Darstellung der Funktion der Timing-Realoption sei die Ausgangssituation des Investors zunächst dadurch gekennzeichnet, daß der Investor lediglich im Zeitpunkt t_0 die Möglichkeit zur Investitionsdurchführung hat, zu einem späteren Zeitpunkt also nicht mehr in dieses Projekt investieren kann (Now-or-never-Opportunity). Dieses Investitionsprojekt ist mit einer finanziellen (amerikanischen oder europäischen) Kaufoption kurz vor Ablauf der Ausübungsfrist äquivalent. Erzielt das Investitionsprojekt auf den gegenwärtigen Zeitpunkt diskontierte Cash-flows, die die Anschaffungsauszahlungen übersteigen, ist folglich der Kapitalwert positiv. Ein positiver Kapitalwert ist mit einer "in-the-money"-Kaufoption[2] äquivalent. Ist der Kapitalwert dieser Jetzt-oder-nie-Investition negativ, beträgt der Call-Optionswert null, weil die Investition in diesem Falle nicht durchgeführt würde.

Wenn die oben angeführte Investition jedoch nicht nur zum gegenwärtigen Zeitpunkt durchgeführt werden kann, sondern ihr eine Timing-Option inhärent ist und somit auch zu einem späteren Zeitpunkt getätigt werden kann, wenn sich bessere Umfeldbedingungen eingestellt haben (z.B. höhere Verkaufspreise für die mit der Investition erstellten Produkte), schlägt sich eine solche Aufschubmöglichkeit in der heutigen Optionsbewertung positiv nieder, auch wenn der orthodox ermittelte Kapitalwert negativ ist. Der Grund liegt darin, daß mit der Option auf Aufschub der Investition der Investor die Hoffnung verbindet, der volatile Markt, in dem er zu investieren intendiert, würde

---

1 Das Problem des unsicheren Basispreises behandeln und lösen Fisher (1978) und Margrabe (1978). Vgl. S. Fischer, Call Option Pricing When the Exercise Price Is Uncertain and the Valuation of Index Bonds, in: Journal of Finance, 33. Jg. (1978), Nr. 1, S. 169-176; W. Margrabe, The Value of an Option to Exchange One Asset for Another, in: Journal of Finance, 33. Jg. (1978), Nr. 1, S. 177-186.

2 "In-the-money" bezeichnet die Konstellation, daß im Kontrahierungszeitpunkt der Terminkurs per Verfalltag (für europäische Optionen, weil sie erst am Verfalltag ausgeübt werden können) bzw. der Kassakurs (für amerikanische Optionen, weil sie jederzeit ausgeübt werden können) für den Optionskäufer günstiger ist als der Basispreis; "at-the-money" bezeichnet die Konstellation, daß Basispreis und Terminkurs / Kassakurs genau oder annähernd identische Werte annehmen; "out-of-the-money" bezeichnet die Konstellation, daß der Terminkurs / Kassakurs für den Optionsinhaber im Kontrahierungszeitpunkt ungünstiger ist als der Basispreis. Vgl. H. Lipfert, Devisenhandel, 1988, S. 152.

expandieren.[1] Gleichzeitig ist der Investor mit Hilfe der Aufschuboption vor Verlusten geschützt, weil er durch den Investitionsaufschub aktuelles Wissen über die Erfolgschancen des Projektes aufbaut.[2] Der Vergleich zwischen der Projektbewertung mit Investitionsaufschuboption versus Bewertung ohne Aufschuboption wird in Abbildung 2 dargestellt.

Die Abbildung zeigt, daß die im Projekt inhärente Option selbst in dem Bereich einen Wert hat, wo der Kapitalwert ohne Realoption bereits null oder negativ wäre. Der auf der Abszisse abgetragene Kapitalwert des Investitionsprojektes ohne Timing-Option ist für den Investor erst entscheidungsrelevant, wenn er größer als null ist. Da es sich um eine Jetzt-oder-nie-Entscheidung handelt, kann dieses Projekt lediglich mit dem reinen Kapitalwert beurteilt werden. Die Kurve steigt deshalb im 45 Grad Winkel an.

Abb. 2: Kapitalwert einer sofortigen Investition versus Kapitalwert mit Timing-Option

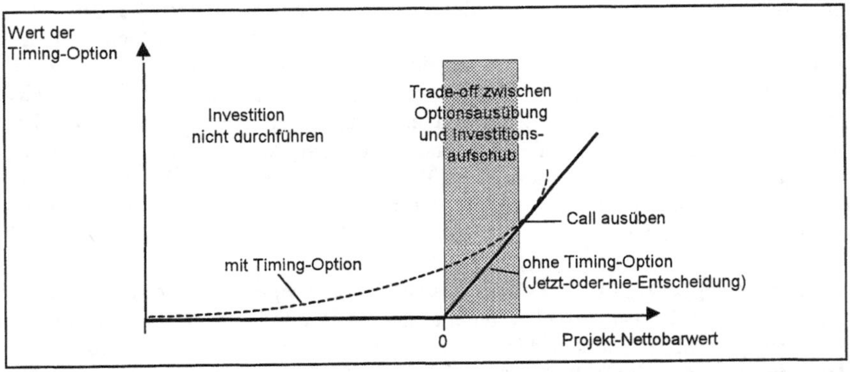

Quelle: Eigene Darstellung in Anlehnung an R.A. Brealey und S.C. Myers, Principles, 1991, S. 522.

Im Gegensatz dazu steigt die Kurve des Projekts mit Timing-Option progressiv an, bis sie sich der Kurve des Projekts ohne Timing-Option angenähert hat. Dort, wo sich beide Linien berühren, ist der Projektkapitalwert hoch genug, um eine sofortige Investition auszulösen.[3] Sobald der reine Kapitalwert der Investition positiv ist, besteht für den Investor ein Trade-off zwischen Ausübung der Option (und damit Realisierung des Projekt/Unternehmens-Cash-flows oder Verlust des Investitionsbetrages bei schlechten Umweltzuständen) und Nichtausübung (damit Halten des Optionswertes).[4] Die Timing-Option hilft bei der Entscheidungsfindung dort, wo der reine Kapitalwert ≤ 0 wäre, indem das Investitionsprojekt nicht für alle Zukunft verworfen wird.

---

[1] R.A. Brealey und S.C. Myers, Principles of Corporate Finance, 4th Ed., New York et al., 1991, S. 522.

[2] R.A. Brealey und S.C. Myers, Principles, 1988, S. 496.

[3] R.A. Brealey und S.C. Myers, Principles, 1991, S. 522, Fußnote 9.

[4] R.A. Brealey und S.C. Myers, Principles, 1991, S. 522.

Handelte es sich bei der Timing-Option um einen europäischen Typus, so verliefe ihre Kurve sogar noch unterhalb der Kurve des reinen Kapitalwerts. Der Grund besteht darin, daß einer europäischen Option eine intertemporäre Ausübungsflexibilität, wie die Timing-Option, gerade nicht inhärent ist. Selbst wenn das Investitionsprojekt sofort mit einem positiven Kapitalwert durchgeführt werden könnte, müßte der Investor mit europäischem Call-Optionsprojekt noch bis zum Ausübungszeitpunkt warten. Je weiter der Ausübungszeitpunkt in der Zukunft liegt, desto größer sind die entgangenen Cash-flow-Beträge und desto kleiner ist der Kapitalwert bei Ausübung der Option, weil die immer weiter in der Zukunft liegenden Cash-flows stärker diskontiert werden.

Abb. 3: Black-Scholes-Aktienkaufoptionswerte als Funktion des Aktienkurses

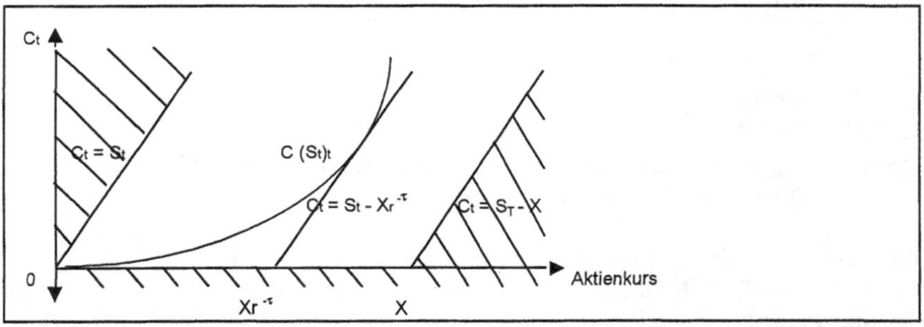

Quelle: L. Jurgeit, Bewertung von Optionen, S. 128.[1]

Die Real-Call-Option des Investitionsaufschubes ist in der graphischen Darstellung äquivalent dem Kurvenverlauf einer finanziellen Call-Option, die mit dem Black-Scholes-Optionsbewertungsmodell berechnet wurde. Der Kurvenverlauf und die Optionsbewertungsgrenzen werden in Abbildung 3 dargestellt.

Die optionstheoretische Interpretation des Investitionsentscheidungsprozesses wird im folgenden kurz skizziert und läßt sich graphisch mit Hilfe des Entscheidungsbaumes darstellen (siehe Abbildung 4).[2]

Es bedeuten:

w_i Eintrittswahrscheinlichkeit für die positive Entwicklung
$(1-w_i)$ Gegenwahrscheinlichkeit für negative Entwicklung
u gute Entwicklung ("up")
d schlechte Entwicklung ("down").

---

1 Zur Bedeutung der Symbole, siehe Abschnitt 4.1.1.

2 Ein numerisches Beispiel findet sich bei M. Mostowfi, Bewertung von Investitionen unter Berücksichtigung zeitlicher Flexibilität, in: BFuP, 49. Jg. (1997), H. 5, S. 585-590.

Abb. 4: Entscheidungsbaum mit Timing-Option

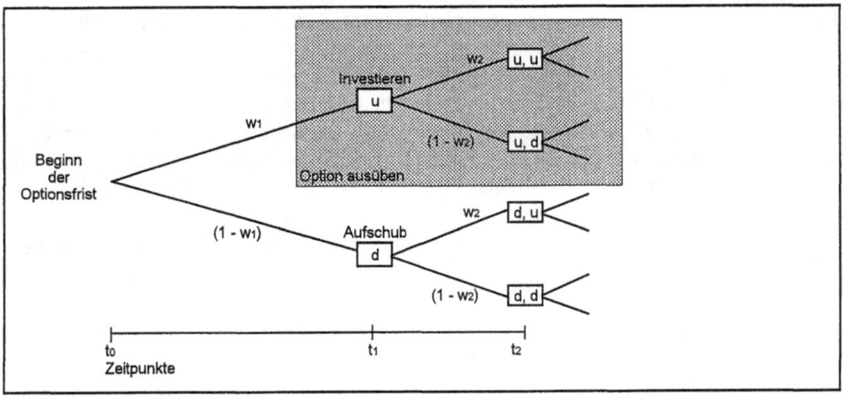

Quelle: Eigene Darstellung in Anlehnung an T. Copeland, T. Koller und J. Murrin, Valuation, 1996, S. 476.

Entwickeln sich die Umfeldzustände zugunsten der Investition, wird in t_1 die Entscheidung zur Investitionsdurchführung gefällt (Entscheidungsknoten u) und die Timing-Option ausgeübt. Bei schlechter Umfeldentwicklung - Entscheidungsknoten d - wird die Investition aufgeschoben.

Die Handlungsmöglichkeiten des Investors bestehen in drei Alternativen:
- die Call-Option auf das Investitionsprojekt sofort auszuüben;
- die Investition aufzuschieben und die Kaufoption zu einem späteren Zeitpunkt auszuüben
- oder eine auf einen zukünftigen Zeitpunkt bereits terminierte Investition vorzuziehen.

Naturgemäß besteht zwischen diesen Alternativen ein Spannungsverhältnis: Solange die Kaufoption noch nicht ausgeübt wurde, hat der Investor die Möglichkeit, an dem Upside Potential der Option zu partizipieren, das aus der Volatilität des Projektes resultiert. Gleichzeitig ist der Investor durch den Optionscharakter gegen Verluste abgesichert. Auf der anderen Seite wird ein Investor geneigt sein, die Kaufoption (frühzeitig) auszuüben, um die Cash-flows des Investitionsprojektes zu vereinnahmen. Der Investor wird die Option dann ausüben, wenn der Kapitalwert (incl. Optionswert) hinreichend groß ist.

Das Investitionsprojekt ist vergleichbar mit einer dividendenzahlenden Aktie. Die Dividenden entsprechen dem Cash-flow des Investitionsprojektes. Inhaber finanzieller Kaufoptionen auf dividendenberechtigte Aktien üben ihre amerikanische "in-the-money"-Option grundsätzlich noch vor der Dividendenauszahlung aus, um einen Anspruch auf die Dividenden zu erhalten. Würde der Investor seine Call-Option bis nach der Dividendenauszahlung halten, würde auch der Optionswert sinken, weil der Aktienkurs in der Höhe des ausgeschütteten Dividendenbetrages sinkt. Äquivalent verhält es sich mit dem Investitionsprojekt und der Timing-Call-Option. Im Umkehrschluß gilt grundsätzlich: "When a stock does not pay dividends, an American call option is always worth more alive than dead, and should never be exercised early."[1]

Aus einer Timing-Option kann ein Investor nur dann einen Nutzen ziehen, wenn er durch den Investitionsaufschub gesichertere Informationen über ein potentielles Scheitern der Investition erhält. Wenn die neuen Informationen den Erfolg des Projektes hingegen bestätigen, hätte der Investor seine Nettovermögensposition dadurch stärker steigern können, die Investition nicht aufzuschieben, sondern sofort zu investieren und dadurch die Cash-flows zu erhalten, die er im Falle des Wartens hätte aufgeben müssen. Die entgangenen Cash-flows sind folglich Opportunitätskosten des Wartens auf neue Informationen. Andererseits, da die Zukunft unsicher ist, handelt ein Investor folgerichtig, wenn er die Aufschuboption nutzt: Würde sich das Investitionsprojekt als unvorteilhaft herausstellen, hätte der Investor umso höhere Sunk Cost erlitten. Entwickelte sich das Investitionsprojekt aber so vorteilhaft, daß der Investor die Call-Option auf das Projekt ausüben würde, hätte der Investor lediglich Opportunitätskosten (die im entgangenen Cash-inflow während der Aufschubfrist bestehen) erlitten, hat aber die vollen Möglichkeiten, die Zukunfts-Cash-flows zu vereinnahmen. Der Optionscharakter des Wartens kommt hier deutlich zum Ausdruck.

Es lassen sich für jedes einzelne zukünftige Jahr des Projektes unter der Annahme verschiedener Volatilitäten der Cash-flows kritische Werte für den Kapitalwert (incl. Aufschuboption) ermitteln (siehe Tabelle 1). Die Investition sollte verschoben werden, solange der Kapitalwert unter diesen kritischen Werten bleibt. Es wird anhand der Tabelle 1 deutlich, daß äquivalent einer finanziellen Call-Option der Anreiz, die Investition aufzuschieben c.p. umso größer ist, je größer die Unsicherheit und je länger die potentielle Restlaufzeit des Projektes ist.

Tab. 1: Kritische Kapitalwerte [TDM] incl. Timing-Optionswerte

Unsicherheit der Cash-flows + / -	**Projekt- Dauer in Jahren**					
	5	**6**	**7**	**8**	**9**	**10**
20%	39,8	45,3	49,9	54,5	58,4	62,2
30%	78,2	92,8	108,0	123,3	138,9	155,1
40%	127,8	159,4	193,6	231,6	273,7	320,6
50%	191,9	249,3	316,8	396,6	491,5	604,5

Quelle: eigene Berechnungen nach dem Binomialmodell

[1] R.A. Brealey und S.C. Myers, Principles, 1988, S. 496.

Annahmen zur Tabelle 1:
1. Der Investitionsbetrag in t_0 beträgt 100 TDM.
2. Das Projektende ist ex ante fixiert.
3. Die Verzinsung beträgt 10%.
4. Geschätzte inflationsbereinigte Zukunfts-Cash-flows folgen einer einfachen Binomialverteilung.

Bei Unternehmungen der Treuhandanstalt addieren sich zu der Unsicherheit über die zukünftige Umfeldentwicklung zusätzlich die Unsicherheit über die Unternehmung selbst, nämlich in bezug auf Eigentumsverhältnisse und die Bewertung von Vermögensgegenständen und Schulden. Unter diesen Umständen und unter Berücksichtigung von Wettbewerb ist das optimale Investitionstiming eine nicht-triviale Lösung: Sollte das Investitionsprojekt einen positiven Beitrag zur Vermögensposition des Investors leisten können, bedeutete der Aufschub der Investition nicht nur Verlust der Cash-flows, die in der Aufschubfrist generiert werden könnten, sondern möglicherweise würden auch zukünftig niedrigere Cash-flows erzielt, weil statt dessen ein Konkurrenzinvestor (früher) investiert und somit Marktanteile (früher) hinzugewinnen könnte.[1]

4.5 Die Expansions-Option[2]

Es ist davon auszugehen, daß sich aus der Durchführung der Initialinvestition weitere Investitionsmöglichkeiten ergeben. Dem reinen Kapitalwert der Initialinvestition muß ihr Wert einer Option auf Folgeinvestitionen hinzugerechnet werden. Diese Option ist dann entscheidend, wenn die Initialinvestition nicht nur eine hinreichende, sondern auch eine notwendige Bedingung für die Durchführung der Folgeinvestition ist. Die Folgeinvestition könnte zum Beispiel deshalb nicht ohne die Initialinvestition durchgeführt werden, weil zuvor spezifisches Know-how oder eine kritische Marktanteilsgröße erworben worden sein müßten.[3] Diese Option muß in die Bewertung der Initialinvestition einbezogen werden, weil sie erheblich zu ihrem Wert beitragen kann.[4]

Die Interpretation der Folgeinvestition als Call-Option erfolgt dergestalt, daß ihre Anfangsauszahlung (z.B. nach drei Jahren) den Basispreis und die auf den heutigen Zeitpunkt t_0 abgezinsten Cash-inflows der Folgeinvestition ihren Bruttowert darstellen. Der Investor hat also das Recht, nicht aber die Pflicht, nach Ablauf der Optionsrest-

---

1 A.K. Dixit und R.S. Pindyck, Investment under Uncertainty, 1994, S. 248.

2 In der anglo-amerikanischen und deutschen Literatur werden hierfür auch die Begriffe Option to Expand, Value of Follow-On Investment Opportunities oder Wachstums-Realoption verwendet. Zum ersten Ausdruck siehe M. Kilka, Realoptionen, 1995, S. 108; T. Copeland, T. Koller und J. Murrin, Valuation, 1996, S. 475f.; zum zweiten Ausdruck siehe R.A. Brealey und S.C. Myers, Principles, 1991, S. 511-513; zum dritten Ausdruck siehe K.M. Fischer, Realoptionen, 1996, S. 112f. In Anlehnung an den zweiten Begriff wird in dieser Arbeit auch die Bezeichnung "Option auf Folgeinvestitionen" synonym für Expansions-Option verwendet. Liebler verwendet den Begriff Erweiterungsoption; siehe H. Liebler, Strategische Optionen, 1996, S. 71.

3 R.A. Brealey und S.C. Myers, Principles, 1988, S. 498f.

4 T.E. Copeland, T. Koller und J. Murrin, Valuation, 1996, S. 476.

laufzeit eine Investition in Höhe des Basispreises durchzuführen. Selbst wenn die Folgeinvestition für sich gerechnet einen negativen reinen Kapitalwert aufweist, so kann der Optionswert hoch genug sein, um den heutigen negativen reinen Kapitalwert der Initialinvestition zu überkompensieren. Eine entscheidende Rolle spielt hierbei, daß der Optionswert durch die hohe Zukunftsunsicherheit einen hohen Wert annehmen kann. Diese mögliche Projektwertentwicklung wird durch den Entscheidungsbaum in Abbildung 5 verdeutlicht.[1]

Abb. 5: Entscheidungsbaum mit einer Expansions-Option

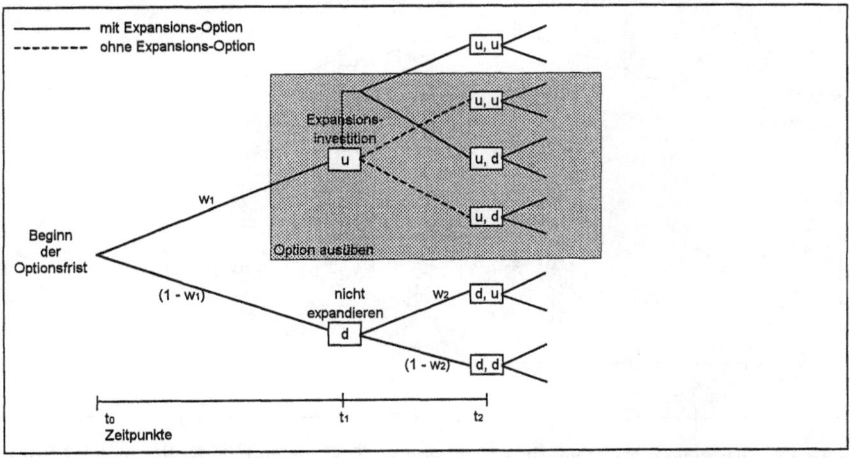

Quelle: Eigene Darstellung in Anlehnung an T. Copeland, T. Koller und J. Murrin, Valuation, 1996, S. 477.

In der optionstheoretischen Interpretation kann das gesamte Investitionsprojekt aufgefaßt werden als Initialinvestition plus einer Call-Option auf zukünftige expansive Erweiterungs-Investitionsmöglichkeiten.[2]

4.6 Die Kontraktions-Option

Analog zu der Möglichkeit, eine Investition auszuweiten, wie im vorherigen Abschnitt beschrieben, ließen sich folgerichtig zukünftig geplante Investitionsausgaben auch reduzieren oder eine heutige Investition so konstruieren, daß ihr zukünftiger Produktionsausstoß reduziert werden kann, wenn sich die Marktentwicklung nicht so positiv

1 Rechenbeispiele finden sich bei R.A. Brealey und S.C. Myers, Principles, 1991, S. 512f; K.M. Fischer, Realoptionen, 1996, S. 112f.

2 S.C. Myers, Determinants of Corporate Borrowing, in: JoFE, Vol. 5 (1977), Nr. 2, S. 147ff.

einstellt, wie ursprünglich erwartet.[1] Im Sinne der Optionsbewertungsmethodik kann die Kontraktions-Option als amerikanische Put-Option interpretiert werden. Die ersparten ursprünglich geplanten Zukunftsinvestitionsausgaben sind mit dem Basispreis einer Verkaufsoption äquivalent.[2] Die Entscheidungsalternativen dieser Realoption werden in Abbildung 6 illustriert.

Abb. 6: Entscheidungsbaum mit einer Kontraktions-Option

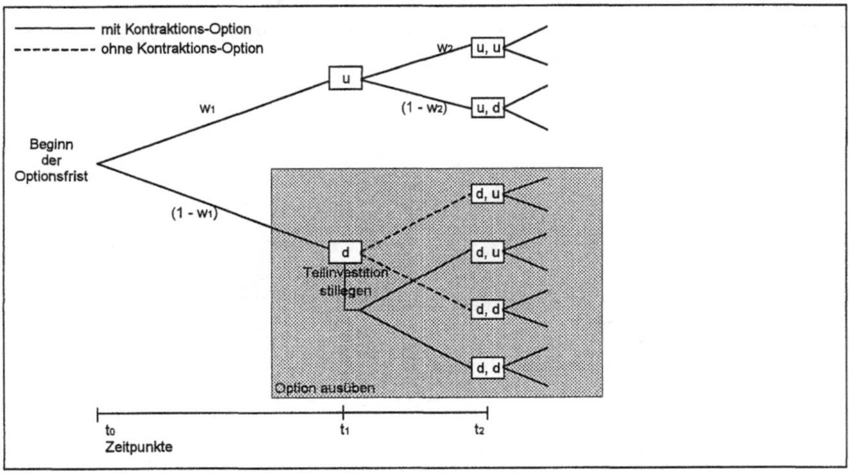

Quelle: Eigene Darstellung in Anlehnung an T. Copeland, T. Koller und J. Murrin, Valuation, 1996, S. 478.

Investitionsprojekte mit inkludierter Kontraktions-Option geben dem Investor eine höhere Flexibilität und damit einen höheren Projektwert als Investitionsprojekte ohne eine solche Realoption.

4.7 Die Desinvestitions-Option[3]

Wie im Abschnitt 4.2 dargelegt, sind Realinvestitionen i.d.R. zumindest teilweise irreversibel und die Investitionskosten zum Teil versunken. In einem solchen Fall wäre

---

[1] M. Kilka, Realoptionen, 1995, S. 108-110; T.E. Copeland, T. Koller und J. Murrin, Valuation, 1996, S. 476; K.M. Fischer, Realoptionen, 1996, S. 114; H. Liebler, Strategische Optionen, 1996, S. 73.

[2] T.E. Copeland, T. Koller und J. Murrin, Valuation, 1996, S. 476.

[3] In der anglo-amerikanischen Literatur wird der Begriff Abandonment Option verwendet, siehe R.A. Brealey und S.C. Myers, Principles, 1991, S. 514-521; T.E. Copeland and J.F. Weston, Financial Theory, 1992, S. 419-429; T. Copeland, T. Koller und J. Murrin, Valuation, 1996, S. 474. Bei Fischer und Liebler findet sich der Ausdruck Ausstiegs-Realoption bzw. Ausstiegsoption, siehe K.M. Fischer, Realoptionen, 1996, S. 120f.; H. Liebler, Strategische Optionen, 1996, S. 72.

es für den Investor wünschenswert, bereits in der Gegenwart zu wissen, ob eine Unternehmung zu einem in der Zukunft liegenden Unternehmens- oder Liqidationswert verkauft werden kann, falls sich die Cash-flows negativ entwickeln. In der Systematik der Optionstheorie stellte ein solcher zukünftiger quasi-fixer Verkaufserlös den Basispreis einer amerikanischen Verkaufsoption dar. Damit diese Put-Option bis kurz vor Ablauf der Optionsfrist einen Wert aufweist, muß ihr Basispreis (= der Verkaufspreis der Unternehmung / des Projekts) höher sein als der Wert der Fortführung des Projekts / der Unternehmung in der bisherigen Verwendung. Der Basispreis könnte z.B. in dem Liquidationserlös des Projektes bestehen, der höher ist als der Fortführungswert; eine Konstellation, wie sie für THA-Unternehmungen häufig gegeben war. Nur in diesem Falle hat die Put-Option einen Wert. Läge der Zukunftsunternehmenswert über dem Basispreis des Put, lohnte es sich nicht für den Investor, die Option auf Desinvestition auszuüben; sie würde wertlos verfallen. Die Unternehmensfortführung leistete dann einen höheren Beitrag zur Nettovermögensposition des Investors als die Desinvestition. Für die Charakterisierung einer Desinvestitions-Option ist jedoch weniger die Höhe des Basispreises entscheidend als vielmehr, daß einem Investitionsprojekt überhaupt eine Verkaufs-Option inhärent ist und investierte Beträge nur zum Teil versunken sind, wenn sich das Projekt als negativ herausstellen sollte.

Abbildung 7 illustriert in dem Entscheidungsbaumbereich der unvorteilhaften Investitionsentwicklung die Desinvestitions-Option.

Abb. 7: Entscheidungsbaum mit einer Desinvestitions-Option

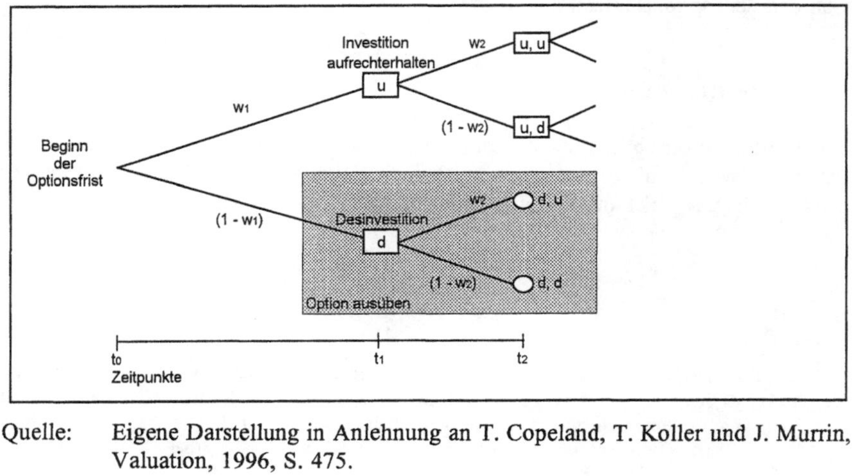

Quelle: Eigene Darstellung in Anlehnung an T. Copeland, T. Koller und J. Murrin, Valuation, 1996, S. 475.

Kritisch zu beurteilen ist, daß eine Realinvestition, die im Extremfall kurz vor Ablauf der Optonsfrist einen negativen Zukunftswert aufweist, zum Basispreis der Put-Option von einem anderen Investor gekauft werden könnte. Dies wäre nur dann eine rationale Entscheidung des neuen Investors, wenn er die Ressourcen effizienteren Verwendungen zuführen kann.

So wie bei einer Investitionsentscheidung die Option auf Aufschub beziehungsweise Vorzug einer Investition gegeben ist, kann auch über den Ausstieg aus einer Investition eine Verzögerungs- und / oder eine Beschleunigungsoption bestehen. So lautet die Entscheidungsregel nicht grundsätzlich, den Investitionsausstieg dann zu tätigen, wenn der Ausstiegswert (diskontierter Verkaufserlös) zum ersten Mal größer ist als der Kapitalwert aus der verbleibenden Restlaufzeit des Investitionsprojektes. Eine solche Entscheidung wäre dann suboptimal, wenn der Aufschub der Desinvestition einen noch höheren Kapitalwert erzielen würde.[1] Die generelle optimale Desinvestitionsentscheidung liegt in einer Kombination aus verbleibenden Zukunfts-Cash-flows und dem Desinvestitionswert am Ende der Investitionslaufzeit, die zusammen den maximalen Kapitalwert ergeben.[2]

Eine Anwendung der Optionspreistheorie ist in diesem Falle nicht trivial: Erstens tritt auch hier das Problem des unsicheren Basispreises einer amerikanischen Put-Option (des Desinvestitionswertes) auf, der also im Zeitverlauf schwankt und von verschiedenen Variablen, wie z.B. von der Konjunktur und Marktstruktur, abhängen kann. Zweitens ist ein Investitionsprojekt in der optionstheoretischen Interpretation mit dividendenberechtigten Aktien zu vergleichen, weil das Investitionsprojekt für die Projekteigentümer Cash-flows erzielt.[3] Das heißt, das Underlying Asset Investitionsprojekt verliert mit Ablauf der Restlaufzeit mit jeder Netto-Auszahlung an die Projekt- / Unternehmenseigentümer an Wert, wodurch auch der Wert der Put-Option sinkt. Der Optionswert unterliegt aufgrund der unsicheren Cash-flows somit selbst einer großen Unsicherheit. Das Black-Scholes Optionsbewertungsmodell basiert jedoch auf der Annahme, daß das Investitionsprojekt oder die Unternehmung keine Dividenden während der Optionslaufzeit ausschütten.[4]

4.8 Die Switching-Option

Als Alternative zur vollständigen Desinvestition bzw. zum Unternehmensverkauf ist es für einen Investor interessant, eine Option auf vollständige oder teilweise vorübergehende Stillegung eines Investitionsprojekts mit der Möglichkeit der späteren Wieder-

---

1 A.A. Robichek und J.C. van Horne, Abandonment Value and Capital Budgeting, in: JoF, Vol. 22 (1967), December, S. 577-590; E.A. Dyl und H.W. Long, Abandonment Value and Capital Budgeting: Comment, in: Journal of Finance, 24. Jg. (1969), Nr. 1, S. 88-95; O.M. Joy, Abandonment Values and Abandonment Decisions: A Clarification, in: Journal of Finance, 31. Jg. (1976), Nr.4, S. 1225-1228.

2 T.E. Copeland and J.F. Weston, Financial Theory, 1992, S. 428f.

3 T.E. Copeland and J.F. Weston, Financial Theory, 1992, S. 429.

4 Brealey / Myers geben Empfehlungen, wie Dividendenausschüttungen dennoch in die Call-Optionsbewertung mit einbezogen werden können. Die Bewertung der Put-Option erfolgt über die Put-Call Parity. Siehe R.A. Brealey and S.C. Myers, Principles, 1988, S. 508; zur rekursiven Anwendung des Binomialmodells auf eine Put-Bewertung mit dividendenberechtigtem Underlying Asset siehe L. Jurgeit, Bewertung, 1989, S. 164-169.

aufnahme der Produktion zu halten.[1] Die Switching-Realoption besteht damit aus einem Bündel einzelner Realoptionen: Das Investitionsprojekt zeitweilig stillzulegen, wenn die Umfeldkonditionen unvorteilhaft werden, ist mit einer amerikanischen Put-Option äquivalent (siehe Abschnitte 4.6 und 4.7); die Produktionswiederaufnahme, wenn sich die Umfeldkonditionen verbessert haben, ist äquivalent mit einer amerikanischen Call-Option (siehe Abschnitt 4.4 und 4.5). Der Basispreis dieser Put-Option wird durch die Stillegungskosten repräsentiert; der Basispreis der Call-Option durch die Wiederingangsetzungskosten.[2] Der Wert der Stillegungsoption steigt in dem Maße an, wie der Marktpreis der zugrunde liegenden Ressource fällt.[3]

Abb. 8: Entscheidungsbaum mit einer Switching-Option

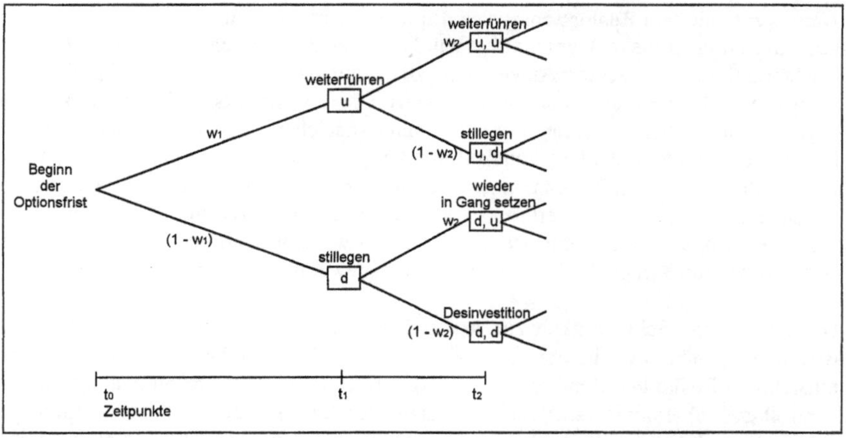

Quelle: Eigene Darstellung in Anlehnung an T. Copeland, T. Koller und J. Murrin, Valuation, 1996, S. 479.

Der Gedanke der Stillegung und Wiederaufnahme der Produktion läßt sich weiterentwickeln zu einem flexiblen Fertigungssystem, mit dem auch zwischen zwei oder mehreren Output- bzw. Input-Größen variiert werden kann.[4]

Die umfeldabhängigen alternativen Einzel-Komponenten einer Switching-Option werden in dem Entscheidungsbaum der Abbildung 8 dargestellt.

Eine Switching-Option kann z.B. bei der Exploration natürlicher Ressourcen gegeben sein. Wenn die internationalen Preise der betreffenden Ressource hinreichend lange die

---

1 Aus dieser Möglichkeit, ein Investitionsprojekt wie eine Maschine ein- und ausschalten zu können (im Englischen "to switch on / off"), resultiert auch die Namensgebung dieser Realoption; siehe T. Copeland, T. Koller und J. Murrin, Valuation, 1996, S. 477, 492.

2 T.E. Copeland, T. Koller und J. Murrin, Valuation, 1996, S. 477.

3 T.E. Copeland and J.F. Weston, Financial Theory, 1992, S .429.

4 T.E. Copeland, T. Koller und J. Murrin, Valuation, 1996, S. 477.

Stückkosten zu unterschreiten drohen, mag es für den Investor optimal werden, die Exploration solange zu unterbrechen, bis die Preise der betreffenden Ressource die Stückkosten der Förderung wieder übersteigen.[1] Brennan und Schwartz (1985) arbeiten anhand der beispielhaften Exploration von Kupfer Entscheidungsregeln heraus, die auf Kupfermarktpreisen basieren. Anhand der Entscheidungsregeln ist es dem Management möglich, optimale Entscheidungen über die Stillegung, die Wiedereröffnung oder gar über die Schließung oder den Verkauf zu fällen.[2]

4.9 Grenzen einer Anwendung von Optionsbewertungsmodellen auf Realinvestitionen

Auch wenn mit dem Realoptionsansatz das Instrumentarium zur Flexibilitätsbewertung von Investitionsprojekten geschaffen wurde, so ist er dennoch nicht völlig frei von Nachteilen, die mit seiner Anwendung zusammenhängen:[3] 1. Verkaufspreis, Desinvestitions-, Kontraktions- oder Stillegungswert der jeweils entsprechenden Realoption (analog dem Basispreis einer impliziten amerikanischen Put-Option) bleiben in der Realität im Zeitverlauf nicht konstant sondern, sind selbst wiederum abhängig von Konjunktur, saisonalen Schwankungen, Komplementärprodukten etc. 2. Das zugrundeliegende Investitionsprojekt erbringt Cash-flows, die den Investitionsprojektbesitzern zufließen, wodurch die kompliziertere Optionsbewertungsmethode für dividendenberechtigte zugrundeliegende Vermögenswerte angewendet werden muß.

Die wesentliche Schwierigkeit zur Anwendung von Optionsbewertungsmodellen auf Realinvestitionen liegt in der Identifikation eines börsennotierten Finanztitels, der hinsichtlich Risiko und Rendite der zu bewertenden Realinvestition äquivalent ist.[4] Mit demselben Problem wird aber auch ein Anwender der statischen Nettobarwertmethode konfrontiert, der zur sachgerechten Anwendung eines Abzinsungsfaktors die Opportunitätskapitalkosten einer äquivalenten Anlageform verwenden muß.

Realoptionen sind nicht wie handelbare Optionen auf börsennotierte Finanztitel gegen Einwirkungen von direkten Wettbewerbern geschützt. D.h. es besteht kein explizites verbrieftes Eigentum an einer Realoption. Diese ergibt sich vielmehr durch die Irreversibilität oder Flexibilität der intendierten Investition und der Fähigkeit des Managements, sich diese zu Nutze zu machen. D.h. auf Märkten, auf denen keine hohen Eintrittsbarrieren gegen Wettbewerber bestehen, können Wettbewerber durch frühere Ausübung ihrer Call-Option (Timing-, Wachstums- oder Switching-Option) den betrachteten Investor unter Zugzwang setzen oder die Ausübung seiner Call-Option möglicherweise nicht mehr lohnend erscheinen lassen.[5]

---

1 T.E. Copeland und J. F. Weston, Financial Theory, 1992, S. 429.

2 M. Brennan und E. Schwartz, Evaluating Natural Resource Investments, in: Journal of Business, Vol. 58 (1985), April, S. 135-157.

3 T.E. Copeland und J. F. Weston, Financial Theory, 1992, S. 429.

4 T.E. Copeland, T. Koller, J. Murrin, Valuation, 1996, S. 470.

5 K.M. Fischer, Realoptionen, 1996, S. 132.

4.10 Zwischenergebnis

In diesem Kapitel wurden die wesentlichen Grundlagen von Optionsbewertungsmodellen kurz dargestellt. Die Erkenntnis, daß die Bewertungsmodelle in der Lage sind, Flexibilität des zugrundeliegenden Titels, also kontingente Ansprüche zu bewerten, führte zu der Anwendung von Optionsbewertungsmodellen auf Realinvestitionen, um deren Flexibilität bewerten zu können. In der sich anschließenden Analyse von Realinvestitionen wurden die grundsätzlich möglichen unterschiedlichen ihnen inhärenten Optionen herausgearbeitet und die für eine Bewertung mit dem Optionsbewertungsansatz notwendigen Optionsbestandteile bei Realinvestitionen identifiziert.

Kritisch zu beurteilen war die Exklusivität von Realoptionen, weil diese durch die Handlungen der Wettbewerber beeinflußt werden und die daraus resultierenden potentiellen Restriktionen von Realoptionen nicht in Optionsbewertungsmodellen berücksichtigt werden.

Tatsächlich bestehen Investitionsprojekte aus einem komplexen Bündel interdependenter Realoptionen (bei ganzen Unternehmungen wird deren Zahl noch erhöht durch eine multiplikative Verknüpfung von Investitionsprojekten und Geschäftsfeldern).[1] Investitionsprojekte müssen daher als konsekutive Glieder wechselseitig verknüpfter Investitionsprojekte angesehen werden, von denen die früheren Vorbedingung für die späteren sind. So beinhalten Folgeinvestitionsprojekte, die durch eine Wachstums-Option gekennzeichnet sind, zunächst - wie die Initialinvestition auch - eine Timing-Option. Das Folgeinvestitionsprojekt kann zudem so gestaltet werden, daß ihm wiederum eine Wachstums- oder Kontraktions-Option inhärent ist. Je nach Irreversibilität der Initialinvestition bzw. der Folgeinvestitionen können sie mit Desinvestitions-Optionen und Switching-Optionen ausgestaltet sein. Die folgende Sequenz von Installationen der Folgeinvestition könnte wiederum dieses ganze Realoptionsbündel beinhalten.[2] Die Initialinvesti-tion kann deshalb als eine Option auf Optionen bezeichnet werden. Aus der Folgeinvestition ergeben sich unter Umständen weitere Folgeinvestitionen, so daß sich eine unendliche Kette von Optionen auf Optionen ergeben kann. Im Vergleich zur statischen Kapitalwertmethode mit Berücksichtigung von konsekutiven Ersatzinvestitionen würde der Realoptionsansatz wesentlich komplexer werden, wenn auch noch alle Realoptionsbündel von Folgeinvestitionen und deren Interdependenzen berücksichtigt werden sollten.

In dem folgenden 2. Kapitel werden die Privatisierungstransaktionen in Ostdeutschland aus der Perspektive der Privatisierungsagentur und der Investoren mit dem Instrumentarium der Realoptionsbewertung qualitativ analysiert.

---

1 Fischer verwendet für diesen Sachverhalt die Bezeichnung "mehrstufige Realoptionen", siehe K.M. Fischer, Realoptionen, 1996, S. 134.

2 Zu den Problemen interagierender Realoptionen, deren Werte sich gegenseitig beeinflussen, siehe L.G. Trigeorgis, Option Interactions and the Valuation of Investments with Multiple Real Options, Working Paper 90-75, Boston University, Boston, MA, Oktober 1990, zit. n. K.M. Fischer, Realoptionen, 1996, S. 127.

2. Kapitel
Vehikel zur Durchführung von Unternehmenstransaktionen im Lichte von Realoptionen

1. Systematisierung von Unternehmenstransaktionen

Dieses Kapitel wird eine Systematisierung unterschiedlicher Aktivitäten zur Unternehmenstransaktion und Antworten auf die folgenden Fragen erarbeiten. Welche Verfahren, Instrumente und welche organisatorischen Institutionen werden für Unternehmensprivatisierungen angewandt? Welche hat insbesondere die Treuhandanstalt präferiert? Aus welchen Gründen hat sie gewisse Verfahren, Instrumente und organisatorische Einheiten zur Durchführung der Privatisierung präferiert? Wie wurden sie kombiniert und im Zeitverlauf weiterentwickelt?

Da der Privatisierungsauftrag der THA zu komplexen Vertragsbeziehungen mit Investoren führen mußte, ist zu untersuchen, durch welche Privatisierungsverfahren diese unterstützt werden.

Es wird im folgenden in der Weise vorgegangen, daß zunächst die grundsätzlich denkbaren Privatisierungsverfahren im Hinblick auf daraus erwachsende Vor- und Nachteile des Privatisierungsakteurs diskutiert werden. Daran schließt sich eine Darstellung der praktischen Vorgehensweise der Treuhandanstalt und ihre Einordnung in die Therorie der Privatisierungsmodelle an. Die von der THA gewählten Privatisierungsmaßnahmen werden jeweils im Hinblick auf die bei der THA bzw. dem Investor betroffenen Realoptionen, die diese im Zusammenhang mit der THA-Unternehmung hielten, analysiert.

1.1 *Privatisierungsmodelle*: Auktionsmodell vs. Verhandlungsmodell

Die in der Praxis verwendeten Verfahren lassen sich auf zwei Grundmodelle zurückführen, die gleichzeitig zwei Extreme darstellen: das Auktionsmodell einerseits, das Verhandlungsmodell andererseits.

1.1.1 Das Auktionsmodell

Unter Unsicherheit und bei nur unvollkommenen Informationen über Unternehmenswerte von zu privatisierenden Unternehmungen, erscheinen Auktionsmodelle geeignete Verfahren zu sein, um Preise für derart heterogene Vermögensgegenstände zu ermitteln, für die kein Standardpreis existiert.[1]

In der Auktionstheorie werden vier Standardverfahren unterschieden:[2] die Englische Auktion, die Niederländische Auktion, die versiegelte Höchstgebots-Auktion und die

---

1 P. McAffee und J. McMillan, Auctions and Bidding, in: JEL, 25. Jg. (1987), S. 701.

2 P. McAffee und J. McMillan, Auctions, 1987, S. 702f.

versiegelte Zweitgebots-Auktion (nach ihrem Erfinder auch Vickrey-Auktion genannt). Bei der *Englischen Auktion* wird in einem öffentlichen Bietprozeß - d.h. jeder Bieter kennt die Höhe des aktuellen Gebots - der Preis zukzessive erhöht bis nur noch ein Bieter vorhanden ist. Bei der *Niederländischen Auktion* beginnt der Auktionator mit einem angenommenen Höchstpreis, der sukzessive gesenkt wird, bis sich der erste Bieter findet, der einen Preis akzeptiert. Auch bei diesem Bietverfahren sind die Preisinformationen öffentlich. Nicht-öffentliche Gebote werden simultan von den Bietern einer *versiegelten Höchstgebots-Auktion* eingereicht. Bieter dürfen nur ein Gebot abgeben, von denen das höchste Gebot den Zuschlag erhält. Die Niederländische und die versiegelte Höchstgebotsauktion führen zu identischen Ergebnissen.[1] Die *versiegelte Zweit-Gebots-Auktion* unterscheidet sich zur versiegelten Höchstgebots-Auktion dadurch, daß bei ersterer zwar auch der Bieter des höchsten Gebots den Zuschlag erhält, jedoch nur den Preis des zweithöchsten Gebots zahlen muß. Unterstellt man risikoneutrale und symmetrische Bieter einerseits und Unabhängigkeit der Bewertung des zugrundeliegenden Objekts durch einen Bieter von der Bewertung durch einen anderen Bieter andererseits, führen alle vier Auktionsmechanismen im Durchschnitt zu den gleichen Ergebnissen.[2] Bei unterschiedlicher Risikoneigung der Bieter hingegen erreichen die Englische Auktion und die versiegelte Zweitgebotsauktion eine pareto-effiziente Ressourcen-Allokation, nicht hingegen die versiegelte Höchstgebots-Auktion und die Niederländische Auktion.[3] Bei der Englischen Auktion sind für die konkurrierenden Bieter die Gebote als Signale über Ertragswerte der Unternehmung interpretierbar, so daß hier nicht von symmetrischem Verhalten der Bieter ausgegangen werden kann, sondern davon auszugehen ist, daß diese Signale, insbesondere über Preise, bei denen andere Bieter ausscheiden, die Gebote der Konkurrenten beeinflussen. Voraussetzung für eine effiziente Auktion mit vom Auktionator erwünschten Ergebnissen ist zudem ein reger Bieterwettbewerb und ein relativ einfaches Ausschreibungsverfahren.[4]

In der Praxis kann nach dem Ermessen des Verkäufers festgelegt werden, welche Zielfunktion er durch den Auktionsprozeß maximiert bzw. minimiert wissen möchte oder welche Kriterienmischung optimiert werden soll.[5] Als Kriterien kann der Auktionator von Unternehmungen - und von Treuhand-Unternehmungen im besonderen - eine Maximierung des Verkaufserlöses, eine Maximierung der zu übernehmenden und langfristig zu sichernden Arbeitsplätze, eine Maximierung der Investitionszusagen oder eine Kombination aus Teilen dieser Kriterien oder aller dieser Kriterien - entsprechend dem Zielsystem der Treuhandanstalt - festlegen.[6] Durch eine Kombination der Treu-

---

1 P. McAffee und J. McMillan, Auctions, 1987, S. 706; W. Vickrey, Counterspeculation, Auctions, and Competitive Sealed Tenders, in: Journal of Finance, 16. Jg. (1961), Nr. 1, S. 44-61.

2 P. McAffee und J. McMillan, Auctions, 1987, S. 710.

3 P. McAffee und J. McMillan, Auctions, 1987, S. 718f.; E.S. Maskin, Auctions and Privatization, in: H. Siebert (Hrsg.), Privatization, Symposium in Honor of Herbert Giersch, Tübingen 1992, S. 121.

4 K.-D. Schmidt, Strategien der Privatisierung, in: W. Fischer, H. Hax und H. K. Schneider (Hrsg.), Treuhandanstalt: Das Unmögliche wagen; Forschungsberichte, Berlin 1993, S. 217.

5 K.-D. Schmidt, Strategien, 1993, S. 217.

6 Zum multidimensionalen Zielsystem der Treuhandanstalt siehe 1. Kapitel Abschnitt 2.1, S. 5-10.

handanstalt-Zielsetzungen als Kriterien in einem Bieterwettbewerb ließen sich diese Ziele grundsätzlich auch in einem mehrdimensionalen Optimierungsprozeß verfolgen.[1] Dieser Ansatz ließe sich z.B. in der Weise durchführen, daß ein Kriterium mit einer Mindestgröße vom Auktionator vorgegeben wird (z.B. die Vorgabe eines Mindestkaufpreises) und der Zuschlag an denjenigen Investor vergeben wird, der zusätzlich zu diesem Mindestgebot in Bezug auf das nachrangige Kriterium (bei der Treuhandanstalt z.B. Anzahl der langfristig zu erhaltenden / zu schaffenden Arbeitsplätze bzw. die höchste Investitionssumme) das höchste Gebot abgibt.[2]

Das Auktionsmodell hat bei idealer Anwendung gegenüber dem Verhandlungsmodell einige Vorteile: Es garantiert eine relativ zügige Privatisierung, und es sorgt vor allem durch seine Strukturierung auf ein einfaches Ausschreibungsverfahren für eine klare Dokumentation und Vergleichbarkeit der Gebote (Transparenz der Privatisierung) und schließt dadurch - zumindest bei einem Wettbewerb über *quantitativ* meßbare Faktoren - eine unbegründete Präferenz für einen bestimmten Investor aus. Dies wäre nicht der Fall, wenn eine *qualitative* Beurteilung, wie die Beurteilung des Unternehmenskonzepts, im Ermessen des Auktionators läge. Aufgrund dieser Vorteile wird das Auktionsmodell von vielen Ökonomen favorisiert.[3] Hingegen nimmt die Allokationseffizienz von Auktionen unter Unsicherheit mit zunehmender Größe und Komplexität der zugrunde liegenden Unternehmungen ab.

1.1.2 Das Verhandlungsmodell

Für die Wahl eines Privatisierungsmodells ist es von erheblicher Bedeutung, wie gut es den Zielkomplex der Privatisierungsagentur erfüllen kann. Bei großen komplexen Unternehmungen - mit denen bei Staatsunternehmen einer ehemaligen Planwirtschaft zu rechnen ist - müssen Investoren gefunden werden mit einem überzeugenden Unternehmenskonzept, mit Reputation und der hinreichenden Finanzkraft, ein Unternehmen zu sanieren und langfristig fortzuführen. Qualitative Faktoren, wie die Stärken und Schwächen von Unternehmenskonzepten und die Reputation des Investors und seine

---

[1] In der Unternehmensbewertung werden zur Erfassung qualitativer mehrdimensionaler Ziele Scoring-Modelle vorgeschlagen. Siehe B. Bellinger und G. Vahl, Unternehmensbewertung in Theorie und Praxis, Wiesbaden 1984, S. 257. Einen allgemeinen Überblick über Scoring-Modelle geben A. Dreyer, Scoring-Modelle bei Mehrfachzielsetzungen: Eine Analyse des Entwicklungsstandes von Scoring-Modellen, in: ZfB, 44. Jg. (1974), H. 4, S. 255-274; W. Becker und J. Weber, Scoring-Modelle, in: Management-Enzyklopädie, Bd. 8, 2. Aufl., Landsberg am Lech 1984, S. 345-359. Es wäre denkbar, daß Bieter Gebote für einzelne zugrundeliegende Kriterien abgeben, die zu einem Gesamtscore - entsprechend den von der Privatisierungsagentur ihren verschiedenen Zielen beigemessenen Nutzenwerten - addiert werden. Den Zuschlag würde das Gebot mit dem höchsten Gesamtscore erhalten.

[2] K.-D. Schmidt, Strategien, 1993, S. 220.

[3] Stellvertretend seien hier genannt R.C. Smith, Privatization Programs of the 1980s: Lessons for the Treuhandanstalt, Kieler Vorträge, N.F. 119, Kiel 1991, S. 12f., 16f.; E.S. Maskin, Auctions and Privatization, in: H. Siebert (Hrsg.), Privatization, Symposium in Honor of Herbert Giersch, Tübingen 1992, S. 115; H. Siebert, Das Wagnis der Einheit. Eine wirtschaftspolitische Therapie, Stuttgart 1992, S. 99-102.

tatsächlichen Intentionen können nur interaktiv in Gesprächen und Verhandlungen zwischen Unternehmensverkäufer und Investor herausgearbeitet werden.

Im Gegensatz zum Auktionsmodell werden deshalb beim Verhandlungsmodell potentielle Erwerber gezielt singulär angesprochen. Mit den Interessenten werden bilaterale Verhandlungsgespräche geführt, in denen sich von beiden Seiten Erkentnisse darüber gewinnen lassen, wie das Objekt ökonomisch genutzt werden soll oder kann. Außerdem haben beide Seiten die Möglichkeit, durch überzeugende Argumente ihre häufig divergierenden Meinungen durchzusetzen. Für den Verkäufer bietet sich insbesondere die Möglichkeit, Informationen über die ökonomischen Nutzungsmöglichkeiten und deren Wertschätzung durch die Verhandlungspartner zu gewinnen und diesen Wissensaufbau gezielt angebotserhöhend in Gesprächen mit weiteren Verhandlungspartnern - einzusetzen. Gerade in diesen im Vergleich zu Auktionen zusätzlichen Freiheitsgraden liegt der Vorteil des Verhandlungsmodells.

Durch die oben geschilderte Berücksichtigung *multidimensionaler Informationen* kann das Verhandlungsmodell die Informationseffizienz und somit die Allokationseffizienz von Eigentumsrechten erhöhen.[1] Einen weiteren komparativen Vorteil gegenüber Standard-Auktionsverfahren erlangen informelle Verhandlungen dadurch, daß der *Angebotsumfang* im Verhandlungsprozeß flexibel gestaltet werden kann, d.h. die ehemals planwirtschaftlichen konglomeraten Unternehmensstrukturen in wettbewerbsfähige selbständige kleinere Unternehmenseinheiten gegliedert werden können. Die in den Verhandlungen mit Investoren gewonnenen Informationen können bei dieser Restrukturierung helfen.[2] Darüber hinaus erleichtert das Verhandlungsmodell den Abschluß komplexer Verträge mit kontigenten Anpassungen aufgrund von nicht antizipierbaren zukünftigen Ereignissen.[3] Die THA hatte mit Investoren i.d.R. längerfristige Verträge abgeschlossen, die eine spätere Überprüfung von Investitions- und Beschäftigungsvereinbarungen und von Haftungszusagen der THA (etwa für Sozialpläne oder für die Sanierung ökologischer Altlasten, die die THA finanziert) und kontingente Zahlungen aufgrund von Nachbewertungen von Vermögensgegenständen nach sich zogen.[4]

Das Verfahren ist immer dann sachgerecht angewandt, wenn nur wenige Bieter auftreten. Tatsächlich ließe sich dem Verhandlungsprozeß eine beschränkte Ausschreibung voranstellen, um z.B. nach dem Kriterium des Unternehmenskonzepts eine Vorauswahl potentieller Investoren festzulegen.

---

1 H. Brücker, Privatisierung in Ostdeutschland: eine institutionenökonomische Analyse, Frankfurt a.M. 1995, S. 93-95.

2 H. Hax, Privatization Agencies: The Treuhand Approach, in: H. Siebert (Hrsg.), Privatization, Symposium in Honor of Herbert Giersch, Tübingen 1992, S. 145f.

3 H. Brücker, Privatisierung in Ostdeutschland, 1995, S. 96-98.

4 Vertragsgestaltungen und der rechtliche Rahmen werden unten in Abschnitt *2. Rechtliches Umfeld und Kaufvertragsarrangements mit der Privatisierungsagentur* analysiert.

Die Schwachpunkte des Verhandlungsmodells sind die nach außen hin geringe Transparenz (Nachvollziehbarkeit des Zuschlagsvergabe-Prozesses) und der relativ hohe Zeitaufwand, der mit jedem zusätzlichen potentiellen Investor steigt. [1]

In der Praxis des Unternehmenskaufs und speziell in der Privatisierungspraxis der Treuhandanstalt wird die eine oder andere reine Form der hier geschilderten Unternehmenstransaktionen keine Anwendung finden, sondern es haben sich Mischformen herausgebildet, je nachdem, welches Primärziel der Unternehmensverkäufer verfolgte. Die Treuhandanstalt hatte erklärt, grundsätzlich ein branchen- und unternehmensgrößenorientertes Privatisierungsprogramm zu betreiben.[2]

Die Treuhandanstalt hat sechs verschiedene *Vermarktungsverfahren* unterschieden. Sie lassen sich auf das reine Auktions- bzw. Verhandlungsmodell zurückführen und unterscheiden sich teilweise nur graduell voneinander: der freihändige Verkauf, des Bietverfahren, die beschränkte Ausschreibung, die öffentliche Ausschreibung, die öffentliche Auktion und das später - im Mai 1992 - beschlossene "vereinfachte Verfahren zur Veräußerung von Kleinunternehmen".[3] Sie werden im folgenden diskutiert, beginnend mit dem dem Verhandlungsmodell am nächsten stehenden Verfahren bis hin zu einer immer stärken Annäherung an das Auktionsmodell.

1.1.3 Vermarktungsverfahren in der Praxis

1.1.3.1 Der freihändige Verkauf

Der freihändige Verkauf ist in der Privatwirtschaft quantitativ der Regelfall. Beim freihändigen Verkauf von Unternehmen handelt es sich nicht um ein formalisiertes strukturiertes Verfahren, das sich an bestimmten Regeln und Kriterien orientiert. Es zeichnet sich vielmehr dadurch aus, daß es keine Regeln und Kriterien aufweist. Es ermöglicht deshalb flexibles Handeln, erspart eine genaue Beschreibung des Vertragsgegenstandes und ermöglicht es, Vertraulichkeitsinteressen Rechnung zu tragen.[4] In dem spontanen Verhalten der beteiligten Akteure liegt der Vorteil dieses Vermarktungsverfahrens, das zu einer raschen Privatisierung führen kann.

Das Verfahren ist sachgerecht angewandt, wenn ein einheitlicher Marktpreis und Markttransparenz existieren, weil sich hier die Ermittlung eines optimalen Preises durch die Umfeldsituation erübrigt.[5]

---

1 K.-D. Schmidt, Strategien, 1993, S. 217.

2 K.-P. Wild, Privatisierungsmarketing / Kapital- und Investorensuche, in: Treuhandanstalt, Ostausschuß der Deutschen Wirtschaft und Bundesverband der Deutschen Industrie (Hrsg.), Privatisieren: miteinander in die Soziale Marktwirtschaft, Köln 1992, S. 60.

3 K.-D. Schmidt, Strategien, 1993, S. 218.

4 W. Spoerr, Treuhandanstalt und Treuhandunternehmen zwischen Verfassungs-, Verwaltungs- und Gesellschaftsrecht, Köln 1993, S. 151.

5 W. Spoerr, Treuhandanstalt, 1993, S. 152.

"Wo die Preise nicht in Form vollständiger Konkurrenz gebildet werden, das heißt, es an Markthomogenität, Markttransparenz und hinreichend vielen Marktteilnehmern fehlt, ist die freihändige Vergabe daher prinzipiell nicht sachgerecht."[1] Der Unternehmensverkauf kann dann bei dieser Methode an den "Nächstbesten" geschehen. Opportunistisches Verhalten des Verkäufers und des Käufers können nicht ausgeschlossen werden. Im Verhandlungsergebnis ist möglicherweise derjenige im Vorteil, der aufgrund seines Informationsvorsprungs die Initiative ergreift und auf den Verhandlungspartner zugeht.[2] Als Verkaufsergebnis ergeben sich möglicherweise ineffiziente Allokationen von Eigentumsrechten.

Bei der Bedeutung, die dieses Verfahren erlangt hat, muß zwischen der Zentrale und den Niederlassungen der Treuhandanstalt unterschieden werden:[3] Für die Zentrale der Treuhandanstalt spielte dieses Verfahren nur zu Beginn der Privatisierungstätigkeit eine Rolle, als Informationsasymmetrie zwischen Investor, Treuhandanstalt und Treuhand-Unternehmungen zu Lasten der Treuhandanstalt noch dominierten, mithin eine Umfeldsituation, die für den freihändigen Verkauf gerade ungeeignet ist. In den Niederlassungen ist das Verfahren des freihändigen Verkaufs auch später noch angewandt worden, weil es den Vorteil einer raschen Privatisierung bot.

Der Nachteil dieses Verfahrens besteht in der mangelnden Transparenz der Entscheidungsprozesse und in der a priori-Begrenzung der potentiellen Investoren auf diejenigen, die einen Informationsvorsprung haben, den sie opportunistisch einsetzen.

1.1.3.2 Das Bietverfahren

Das Bietverfahren wurde von der Treuhandanstalt in der Form der direkten Ansprache potentieller Investoren angewendet, das sich in folgender Weise vollzog:[4] Die Treuhandanstalt hatte vorwiegend potentielle Investoren derjenigen Branche angeschrieben, aus der das zu privatisierende Unternehmen stammte. Diese Investoren wurden aufgefordert, der Treuhandanstalt ein Angebot zu unterbreiten. Auf dieser Ebene wurde somit eine erste grundsätzliche Transparenz in die zu erwartenden Privatisierungskonditionen gebracht, auch wenn auf den nachgelagerten Ebenen - nachdem Angebote eingegangen sind und das Prozedere in bilaterale Verhandlungen mündete - die Transparenz des Privatisierungsverfahrens verloren ging.

Es gilt auch hier der Nachteil, daß der potentielle Käuferkreis durch die Auswahl der angeschriebenen Unternehmen determiniert und restringiert wird. Wer vom Unter-

---

1 W. Spoerr, Treuhandanstalt, 1993, S. 152.

2 So ist z.B. die große Interhotel Gruppe in der Frühphase der Privatisierung weit unter einem potentiell erzielbaren Marktpreis an eine westdeutsche Hotelgruppe verkauft worden. Die THA war aber häufig in der Lage, solche Verkaufsverträge als ungültig zu erklären. Siehe K.-D. Schmidt, Treuhandanstalt and Investment Acquisitions: How to Ensure that Contracts are Kept?, Kiel Working Papers No. 632, Kiel 1994, S. 4.

3 K.-D. Schmidt, Strategien, 1993, S. 218.

4 K.-D. Schmidt, Strategien, 1993, S. 218.

nehmensverkäufer Treuhandanstalt nicht zu einer Angebotsabgabe aufgefordert wurde, erhielt allenfalls zufällig die Information über einen intendierten Unternehmensverkauf und damit die Chance einer Gebotsabgabe. Damit ist vor allem das Risiko verbunden, daß die Treuhandanstalt den Investor mit der tatsächlich effizientesten Allokation von Eigentumsrechten nicht findet.

Angewandt hat die Treuhandanstalt das Bietverfahren bei der Veräußerung großer komplexer Unternehmungen, vor allem Unternehmungen der Prozeßindustrien, wie der chemischen Industrie, der Mineralölindustrie, der Papierindustrie oder der Eisen- und Stahlindustrie.[1]

Aufgrund der Unternehmensstrukturen innerhalb dieser Branchen und der relativ geringen Anzahl der potentiell ernsthaften Interessenten sah die Treuhandanstalt die Vorteile dieses Vermarktungsverfahrens in der raschen Abfolge der Privatisierungsschritte Entflechtung, Ansanierung, Vertragsgestaltung und schließlich Verkauf.

Das Bietverfahren ist noch relativ stark dem Verhandlungsmodell angelehnt, weil es mit Ausnahme der Ansprache potentieller Investoren und der Aufforderung zur Gebotsabgabe keine weiteren formalisierten Auktionsmechanismen gibt. Das Bietverfahren weist damit auch die Nachteile des Verhandlungsmodells auf.

1.1.3.3 Die beschränkte Ausschreibung

Bei der beschränkten Ausschreibung handelt es sich um ein Vermarktungsverfahren mit bereits ausgeprägten Elementen formalisierter Auktionsmechanismen. Es ist dadurch gekennzeichnet, "daß auf die Ausschreibung nicht allgemein öffentlich hingewiesen wird und daß nicht jeder Interessent, sondern nur die beschränkte Zahl der vom staatlichen Auftraggeber aufgeforderten Unternehmen Gebote abgeben können."[2] Der Unterschied zum Bietverfahren bestand nur darin, daß die Treuhandanstalt beim Versand von Unternehmensprofilen und der damit verbundenen Aufforderung zur Gebotsabgabe eine Reihe von Konditionen vorgab.[3] Ansonsten lag auch hier die Auswahl der anzuschreibenden potentiellen Investoren im Ermessensbereich der Treuhandanstalt - nach denselben a priori-Annahmen über deren Interessensbegründung und denselben damit verbundenen Problemen wie in Abschnitt 1.1.3.2 dargelegt.

Das Verfahren der beschränkten Ausschreibung hat die Treuhandanstalt in der Regel für kleine und mittelgroße Unternehmen angewandt, die zudem noch einfach struktu-

---

1 Diese Branchen zeichnen sich auch dadurch aus, daß sie durch eine begrenzte Anzahl potentieller Investoren gekennzeichnet sind; R. Mayr, Die Privatisierungspolitik der Treuhandanstalt: eine Analyse zum Vertragscontrolling auf der Basis einer empirischen Untersuchung, Stuttgart 1995, S. 27.

2 J. Pietzcker, Der Staatsauftrag als Instrument des Verwaltungshandelns: Recht und Praxis der Beschaffungsverträge in den Vereinigten Staaten von Amerika und der Bundesrepublik Deutschland, Habil.-Schr., Tübingen 1978, S. 258.

3 K.-D. Schmidt, Strategien, 1993, S. 219

riert waren. Sie fanden sich vorweigend in den Branchen der Textil- und Bekleidungsindustrie, der Holz- und Möbelindustrie[1] sowie in der Papierindustrie.[2]

Die Vorteile dieses Verfahrens sah die Treuhandanstalt gerade in der oben kritisierten gezielten Ansprache der Investoren, weil auf diese Weise eine rasche Privatisierung garantiert schien. Zudem wurde der Entscheidungsprozeß transparent gestaltet, so daß er für Außenstehende nachvollziehbar wurde. Durch den Formalismus vorgegebener Konditionen wurde eine Optimierung des Verkaufspreises erleichtert. So kamen bei der beschränkten Ausschreibung im Durchschnitt zwei bis drei Gebote auf ein Unternehmen.[3] Speziell bei der Ausschreibung von 54 Unternehmen der Holz- und Möbelindustrie gingen 43 Gebote ein, nachdem insgesamt 2000 Unternehmensprofile versandt worden waren.[4] Hieraus ergäbe sich eine durchschnittliche Quote von 0,8 Geboten je privatisierungsfähigem Unternehmen, also ein durchschnittlich noch immer sehr schwacher Bieterwettbewerb.

1.1.3.4 Die öffentliche Ausschreibung

Als Formen der öffentlichen Ausschreibung werden an dieser Stelle die öffentliche Ausschreibung per se und als Sonderform das vereinfachte Verfahren zur Veräußerung kleiner und mittelständischer Unternehmen behandelt.

Bei der **öffentlichen Ausschreibung** handelt es sich um ein standardisiertes Bietverfahren, in dem gewisse Konditionen in bezug auf verschiedene Kriterien von der THA prädeterminiert wurden.[5] Den Zuschlag bekam, wer dieses Bündel von Bedingungen am besten erfüllte. Die öffentliche Ausschreibung ist gekennzeichnet durch unbegrenzten Interessentenkreis, umfangreiche Leistungsbeschreibung, Geheimhaltung der Gebote bis zum terminierten Eröffnungstermin, Zurückweisung verspäteter Gebote, Zuschlagserteilung an das günstigste Gebot und Verbot der Nachverhandlung über das abgegebene Gebot.[6] Die Auswahlkriterien in bezug auf die potentiellen Käufer waren:

- persönliche Kompetenz,
- das Unternehmenskonzept,
- und die Herkunft der potentiellen Käufer.

Bei der Herkunft der Bewerber wurden Mitarbeiter der zu privatisierenden Betriebe und andere Ostdeutsche präferiert, um rasch einen breiten ostdeutschen Mittelstand zu

---

1 K.-D. Schmidt, Strategien, 1993, S. 219.

2 L. Zappei, Resümee des Workshops Privatisierungsmarketing / Kapital- und Investorensuche, in: Treuhandanstalt, Ost-Ausschuß der Deutschen Wirtschaft, Bundesverband der Deutschen Industrie (Hrsg.), Privatisieren: miteinander in die Soziale Marktwirtschaft, Köln 1992, S. 73.

3 K. Müller, Branchenorientiertes Privatisierungsmarketing, in: Treuhandanstalt et al. (Hrsg.), Privatisieren, 1992, S. 66.

4 K.-D. Schmidt, Strategien, 1993, S. 219.

5 K.-D. Schmidt, Strategien, 1993, S. 219.

6 J. Pietzcker, Der Staatsauftrag, 1978, S. 253.

schaffen und um sicherzustellen, daß die bisherigen Verwendungen der Privatisierungsobjekte beibehalten werden.[1]

Angewandt hat die Treuhandanstalt die öffentliche Ausschreibung zum einen im Januar 1991 bei der sogenannten Massenprivatisierung von mehr als 30 000 Einzelhandelsgeschäften und zu einem späteren Zeitpunkt, als größere Objekte zur Privatisierung anstanden.[2] Dieses Verfahren wurde auf folgende Industrien angewandt: Gießereien, Möbel- und allgemeine Holzindustrie, Fahrzeugbau, Textilindustrie,[3] bezirksgeleitete Industrien und in der Landwirtschaft.[4]

Im Gegensatz zu den bisher beschriebenen Vermarktungsverfahren, bei denen ein von der Treuhandanstalt ausgewählter Personenkreis direkt angesprochen wurde, wurde der potentielle Interessentenkreis der öffentlichen Ausschreibung nicht a priori von der Treuhandanstalt eingeschränkt. Jedermann war aufgerufen, sich an den Bietverfahren zu beteiligen.[5] Damit stand die öffentliche Ausschreibung dem Auktionsverfahren bereits relativ nahe.

Das **vereinfachte Verfahren zur Veräußerung kleiner und mittelständischer Unternehmen** wurde erst später, im Mai 1992, von der Treuhandanstalt ins Leben gerufen, um den Verkauf zunächst nur kleiner und ab November 1992 auch mittelständischer Unternehmen zu beschleunigen. Außerdem wurde die Möglichkeit des Verkaufs von Betriebsteilen in dieses Privatisierungsverfahren mit einbezogen.[6] Zu diesem Zweck wurde vom Niederlassungsleiter und / oder Branchendirektor ein Richtpreis vorgegeben.[7] Wie bei der öffentlichen Ausschreibung war auch hier jedermann aufgefordert, Gebote abzugeben.

Wie bei allen anderen Privatisierungsmaßnahmen der Treuhandanstalt auch, mußten sich die Bewerber hier durch ihre fachliche Qualifikationen und ihre nachgewiesene Bonität auszeichnen.

Das vereinfachte Verfahren beinhaltete zusätzliche Erleichterungen der Unternehmensübernahme für Belegschaftsangehörige (sog. BBO = Belegschafts-Buyout). Diese Erleichterungen sehen vor, dem Erwerber bis zu 50% des Kaufpreises für einen

---

1 G. Dierk, Das schematisierte Verfahren bei der Privatisierung des Handels, in: Treuhandanstalt et al., 1992, S. 94 - 95.

2 K.-D. Schmidt, Strategien, 1993, S. 219.

3 K. Müller, Branchenorientiertes Privatisierungsmarketing, 1992, S. 60.

4 H.B. Schmidt, Das Instrument der Ausschreibung, in: Treuhandanstalt et al. (Hrsg.), Privatisieren, 1992, S. 72f.

5 K.-D. Schmidt, Strategien, 1993, S. 219.

6 Für dieses Vermarktungsverfahren wurden im August und November 1992 jeweils ein Katalog mit Firmenprofilen herausgeben. Der zuerst erschienene Katalog enthielt nur Firmenprofile kleiner Unternehmen. Im November 1992 wurden zusätzlich mittelständische Unternehmen mit bis zu 150 Mitarbeitern aufgenommen. Vgl. B. Breuel, Vorwort, in: Treuhandanstalt (Hrsg.), Initiative Mittelstand: Wege in die Selbständigkeit - Firmenprofile: kleine und mittelständische Unternehmen, Berlin Dezember 1992, S. 3.

7 K.-D. Schmidt, Strategien, 1993, S. 218, Fußnote 24.

Zeitraum von drei Jahren zu stunden und den Kaufpreis schließlich in Raten zu bezahlen. Die Mindestverzinsung des gestundeten Betrages beträgt per annum 5%. Jedoch kann für den Zeitraum von bis zu einem Jahr eine zinsfreie Stundung vertraglich vereinbart werden.[1]

Ein wesentlicher Bestandteil des vereinfachten Verfahrens ist die Indizierung der Kaufpreise mit einzelnen Richtpreisen bzw. die Einstufung in Preiskategorien, um den Bewerbern eine bessere Orientierung zu liefern. Nach der Bekanntgabe der Richtpreise (in diesem Verfahren geschah dies über Unternehmenskataloge) fand der Bieterwettbewerb statt. Den Zuschlag erhielt schließlich derjenige Bieter mit dem potentiell erfolgreichsten Unternehmenskonzept, vorausgesetzt sein Gebot orientierte sich an dem Unternehmensrichtpreis.[2] Richtpreise basierten auf von unabhängigen Wirtschaftsprüfern erstellten Bewertungsgutachten und der Einschätzung der Marktchancen dieser Unternehmungen. Letztere wurden im Vorwege des vereinfachten Verfahrens aus Kontakten mit Interessenten gewonnen. Richtpreise sollten eine realistische Einschätzung des Marktwertes der zu veräußernden Unternehmung aus Sicht der Treuhandanstalt darstellen. Soweit keine Richtpreise ermittelt werden konnten, wurden die offerierten Unternehmungen und Betriebsteile einer der folgenden Preiskategorien zugeordnet:

Tab. 2: Preiskategorien der Treuhand-Initiative Mittelstand

Preiskategorie	TDM
A	bis 100
B	über 100 bis 250
C	über 250 bis 500
D	über 500 bis 1000
E	über 1000 bis 2000
F	über 2000

Quelle: Treuhandanstalt (Hrsg.), Initiative Mittelstand, Firmenprofile, 1992, S. 8.

Neben der Stundung des Unternehmenskaufpreises war es möglich, den Kaufpreis dadurch zu reduzieren, daß das Grundstück nicht miterworben, sondern für eine gewisse Periode nur gepachtet wurde. Zusätzlich wurden Übernahmeerleichterungen dadurch geschaffen, daß zur Finanzierung Fördermittel in Anspruch genommen werden

1 Treuhandanstalt (Hrsg.), Initiative Mittelstand, Firmenprofile, 1992, S. 4.
2 K.-D. Schmidt, Strategien, 1993, S. 227.

konnten.[1] Nicht nur beim operativen Prozeß dieses Vermarktungsverfahrens, sondern auch auf dem juristischen Gebiet wählte die Treuhandanstalt Vereinfachungen zur Beschleunigung des Verkaufsprozesses: So konnte sie bei Vorliegen eines Restitutionsanspruches die Anwendung des Investitionsvorrangs nach § 3a VermG bzw. dem InVorG eröffnen.[2]

Im vereinfachten Verfahren verpflichtete sich die Treuhandanstalt in der Regel vertraglich zu folgenden Leistungen:[3]

a) Die Treuhandanstalt ist alleinige Gesellschafterin des von ihr veräußerten Unternehmens oder Betriebsteils.
b) Dem Käufer stehen die Gewinne bzw. Verluste des zu transferierenden Unternehmens seit dem 1. Januar 1992 zu, auch rückwirkend.
c) Die Treuhandanstalt garantierte, daß andere als in der Bilanz zum 31.12.1991 passivierte Verbindlichkeiten und Verpflichtungen nicht bestehen.

Darüber hinaus verpflichtete sie sich zur Partizipation an Aufwendungen, die dem Käufer für die Beseitigung von Altlasten entstehen. Wenn mit dem Käufer eine Begrenzung seines Aufwandsanteils zur Altlastenbeseitigung beschlossen wurde (sog. "Deckelung"), übernahm die Treuhandanstalt den darüber hinausgehenden Betrag zu 100%,[4] vorausgesetzt, es handelte sich dabei nicht um sogenannte Luxussanierungen.[5] Eine Befreiung der zu veräußernden Unternehmen oder Betriebsteile von Restitutionsansprüchen nach dem Vermögensgesetz konnte die Treuhandanstalt nicht übernehmen.[6]

---

1 Treuhandanstalt (Hrsg.), Initiative Mittelstand, Firmenprofile, 1992, S. 9-11. Einen Überblick über Fördermaßnahmen geben Forelle, Öffentliche Kreditprogramme, in: Industriekreditbank AG (Hrsg.), IKB-Mitteilungen, Düsseldorf 1991, Nr. 1, 32f.; Kann, Finanzierungshilfen für Investitionen in den neuen Bundesländern, in: ebenda, S. 35-37; Lubbe, Präferenzen für unternehmerische Engagements in Berlin, in: ebenda, S. 34; M. Söffing, Steuerliche Förderung der Unternehmen im Beitrittsgebiet, in: Betrieb und Wirtschaft, 45. Jg. (1991), H.6, S. 217-223; D. Lohse, B. Lornsen-Veit und E. Sonnemann, Fördermaßnahmen, in: KPMG Deutsche Treuhand Gruppe (Hrsg.), Investitionen in den neuen Bundesländern: Fördermaßnahmen, Restrukturierungen, Unternehmenskauf, Düsseldorf 1992, S. 11-48; W. Bauer und E. Sonnemann, Modellrechnungen für das Zusammenwirken der unterschiedlichen Investitionsfördermaßnahmen, in: ebenda, S. 53-94. Zur ökonomischen Analyse von Subventionen für Ostdeutschland siehe G.A. Akerlof, A.K. Rose, J.L. Yellen und H. Hessenius, East Germany in From the Cold: The Economic Aftermath of Currency Union, in: Brookings Papers of Economic Activity, 1991, Nr. 1 , S. 1-101; M. Funke und D. Willenbockel, Steuerliche Investitionsförderung in den neuen Bundesländern - Maßnahmen und Auswirkungen, in: Finanzarchiv, 49. Jg. (1992), S. 457-480; H.-W. Sinn, Schlingerkurs: Lohnpolitik und Investitionsförderung in den neuen Bundesländern, Working Paper No. 67, München 1994, S. 20-36.

2 Die Restitutionsregelungen werden unten in Abschnitt 2.2 dieses Kapitels behandelt.

3 Treuhandanstalt (Hrsg.), Initiative Mittelstand, Firmenprofile, 1992, S. 8.

4 Treuhandanstalt (Hrsg.), Initiative Mittelstand, Firmenprofile, 1992, S. 8.

5 F. Ebbing, Die Verkaufspraxis der Treuhandanstalt: Rechtliche Grundlage der Unternehmens- und Grundstücksverkäufe, Vertragsgestaltungen, Nachverhandlungen, Köln 1995, S. 293.

6 Die Restitutionsregelungen werden detailliert unten in Abschnitt 2.2.2.4 dieses Kapitels behandelt.

Unabhängig von den gewählten Vermarktungsverfahren war die Treuhandanstalt grundsätzlich bereit, einzelne oder alle betriebsnotwendigen Grundstücke von der veräußerten Unternehmung käuflich zurückzuerwerben und anschließend an den Käufer oder die privatisierte Unternehmung zurückzuverpachten.[1] Konkret beim vereinfachten Verfahren konnte die Treuhandanstalt die betriebsnotwendigen Immobilien - sofern sie nicht von untergeordneter Bedeutung waren - zu denen im Katalog fixierten Werten übernehmen und im Gegenzug an die veräußerte Unternehmung für einen Zeitraum von zwölf Jahren verpachten.[2] Innerhalb der ersten drei Jahre nach Immobilienverkauf an die Treuhandanstalt konnte die privatisierte Unternehmung die Immobilie zu demselben Preis zurückerwerben. In den Jahren vier bis zwölf hatte die Unternehmung eine Vorkaufsoption.[3]

Das vereinfachte Verfahren wurde vorwiegend für Unternehmungen des Einzelhandels und des Gaststätten- und Hotelgewerbes angewandt.[4]

1.1.3.5 Die öffentliche Auktion

Hierbei handelt es sich um ein reines Auktionsmodell bei dem bis auf ein Kriterium, z. B. dem Kaufpreis, alle Bedingungen bekannt sind und vor allem jeder Bieter über die Gebote der anderen informiert ist. Dieses Verfahren wurde von der Treuhandanstalt nicht angewandt, mit der Begründung, daß der Kaufpreis lediglich ein Kriterium von vielen sei und dieses für sie vor dem Hintergrund ihres komplexen Zielsystems bei weitem nicht das wichtigste.[5] Grundsätzlich ist es jedoch denkbar, eine öffentliche Auktion mit einem zu optimierenden Zielbündel von Kriterien durchzuführen, eventuell unter Verwendung von bestimmten Mindestgrößen für das eine oder andere Auktionskriterium.[6]

Als eine Form der öffentlichen Auktion kann der Unternehmensverkauf über Aktienemissionen angesehen werden. Im Gegensatz zu anderen mittel- und osteuropäischen Transformationsländern, wo die Emissionen von Anteilsscheinen oder von Anrechtsscheinen für den Bezug von Aktien [auch genannt (Investitions)vouchers, Gutscheine oder Coupons] in den unterschiedlichsten Ausgestaltungen größere Bedeutung erlang-

---

1 Aus der Perspektive des Investors kann dies als Sale-and-Lease-back gekennzeichnet werden.

2 Der Pachtzins beträgt in den ersten vier Jahren 4% per annum des Kaufpreises, in den darauffolgenden vier Jahren 5% per annum des Kaufpreises und in den letzten vier Jahren 6% des Kaufpreises; siehe Treuhandanstalt (Hrsg.), Initiative Mittelstand, Firmenprofile, 1992, S. 9.

3 Treuhandanstalt (Hrsg.), Initiative Mittelstand, Firmenprofile, 1992, S. 9.

4 G. Dierk, Das schematisierte Verfahren, 1992, S. 93-95.

5 K.-D. Schmidt, Strategien, 1993, S. 219.

6 K.-D. Schmidt, Strategien, 1993, S. 219 f.

ten,[1] hat die Treuhandanstalt keine Privatisierungen über Aktienemissionen vorgenommen. Zu diesem Zweck hätte ein der Risikostruktur ostdeutscher Unternehmen angepaßtes Börsensegment - oder je nach Größenklasse mehrere Börsensegmente - geschaffen werden müssen. Die Kriterien für eine Börsenzulassung in den bereits bestehenden deutschen Börsensegmenten konnten ostdeutsche ehemalige Kombinatsbetriebe nicht erfüllen.[2] Die einzige Börsenzulassung eines ostdeutschen Unternehmens - die Sachsenmilch AG - kann nicht an dieser Stelle eingeordnet werden, weil Sachsenmilch zunächst vollständig an die Südmilch AG privatisiert und anschließend zumindest ansaniert wurde, bevor die Börsenplazierung durchgeführt wurde.[3] Sachsenmilch mußte im Juli 1993 jedoch die Gesamtvollstreckung beantragen. Dies führte dazu, daß das westdeutsche Mutterunternehmen Südmilch gleich darauf einen Vergleichsantrag stellen mußte.[4] Auch der Aktienemission der Sero Entsorgung AG, Berlin, am 1.3.1995 und deren spätere Notierung an der Berliner Börse ging die Akquisition durch westdeutsche Investoren und eine mehrjährige Sanierungsphase voraus.[5]

Daß die Treuhandanstalt als Anstalt öffentlichen Rechts keine reinen öffentlichen Ausschreibungen zur Privatisierung ihrer Unternehmen vorgenommen hatte - wie dies die Bundeshaushaltsordnung in ähnlichen Fällen vorsieht -[6] ist darauf zurückzuführen, daß gutachterlich die Anwendung der §§ 63 und 64 BHO für die Treuhandanstalt bezweifelt worden sind.[7]

---

1 Siehe D. Lipton und J.D. Sachs, Privatization in Eastern Europe: The Case of Poland, in: Brookings Papers of Economic Activity, 1990, Nr. 2, S. 293-339; V. Klaus, Main Obstacles to Rapid Economic Transformation of Eastern Europe: The Czechoslovak View, in: H. Giersch (Hrsg.), Towards a Market Economy in Central and Eastern Europe, Heidelberg 1991, S. 88; T. Bauer, Building Capitalism in Hungary, in: H. Siebert (Hrsg.), The Transformation of Socialist Economies, Symposium 1991, Tübingen 1992, S. 287-303; J. Charap, K. Dyba und M. Kupka, The Reform Process in Czechoslavakia: an Assessment of Recent Developments and Prospects for the Future, in: Communist Economies and Economic Transformation, 4. Jg. (1992), Nr. 1, S. 16-20; S. Fischer, Privatization in East European Transformation, in: C. Clague und G. C. Rausser (Hrsg.), The Emergence of Market Economies in Eastern Europe, Cambridge, Mass. 1992, S. 235-238; H. Leipold, Das Eigentumsproblem in der Transformationspolitik, in: H. Leipold, (Hrsg.), Privatisierungskonzepte im Systemwandel, Marburg Juni 1992, S. 17-19; Organisation for Economic Co-Operation and Development - OECD (Hrsg.), Foreign Direct Investment in Selected Central and Eastern European Countries and New Independent States: Policies and Trends in Fourteen Economies in Transition, OECD Working Papers, Vol. II, Paris 1993, No. 11, S. 65-67; A. Schipke, The Political Economy of Privatization, in: A. Schipke und A.M. Taylor (Hrsg.), The Economics of Transformation: Theory and Practice in the New Market Economies, Heidelberg 1994, S. 185f.

2 R.H. Schmitz, Wie weit ist für Ost-Unternehmen der Weg zur Börse noch?, in: WM, 46. Jg. (1992), Nr. 9, S. 348.

3 R.H. Schmitz, Weg zur Börse, 1992, S. 348.

4 o.V., Südmilch in Stuttgart ausgesetzt, in: Börsenzeitung, Nr. 139 vom 24.7.1993, S. 5; o.V., Südmilch-Verwalter sieht Chancen für einen Vergleich mit Gläubigern, in: Süddeutsche Zeitung, Nr. 172 vom 29.7.93, S. 20.

5 o.V., Sero-Aktien kommen zu 22,50 DM, in: HB, Nr. 43 vom 1.3.1995, S. 12.

6 §§ 63 und 64 BHO.

7 Strittig, Teile der Aussagen der §§ 63 und 64 BHO sind nach Spoerr auch für Privatisierungen der Treuhandanstalt anzuwenden; W. Spoerr, Treuhandanstalt, 1993, S. 155f.

Die Treuhandanstalt mußte aber selbstverständlich das verfassungsrechtliche Willkürverbot beachten.[1]

1.1.4 Vergleichende Analyse der Vermarktungsverfahren im Hinblick auf Realoptionen und Zusammenfassung

Die oben beschriebenen von der Treuhandanstalt eingesetzten Vermarktungsverfahren lassen sich zwischen dem reinen Verhandlungsmodell und dem reinen Auktionsmodell wie folgt darstellen:

Abb. 9: Die Einordnung der Treuhand-Vermarktungsverfahren zwischen reinem Verhandlungsmodell und reinem Auktionsmodell

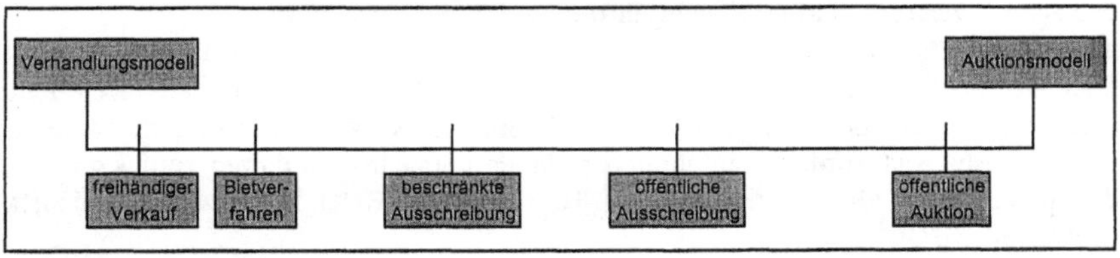

Quelle: Eigene Darstellung.

In dem von Kester angebotenen qualitativen Ordnungsschema von Realoptionen nach exklusiv vs. geteilt, einstufig vs. mehrstufig und verfallend vs. verzögerbar müßten Privatisierungsmodelle und die von der THA gewählten Verkaufsverfahren grundsätzlich alle als geteilt-einstufig-verfallend klassifiziert werden.[2] Die mit den THA-Unternehmungen verbundenen Realoptionen sind in der ex ante Phase *geteilt*, weil potentielle Wettbewerber im Bietprozeß um die Unternehmung konkurrieren, ein potentieller Investor mithin kein exklusives Recht an der Ausübung einer Realoption hat und weil außerdem der Kaufvertragsabschluß von beiden Parteien abhängig ist. Weil in der ex ante Phase isoliert nur der Vermarktungsprozeß bis zum Kaufvertragsabschluß analysiert wird und die nachfolgenden Realoptionen an dieser Stelle ausgeblendet werden - mit Ausnahme der öffentlichen Ausschreibung, weil hier bestimmte Käufergrupppen präferiert werden, von denen bestimmte Implikationen für die Realoptionen der Unternehmung nach der Privatisierung anzunehmen sind -, müssen die Realoptionen dieser Phase als *einstufig* klassifiziert werden. *Verfallend* sind die Realoptionen der THA und potentieller Investoren während des Vermarktungsprozesses, weil dieser längstens bis zum 31.12.1994 lief bzw. für alle Verfahren außer dem freihändigen Verkauf von der THA eine Angebotsfrist vorgegeben wurde.

Weil mithin eine Analyse anhand der Kester-Kriterien nicht ausreichend detailliert durchgeführt werden kann, werden die Implikationen der Unternehmensvermarktungsverfahren für die oben erarbeiteten Grundtypen von Realoptionen aus THA- und

---

1 K.-D. Schmidt, Strategien, 1993, S. 220.

2 C.W. Kester, Capital Allocation - Hurdle Rates, Budget, or Both?, in: Sloan Management Review, Spring 1989, S. 83; K.M. Fischer, Realoptionen, 1996, S. 144.

Käufer-Perspektive analysiert. Die Beurteilungen werden in Tabelle 3 dargestellt. Positive Zeichen in der Tabelle deuten auf eine Unterstützung von Realoptionen hin, negative Zeichen auf Realoptionsrestriktionen.

a) Timing-Optionen

Hier wird zunächst die Aufschub-Option behandelt und anschließend die Realoption des Vorziehens von Investitionen. Im Sinne der Optionstheorie ist ein Investor daran interessiert, in einem unsicheren ökonomischen Umfeld die Investitionsaufschub-Option so lange wie möglich - jedoch längstens bis kurz vor Ablauf der Optionsfrist - "lebend" zu halten, weil die Unsicherheit zu einem relativ hohen Optionswert führt. Das vorerst absolute Ende der Optionsfrist wurde mit der von der Treuhandanstalt selbst definierten Zielsetzung festgelegt, sich bis zum 31. Dezember 1994 selbst aufzulösen. Dieser Termin wurde zwar insofern eingehalten, als die Treuhandanstalt seit diesem Datum tatsächlich nicht mehr existiert, die Nachfolgegesellschaft Bundesanstalt für vereinigungsbedingte Sonderaufgaben (BVS) und ihre Tochtergesellschaften sowie Schwestergesellschaften jedoch die Privatisierung der übriggebliebenen Unternehmen fortführten. Der 31. Dezember 1994 gilt damit zwar grundsätzlich für die Terminierung der Privatisierung, konnte aber für einige Unternehmen von den potentiellen Investoren als unsicherer Verfalltag (Expiration Date) einer Call-Option auf Treuhand-Unternehmungen antizipiert werden.[1]

Für die überwiegende Zahl von Treuhand-Betrieben mußte der Investor jedoch ein früheres Datum beachten, und zwar zum einen das vom Ausschreibungsverfahren vorgegebene zum anderen beim freihändigen Verkauf das durch den Wettbewerbsdruck potentieller Mitbieter diktierte Datum. In einer Extremsituation, in der eine Treuhand-Unternehmung mit starker ostdeutscher Marktposition zum Verkauf stand und es zahlreiche Wettbewerber um diesen Unternehmenskauf gab, hielt keiner der potentiellen Investoren die Aufschuboption. Keiner könnte es sich leisten zu warten, weil sonst ein Mitbewerber potentiell den Zuschlag erhielte. Die Möglichkeit des Wartens und der Wert der Option darauf hängt folgerichtig vom Verhalten der Wettbewerber ab. Der Wert der Aufschuboption reduzierte sich somit auf null, wenn sich die Unsicherheit auf die gesamte Industrie bezieht. Ist die Unsicherheit jedoch unternehmensspezifisch, so überlebt die Aufschuboption, weil in diesem Fall der Investor - wie oben allgemein für Investitionsprojekte ausgeführt - nur die Ertragsseite der Akquisition betrachten muß, die zwar vom Wettbewerbsumfeld mitabhängt, aber den Investor nicht zwingt, seine Aufschuboption sofort auszuüben.[2]

Aus der optionstheoretischen Interpretation heraus ist für die ex ante-Situation festzustellen, daß potentielle **Investoren**, die Option auf Aufschub einer Unternehmensakquisition von der Treuhandanstalt grundsätzlich in den Fällen der *freihändigen Unternehmensverkäufe* bis zum Expiration Date 31. Dezember 1994 hielten.

---

[1] So sind zum Beispiel erst am 26. Juni 1995 die Verkaufsverträge über die Deutsche Waggonbau AG (DWA) unterzeichnet worden. Vgl. o.V., US-Investor Advent kauft Ost-Waggonbau, in: HB, Nr. 121/26 vom 27.6.1995, S. 1; o.V., Bahntechnik-Riese noch zu groß, ebenda, S. 11.

[2] A.K. Dixit und R.S. Pindyck, Investment under Uncertainty, 1994, S. 248.

Tab. 3: Restriktionen bzw. Unterstützungen von Realoptionen durch Unternehmensverkaufsverfahren

VERKAUFS-VERFAHREN / REALOPTIONEN	freihändiger Verkauf	Bietverfahren	beschränkte Ausschreibung	Öffentliche Ausschreibungen: reine öffentliche Ausschreibung	Öffentliche Ausschreibungen: vereinfachtes Verfahren	öffentliche Auktion
1. Timing-Option	Käufer: + (mit Einschränkung) THA: +	Käufer: - THA: +	Käufer: - - THA: +	Käufer: - - THA: + wenn Verfahren noch nicht gestartet; - wenn Verf. gestartet	Käufer: - - - THA: + wenn Verfahren noch nicht gestartet; - wenn Verf. gestartet	Käufer: - - - THA: + wenn Verfahren noch nicht gestartet; - - wenn Verf. gestartet
2. Expansions-Option	Käufer: + + + + THA: n.a.	Käufer: + + + THA: n.a.	Käufer: + + THA: n.a.	Käufer: + THA: n.a.	Käufer: + THA: n.a.	Käufer: + bzw. - THA: n.a.
3. Kontraktions-Option	Käufer: - THA: +	Käufer: - - THA: -	Käufer: - - - THA: - -	Käufer: - - THA: - - -	Käufer: + THA: - - -	Käufer: + bzw. - THA: - - - -
4. Desinvestitions-Option	Käufer: n.a. THA: +	Käufer: n.a. THA: +	Käufer: n.a. THA: + +	Käufer: n.a. THA: + + +	Käufer: + THA: + + + +	Käufer: n.a. THA: + + + + +
5. Switching-Option	Käufer: n.a. THA: n.a.	Käufer: n.a. THA: n.a.	Käufer: n.a. THA: n.a.	Käufer: n.a. THA: n.a.	Käufer: + THA: n.a.	Käufer: n.a. THA: n.a.

Quelle: eigene Darstellung

Die Aufschuboption hat, wie oben dargelegt, einen eigenständigen Wert und sollte folgerichtig aus der Sicht des Investors zu einer höheren Bewertung von Treuhand-Unternehmungen führen als bei einem zeitlich begrenzten Bietverfahren, bei dem eine Gebotsabgabe und damit eine *sofortige* Entscheidung (noch *nicht* die Akquisitions-*durchführung* selbst) zur Investition erforderlich ist.

Grundsätzlich hält auch die **Treuhandanstalt** beim *freihändigen Verkauf* die Option, mit dem Verkauf einer repräsentativen THA-Unternehmung bis zum Expiration Date 31. Dezember 1994 zu warten. Faktisch konnte die Treuhandanstalt diese Option aber nur eingeschränkt nutzen, weil das Treuhandgesetz ihr auferlegte, ihre Unternehmungen rasch zu privatisieren. Das heißt die Treuhandanstalt konnte diskretionär, wenn einzelne Verhandlungsziele noch nicht erreicht werden konnten, Verhandlungen mit anderen Investoren weiterführen oder ein Bietverfahren / eine Ausschreibung wiederholen. Um ihrer Aufgabe, den gesamten Unternehmungsbestand der ehemaligen DDR bis zum 31. Dezember 1994 privatisiert zu haben, gerecht werden zu können, konnte sie ihre Aufschuboption nicht bis zum Expiration Date offenhalten, weil Unternehmensverkäufe zeitextensiv sind und daher nicht alle Treuhand-Unternehmungen an einem Tag (dem Verfalltag) verkauft werden können.

Bei Vermarktungsverfahren, die mit einer ex ante fixierten Gebotsfrist verbunden sind - mithin alle oben beschriebenen Verfahren, ausgenommen der freihändige Verkauf -, werden die Aufschuboptionen durch das Vermarktungsverfahren selbst in steigendem Maße (von links nach rechts der Tabelle 3) sowohl beim potentiellen Investor als auch bei der THA eingeschränkt. Abgesehen vom freihändigen Verkauf ist die geringste Einschränkung der Aufschuboption beider Parteien mit dem *Bietverfahren* verbunden, weil bei diesem Verfahren in der sich der Gebotsphase anschließenden Verhandlungsphase beide Parteien einen diskretionären Handlungsspielraum zur Verzögerung eines Vertragsabschlusses und mithin zum Wissensaufbau nutzen können. Die mit den Verkaufsverfahren in der Reihenfolge vom Bietverfahren bis zur öffentlichen Auktion steigende Restriktion der Aufschub-Option resultiert aus der zunehmenden Zahl der einem zeitlich restringierenden Verfahren unterworfenen Gebotsvariablen und der damit einhergehenden Einschränkung der Freiheitsgrade, die Einigung zwischen Treuhandanstalt und Investor in bezug auf einzelne Variablen hinauszuzögern.

Die *beschränkte Ausschreibung* und die *öffentliche Ausschreibung* werden in bezug auf die Restriktion von Aufschub-Optionen gleich eingeschätzt. Noch stärkere Restriktionen der Aufschub-Option weist das *vereinfachte Verfahren zur Veräußerung kleiner und mittelständischer Unternehmen* auf, mit seinen größtenteils mit Mindestwerten unterlegten Gebots-Variablen und dem Verkaufspreis als Auktionsmechanismus. Da dieses Verfahren einer reinen Auktion mithin recht nahe kommt, wird es in bezug auf die Option, den Unternehmenskauf zu verzögern, aus Sicht des Käufers ähnlich restringierend eingeschätzt wie die öffentliche Auktion.

Die Beschleunigungsoption (also das zeitliche Vorziehen von Des/Investitionen) ist dem Investor gegeben bei dem freihändigen Verkauf, jedoch als geteilte Realoption. Diese Realoption wird bei den Vermarktungsverfahren von links nach rechts steigend tendenziell stärker restringiert, sobald die formalisierten Verfahren von der THA eingeleitet worden sind. Solange dies noch nicht geschehen war, konnte sich ein Investor direkt an die THA wenden und ein Gebot abgeben.

Grundsätzlich ist auch auf der Seite der Privatisierungsagentur danach zu differenzieren, ob die formalisierten Verfahren bereits eingeleitet wurden oder ob THA-Unternehmungen noch freihändig zu erwerben waren. In der ersten Situation hielt die THA die Timing-Option nur noch in dem den Vermarktungsverfahren möglichen Rahmen wie oben beschrieben - dies gilt auch für die Verzögerungsoption. Im zweiten Falle konnte die THA ihre Timing-Option dem Privatisierungsfortschritt entsprechend nutzen.

b) Expansions-Optionen

Für die Expansions-Optionen potentieller **Käufer** scheint ein Trade-off zu bestehen: Einerseits wurden die Expansions-Optionen durch die Verkaufsverfahren der THA unterstützt, weil sie die Privatisierung beschleunigten und folgerichtig dafür Sorge tragen konnten, daß Investoren ihre Expansions-Optionen in der ex post-Phase potentiell ausüben konnten. Andererseits waren die Verkaufsverfahren von links nach rechts verstärkt dazu geeignet, durch den intensivierten Bieterwettbewerb die Unternehmenspreise zu steigern. Dies mußte unter der Kondition kreditrationierter Investoren tendenziell zu Restriktionen der Expansions-Optionen in der ex post-Phase führen. Da die THA jedoch Investitions- und Beschäftigungszusagen des Investors gegenüber der Erzielung hoher Verkaufserlöse präferierte und dies auch in den standardisierten Verkaufsverfahren zum Ausdruck gebracht wurde, erscheinen die Expansions-Optionen der Käufer netto tendenziell unterstützt zu werden. Dieser Effekt erscheint bei dem *freihändigen Verkauf* am größten und bei der *öffentlichen Auktion* am geringsten zu sein. Je nach Ausgestaltung der öffentlichen Auktion würde sie die Expansions-Option des Käufers unterstützen - dann, wenn der Bietmechanismus in Investitions- und/oder Beschäftigungszusagen bestünde - oder aber restringieren - wenn der Bietmechanismus über den Unternehmenspreis liefe. Die zwei Formen der *öffentlichen Ausschreibung* scheinen die Expansions-Optionen der Käufer nicht so stark zu unterstützen wie die anderen Verfahren, weil hier speziell ostdeutsche Käufer als Einzelpersonen präferiert wurden, die tendenziell stärker kreditrationiert waren als andere Investoren.

In der Tabelle 3 werden die Wirkungen der Vermarktungsverfahren auf die Expansions-Option der **Treuhandanstalt** als **n**icht **a**nwendbar eingestuft, denn über Sanierungsinvestitionen hinausgehende Erweiterungsinvestitionen stünden dem Privatisierungsauftrag entgegen. Grundsätzlich führten alle Privatisierungsverfahren dazu, daß die THA ihre mit den THA-Unternehmungen unmittelbar verbundenen Realoptionen durch die Privatisierung aufgeben mußte.

c) Kontraktions-Optionen

Die Kontraktions-Optionen der **Akquisiteure** wurden im Hinblick auf die Ausübungsmöglichkeiten in der ex post-Phase bereits durch die der THA grundsätzlich auferlegten Zielsetzungen zur Sicherung zukünftiger Arbeitsplätze und Investitionen restringiert. Diese Restriktionen wurden durch die verschiedenen Verkaufsverfahren mehr oder weniger verstärkt. Weil die Verhandlungsparteien bei dem *freihändigen Verkauf* den größten Verhandlungsspielraum hatten und dabei in der Frühphase der Privatisierung z.T. von Wettbewerbern unabhängig waren, ist davon auszugehen, daß potentielle Akquisiteure bei diesem Verfahren am ehesten auf ein niedriges Niveau ihrer Investitions- und Arbeitsplatzzusagen hinwirken konnten. Dieses Verfahren wird deshalb mit einem Minuszeichen klassifiziert. Aufgrund der stärkeren Ausrichtung der stärker formalisierten Verfahren *Bietverfahren* und *beschränkte Ausschreibung* auf eine wettbewerbsunterstützende Gebotsabgabe hinsichtlich Arbeitsplatz- und Investitionszusagen üben diese Vermarktungsverfahren eine stärkere Kontraktions-Options-Restriktion aus als der freihändige Verkauf. Die *reine öffentliche Ausschreibung* scheint aufgrund der Ausrichtung auf (kleinere) mittelständische Unternehmungen die Kontraktions-Option der ex post-Phase zumindest weniger zu restringieren als die beschränkte Ausschreibung. Da die im Wege des *vereinfachten Verfahrens* privatisierten kleinen und mittelständischen Unternehmungen noch weniger als bei der reinen öffentlichen Ausschreibung von Investitions- und Beschäftigungsgarantien betroffen waren, scheint diese Ausrichtung auf den ostdeutschen Mittelstand Kontraktions-Optionen der ex post-Phase zu unterstützen. Bei der *öffentlichen Auktion* ist danach zu unterscheiden, ob der Auktionsmechanismus ausschließlich in dem Unternehmenspreis liegt oder in einer Mischung aus weiteren Kriterien, wie Arbeitsplatz- und Investitionsgarantien des Investors. In ersterem Falle ist von einer Unterstützung der Kontraktions-Option auszugehen, weil sich der Investor auf im Vergleich zu den anderen Verfahren niedrigeren Anteil Sunk Cost festlegen kann. In der zweiten Variante wird zwangsläufig die ex post-Möglichkeit der Kontraktion der privatisierten Unternehmung restringiert.

Die **THA** hielt grundsätzlich während ihrer Privatisierungstätigkeit die Kontraktions-Option, wenn auch nur in eingeschränktem Maße ihrer gesetzlich vorgegebenen Aufgaben und des politischen Einflusses. Der *freihändige Verkauf* trug tendenziell dazu bei, daß die THA in der ex ante-Phase ihre Kontraktions-Option noch ausüben konnte, evtl. wurde darauf in der Verhandlungsphase auch durch den potentiellen Investor hingearbeitet. Die stärker formalisierten Vermarktungsverfahren ließen der THA in von links nach rechts steigendem Maße immer weniger Handlungsspielraum, sobald das jeweilige Verfahren gestartet wurde. Auf die ex post-Phase läßt sich der Handlungsspielraum für Kontraktions-Optionen der THA nicht anwenden.

d) Desinvestitions-Optionen

Aus der Perspektive der **Akquisiteure** ist eine Beurteilung der Privatisierungsmodelle nach Unterstützung ihrer Desinvestitions-Option in der Regel als nicht anwendbar zu klassifizieren, weil sie bei den Akquisiteuren ja gerade das Gegenteil bewirken sollten. Eine Ausnahme bildete hier das *vereinfachte Verfahren* zur Veräußerung kleiner und mittelständischer Unternehmen. Es wird eine Desinvestitions-Option der Investoren in der ex post-Phase tendenziell unterstützt haben, weil es dafür Sorge trug, daß kleine und mittelständische Unternehmungen vorwiegend im Rahmen von Management-Buyouts an ostdeutsche Investoren privatisiert wurden, die zumindest dann, wenn sie lediglich den Investor selbst beschäftigen mußten (kleine Ladengeschäfte), keine Beschäftigungszusagen geben mußten und folgerichtig die Desinvestitions-Option in der ex post-Phase ausüben konnten. Wohlgemerkt scheint diese Realoptionsunterstützung jedoch nur für Ein-Personen-Geschäfte zu gelten. Sobald auch bei den unter dem vereinfachten Verkaufsverfahren privatisierten Betrieben fristengebundene Arbeitsplatz- und Investitionszusagen durch den Investor gegeben wurden, lag auch hier eine Restriktion der Desinvestitions-Option in der ex post-Phase vor.

Bei der Betrachtung der Zusammenhänge zwischen den Privatisierungsmodellen und den Desinvestitions-Optionen muß festgestellt werden, daß die Desinvestitions-Optionen weniger bei den Käufern als vielmehr bei der Verkäuferin - der **Treuhandanstalt** - lagen. Dies liegt in der Natur der Sache Privatisierungsmodell. Entsprechend den durch die Verkaufsverfahren unterschiedlich stark entfalteten Intensivierungen des Bieterwettbewerbs werden in der Tabelle 3 Abstufungen in bezug auf die unterstützenden Wirkungen auf die Desinvestitions-Optionen vorgenommen.

Entsprechend des den geringsten Bieterwettbewerb erzeugenden *freihändigen Verkaufs* wird diesem Verfahren die geringste positive Wirkung auf eine Desinvestitions-Option der Treuhandanstalt eingeräumt. Einen etwas stärkeren positiven Einfluß hat aufgrund seiner ersten Formalisierungsansätze das *Bietverfahren*. Eine noch stärkere Unterstützung von Desinvestitions-Optionen der Treuhandanstalt wird aufgrund seiner noch stärkeren Intensivierung des Bieterwettbewerbs der *beschränkten Ausschreibung* beigemessen. Obwohl die *öffentliche Ausschreibung* mit stärkeren Normierungen der Ausschreibungsbedingungen als die beschränkte Ausschreibung auf eine höhere Intensivierung des Bieterwettbewerbs hindeutet, wird der öffentlichen Ausschreibung eine geringere Unterstützung der Desinvestitions-Option der Treuhandanstalt beigemessen, weil für die öffentlich ausgeschriebenen Unternehmungen ostdeutsche Bewerber präferiert wurden. Durch diese Restriktion des potentiellen Käuferkreises wird tendenziell auch die Desinvestitions-Option der THA restringiert. Aufgrund der einer Auktion sehr nahe kommenden starken Formalisierung und Vereinfachung des Bietverfahrens, aufgrund des sehr großen potentiellen Käuferkreises - ob der geringen notwendigen finanziellen Mittel - und aufgrund der engen zeitlichen Begrenzung der Ausschreibung versprach das *vereinfachte Verfahren* die rascheste Desinvestition der Treuhandanstalt aus ihren Unternehmungen. Im Vergleich zum Verfahren der öffentlichen Ausschreibung erscheint beim vereinfachten Verfahren von der Präferenz ostdeutscher Investoren keine einschränkende Wirkung auf die Desinvestitionsoption auszugehen, weil dieses Verfahren vornehmlich für Kleinbetriebe angewandt wurde, deren Kauf einen geringeren Finanzbedarf aufweist. Weitere Standardisierungen führten im Vergleich zur öffentlichen Ausschreibung für die Treuhandanstalt zu einer stärkeren Unterstützung der Desinvestitions-Option. Das vereinfachte Verfahren erscheint von den Verfahren, die die Treuhandanstalt anwandte, die stärkste Unterstützung ihrer Desinvestitions-Option zu bieten. Sie erhält deshalb vier Positivzeichen.

Eine noch stärkere Unterstützung der Desinvestitions-Option hätte die *öffentliche Auktion* geboten, weil hiermit jedes Zielsystemkriterium der Treuhandanstalt hätte beboten werden können. Aufgrund der gegebenen Transparenz dieses Verfahrens hätte die Treuhandanstalt dem aus mehreren Kriterien optimalen Gebot den Zuschlag geben können, ohne zeitintensiv weitere Verhandlungen führen zu müssen. Das optimale Gebot hätte als das einzig marktgerechte akzeptiert werden können. Im Inter-Verfahrensvergleich erhält die öffentliche Auktion mit fünf Positivzeichen die stärkste Gewichtung einer Desinvestitions-Option-Unterstützung.

e) Switching-Optionen

Da es sich bei der Option auf vorübergehende Stillegung mit späterer Wiederaufnahme eines Investitionsprojektes im ersten Schritt um einen "Disguised Abandonment Put"[1] - also um eine Variante der Desinvestitions-Option - handelt, jedoch mit der zusätzlichen Realoption auf spätere Betriebswiederingangsetzung, ergeben sich für die **Käufer**perspektive hier keine Unterschiede zur Desinvestitions-Option. Es ist jedoch von der im privatisierten THA-Betrieb jeweils verwendeten Technologie und der jeweiligen Wettbewerbsituation abhängig, ob eine vorübergehende Stillegung überhaupt eine Rolle spielen kann.

Anders gelagert ist die Perspektive der **Treuhandanstalt**. Weil im Treuhandgesetz die rasche und vollständige Privatisierung der ostdeutschen Unternehmungen vorgesehen war, konnte die Treuhandanstalt ihre Unternehmungen grundsätzlich nur verkaufen oder in die Gesamtvollstreckung führen.[2] Eine Option zur vorübergehenden Stillegung ihrer Unternehmungen mit der Option einer späteren - nach Besserung der Geschäftslage - Wiederingangsetzung des Geschäftsbetriebs hielt die Treuhandanstalt grundsätzlich nicht. Der Realoptionstyp wird deshalb als für die THA nicht anwendbar gekennzeichnet. Diese Realoption wurde durch die Aufgabenstellung der THA bereits im Vorwege restringiert (nicht jedoch durch die Vermarktungsverfahren). Hätte die THA jedoch diese Realoption gehalten, wären ihr Möglichkeiten zur Erlösmaximierung eröffnet worden. Sie hätte dann ihre Betriebe für die kritische Phase der Transformation, in der die Ertragssituation der Betriebe sich verschlechterte, schließen können und bei späteren verbesserten Umfeldkonditionen wiedereröffnen oder auf eine andere Güterproduktion umsteigen können. Für das Gros von Unternehmungen erscheint eine solche Realoption unpraktikabel. Sie ist, wie oben bereits angemerkt, von der unternehmensspezifisch verwendeten Technologie und der Wettbewerbsituation abhängig. Nur in dem einen Fall, in dem ein THA-Betrieb mit einer relativ unspezifischen Technologie ausgestattet war, hätte die THA von einer Switching-Option Gebrauch machen und im Sanierungsprozeß auf andere Ressourcen oder eine andere Güterproduktion umstellen können.

1.2 Die *Instrumente* des Privatisierungsmarketings

Zur Erhöhung der Verkaufschancen ihrer Tochter- und Enkelunternehmen hatte die Treuhandanstalt im Laufe ihrer Tätigkeit ein differenziertes diskretionär einsetzbares Vermarktungsinstrumentarium entwickelt, das im folgenden nach den damit verbundenen organisatorischen Einheiten und den Maßnahmen unterschieden wird.

---

1 R.A. Brealey und S.C. Myers, Principles, 1988, S. 502.

2 Zum Gesamtvollstreckungsverfahren und zur Abwicklung von Treuhand-Unternehmungen vergleiche E. Wandel, Abwicklung nicht sanierungsfähiger Unternehmen durch die Treuhandanstalt, in: W. Fischer et al., Treuhandanstalt, 1993, S. 283 - 314.

1.2.1 Die organisatorischen Einheiten zur Dezentralisierung des Privatisierungsmarketings

Auf der Ebene der organisatorischen Einheiten der Treuhandanstalt wurden die Privatisierungsverhandlungen - falls nicht Dritte, z. B. Rechtsanwälte, Wirtschaftsprüfer, Mergers-and-Acquisitions-Berater oder Investmentbanken mit der Privatisierung beauftragt wurden[1] - in der Regel über die 15 Niederlassungen bzw. Geschäftsstellen geführt. Die Verantwortlichkeit orientierte sich an der Größe der zu privatisierenden Unternehmungen. Somit führte die Treuhand-Zentrale relativ zu den Niederlassungen bzw. Geschäftsstellen wenige Verhandlungen und konzentrierte sich vorwiegend auf die ganz großen Treuhand-Unternehmungen.[2] Treuhand-Betriebe mit bis zu 1500 Mitarbeitern lagen grundsätzlich im Verantwortungsbereich der Niederlassungen.[3] Die räumliche Dezentralisierung der Treuhandanstalt in der Form von Niederlassungen führte jedoch zu großen Kompatibilitätsproblemen der Zuordnung von Treuhand-Unternehmungen nach dem Kriterium Größenklassen. Obwohl die Niederlassungen gegenüber der Treuhand-Zentrale komparative Vorteile - aufgrund der Nähe zu den Großunternehmungen, des Informationsflusses zwischen den Niederlassungen und Treuhand-Unternehmungen und nicht zuletzt aufgrund des starken Interesses der regionalen Bevölkerung an einer erfolgreichen Privatisierung - hätten aufbauen können und dieses bis März 1991[4] auch taten, trat am 30.11.1990 die Zuordnungsrichtlinie[5] in Kraft, die die oben beschriebene Zuordnung veranlaßte. Neben der Zuordnung aufgrund der Unternehmensgröße gab es folgende Ausnahmen: Außenhandelsunternehmungen, Banken, Druckereien, Zeitungs- und Zeitschriftenverlage, Reisebüros und Hotelketten, Gesellschaften der ehemaligen DEFA, wissenschaftliche Einrichtungen, Zirkusse, Verkehrsunternehmungen, Unternehmungen der Energie- und Mineralölwirtschaft sowie der Wassergewinnung und Abwasserbeseitigung.[6] Selbständige organisatorische Einheiten mit *Branchenaufgaben* bildeten die Gesellschaft zur Privatisierung des Handels (GPH), die Forstbetriebs GmbH und die Liegenschaftsgesellschaft der Treuhandanstalt (TLG).[7]

Es muß zudem bedacht werden, daß innerhalb der Zentrale eine Zuordnung nach Branchendirektoraten vorgenommen werden sollte. Eine sinnvolle Zuordnung auf die Niederlassungen und auf die Zentrale war bei einzelnen Unternehmungen durchaus nicht unstrittig. Nach Beendigung des Zuordnungsprozesses im April 1991 wurden letztlich per Stichtag 1. Januar 1991 3.826 Unternehmungen in der Zentrale und 6.718

---

1 Für die Auftragsvergabe von Privatisierungen an Dritte hat die Treuhandanstalt die Bezeichnung "Privatisierung der Privatisierung" geprägt; siehe K.-D. Schmidt, Strategien, 1993, S. 224.

2 K.-D. Schmidt, Strategien, 1993, S. 225.

3 K.-D. Schmidt, Strategien, 1993, S. 225.

4 Erst am 11. März 1991 war der Aufbau der Unternehmensstammdatenbank abgeschlossen, auf deren Grundlage allein die Zuordnung erfolgen konnte. Vgl. W. Seibel, Die organisatorische Entwicklung der Treuhandanstalt, in: W. Fischer et al., Treuhandanstalt, 1993, S. 124.

5 Treuhandanstalt, Organisationshandbuch, Richtlinie Nr. R-11/91, 30.11.1990, zitiert nach W. Seibel, Die organisatorische Entwicklung, 1993, S. 124.

6 W. Seibel, Die organisatorische Entwicklung, 1993, S. 125.

7 K.-D. Schmidt, Strategien, 1993, S. 224.

Unternehmungen in den Niederlassungen geführt.[1] Besonders schwierig wurde die Zuordnung dann, wenn die Treuhand-Unternehmungen Tochtergesellschaften hatten und aufgrund der unterschiedlichen Unternehmensgrößen unklar war, wer die Muttergesellschaft und wer die Tochtergesellschaft (bis zu 1.500 Mitarbeiter) privatisieren sollte. Im Lichte der unübersichtlichen Unternehmenszuordnung ist es durchaus vorgekommen, daß eine Unternehmung sowohl von der Zentrale **als auch** von der verantwortlichen Niederlassung - also zweimal - verkauft wurde.[2]

1.2.2 Die Maßnahmen des Privatisierungsmarketings in Abhängigkeit der Unternehmensspezifika

Die Treuhandanstalt hat folgende Marketingaktivitäten nach Art und Umfang anhand der Unternehmensgrößen und der Branchenbesonderheiten auf Basis von Marktstudien entwickelt:[3]

- Ausschreibungen in der Presse, und zwar sowohl in der Form einfacher Verkaufsanzeigen als auch in der Form öffentlicher Ausschreibungen[4];
- die gezielte Ansprache potentieller Investoren durch Versand von Firmenprofilen[5] bzw. die entsprechende Auftragsvergabe an Unternehmensmakler und Investmentbanken;
- Abhalten von Informationsveranstaltungen; dazu zählen:
  - sogenannte Branchenmeetings und
  - die Veranstaltung von bzw. die Beteiligung an Messen und Ausstellungen;
- Ansprechen von Wirtschaftsverbänden, Kammern und anderen Organisationen;
- als Verkaufsinitiativen, die grundsätzlich der "Initiative Mittelstand" zugerechnet werden können,[6] rief die Treuhandanstalt den "Mittelstandsexpreß", das "Arbeitsprogramm MBO" und die "Aktion Kleinunternehmen" ins Leben.[7]

1.2.3 Realoptionen bei Privatisierungsmarketing-*Instrumenten*

Mit der Dezentralisierung ihrer Privatisierungstätigkeiten und der Entwicklung unternehmensspezifisch ausgerichteter Privatisierungsmarketinginstrumenten ergriff die **THA** Maßnahmen zur Unterstützung ihrer *Desinvestitions-Optionen*. Diese wurden insbesondere durch die Vergabe von exklusiven Privatisierungsmandaten an private Dritte vervielfältigt. Aufgrund der in den THA-Niederlassungen aufgebauten Management-

---

1 Treuhandanstalt (Hrsg.), Treuhandanstalt Informationen, Ausgabe 6 (Oktober 1991), S. 6.

2 W. Seibel, Die organisatorische Entwicklung, 1993, S. 125.

3 K.-D. Schmidt, Strategien, 1993, S. 224.

4 Vgl. 2. Kapitel, Abschnitt 1.1.3.4 Die öffentliche Ausschreibung.

5 Es handelt sich hierbei um eine beschränkte Ausschreibung. Vgl. dazu 2. Kapitel, Abschnitt 1.1.3.3 Die beschränkte Ausschreibung.

6 Zum vereinfachten Verfahren zur Veräußerung kleiner und mittelständischer Unternehmen vgl. 2. Kapitel, Abschnitt 1.1.3.4.

7 K.-D. Schmidt, Strategien, 1993, S. 224.

Kapazitäten und ihres Wissensaufbaus aufgrund ihrer größeren Nähe zu den jeweiligen THA-Betrieben konnte die THA tendenziell auch ihre *Timing-, Kontraktions- und Switching-Optionen* aufbauen bzw. besser nutzen. Einzig *Expansions-Optionen* konnte die THA aus normativen Gründen nicht aufbauen.

Für potentielle **Akquisiteure** von THA-Unternehmungen wurden durch den Aufbau von Kapazitäten und die Dezentralisierung der THA tendenziell deren *Expansions-Optionen* und *Timing-Optionen* verbessert, weil ihnen eine schnelle Expansion durch Übernahme einer THA-Unternehmung rasch nähergebracht werden konnte.

1.3 Die Durchführung der Unternehmenstransaktionen: *operative Verkaufsverfahren*

Während es in Kapitel 1.1 darum ging, die grundsätzlichen strategischen Vorgehensweisen für Unternehmenstransaktionen herauszuarbeiten, soll an dieser Stelle eine tiefergehende Operationalisierung erarbeitet werden.

1.3.1 Das Grundmodell

Grundsätzlich empfahl die Treuhandanstalt ihren Unternehmensverkaufsteams und potentiellen Investoren, bei der Unternehmensakquisition in folgenden Schritten vorzugehen:[1]

Ein potentielle Investor sollte an die entsprechende organisatorische Einheit der Treuhandanstalt zunächst ein schriftlich formuliertes allgemein gehaltenes Gesuch richten. Dieses sollte sich auf die Branche, den Standort, die Größe sowie Investitions- und Beschäftigungszusagen beziehen - basierend auf einem grob umrissenen Investitionskonzept -, nicht jedoch auf eine bestimmte Zielunternehmung. Mit einer solchen Anfrage war für die Treuhandanstalt das positive Signal ernsthafter langfristiger Investitionsabsichten verbunden. War für die Treuhandanstalt eine Anfrage interessant, konnte der potentielle Investor anhand von Treuhand-Angebotsunterlagen konkrete mit seinem Investitionsvorhaben korrespondierende Treuhand-Unternehmungen in die engere Wahl nehmen. Anschließend erfolgte die Treuhand-Genehmigung zur Unternehmensbesichtigung, soweit die Voraussetzungen für eine Privatisierung vorlagen - z.B. keine Restitutionsansprüche oder ein vorliegender Investitionsvorrangbescheid. Der potentielle Käufer mußte dann ein detailliertes Unternehmenskozept vorlegen. Ein Unternehmenskonzept war eine zwingend notwendige Voraussetzung für Verhandlungen mit der Treuhandanstalt, nicht jedoch eine hinreichende Bedingung, denn die Treuhandanstalt prüfte diese Unternehmenskonzepte sehr genau und mußte von der Durchführbarkeit überzeugt werden. Schließlich versuchte die Treuhandanstalt in den Verkaufsverhandlungen die Absicherung des treuhand-spezifischen Zielsystems - konkret der Investitions- und Arbeitsplatzzusagen und der Erbringung einer Kaufpreisbürgschaft - durch Pönalen vertraglich zu fixieren.

---

[1] K.-D. Schmidt, Strategien, 1993, S. 225.

Neben diesen Schritten wurden des weiteren eine Wertermittlung und die nach Vertragsabschluß anfallende Vertragsabwicklung und -kontrolle als Mindeststandards vorgesehen. Weil die Privatisierungsteams an ihren Entscheidungen über eine Zuschlagsvergabe einen weitgefaßten diskretionären Handlungsspielraum genossen, mußten sie sich an eine sogenannte Privatisierungscheckliste mit weiteren Punkten halten, deren Klärung bindend vorgeschrieben war. Ein solch hohes Maß an Verhandlungs- und Entscheidungsspielraum in einer Anstalt öffentlichen Rechts erfuhr berechtigte Kritik, weil ein wesentlicher Teil der Entscheidungsfindung auf diese Weise der Kontrolle durch die Öffentlichkeit entzogen würde.[1]

1.3.2 Sonderformen nach Zielpersonen

Dort, wo die Treuhandanstalt mit dem Grundmodell des Unternehmensverkaufs nur unter Verzögerungen Fortschritte erzielen konnte und aufgrund von ordnungs- und sozialpolitisch gebotener Aufmerksamkeit initiierte die Treuhandanstalt Sonderformen des Unternehmensverkaufs. Es handelte sich hierbei im Grunde um die Ausrichtung des Unternehmensangebots auf zuvor von der Treuhandanstalt nur nachrangig berücksichtigte Zielgruppen.

1.3.2.1 Management-Buyout (MBO) und Management-Buyin (MBI)

Der Aufbau einer eigenständigen Wirtschaftskraft und -identität in den neuen Bundesländern erfordert unternehmerisches Handeln, das in einer marktwirtschaftlichen Gesellschaft nur durch die mit Eigentumsrechten verbundenen ökonomischen Handlungsanreize hervorgerufen werden kann.[2] Bereits im Herbst 1990 hatte sich die Treuhandanstalt daher in ihren "Leitlinien der Geschäftspolitik" darauf festgelegt, im Rahmen ihrer Privatisierungsaktivitäten und mit den ihr zur Verfügung stehenden Mitteln die Bildung mittelständischer Unternehmen zu fördern.[3] Als mittelständische Zielgruppe definierte sie folgenden Personenkreis:[4]
- bisherige leitende Mitarbeiter,
- Belegschaftsangehörige der Betriebe,
- unternehmensfremde Manager, die sich selbständig machen wollten,

---

[1] Zum Einfluß von Kontrollinstitutionen auf die Privatisierungstätigkeit der THA vgl. Abschnitt 2.3 im 1. Kapitel.

[2] D. von der Oelsnitz, Management-Buy out in den neuen Bundesländern: Erfahrungen und Entwicklungstendenzen, in: WiSt 22. Jg. (1993), H. 12, S. 631.

[3] K.-D. Schmidt, Strategien, 1993, S. 226.

[4] Treuhandanstalt (Hrsg.), Treuhand-Initiative Mittelstand, September 1993, S. 14f.

- westdeutsche Inhaber von kleinen und mittelgroßen Betrieben.[1]

Dabei handelt es sich bei der ersten Gruppe typischerweise um die Zielgruppe eines Management-Buyout. Die Treuhandanstalt hat das MBO-Konzept zur Unternehmensübernahme auf die für die Treuhandanstalt interessante Zielgruppe der Belegschaftsangehörigen ausgeweitet. Bei der dritten Gruppe spricht man typischerweise von einem Management-Buyin. Dies ist auch zutreffend für die vierte Gruppe, wenn der westdeutsche (oder ausländische) Unternehmer mit seinem Privatkapital die Übernahme finanziert. In diesem Abschnitt sollen aufgrund der besonderen Bedeutung, die MBO- und MBI-Transaktionen für den Aufbau eines breiten wirtschaftlichen Mittelstandes zukommen, MBOs und MBIs fokussiert werden.

Mit Hilfe von Privatisierungen im Wege von MBOs und MBIs sollte der Engpaßfaktor Humankapital in Form von Sanierungsexpertise überwunden werden und die Restriktion der knappen Vermögensausstattung gelockert werden. Letzteres konnte durch Preisabschläge, Stundung des Verkaufspreises, Kredite zu Sonderkonditionen, Kreditbürgschaften und Existenzförderprogramme des Staates herbeigeführt werden. Solche vorbereitenden Tätigkeiten der Privatisierungsagentur waren überaus wichtig für die spätere Kontinuität der durchgeführten MBOs. Die finanzielle Dimension der MBO-Unternehmung sollte ex ante so ausgestaltet sein, "daß keine übermäßigen Risiken aus der Kapitalstruktur entstehen und die Unternehmung nicht aller Möglichkeiten beraubt ist, zusätzlichen Cash-flow aus den Aktiva zu generieren, wenn die ordentlichen Erträge in den Anfangsjahren niedriger als erwartet ausfallen."[2] Die Agentur konnte in diesem Bereich eine wichtige Katalysatorfunktion übernehmen, indem sie ex ante die Verschuldung der MBO-Unternehmung minderte und somit das Kreditaufnahmepotential für Neuinvestitionen erhöhte.[3] Formal verhielt sich die Privatisierungsagentur damit wie ein Kreditgeber, der eine geringere Kreditrationierung gewährt[4] - also eine geringere Eigenkapitalquote akzeptiert - als dies bei privaten Kreditgebern auf den Kreditmärkten der Fall wäre. Zu der oben ausgeführten Informationsasymmetrie zwischen Privatisierungsagentur und investierendem Management in der ex ante-Phase tritt in

---

1 Eine Definition kleiner und mittelgroßer Betriebe lieferte die THA in ihrem Mittelstandsprogramm nicht; vgl. Treuhandanstalt (Hrsg.), Treuhand-Initiative Mittelstand, September 1992 und September 1993; Treuhandanstalt (Hrsg.), Initiative Mittelstand, Firmenprofile, 1992. Einen Hinweis auf die beabsichtigte Größenstruktur mittelständischer Unternehmungen findet sich in dem Leitfaden für Behörden zur Auftragsvergabe an mittelständische Unternehmungen. Demnach waren Unternehmungen folgender Größenstruktur bei der Auftragsvergabe zu präferieren: Industrie- und Handwerksunternehmen mit bis zu maximal 65 Beschäftigten oder mit bis zu maximal 10 Mio DM Jahresumsatz; Einzelhandelsunternehmen mit bis zu 5 Mio DM Jahresumsatz; Großhandelsunternehmen mit bis zu 15 Mio DM Jahresumsatz und sonstige Gewerbetreibende mit einem Jahresumsatz von 1 Mio DM"; siehe Treuhandanstalt (Hrsg.) Treuhand-Initiative Mittelstand, September 1992, S. 18. Der Mittelstandsbegriff, wie er hier verwendet wurde, weicht von den Kriterien einer mittelgroßen Kapitalgesellschaft ab. Zur Definition der Größenklassen von Kapitalgesellschaften vgl. § 267 HGB.

2 L. Kokalj und P. Hüfner, Management-Buy-Out / Buy-In als Übernahmestrategie ostdeutscher Unternehmen, Stuttgart 1994, S. 2.

3 L. Kokalj und P. Hüfner, Management-Buy-Out, 1994, S. 2.

4 Zur Kreditrationierung siehe E. Baltensperger und T.M. Devinney, Credit Rationing Theory: A Survey and Synthesis, in: Zeitschrift für die gesamte Staatswissenschaft, 141. Jg. (1985), S. 475-502.

der ex post-Phase für die Privatisierungsagentur das Problem hinzu, daß die Eigentümer-Manager aufgrund ihrer geringen Eigenkapitalausstattung das Risiko der Investitionen ("risk of financial distress") opportunistisch erhöhen können, weil die Kosten des Scheiterns der Investitionen von den Kreditgebern getragen werden, die Erträge jedoch dem Kreditnehmer zugute kommen.[1] Durch den Abschluß komplexer Verträge zwischen Käufer und Privatisierungsagentur sollten Probleme opportunistischen Verhaltens begrenzt werden. Aufgrund der Problematik der begrenzten Vermögensausstattung und des potentiellen opportunistischen Verhaltens des Managements bot sich die Privatisierung im Wege von MBOs und MBIs hauptsächlich für kleinere und mittlere Unternehmungen an.

Die Operationalisierung der MBO- und MBI-Privatisierungen bestand weitestgehend darin, daß im Zuge des Grundmodells des Unternehmensverkaufs durch die Treuhandanstalt für geeignete Unternehmungen Bewerber bevorzugt wurden, die die oben dargelegten Mittelstandskriterien erfüllten; jedoch nur unter der Voraussetzung, daß das Unternehmenskonzept denen anderer Bieter mindestens gleichwertig war.[2] Für diese Mittelstandsförderung mußte die Treuhandanstalt jedoch erst in umfangreichem Maße geeignete Unternehmungen (mit bis zu 50 Beschäftigten) schaffen,[3] das heißt von denen aus Kombinaten hervorgegangenen Unternehmungen weitere Betriebe *ab*spalten oder Treuhand-Unternehmungen *auf*spalten.[4] Speziell für ihr Mittelstandprogramm betrieb die Treuhandanstalt eine Entflechtung "auf Vorrat". So hatte sie Mitte 1992 ca. 2.500 für Management-Buyouts oder -Buyins vorgesehene Unternehmungen im Angebot.[5]

Da von der Treuhandanstalt grundsätzlich erkannt wurde, daß das Management-Know-how in Form von Sanierungsexpertise einer der entscheidenden Knappheitsfaktoren bei der erfolgreichen Transformation einer Zentralverwaltungswirtschaft in eine privatwirtschaftlich strukturierte Volkswirtschaft darstellt, dieses Management-Know-how naturgemäß bei ostdeutschen Akteuren noch verhältnismäßig schwach ausgeprägt war, hatte die Treuhandanstalt für MBO- und MBI-Vorhaben nur Betriebe bereitgehalten,

---

1 M.C. Jensen und W.F. Meckling, Theory of the Firm: Managerial Behaviour, Agency Costs, and Capital Structure, in: Journal of Financial Economics, 3. Jg. (1976), Nr. 4, S. 334-337.

2 Die Privatisierung im Zuge von MBOs und MBIs wurde im Rahmen der Treuhand-Initiative Mittelstand umgesetzt. Zum operativen Investorselektionsprozeß siehe daher Abschnitt 1.1.3.4.

3 K.-D. Schmidt, Strategien, 1993, S. 226.

4 Zu den Möglichkeiten der Aufspaltung zur Neugründung unter Auflösung ohne Abwicklung der übertragenden Gesellschaft und der Abspaltung zur Neugründung unter Fortbestand der übertragenden Gesellschaft sowie der Abspaltung eines Betriebes oder eines Betriebsteils zur Neugründung einer Gesellschaft im Bereich der Treuhand-Unternehmungen vgl. §§ 1, 2 und 14 des Gesetzes über die Spaltung der von der Treuhandanstalt verwalteten Unternehmen vom 5. April 1991, BGBl. 1990, Teil I, S. 854- 858.

5 K.-D., Schmidt, Strategien, 1993, S. 226.

deren Zukunftsperspektiven relativ optimistisch eingeschätzt werden konnten.[1] Sie waren dadurch gekennzeichnet, daß sie

- "ein auf Wettbewerbsvorteilen basierendes Cash-flow generierendes Produktionsprogramm besitzen,
- in stabilen, oftmals regionalen Märkten tätig sind,
- vergleichsweise geringen Ertragsschwankungen unterliegen,
- die Möglichkeit haben, ein ... angemessenes Haftungskapital bereitzustellen."[2]

Wie bereits in der Problemstellung ausgeführt, fokussiert diese Arbeit Unternehmenstransaktionen unter besonderer Berücksichtigung der Objekteigenschaften (= Unternehmungen) und der Subjekteigenschaften (= Käufer) im Lichte einer auf Realinvestitionen angewandten Optionstheorie. Für die statistische Untersuchung der Privatisierungsergebnisse ist daher der Frage nachzugehen, in welchen Branchen MBOs sinnvoll durchgeführt werden konnten und durchgeführt wurden, wie die Größenstruktur der MBO-Unternehmungen gekennzeichnet war und welche *Realoptionen* sich aus den Objekt- und Subjekteigenschaften ergeben.

Tab. 4: Struktur der privatisierten Treuhand-Unternehmungen und der MBO-Unternehmungen nach Wirtschaftsbereichen - Stand März 1993

Wirtschaftsbereich	Anteil eines Wirtschaftsbereichs an den Gesamtprivatisierungen von THA-Unternehmungen	Anteil eines Wirtschaftsbereichs an den gesamten MBO-Privatisierungen
Industrie	50,4 %	46,5 %
Bau	13,8 %	19,1 %
Handel	13,7 %	11,3 %
Dienstleistungen	22,1 %	23,1 %
	100 %	100 %

Quelle: L. Kokalj und P. Hüfner, Management-Buy-Out, 1994, S. 8.

Wie eingangs dieses Abschnitts bereits ausgeführt, weisen MBOs i.d.R. eine hohe Fremdkapital- und eine externe Eigenkapitalfinanzierung auf, deren Verzinsung durch zukünftige Cash-flows bedient werden muß. Huydts weist in diesem Zusammenhang auf die Abhängigkeit der Cash-flows von der Kapitalbindungsdauer hin, die wiederum

---

1 Die Kombination aus mangelnder Marktkenntnis und stark begrenzten finanziellen Ressourcen führte zu der gesteigerten Problematik, daß MBOs ohne Beteiligung westlicher Investoren kaum Know-how durch externe Beratung akquirieren konnten, wodurch der Zukunftserfolg weiter geschwächt wurde. Siehe Deutsches Institut für Wirtschaftsforschung und Institut für Weltwirtschaft, Gesamtwirtschaftliche und unternehmerische Anpassungsprozesse in Ostdeutschland, Siebter Bericht, in: DIW-Wochenbericht, 59. Jg. (1992), Nr. 52, S. 724.

2 Treuhandanstalt, Organisationshandbuch, Ordnungs-Nr. 3.1.11, Orientierungsrahmen der Treuhandanstalt zur Veräußerung von Beteiligungsunternehmen an deren leitende Mitarbeiter (MBO), S. 4, Stand 1.91, zit. n. K.-D. Schmidt, Strategien, 1993, S. 226f.

von der Branchenzugehörigkeit der Unternehmung abhängig ist.[1] Tabelle 4 gibt einen Überblick über die Verteilung und "Stärke" von MBOs in Ostdeutschland im Vergleich zu den Gesamtprivatisierungen nach Wirtschaftsbereichen. Es wird deutlich, daß Management-Buyouts in der Industrie und im Handel leicht unterrepräsentiert sind: Obwohl die privatisierten Industrieunternehmungen einen Anteil von 50,4 % und die privatisierten Handelsunternehmungen 13,7 % der Gesamtprivatisierungen ausmachten, hatten die an diesem Wirtschaftsbereich realisierten Management-Buyouts an den insgesamt realisierten Management-Buyouts lediglich einen Anteil von 46.5 % bzw. 11,3 %. Die Gründe bestanden in der schlechten gesamtwirtschaftlichen Nachfrageentwicklung und den dementsprechend schlechten Erfolgsaussichten einerseits und dem für die Akquisition einer Industrieunternehmung hohen Kapitalbedarfs andererseits, der in der Regel von Managern nicht gedeckt werden konnte.[2] Für den Wirtschaftsbereich Handel ist zu berücksichtigen, daß in den von der Treuhandanstalt veröffentlichten Statistiken zum Privatisierungsstand nur bestimmte Handelsunternehmungen enthalten sind, so z.B. Zentraleinrichtungen des Handels oder spezialisierte Unternehmungen des Handels im Im- und Export. Die eigentliche Privatisierung der Unternehmungen im Wirtschaftsbereich Handel erfolgte über die darauf spezialisierte Tochtergesellschaft der Treuhandanstalt, die GPH-Gesellschaft zur Privatisierung des Handels mbH, die für den Verkauf von Handelsgeschäften, Gaststätten, Hotels, Buchhandlungen, Apotheken und Kinos verantwortlich war.[3] In diesem Sektor allein wurden über 20.000 Kleinbetriebe veräußert,[4] bei denen es sich häufig um Management-Buyouts handelte, die jedoch - weil über die GPH privatisiert - nicht in der Treuhand-Statistik und somit auch für Zwecke dieser Arbeit nicht erfaßt werden können. Die mit der GPH geschlossenen Privatisierungsverträge werden auch von dem GPH-eigenen Vertragscontrolling überwacht. Bis zum Redaktionsschluß dieser Arbeit waren für wissenschaftliche Zwecke keine Daten erhältlich.

In den Bereichen Bau und Dienstleistungen ist die Wahrscheinlichkeit, daß die Strategie zur Übernahme einer Treuhand-Unternehmung in einem Management-Buyout bestand, hingegen größer.

Aus Tabelle 5 geht für die Untersuchung der *Unternehmensgrößenstruktur* hervor, daß die überwiegende Zahl der Management-Buyouts gemäß Treuhand-Niederlassungsberichten eine Beschäftigtenzahl der Klasse 1-50 Beschäftigte aufwiesen (= 68,3 % aller im Wege eines MBO durchgeführten Unternehmenstransaktionen). Große MBO-Privatisierungen mit mehr als 201 Beschäftigten wurden nur zu 5,3 % aller Management-Buyouts durchgeführt.

---

1 H.J.M.A. Huydts, Management Buyout als strategische Option zur Regelung der Nachfolge in mittelgrossen Familienunternehmen: Erfolgsfaktoren und Gestaltungsvarianten, Frankfurt a.M. 1993, 73-75.

2 L. Kokalj und P. Hüfner, Management-Buy-Out, 1994, S. 8.

3 L. Kokalj und P. Hüfner, Management-Buy-Out, 1994, S. 7, Fußnote 2.

4 Treuhandanstalt (Hrsg.), Treuhand-Initiative Mittelstand, September 1993, S. 24f.

Tab. 5: Unternehmensgrößenstruktur der im Wege von Management-Buyouts privatisierten Unternehmungen - Stand: März 1993

Größenklasse nach Anzahl der im Privatisierungszeitpunkt Beschäftigten	relative Häufigkeit des einer Größenklasse angehörenden Management-Buyout
1. 1 - 50	68,3 %
2. 51 - 100	15,0 %
3. 101 - 200	11,4 %
4. 201 und mehr	5,3 %
	100,0 %

Quelle: L. Kokalj und P. Hüfner, Management-Buy-Out, 1994, S. 9.

Die oben ausgewiesenen Zahlen basieren auf den MBO-Realisationen der Treuhand-Niederlassungen, enthalten somit nicht die größeren von der Treuhand-Zentrale durchgeführten MBO-Privatisierungen. Kleine Management-Buyouts sind in der Studie von Kokalj/Hüfner also überrepräsentiert.[1]

Für die Untersuchung von Unternehmensverkaufsverfahren wäre es besonders interessant zu erfahren, wie sich die Zuschlagskonditionen unter dem Einfluß von Bieterwettbewerb verhalten. In der von Kokalj/Hüfner über einen strukturierten Fragenkatalog durchgeführten Befragung bei 349 Management-Buyouts und in späteren Tiefeninterviews bei 25 ausgesuchten Management-Buyouts wurden auch Ergebnisse über weitere Kaufinteressenten gewonnen:[2] Für die dort untersuchten MBOs gab es in 56,9 % der Fälle neben dem Management noch andere Kaufinteressenten. Dabei gab es deutliche Unterschiede sowohl nach Branchen und Unternehmensgröße als auch im Zeitablauf der Privatisierungen. Im Baugewerbe gab es in 63,1 % der Fälle und im Dienstleistungssektor 59,3 % der gesamten bis zum Erhebungszeitpunkt durchgeführten MBOs Drittinteressenten. Im Handel betrug dieser Anteil 57,1 %, im Handwerk 56,9 %. Korrespondierend mit der Unterrepräsentanz der Management-Buyouts im industriellen Sektor (vgl. Tabelle 4) gab es auch hier den geringsten Anteil mit Drittinteressenten.

Nach Einschätzung einer anhand von strukturierten Interviews von Price Waterhouse 1993 unter Gesellschaftern und Geschäftsführern von insgesamt 81 ehemaligen Treuhand-Unternehmungen durchgeführten Studie wurde bei der Gruppe der MBOs/MBIs nur *ein strategisches* Motiv von den Käufern genannt, nämlich die Erschließung neuer Märkte. Die sonst von den MBO-Investoren genannten Motive sind im wesentlichen auf die Sicherung des status quo ausgerichtet.

---

1 L. Kokalj und P. Hüfner, Management-Buy-Out, 1994, S. 9.

2 L. Kokalj und P. Hüfner, Management-Buy-Out, 1994, S. 3.

Am häufigsten wurden genannt: "unternehmerische Betätigung", "Erhalt des Unternehmens" und "finanzielle Gründe".[1]

Für diejenigen Unternehmungen, für die die **THA** einen MBO oder MBI vorsah, bot sich ihr mit dem Unternehmensverkauf an interne bzw. externe Manager der Vorteil, ihre *Desinvestitions-Option* rascher ausüben zu können, als dies bei einer Suche nach industriellen Investoren der Fall gewesen wäre, weil für diese Unternehmungen spezifisches Humankapital in Form von ostdeutscher bzw. westdeutscher Sanierungsexpertise erforderlich war (und mit dem sich einkaufenden Management gefunden werden konnte) und weitgehend unspezifisches Finanzkapital gegeben war.[2] Die Privatisierungsagentur erkaufte sich ihre Desinvestitions-Option mit einem höheren ex post-Kreditrisiko als es private Kreditgeber getragen hätten. Für MBOs war dies vor allem der Fall bei Dienstleistungs- und Nebenbetrieben ehemaliger Kombinate, für MBIs bei industrienahen Dienstleistungsbetrieben, wie z.B. Software-Entwicklern.[3] Die *Timing-Option* wurde bei der Privatisierungsagentur dadurch positiv beeinflußt, daß die Privatisierungsagentur durch die zielgrupppengerechten vorbereitenden Unternehmensstrukturierungen rascher Investoren finden konnte. Die *Kontraktions-Option* konnte die Privatisierungsagentur im Vorwege der Privatisierung nutzen, um ihre aus Kombinaten hervorgegangenen Unternehmungen auf Mittelstandsgröße zu entflechten. Mit diesen Realoptionen hatte sich die Privatisierungsagentur eine Handlungsflexibilität aufgebaut, die sie zur Optimierung ihres Zielsystems einsetzen konnte. Aus normativen Gründen, die in der Aufgabenstellung der Privatisierungsagentur begründet lagen, hielt die THA keine *Expansions-Option*. Eine *Switching-Option* erscheint bei den Wirtschaftsbereichen, in denen MBOs und MBIs im wesentlichen durchgeführt worden sind (Industrie, Bau, Handel und Dienstleistungen), nicht relevant zu sein.

Für die **MBO-Investoren** bestand der Vorteil bereits bei der Privatisierung - vor allem im ersten Jahr der Privatisierungstätigkeit - in ihrem umfassenden Informationsvorsprung hinsichtlich der Abnehmer und der betriebswirtschaftlichen Situation der THA-Unternehmung. Diese asymmetrische Informationsverteilung zwischen Privatisierungsagentur und internem Management der THA-Unternehmung -dies waren entweder ostdeutsche Führungskräfte mit langfristiger Betriebszugehörigkeit oder westdeutsche Manager, die von der Privatisierungsagentur mit der Leitung oder Kontrolle von THA-Unternehmungen beauftragt wurden - konnte das Management ex ante zur Verschleierung des Unternehmenswertes nutzen, wodurch ihre *Expansions-Option* in der ex post-Phase unterstützt werden konnte. Andererseits werden MBO-Investoren aufgrund ihrer umfangreichen Unternehmens- und Marktkenntnisse von dem Verkäufer einen geringeren Risikoabschlag verlangen, als dies bei einer Unternehmensakquisition durch

---

1 Price Waterhouse Corporate Finance Beratung GmbH (Hrsg.), Die Zeit danach: Was wurde aus den Treuhand-Verkäufen?, Leipzig 1993, S. 36.

2 K.-E. Schenk und A.S. Klindt, Sanierung durch Privatisierung in Ostdeutschland: Eine institutionenökonomische Analyse der erfolgsrelevanten Engpaßfaktoren, Referat anläßlich des Symposiums Neue Politische Ökonomie der Regulierung, Deregulierung und Privatisierung, Münster 15.-17. September 1993, S. 19. Zur Spezifität von Finanzkapital bei Privatisierungen im Transformationsprozeß vgl. ebenda, S. 6f.

3 K.-E. Schenk und A.S. Klindt, Sanierung durch Privatisierung, 1993, S. 19.

Externe der Fall wäre.[1] Die Expansions-Option wurde weiterhin dadurch untermauert, daß in der Regel eine Kreditierung des Kaufpreises vorgenommen wurde, um so das knappe Eigenkapital für spezifische Sachinvestitionen zu nutzen und des weiteren dadurch daß einerseits ex ante die Verschuldung von MBO-Unternehmungen abgebaut wurde und andererseits unspezifische Vermögensgegenstände in der Unternehmung belassen wurden, die der Kreditabsicherung dienten. Auf diese Weise konnte die mikroökonomische Kreditrationierung gelockert werden. Bei MBOs ist davon auszugehen, daß die ex ante-*Timing-Option* zur Privatisierung durch die Präsenz des vorhandenen Managements mitgestaltet werden kann. In der ex post-Phase scheint diese Realoption vor allem durch das Know-how des Managements positiv beeinflußt zu werden. Da auch bei MBOs und MBIs pönalisierte Arbeitsplatz- und Investitionszusagen gegeben werden mußten, erscheint die *Kontraktions-Option* ähnlich restringiert zu sein wie bei anderen Privatisierungsformen. Dies gilt analog für die *Desinvestitions-Option*. Die oben genannten Branchen, in denen MBOs und MBIs hauptsächlich durchgeführt wurden, sind weniger durch Kapitalintensität als vielmehr durch Arbeitsintensität gekennzeichnet, was zumindest in Deutschland auf eine starke Irreversibilität der Investition THA-Unternehmung schließen läßt.[2] Aus demselben Grunde ließe sich auch eine *Switching-Option* durch das Management der privatisierten Unternehmung nicht nutzen.

Von den o.g. Vorteilen der MBOs ist hingegen bei **MBI-Investoren** nicht notwendigerweise auszugehen, wenn es sich hierbei um westdeutsche oder ausländische Manager handelte, die zwar zur Zielgruppe für kleinere und mittlere Unternehmungen der THA gehörten, deren Vermögensposition im Gegensatz zu potentiellen ostdeutschen Managern aber als weitgehend gesichert galt. Die für MBOs genannten Realoptionsrestriktionen gelten jedoch in demselben Maße auch für MBI-Privatisierungen.

Ob die asymmetrische Informationsverteilung zwischen Privatisierungsagentur und internem Management der THA-Unternehmung dazu führte, daß das Management ex ante eine Verschleierung des Unternehmenswertes vornehmen konnte und auf diese Weise niedrigere Kaufpreise aushandeln konnte, als es externe Akquisiteure gekonnt hätten, oder ob andererseits MBO-Investoren aufgrund ihrer umfangreichen Unternehmens- und Marktkenntnisse von dem Verkäufer einen geringeren Risikoabschlag verlangten, als dies bei einer Unternehmensakquisition durch Externe der Fall wäre, wird in der statistischen Untersuchung des 3. Kapitels untersucht. Es wird dort von höheren Verkaufspreisen und ceteris paribus geringeren restringierenden Wirkungen der Arbeitsplatz- und Investitionszusagen ausgegangen als bei den reinen Mergers-&-Acquisitions-Fällen. Im 3. Kapitel der statistischen Untersuchuchung wird auch

---

1 R. Quick, Management Buy-Out und Unternehmensbewertung, in: Betrieb und Wirtschaft, 46. Jg. (1992), Nr. 5, S. 146.

2 Um die Handlungsoptionen des Erwerbers und Sanierers zu erhöhen, wurde die Kündigungsschutzvorschrift des § 613a BGB für den Fall des Erwerbs des Betriebs aus dem Konkurs ausgesetzt, um einen notwendigen raschen Personalabbau in den privatisierten Unternehmungen zu ermöglichen. In § 613a BGB werden die Rechte und Pflichten beim Betriebsübergang geregelt, wonach insbesondere der Erwerber in die Rechte und Pflichten aus den im Zeitpunkt des Übergangs bestehenden Arbeitsverhältnissen eintritt. Die Kündigung von Arbeitsverhältnissen aufgrund des Betriebsübergangs wäre unwirksam.

analysiert, ob und inwiefern sich die Privatisierungskonditionen von MBOs und MBIs unterscheiden.

1.3.2.2 Institutional Buyouts (IBO)

Von westdeutschen institutionellen Kapitalanlegern als wichtige und große Kapitalsammelstellen versprach sich die Treuhandanstalt anfangs ein großes Engagement beim vollständigen oder minderheitsanteiligen Verkauf ihrer Tochter- und Enkelunternehmungen. Dies gerade vor dem Hintergrund, daß zu der mikroökonomischen Kreditbeschränkung der Unternehmenskäufer mit der Strom-Bestandsinkongruenz finanzieller Mittel eine makroökonomische Kreditbeschränkung hinzutritt und folgerichtig das Finanzkapital zu einem wesentlichen Engpaßfaktor der Privatisierung werden ließ.[1]

Zu den institutionellen Kapitalanlegern zählen ausländische und inländische Investmentfonds und Kapitalbeteiligungsgesellschaften. Westdeutsche institutionelle Kapitalanleger hatten sich verpflichtet, sich mit insgesamt einer Milliarde DM an ostdeutschen Unternehmungen zu beteiligen (sog. "Bankenmilliarde"). Bis zum 23. August 1995 hatte das deutsche Kreditgewerbe ca. 900 Mio. DM zur Verfügung gestellt. Davon entfielen auf die Sparkassenorganisation 412 Mio. DM, die Volks- und Raiffeisenbanken 150 Mio. DM und auf die BNL (Beteiligungsgesellschaft Neue Länder) - an der mehr als 200 deutsche Privatbanken beteiligt sind - ca. 340 Mio. DM von selbstverpflichteten 400 Mio. DM.[2] Insgesamt galten die bis Mitte 1993 von institutionellen Kapitalanlegern investierten Beträge als gering im Vergleich zu den bis dahin insgesamt von der THA erzielten Investitionszusagen von über 150 Mrd. DM.[3]

Eine Begründung für das zögerliche Interesse institutioneller Kapitalgeber an Treuhand-Unternehmungen wurde von der Treuhandanstalt darin gesehen, daß die konservative Anlagepolitik der Fonds auf Risikominimierung abziele und somit umfangreiche Engagements in riskanten ostdeutschen Unternehmungen nicht erlaubten. Beteiligungen wurden häufig erst dann eingegangen, wenn der Beteiligungsunternehmung eine solide Unternehmensführung und Wettbewerbschancen beigemessen wurden.[4] Weil Investmentfonds das ihnen von Anlegern anvertraute Kapital verantwortungsbewußt anlegen müssen und bei deutschen Fondsgesellschaften dieses Kapital als vom Nettovermögen der Kapitalanlagegesellschaften separiert als Sondervermögen ausge-

---

1 G. Sinn und H.-W. Sinn, Kaltstart, 1991, S. 104-110; B. Lucke, Die Privatisierungspolitik der Treuhandanstalt - Eine ökonometrische Analyse, in: ZWS, 115. Jg. (1995), Nr. 3, S. 8, Fußnote 4.

2 o.V., Die Bankenmilliarde geht zur Neige, in: HB, Nr. 162 vom 23.8.1995, S. 33.

3 K.-D. Schmidt, Strategien, 1993, S. 227.

4 K. Klöttschen, Kapitalbeteiligungsgesellschaften und Fonds, in: Treuhandanstalt et al. (Hrsg.), Privatisieren, Köln 1992, S. 124.

wiesen werden muß und strengen Anlagebegrenzungen unterworfen ist,[1] ist die Risikoaversion bereits bestehender institutioneller Kapitalgeber eine folgerichtige rationale Handlung. Als weiterer Grund wird angeführt, daß die meisten deutschen Kapitalbeteiligungsgesellschaften und Fondsgesellschaften Tochtergesellschaften deutscher Bankhäuser sind, die sich bereits mit Kreditvergaben an ostdeutsche Treuhand-Tochter- bzw. Enkelgesellschaften engagiert haben und durch die Bereitstellung von Eigenkapital das Ausfallrisiko der Kapitalbereitstellungen an ostdeutsche Unternehmungen nicht unnötig zu erhöhen wünschten.[2] Dieser Argumentation muß entgegengehalten werden, daß mit der Bereitstellung von Beteiligungskapital auch die Kontroll- und Einflußmöglichkeiten auf die Unternehmung wachsen. Folgerichtig könnte darauf hingewirkt werden, daß der Sanierungsprozeß vorangetrieben und die (eigenen) Kredite letztendlich auch zurückgezahlt werden können.

Auch wenn die institutionellen Anleger eher verhalten zu Kapitalbeteiligungen an Treuhand-Unternehmungen bereit waren, bemühte sich die Treuhandanstalt um diesen Investorenkreis, weil er vor dem Hintergrund gegebener Finanzkapitalknappheit am ehesten große Chancen für einen erfolgreichen Privatisierungsprozeß bot. Um Kapitalgeber und -nehmer für ihre Tochter- und Enkelgesellschaften insbesondere international effizienter miteinander koordinieren zu können, schuf die Treuhandanstalt das Ressort *Investor Relations/(Services)*.[3]

Mit den auf die Zielgruppe institutionelle Anleger ausgerichteten Vermarktungsaktivitäten eröffnete sich die **Privatisierungsagentur** eine weitere *Desinvestitions-Option*. Aufgrund des zögerlichen Engagements institutioneller Kapitalgeber wurde die *Timing-Option* zur Beschleunigung der Desinvestition bei Institutional Buyouts eher restringiert als unterstützt. Die *Kontraktions-Option* konnte sich die Agentur solange offenhalten, wie es für das Auffinden von Investoren notwendig war. Die *Switching-Option* stellte aufgrund des Auftrages der THA keine Realoption dar.

Für die privatisierte **Unternehmung** respektive den **Investor** ergibt sich ex post das *gesamte Bündel von Realoptionen*, die einer Unternehmung innewohnen. Sie können auch hier, wie bereits an verschiedenen Stellen oben ausgeführt, duch Investitions- und Arbeitsplatzgarantien restringiert werden. Kapitalbeteiligungsgesellschaften bieten speziell die Möglichkeit, die mikroökonomische Kreditbeschränkung von Investoren (z.B. des Managements bei MBOs) zu lockern und damit die *Expansions-Option* zu unterstützen. Andererseits können institutionelle Investoren die akquirierte Unternehmung nicht in einen bestehenden konzernweiten Leistungsaustausch integrieren und damit die Sanierung forcieren, wie es industrielle Akquisiteure könnten.

---

1 M. Laux, Investmentgeschäft, in: Banklexikon, 10., vollständig überarbeitete und erweiterte Aufl., Wiesbaden 1988, Sp. 1173f.; § 6 Abs. 1 Satz 1 Gesetz über Kapitalanlagegesellschaften (KAGG) vom 14. Januar 1970.

2 K.-D. Schmidt, Strategien, 1993, S. 228.

3 K.-D. Schmidt, Strategien, 1993, S. 228.

1.3.3 Sonderformen nach besonderen Privatisierungs*vorbereitungen* der Treuhand-Unternehmungen

1.3.3.1 Die Management-Kommanditgesellschaften

Das Modell der Management-Kommanditgesellschaften (in der Rechtsform GmbH & Co. KG, im folgenden kurz Management-KGen) wurde für THA-Unternehmungen entwickelt, die kurzfristig von der Treuhandanstalt nicht privatisiert werden konnten, grundsätzlich aber als sanierungsfähig und -würdig eingestuft wurden und damit langfristig als privatisierungsfähig galten. Diese ursprünglich direkten Tochtergesellschaften der Treuhandanstalt wurden als Sacheinlage in die Management-KGen eingebracht. Die darüberhinaus von der THA erbrachte Hafteinlage wurde in Abhängigkeit vom Finanzierungsbedarf als Bareinlage erbracht. Als einzige Kommanditistin übernahm die THA auch die Finanzierung der Sanierungsinvestitionen. Die Aufgaben der THA werden seit ihrer Auflösung von der neugegründeten Beteiligungs- und Managementgesellschaft mbH (BMG) wahrgenommen.[1] Der Komplementär der KG ist eine geschäftsführende GmbH, der zwei bis drei sanierungserfahrene Manager als Geschäftsführer und Mehrheitsgesellschafter vorstehen.[2] Das Privatisierungsmodell Management-KG sah folgende Modalitäten vor:[3] Als Beteiligungsgesellschaften der Management-KG waren Unternehmungen mit mindestens 400 bis 500 Arbeitnehmern vorgesehen. Sie firmierten in der Rechtsform der GmbH und sollten vor Ort geführt, (an)saniert und später veräußert werden, wobei die Gesellschafter-Geschäftsführer der Komplementär-GmbH an den Privatisierungserlösen zu beteiligen waren, wobei die Kaufpreisfindung allgemeine Privatisierungsnormen der THA, insbesondere Investitions- und Arbeitsplatzgarantien, zu berücksichtigen hatte. Auch hatte die THA ein Kontrollrecht und eine Zustimmungspflicht zum Unternehmensplan und zum Budget der Management-KG.

Seit Mai 1992 wurden insgesamt fünf Management-KGen gegründet,[4] von denen die Tochtergesellschaften der EFBE Verwaltungs GmbH & Co. Management KG bereits im September 1994 öffentlich zum Kauf ausgeschrieben wurden.[5]

Ziel einer Management-KG war es, den Zwischeneigentümern (den Gesellschaftern der Komplementär-GmbH) einen Anreiz zu bieten, ihre Tochterunternehmungen zu sanieren und schließlich gewinnbringend zu verkaufen. Die Privatisierungsagentur hatte mit dem Modell Management-KG eine aus politökonomischen Gründen geboten erscheinende staatliche Sanierung so auszugestalten versucht, daß sie sich mit ihren Anreiz- und Sanktionsmechanismen einer privaten Sanierung möglichst weitgehend

---

1 o.V., Aus einer Treuhandanstalt werden vier Gesellschaften und eine Anstalt, in: FAZ, Nr. 302 vom 29.12.1994, S. 10.

2 Treuhandanstalt (Hrsg.), Treuhand-Informationen, Ausgabe 12, 6. April 1992, S. 5; J. Schwalbach, Begleitung sanierungsfähiger Unternehmen auf dem Weg zur Privatisierung, in: W. Fischer et al. (Hrsg.), Treuhandanstalt, 1993, S. 207.

3 Treuhandanstalt (Hrsg.), Treuhand-Informationen, Ausgabe 12, 6. April 1992, S. 5.

4 K.-D. Schmidt, Strategien, 1993, S. 228.

5 Vgl. Ausschreibungsanzeige von neun Unternehmungen der EFBE Verwaltungs GmbH & Co. Management KG, in: HB, Nr. 178 vom 14.9.1994, S. 2; FAZ, Nr. 214 vom 14.9.1994, S. 18.

annäherte.[1] Dabei orientiert sich die Gewinnbeteiligung des Privatgesellschafters in Staffelform an den ausgehandelten Privatisierungskonditionen (namentlich Arbeitsplatz- und Investitionszusagen) und an der Privatisierungsgeschwindigkeit.[2] Mit dem Modell Management-KG sollten die Handlungsoptionen (=Realoptionen) des Managements maximiert werden, ohne deren glaubhafter Zusicherung durch die THA resp. BMG keine ausreichend spezifische Sanierungsexpertise für eine Sanierung unter staatlicher Regie attrahiert werden kann.[3]

Das Modell der Management-KG war nicht unumstritten.[4] So ist prima facie nicht einzusehen, warum eine separate komplizierte Gesellschaftsform gegründet werden mußte - die zudem dem Kapitalmarkt noch zusätzliches Haftungskapital entzog - obwohl das gestaffelte Bonussystem für den Privatisierungserfolg einzelner Treuhand-Manager durchaus auch ohne rechtlich eigenständige Gesellschaften hätte implementiert werden können. Ein anfänglicher Nachteil bestand zudem darin, daß die ersten zwei Management-KGen ein konglomerates Beteiligungsportefeuille aufwiesen und deshalb kein spezifisches Sanierungs-Know-how oder Branchen-Know-how effizient multiplikativ eingesetzt werden konnte. Die drei nachfolgenden Management-KGen besaßen hingegen ein wesentlich homogeneres Beteiligungsportefeuille.[5]

Als ökonomisch problematisch muß vor allem die weiche Budgetschranke eingestuft werden, mit der die Management-KGen ausgestattet waren:[6] Unter den gegebenen Anreizstrukturen der Management-KG ist die Gefahr groß, daß das Management in Verhandlungen mit der Privatisierungsagentur die Zuwendungen öffentlicher Mittel für Sanierungen zu maximieren versucht, um die privaten Gewinne bei der Veräußerung von Beteiligungsunternehmungen zu erhöhen. Kern/Sabel sehen daher im Modell der Management-KG auch lediglich eine Veränderung der Leitungsstrukturen der Privatisierungsagentur und keinerlei Hinwendung zur effizienteren Überführung von öffentlichem in privates Eigentum.[7]

Aus realoptionstheoretischer Sicht bietet das Arrangement Management-KG eine ungleich viel größere Fülle an Realoptionen, als sie der Privatisierungsagentur gegeben waren. Aufgrund der überschaubaren Größe einer Management-KG konnte innerhalb von ihr der Ressourceneinsatz und die Leistungen des Managements in den Beteiligungsunternehmungen besser überwacht werden, als es unter der Privatisierungsagentur selbst hätte geschehen könenn. Aus dieser Situation heraus und aufgrund der erweiterten Aufgabenstellung der Sanierung wurde der **Management-KG** das gesamte Bündel existierender Realoptionen eröffnet, also sowohl die *Timing-Option* als auch *Expan-*

---

1 K.-E. Schenk und A.S. Klindt, Sanierung durch Privatisierung, 1993, S. 21.

2 K.-D. Schmidt, Strategien, 1993, S. 228.

3 K.-E. Schenk und A.S. Klindt, Sanierung durch Privatisierung, 1993, S. 21.

4 M. Kerber, Unternehmenssanierung durch die Treuhand, in: DZWir, 3. Jg. (1993), Juni, S. 223; J. Schwalbach, Begleitung sanierungsfähiger Unternehmen, 1993, S. 207f.

5 K.-D. Schmidt, Strategien, 1993, S. 228, Fußnote 47.

6 H. Brücker, Privatisierung in Ostdeutschland, 1995, S. 254.

7 H. Kern und C. Sabel, Die Treuhandanstalt: Experimentierfeld zur Entwicklung neuer Unternehmensformen, in: W. Fischer et al. (Hrsg.), Treuhandanstalt, 1993, S. 497f.

sions-Option, Kontraktions-Option, Desinvestitions-Option und unter Beachtung der jeweiligen Unternehmensgegebenheiten die *Switching-Option*. Die *Timing-Option* konnte zunächst nur innerhalb eines Horizonts von drei Jahren genutzt werden, auf die die Arbeit der Management-KGen begrenzt werden sollte.[1]

Auf seiten der **Investoren** würde das Management-KG-Modell nicht wesentlich zu einer Verbesserung ihrer ex post-*Expansions-Option* respektive *-Kontraktions-Option* beitragen, weil auch hier vorgesehen ist, daß Investoren Investitions- und Arbeitsplatzgarantien beim Unternehmenskauf geben müssen. Es ist jedoch möglich, daß die vorangegangenen Sanierungen bei den zu privatisierenden Unternehmungen dazu geführt haben, daß der Kapitalwert unter Unternehmensfortführungsgesichtpunkten höher ist als der Liquidationswert, so daß von Fall zu Fall möglicherweise keine Investitions- und Arbeitsplatzgarantien notwendig werden. Es ist auch denkbar, daß sie aufgrund einer gefestigteren Marktstellung des (an)sanierten THA-Betriebes kein realoptionsrestringierendes Potential für Investoren mehr darstellen. Trotzdem wird dem Investor und der privatisierten Unternehmung zumindest keine *Desinvestitions-Option* oder auch nur eine *Switching-Option* gegeben sein. Aufgrund der noch einmal um drei Jahre verlängerten Privatisierungsfrist können Investoren diesen Zeitraum zur Informationsbeschaffung über die zu privatisierenden Beteiligungsunternehmungen der Management-KGen nutzen und sich ihre ex ante-*Timing-Option* aufbauen.

Die Realoptionsanalyse zeigt, daß sich zwar auf der Verkäuferseite das Realoptionsbündel durch das Modell Management-KG im Vergleich zum direkten Verkauf durch die Privatisierungsagentur erweitern ließ, aber auf der Käuferseite ex post durch Kaufvertragsarrangements Realoptionen der privatisierten Unternehmung weiterhin restringiert wurden. Aus diesem Grunde sind auch für die Unternehmungen der Management-KGen nach Abzug der Sanierungsinvestitionen relativ niedrige Verkaufspreise zu erwarten.

1.3.3.2 Die Privatisierung aus der Liquidation heraus

Die bisher behandelten Unternehmensverkaufsmodelle waren ausnahmslos auf die Veräußerung als Ganzes durch Anteilsverkauf (Share Deal) ausgerichtet. Aus der Theorie und Praxis des Unternehmenskaufs ist als grundsätzliche Alternative der Unternehmensverkauf im Wege des Vermögensverkaufs (Asset Deal) bekannt.[2] Er wurde von der Treuhandanstalt i.d.R. nur in Form der Veräußerung ganzer mit dem Beteiligungsansatz aktivierter Betriebe oder Enkelunternehmungen (aus Sicht der THA) durch-

---

1 Treuhandanstalt (Hrsg.), Treuhand-Informationen, Ausgabe 12, 6. April 1992, S. 5.

2 W. Jung, Praxis des Unternehmenskaufs: eine systematische Darstellung der Planung und Durchführung einer Akquisition, 2., überarb. und erw. Aufl., Stuttgart 1993, S. 140f; G. Picot (Hrsg.), Kauf und Restrukturierung von Unternehmen: Handbuch zum Wirtschaftsrecht, München 1995, S. 10. Zu den Vor- und Nachteilen von Share Deals vs. Asset Deals beim Unternehmenskauf von der THA siehe B. Scheifele, Praktische Erfahrungen beim Unternehmenskauf in den neuen Bundesländern (Erster Teil), BB, 46. Jg. (1991), H. 9, S. 561f.

geführt.[1] Angesichts der Tatsache, daß die Unternehmungen der THA häufig einen ökonomisch unzweckmäßigen Vermögensbestand aufwiesen, bedeutete dies eine starke Selbstbeschränkung der THA. Die Ursache für die Priorität von Anteilsverkäufen lag darin begründet, daß die Privatisierungsagentur sonst möglicherweise unattraktive Vermögensgegenstände nicht hätte veräußern können, aber vor allem darin, daß beim Share Deal größere Chancen sah, ihre Ziele der Unternehmensfortführung und der Investitions- und Arbeitsplatzzusagen zu erreichen. Als Konsequenz mußte die Privatisierungsagentur selbst Unternehmensentflechtungen vornehmen, die für Investoren potentiell attraktiv waren.

Wenn die Treuhandanstalt einen Vermögensverkauf durchführte, der nicht ganze Betriebe umfaßte, war er in der Regel mit einer Liquidation nach den Regeln des Gesellschaftsrechts oder dem Antrag auf Eröffnung des Gesamtvollstreckungsverfahrens verknüpft,[2] weil die Treuhandanstalt die betreffenden Unternehmungen in der bestehenden Struktur nicht privatisieren konnte und eine Sanierung ökonomisch nicht sinnvoll erschien.[3]

Die *Desinvestitions-Option* der Unternehmensliquidation wurde der **Privatisierungsagentur** im Laufe ihrer Tätigkeit in zunehmenden Maße durch sozial-motivierte Akteure restringiert. In Antizipation dieser späteren Restriktion ihrer Liquidations-Option stiegen die Unternehmensliquidationen recht schnell bis zum ersten Quartal 1992 auf einen vierteljährlichen Höchststand von 504 Fällen an, um dann parallel zum vierten Quartal 1993 auf nur noch 94 Fälle zu sinken.[4] Dieses Verhalten der Privatisierungsagentur konfligierte zwar mit ihrer Aufgabe der intensivierten Investorensuche und der langfristigen Sicherung von Beschäftigung in Ostdeutschland durch Privatisierung. Die Agentur antizipierte hiermit jedoch ihre späteren Probleme mit nicht so rasch privatisierbaren Unternehmungen, die damit einhergehenden politischen Interventionen in ihre Arbeit[5] und daraus resultierender Subventionsrisiken für ein großes Portefeuille von Industrieunternehmungen.[6] Wie überaus wichtig die Liquidations-Option für die Privatisierungsagentur ist, verdeutlicht Abbildung 10. Während die durchgezogene Linie die Verkaufspreise inklusive Liquidations-Option eines sich von links nach rechts verbessernden Unternehmensportefeuilles darstellt, zeigt die unterbrochene Linie diese Preise ohne Liquidations-Option. Sie nehmen mit Verschlechterung der Unternehmensqualität (sie kann in Form des reinen Kapitalwertes operationalisiert werden) bis in den

---

1 Treuhandanstalt (Hrsg.), Fragen und Antworten zur Privatisierung ehemaligen Volksvermögens in den neuen Bundesländern, 2. Aufl., Berlin August 1991, S. 6.

2 Zum Gesamtvollstreckungsverfahren, insbesondere im Vergleich mit einer Liquidation vgl. E. Wandel, Abwicklung nicht sanierungsfähiger Unternehmen, 1993, S. 283 - 314.

3 K.-D. Schmidt, Strategien, 1993, S. 228.

4 H. Hau, Privatization under Political Interference: Evidence from Eastern Germany, Discussion Paper, Princeton University, Princeton, NJ 11. Dezember 1994, S. 6.

5 Die rückläufigen autonomen (von politischer Einflußnahme unabhängigen) Handlungsoptionen der THA dokumentiert die Befragung von Czada unter 300 leitenden Angestellten der Treuhandanstalt; R. Czada, Die Treuhandanstalt im Umfeld von Politik und Verbänden, in: W. Fischer et al. (Hrsg.), Treuhandanstalt, Berlin 1993, S. 156.

6 H. Hau, Privatization under Political Interference, 1994, S. 14, 21f.

negativen Bereich hinein ab, d.h. diese Unternehmen erfahren hohe Kaufpreissubventionen.

Ihre *Timing-Option* wußte die Privatisierungsagentur durch die rasche Liquidation in der Anfangsphase ihres Privatisierungsprogramms zu nutzen. In der Liquidationsphase selbst konnte die Agentur durch sukzessive Vermögensverkäufe ihre *Kontraktions-Option* ausüben, solange die Liquidation selbst nicht restringiert wurde. Die *Expansions-Option* und die *Switching-Option* ist für die Privatisierungsagentur aufgrund ihres Privatisierungsauftrages nicht entscheidungsrelevant.

Abb. 10: Unternehmenspreise mit resp. ohne Liquidations-Option des Verkäufers in Abhängigkeit der Unternehmensqualität.

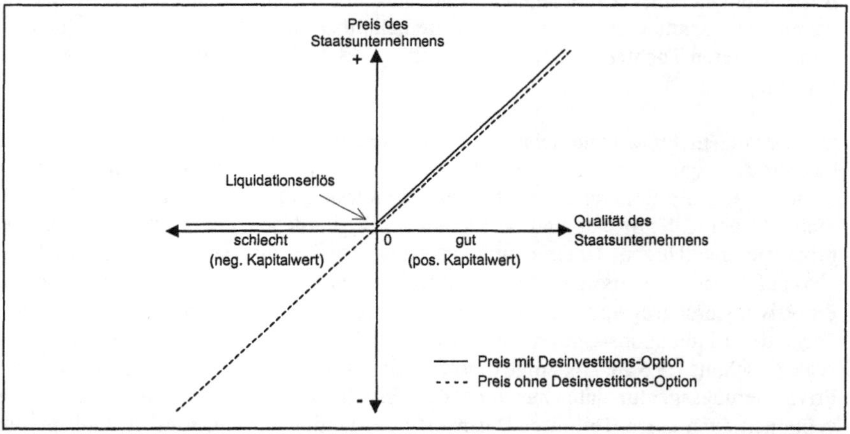

Quelle: eigene Darstellung

Für den **Erwerber** einer Treuhand-Unternehmung ist mit dem Kauf von Vermögensgegenständen aus der Liquidation heraus vor allem gegenüber der Privatisierung durch Anteilsverkauf der Vorteil einer gezielten Vermögensauswahl verknüpft. Der Erwerber muß c.p. weniger Finanzkapital für den Kaufpreis aufwenden und kann stattdessen seine *Expansions-Option* ausbauen. Hinzu kommt, daß bei der Übernahme einzelner ganzer Betriebe aus der Konkursmasse damit entsprechend niedriger auch die Investitions- und Arbeitsplatzzusagen ausfallen - und bei der Übernahme nur einzelner Vermögensgegenstände ganz wegfallen können -, wodurch beim Investor die *Timing-*, *Kontraktions-* und die *Desinvestitions-Optionen* weniger bzw. gar nicht restringiert werden: Eine zeitliche Mindestanforderung an die Aufrechterhaltung der Investitions- und Arbeitsplatzzusagen würde bei relativ geringeren Zusagen als sie bei einem Share Deal gegeben werden müßten, potentiell höhere Freiheitsgrade für den freien Cashflow bedeuten und damit das Vorziehen von Investitionen ermöglichen. Investitionskontraktionen resp. Desinvestitionen werden aufgrund relativ niedrigerer Sunk Cost erleichtert. Insbesondere wurden diese Realoptionen des Investors dadurch unterstützt, daß § 613a BGB für aus der Konkursmasse übernommene Betriebe mit der Verabschiedung des Hemmnisbeseitigungsgesetzes vom 22.3.1991 keine Anwendung mehr fand.[1] Für Übergänge von Unternehmungen, Betrieben oder Betriebsteilen, die nicht zur Konkursmasse zählen, gilt gem. § 613a, Abs. 4 BGB weiterhin, daß der Erwerber in alle Rechte und Pflichten aus den Arbeitsverhältnissen des übernommenen Betriebes eintritt und vom bisherigen oder neuen Betriebsinhaber ausgesprochene Kündigungen aufgrund des Betriebsübergangs unwirksam sind.

1.3.3.3 Das Tenderverfahren

Die Anwendung dieses Verfahrens durch die Treuhandanstalt kann nicht als systematisches nach bestimmten normativen Grundsätzen angewandtes Verfahren bezeichnet werden. Vielmehr wurde es diskretionär eingesetzt, wenn der Treuhandanstalt für Restpositionen eines Unternehmensverbundes keine weiteren Interessenten bekannt waren und sie gute Chancen sah, eine Unternehmung mit mehreren Betriebsstätten und / oder weiteren Tochtergesellschaften durch das "Schnüren von Paketen" verkaufen zu können.

Die Option, mehrere Unternehmungen als Tender zu verkaufen, hat sich die **Treuhandanstalt** vor allem in solchen Problembranchen offengehalten, "wo es ihr vornehmlich um die Erhaltung industrieller Netzwerke ging".[2] Dies waren die Branchen Stahl, Chemie, Schiffbau und Mikroelektronik, in denen die Treuhandanstalt den privatisierungsfähigen Unternehmungen auch solche mit singulär sehr niedrigen Verkaufschancen hinzufügte.[3] Die Privatisierung in Form von Tendern ergibt sich für die Privatisierungsagentur vor allem daraus, daß sie keine *Desinvestitions-Option* in Form der Liquidations-Option für einzelne nicht-privatisierungsfähige Betriebe hält (vgl. Abschnitt 1.3.3.2). Als Folge dieser Desinvestitions-Options-Restriktion büßte die Privatisierungsagentur unter zunehmender Unsicherheit hinsichtlich politischer Interventionen auch einen Teil ihrer Desinvestitions-Option für c.p. sonst leichter privatisierbare Unternehmungen ein, wenn ihnen nicht-privatisierbare Betriebe hinzugefügt werden. Da die Agentur in diesem Stadium der Privatisierung einem erhöhten sozialpolitisch motivierten Druck ausgesetzt war, dürfte sie auch kaum noch Chancen zur Nutzung eines Aufschubs *(Timing-Option)* von Unternehmensverkäufen gehabt haben. Bezieht man die *Kontraktions-Option* auf das gesamte Unternehmensportefeuille der Privatisierungsagentur, gilt die gleiche Argumentation auch hier. Eine *Expansions-Option* wurde der Privatisierungsagentur mit dem Tenderverfahren nicht eröffnet.

Für den **Investor** ergab sich aus der Hinzufügung von singulär nur schwer privatisierbaren Betrieben zu den eigentlichen Zielunternehmungen unter der Bedingung knapper Finanzmittel eine deutliche Restriktion seiner *Expansions-Option*; dies vor allem auch vor dem Hintergrund, daß die Tender-Betriebe fortgeführt werden sollten und möglicherweise auch für diese Arbeitsplatzgarantien gegeben werden mußten. Unter der Bedingung der vertraglich fixierten Betriebsfortführung wurde beim Investor auch die

---

[1] B. Scheifele, Praktische Erfahrungen beim Unternehmenskauf in den neuen Bundesländern (Zweiter Teil), BB, 46. Jg. (1991), H. 10, S. 633f.

[2] K.-D. Schmidt, Strategien, 1993, S. 225.

[3] K.-D. Schmidt, Strategien, 1993, S. 225.

Kontraktions-Option (damit einhergehend auch seine *Switching-Option*) in bezug auf sein Treuhand-Investment restringiert und aufgrund von vertraglich festgeschriebenen Fristen der Investitions- und Arbeitsplatzgarantien auch seine *Timing-Option*.

1.4 Zwischenergebnis

In den vorangegangenen drei Abschnitten wurden Methoden der Unternehmenstransaktionen im allgemeinen und speziell die von der Treuhandanstalt präferierten Methoden systematisch dargestellt. Sie wurden strukturiert in Vermarktungsverfahren (grundsätzliche Modelle), Instrumente des Privatisierungsmarketings in Abhängigkeit der organisatorischen Einheiten der Privatisierungsagentur und in Abhängigkeit der Unternehmensspezifika und schließlich in operative Verkaufsverfahren nach Zielpersonen resp. nach Privatisierungsvorbereitungen. Es wurde jeweils auf die speziellen Gründe eingegangen, die zu einer situativen Präferenz der unterschiedlichen Methoden durch die Treuhandanstalt geführt haben. Die Transaktionsmethoden wurden schließlich unter dem Gesichtspunkt der effizienten Allokation von Eigentumsrechten mit dem Instrumentarium der Realoptionen analysiert. Hier wurde sowohl für den Unternehmensverkäufer als auch für den Unternehmenskäufer darauf eingegangen, ob die Parteien in bezug auf die repräsentative Staatsunternehmung die typischerweise mit einer Investition verbundenen Realoptionen halten und wie diese im einzelnen möglicherweise ceteris paribus durch die einzelnen Privatisierungsmethoden beeinflußt wurden. Dort, wo Privatisierungsmethoden miteinander konkurrierten (Abschnitt 1.1), erfolgte eine diese Methoden vergleichende ökonomische Analyse im Lichte von Realoptionen. Ansonsten wurden die Privatisierungsverfahren isoliert analysiert.

Unter den konkurrierenden Vermarktungsverfahren der Treuhandanstalt-Praxis konnte ein interessanter Aspekt festgestellt werden: Der lange von der Treuhand präferierte freihändige Verkauf und das nur etwas formalisierte Bietverfahren wirkten im Vergleich zu anderen Methoden deutlich unterstützender für die Expansions-Option der Erwerber. Hingegen wirken sie weniger unterstützend für die Desinvestitions-Option der Privatisierungsagentur. Diese wurde stärker durch formalisierte Methoden unterstützt, die einen Bieterwettbewerb auslösen, namentlich öffentliche Ausschreibungen und öffentliche Auktionen. Öffentliche Ausschreibungen wurden jedoch erst relativ spät von der Treuhandanstalt eingesetzt. Die falsche zeitliche Gewichtung dieser Methoden führte dazu, daß zu Beginn des Privatisierungsprogramms, als die für Investoren interessantesten Unternehmungen noch zu erwerben waren, der Bieterwettbewerb nicht ausreichend entfacht wurde und somit Privatisierungserlöse nicht die Höhe erreichen konnten, wie es unter Anwendung der öffentlichen Ausschreibung resp. Auktion der Fall gewesen wäre. Statt dessen wurden letztere Methoden in der späteren Phase des Privatisierungsprogramms angewandt, in der hauptsächlich schwerer privatisierbare Unternehmungen im Angebot standen. Die öffentliche Ausschreibung führt durch die Unterstützung eines Bieterwettbewerbs dazu, daß das knappe Finanzkapital bereits für die Kaufpreiszahlungen verwendet werden muß und für die Ausübung sonst zur Verfügung stehender Expansions-Optionen nicht mehr mobilisiert werden kann. Damit mußten die Treuhand-Unternehmungen c.p. weiterhin für potentielle Investoren an Wert verlieren.

Mit den Privatisierungsinstrumenten nach organisatorischen Einheiten und in Abhängigkeit von den Unternehmensspezifika und mit den Verkaufsverfahren nach Zielpersonen und Unternehmensvorbereitungen hatte sich die Privatisierungsagentur ein diversifiziertes Instrumentarium zur situativen Optimierung ihrer Desinvestitions-Option aufgebaut. Eine Form dieser wichtigsten Realoption der Privatisierungsagentur, namentlich die Liquidations-Option von Treuhand-Betrieben, wurde im wesentlichen jedoch durch sozial-motivierte Akteure restringiert.

Für die Erwerberseite konnte herausgearbeitet werden, daß die Restriktionen von Expansions-, Kontraktions- und Desinvestitions-Optionen einen erheblichen negativen Einfluß auf die Kaufpreise für Treuhand-Unternehmungen haben mußten.

2. Rechtliches Umfeld und Kaufvertragsarrangements mit der Privatisierungsagentur

Die Treuhandanstalt war gehalten, mit der Privatisierung des ostdeutschen Vermögens die im Treuhandgesetz festgeschriebenen Aufgaben zu erfüllen.[1] Als Gegenleistung für die sofortige Hingabe ihrer Vermögensgegenstände an den Investor erhielt sie bereits im Zeitpunkt der notariellen Beurkundung des Kaufvertrags (ohne die Eintragung einer Auflassungsvormerkung oder die Eintragung des Eigentumsübergangs abzuwarten) die zu leistende Kaufpreiszahlung und Zusagen über durchzuführende unternehmerische Leistungen, die sich weitestgehend dem Einflußbereich des Unternehmensverkäufers entzogen.[2] Um sich gegen opportunistisches Verhalten des Investors in der Zukunft abzusichern, beinhalten Verträge zwischen dem Unternehmensverkäufer und Unternehmenskäufer regelmäßig seit ungefähr Ende 1991 Arrangements, die die Erfüllung der zukünftigen Gegenleistungen des Investors sicherstellen können.[3] Diese Vertragsarrangements stellen aber häufig Einschränkungen der unternehmerischen Freiheitsgrade und folgerichtig der unternehmerischen Anreizfunktion dar, so daß von diesen Klauseln eine negative Wirkung auf den Gegenwartswert und folglich auf den Kaufpreis des Unternehmens ausging. Auf der anderen Seite waren durch die von dem Unternehmensverkäufer durchgeführten Vermarktungsverfahren aufgrund ihrer wettbewerbserhöhenden Funktion um die Unternehmensübernahme (bei öffentlichen Ausschreibungen und Auktionen) bzw. aufgrund der präzisen Identifikation potentieller Investoren (beim Bietverfahren und der beschränkten Ausschreibung) positive Effekte auf den zu erzielenden Unternehmenskaufpreis zu erwarten.[4]

Mit Hilfe der Optionstheorie wird analysiert, welche Realoptionen durch vertragliche Restriktionen bei privatisierten Treuhand-Unternehmungen nicht gegeben sind bzw. eröffnet werden. Weiterhin wird untersucht, welche Interdependenzen sich aus der Ausübung oder dem Verfallenlassen dieser Realoptionen - vor allem im Zeitablauf -

---

1 Vgl. oben Abschnitt 2.1 des 1. Kapitels.

2 G.H. Wächter, T. Kaiser und M. Krause, Klauseln in Unternehmenskaufverträgen mit der Treuhandanstalt, Teil I, in: WM, 46. Jg. (1992), Nr. 8, S. 295.

3 M. Balz, Konzernrecht und Treuhandanstalt, 1993, S. 13.

4 Vgl. zur Diskussion der Verfahren zur Unternehmenstransaktion den 1. Abschnitt im 2. Kapitel.

ergeben. Im Lichte der Optionstheorie werden Hypothesen über die Wirkungsweisen der in Treuhand-Unternehmungen inhärenten bzw. nicht-inhärenten Realoptionen aufgestellt und erklärende Variablen für eine multiple Regressionsanalyse herausgearbeitet.

2.1 Kaufvertragliche Absicherungen der Privatisierungsagentur

Hat ein Investor erst einmal den Unternehmensübernahmevertrag mit der Treuhandanstalt abgeschlossen, so erfolgt der Rechtsübergang Zug um Zug gegen Zahlung des Kaufpreises durch den Erwerber. In dieser Beziehung unterscheiden sich Privatisierungsverträge mit der Treuhandanstalt kaum von "normalen" Unternehmenskaufverträgen.[1] Indes achtete die Treuhandanstalt darauf, daß zur Erfüllung ihrer spezifischen Privatisierungszielsetzungen entsprechende Absicherungen in den Unternehmenskaufverträgen aufgenommen wurden.[2] Wie auch Optionen kontingente Forderungen beziehungsweise Verpflichtungen darstellen, beinhalten Unternehmenskaufverträge mit der Treuhandanstalt häufig Nachbewertungs-, Beschäftigungs-, Investitions-, Einzelverwertungs- ("Spekulations-") oder ähnliche Klauseln.[3] In diesem Kapitel werden diejenigen Vertragsklauseln im optionstheoretischen Sinne diskutiert, die eine besondere Wirkung auf die Realoptionen des Investors respektive des Investitionsobjektes haben.

2.1.1 Beschäftigungsverpflichtungen

Bei den Verkaufsverhandlungen zwischen Treuhandanstalt und Investor nahm die Zusicherung eines Akquisiteurs, innerhalb eines bestimmten Zeitraumes eine bestimmte Anzahl von Arbeitsplätzen zu schaffen bzw. zu erhalten, eine wichtige Rolle ein. Diese Beschäftigungszusagen wurden in der Regel pönalisiert und führten zu einer nachträglichen Kaufpreiserhöhung, sofern die Zusicherungen nicht erfüllt wurden. Die Pönale wird nach Ablauf des Kalenderjahres fällig, in dem der zugesagte Arbeitsplatz nicht besetzt war. Ist ein Arbeitsplatz weniger als zwölf Monate nicht besetzt, berechnet sich die Pönale pro rata temporis. Die durchschnittliche Pönale für Arbeitsplätze, die ein volles Jahr nicht besetzt waren, beträgt DM 24.000.[4] Eine Beschäftigungsklausel konnte folgende Formulierung annehmen:[5]

"Beschäftigung von Arbeitnehmern
Die Parteien stimmen darin überein, daß der Kaufpreis auf der Grundlage der Schaffung bzw. Erhaltung von durchschnittlich ____ Vollzeitarbeitsplätzen zu branchenüblichen Konditionen in den nächsten __ Monaten bestimmt wurde. Sofern diese Zahl nicht oder nicht vollständig erreicht wird, hat der Käufer DM ______ pro Vollzeit-

1 G.H. Wächter et al., Klauseln Teil I, 1992, S. 295.

2 Zu den Aufgaben und Zielsetzungen vergleiche 1. Kapitel, Abschnitt 2.1, S. 5-10.

3 G.H. Wächter et al., Klauseln Teil I, 1992, S. 295.

4 H.-U. Küpper, Vertragsgestaltung und Vertragsmanagement der Treuhandanstalt, in: W. Fischer et al. (Hrsg.), Treuhandanstalt, 1993, S. 321f.

5 G.H. Wächter et al., Klauseln Teil I, 1992, S. 300.

arbeitskraft und Beschäftigungsmonat, um die diese Zahl im Durchschnitt der Gesamtlaufzeit der Verpflichtung unterschritten wird, an den Verkäufer nachzuzahlen. Die Zahlung wird nach Ablauf obiger Frist fällig."

Wenn vom Käufer eine Beschäftigungsverpflichtung über mehrere Jahre übernommen wurde, präferierte die Treuhandanstalt Formulierungen, die für jedes Folgejahr nach der Unternehmensübernahme genau die Anzahl zu schaffender bzw. zu erhaltender Arbeitsplätze - die wiederum von Jahr zu Jahr unterschiedlich hoch sein können - festlegten.[1]

Durch die Fixierung der Arbeitsplatzschaffung "in den nächsten __ Monaten" hielt der **Investor** innerhalb seiner eigenen Unternehmung nicht mehr die *Timing-Option* auf Investitionsaufschub, wie es bei privat geführten Unternehmungen der Fall ist. Der Investor war verpflichtet, in den nächsten Monaten nach Kaufvertragsabschluß Arbeitsplatzinvestitionen durchzuführen, ein Aufschub war nur unter Zahlung der Pönale möglich. Dies gilt auch für die *Kontraktions-* und *Desinvestitions-Option*. Diese Realoptionen, die bei einem einzelnen Investitionsprojekt werterhöhend wirken würden, sind hier nicht gegeben. Folgerichtig müssen sich diese fehlenden Optionen c.p. auch negativ auf die gesamte Werteinschätzung des Investors für die Treuhand-Unternehmung auswirken und zu einem relativ niedrigeren Kaufpreis führen als bei einer Unternehmung, bei der diese Realoptionen gegeben sind.

Der Käufer hat sich mit der Unternehmensakquisition (dies entsprach der Ausübung seiner ex ante-Timing-Option) ein Bündel weiterer Realoptionen (der Unternehmung) erworben: Zahlt der Akquisiteur die Arbeitsplatzpönale, übt er realoptionstheoretisch eine *Kontraktions-Option* aus; die Kontraktion besteht in der Verringerung des ursprünglich für die Investition THA-Unternehmung mittelfristig vorgesehenen Mitarbeiterstamms. Die Pönale ist der Basispreis.

2.1.2 Investitionsverpflichtungen

Mit Investitionsverpflichtungen wurde zum einen die Absicherung der Zuführung von Fresh Money in den Wirtschaftskreislauf der neuen Bundesländer verfolgt, zum anderen wurden sie als Signalling eines unternehmerischen Risikoengagements gewertet:[2] Der Unternehmer unterstrich mit Hilfe seiner potentiellen finanziellen Verpflichtungen und seinem Engagement in eine stark irreversible Investition seine Glaubwürdigkeit und erhöhte dadurch seine Chancen, den Zuschlag für eine Unternehmung von der Treuhandanstalt zu erlangen.

Eine Investitionsklausel konnte beim Vermögenskauf (Share Deal) z.B. folgenden Wortlaut annehmen:

---

1 G.H. Wächter et al., Klauseln Teil I, 1992, S. 300.

2 H.-U. Küpper, Vertragsgestaltung und Vertragsmanagement, 1993, S. 323.

"Investitionen
Die Parteien stimmen überein, daß der Kaufpreis auf der Grundlage des Versprechens des Käufers vereinbart wurde, er werde bis zum ______ DM ______ gem. Anlage __ neu in das Unternehmen investieren (enthält sachliche Definition der geplanten Investition) und diese Investitionsgüter dort mindestens bis zum _____ belassen. Sofern diese Investitionen nicht oder nicht vollständug durchgeführt werden oder die Investitionsgüter nicht vereinbarungsgemäß in dem Unternehmen belassen werden, erhöht sich der Kaufpreis um ___ % der Differenz zwischen dem vereinbarten Investitionsbetrag nach Satz 1 und dem Betrag der tatsächlich in der Frist durchgeführten und vereinbarungsgemäß in dem Unternehmen belassenen Investitionen. Die Zahlung wird nach Ablauf obiger Frist fällig."[1]

Im Durchschnitt betrug die Investitionspönale 33% (Stand 31.12.1992) der Differenz zwischen dem zugesagten Investitionsbetrag und dem Betrag der tatsächlich in der Frist durchgeführten und vereinbarungsgemäß in dem Unternehmen belassenen Investitionen.[2] Der in der Klausel zu vereinbarende Zeitraum hängt von der Art der geplanten Investition, der Finanzkraft des Käufers, der aktuellen Situation der Unternehmung und den Regelungen des Investitionsvorranggesetzes (InVorG) ab.[3]

Den für diese Zwecke gültigen Umfang des Investitionsbegriffs definierte das Handbuch Privatisierung, Kapitel 10 (Stand 1.93):[4] Dies waren Kapitalbindungen in Gebäuden und beweglichen Betriebseinrichtungen des erworbenen Betriebes oder Betriebsteils. Wie auch das Klauselbeispiel zeigt, wurde dem Vertrag in der Anlage - bedingt durch das InVorG - ein genau definierter Investitionsplan beigefügt. In der Zeit vor Festlegung des Investitionsbegriffs im Privatisierungshandbuch traten Abgrenzungsschwierigkeiten von Maßnahmen dergestalt auf, daß sie zum Teil investiven Charakter und zum Teil den Charakter von Aufwendungen hatten. Das oben zitierte Klauselbeispiel geht davon aus, daß der Käufer der Unternehmung neue finanzielle Mittel zuführt (z.B. durch Kapitalerhöhung, Einlage der Gesellschafter, Einlagen stiller Gesellschafter, Gesellschafterkredite oder durch den Gesellschafter verbürgte Bankkredite). Das heißt, diese Klausel läßt Investitionsfinanzierungen aus dem Bank- oder Kassenguthaben des akquirierten Unternehmens, was lediglich einen Aktivtausch bedeuten würde, und Investitionsfinanzierungen aus zukünftigen thesaurierten Gewinnen nicht gelten.[5] Führt der Käufer keine Investitionen im Sinne der Klausel durch, wird die Pönale fällig. Der Investor kann sich von seinen Verpflichtungen nur exkulpieren, wenn im Zeitpunkt des Vertragsabschlusses nicht voraussehbare, dringende betriebliche Erfordernisse dafür die Ursache waren.[6]

Durch das Klauselbeispiel und die ihm zugrunde liegenden Annahmen wird deutlich, daß der **Käufer** im Zeitpunkt der Ausübung seiner *Expansions-Option* zum Kauf des

---

1 G.H. Wächter et al., Klauseln Teil I, 1992, S. 300.
2 H.-U. Küpper, Vertragsgestaltung und Vertragsmanagement, 1993, S. 323.
3 H.-U. Küpper, Vertragsgestaltung und Vertragsmanagement, 1993, S. 323.
4 H.-U. Küpper, Vertragsgestaltung und Vertragsmanagement, 1993, S. 323.
5 G.H. Wächter et al., Klauseln Teil I, 1992, S. 301.
6 H.-U. Küpper, Vertragsmanagement und Vertragsgestaltung, 1993, S. 323.

Treuhand-Betriebes, die *Timing-Option* zum Aufschub darauf folgender Investitionen bereits ex ante mitausgeübt hat. Fehlt in der anfänglichen ex post-Phase diese Realoption, die einen eigenständigen Wert besitzt, muß dies aus der Sicht des Käufers folgerichtig in eine Kaufpreissenkung münden.

Der Käufer konnte sich mit dem Unternehmenskauf aber eine Call-Option auf eine Timing-Option eröffnen, indem er die Investitionspönale zahlte, die der Optionsprämie einer erneuten Option auf Aufschub der Investitionen äquivalent ist. Ob der Investor sofort die Investition durchführt oder aber die zukünftigen Realoptionen kauft, ist abhängig von dem Alternativenvergleich des Kapitalwertes bei sofortiger Investition auf der eine Seite und des Kapitalwertes der aufgeschobenen Investition unter Berücksichtigung der Opportunitätskosten der aufgrund des Aufschubs entgangenen Cashflows sowie unter Einbeziehung der Optionswerte der *Timing-*, *Kontraktions-* und *Desinvestitions-Optionen* auf der anderen Seite, wie im 1. Kapitel unter Abschnitt 4.4, 4.6 und 4.7 herausgearbeitet wurde. Die *Expansions-Option* wird beim Käufer resp. der privatisierten Unternehmung nicht restringiert. Die Privatisierungsagentur unterstellte, daß ein Investor gerade die Expansions-Option nutzen wollte und blendete die Neigung des Investors zur Vermeidung von Sunk Cost aus.

2.1.3 Betriebsfortführungsklauseln

Bei THA-Unternehmungen, deren Liquidationswerte über den Kaufpreisen gelegen hätten, verlangte die THA nicht nur indirekt über pönalisierte Investitions- und Beschäftigungsklauseln, eine Unternehmensliquidation nach der Privatisierung für den Investor unattraktiv werden zu lassen, um somit den privatisierten Betrieb fortzuführen. Die THA sah in solchen Konstellationen auch häufig direkt Betriebsfortführungsklauseln vor, die im Falle einer Unternehmensstillegung oder Änderung des bestehenden Betriebes eine nachträgliche Kaufpreiserhöhung oder Vertragsstrafe vorsehen.[1] Mit Betriebsfortführungsklauseln suchte die THA, die ihr übertragenen öffentlichen Aufgaben sicherzustellen.[2]

Es ist offensichtlich, daß durch eine pönalisierte Vorschrift zur Fortführung einer Unternehmung für einen bestimmten Zeitraum für den **Investor** ex post eine Restriktion seiner *Kontraktions-* und *Desinvestitions-Option* erfolgt. Wurde auch die Änderung des Betriebszweckes mit einer Vertragsstrafe oder Kaufpreiserhöhung belegt, würde ex post auch die *Switching-Option* des Investors bzw. der privatisierten Unternehmung restringiert werden. C.p. muß diese mittelfristige Abwälzung der gesamten Unsicherheit auf den Investor, ohne sich exkulpieren zu können, in eine niedrigere Unternehmensbewertung münden als mit diesen Realoptionen. Das Fehlen der Kon-

---

1 C. Klein, Vertragsgestaltung und Vertragsverhandlung mit der Treuhandanstalt, in: KPMG Deutsche Treuhand Gruppe (Hrsg.), Investitionen in den neuen Bundesländern, 1992, S. 156.; K.-D. Schmidt, Treuhandanstalt and Investment Acquisitions: How to Ensure that Contracts are Kept?, Kiel Working Papers No. 632, Kiel 1994, S. 6.

2 Zum öffentlichen Auftrag der THA und dem Konfliktpotential in den Verhandlungen mit Investoren vgl. oben Abschnitt 2.1 im 1. Kapitel.

traktions-, Desinvestitions- und Switching-Optionen beim Investor kann jedoch durch gegebene *Timing-* und *Expansions-Optionen* überkompensiert werden.

Die **Privatisierungsagentur** konnte Betriebsfortführungsklauseln nur schwer durchsetzen, denn diese sind in normalen Unternehmenskaufverträgen absolut unüblich.[1] Ex ante restringierte die Agentur sich selbst ihre *Desinvestitions-Option*. Auch ihre *Timing-Option* wurde in dem Bereich des potentiellen Vorziehens der Privatisierung restringiert.

2.1.4 Nachbewertungsklauseln

Aufgrund der hohen Unsicherheit des ökonomischen Umfeldes unterlagen Bewertungen von Immobilien und ganzer Unternehmungen erheblichen Bandbreiten, so daß Wertsteigerungen kurz- und mittelfristig in der Regel nur unter großen Unsicherheitsfaktoren geschätzt werden konnten. Um trotzdem kurzfristig Privatisierungsentscheidungen treffen zu können - und so Grundstücke und Unternehmungen für Investitionszwecke zu mobilisieren -, einigten sich Käufer und die Treuhandanstalt häufig auf einen vorläufigen, unter den gegenwärtigen Informationen der Verhandlungsphase als abgesichert geltenden, Preis. Die endgültige Kaufpreisfindung wurde einem künftigen objektivierten Verfahren überlassen. Auf diese Weise wurden kurzfristige Wertsteigerungen zugunsten der THA abgeschöpft.

Nachbewertungsklauseln werden durchaus auch zwischen privaten Vertragsparteien einer Unternehmenstransaktion angewandt, wenn ein Vertrag unter unzureichender Information abgeschlossen wird und eine sich im Laufe der Zeit erst entwickelnde Leistungsbeziehung im Vordergrund steht.[2] Sie dienen prima facie nicht der Absicherung treuhandspezifischer Zielsetzungen, sondern sichern ausschließlich die Äquivalenz von Leistung und Gegenleistung unter der Kondition unzureichender Information eventuell sogar asymmetrischer Informationsverteilung.[3]

Notwendige Bedingungen für die Anwendung einer Nachbewertungsklausel bei Immobilien sind die Intransparenz des lokalen Immobilienmarktes beziehungsweise die Unbestimmbarkeit des Verkehrswertes einer einzelnen Immobilie und kurzfristig zu erwartende Wertsteigerungen. Liegen diese Voraussetzungen nicht oder nicht mehr vor, so entfällt der Anlaß zur Anwendung einer Nachbewertungsklausel. Um in einer solchen Konstellation die Gefahr einer kaum begründbaren Nachverhandlung zu vermeiden, hatte die Treuhandanstalt ihre Verhandlungsteams durch Vorstandbeschluß im Mai 1991 auf die notwendigen Bedingungen zur Verwendung von Nachbewertungsklauseln hingewiesen, um sie nur unter diesen Bedingungen zur Anwendung

---

1 K.-D. Schmidt, Treuhandanstalt and Investment Acquisitions, 1994, S.7.

2 I.R. Mcneil, Contracts: Adjustment of Long-Term Economic Relations under Classical, Neoclassical, and Relational Contract Law, in: Northwestern University Law Review, Vol. 72 (1978), No. 6, S. 887.

3 G.H. Wächter et al., Klauseln Teil I, 1992, S. 295.

kommen zu lassen.[1] Beim Vermögenskauf (= Asset Deal) kann eine Nachbewertungsklausel z.B. folgenden Wortlaut haben:

"Nachbewertung
(1) Aufgrund der noch nicht ausreichenden Herausbildung von Marktpreisen im Gebiet der neuen Bundesländer ist eine abschließende Ermittlung des Verkehrswertes von Grund und Boden und Gebäuden z.Z. noch nicht möglich. Daher soll zwei Jahre nach Vertragsabschluß ("Nachbewertungsstichtag") eine Nachbewertung des verkauften Grund und Bodens und der verkauften Gebäude durchgeführt werden....
(3) Soweit der Nachbewertungswert den Kaufpreis um mehr als 10% übersteigt, hat der Käufer die Differenz an den Verkäufer nachzuzahlen; die Zahlung wird am Nachbewertungsstichtag fällig."[2]

Die Vereinbarung von Nachbewertungsklauseln führt dazu, daß das aus dem unsicheren ökonomischen Umfeld resultierende über 10% hinausgehende Upside Potential (*Expansions-Option*) der Investition Treuhand-Unternehmung in bezug auf den Grund und Boden und gegebenenfalls auch in Bezug auf die Gebäude von der Treuhandanstalt abgeschöpft wird. Folgerichtig sollte ein Investor darauf hinwirken, daß im Falle eines Wertverfalls um mehr als 10% der Verlust am Nachbewertungsstichtag erstattet wird. Im Binomialprozeß der Realoptionsbewertung wird die positive und negative Entwicklung somit auf einen Korridor von +/- 10% festgelegt.

Vor allem mittelständische **Käufer** von Treuhand-Unternehmungen weisen häufig auf die ihrer Unternehmung durch die oben bereits dargestellten Nachbewertungsklauseln entstehenden Liquiditätsprobleme hin.[3] In diesem in den Vertragsarrangements begründeten Finanzierungsengpaß lag eine weitere Einschränkung der *Expansions-Option*. Der Basispreis der Folgeinvestition kann aufgrund der Cash-outflows für die Wertsteigerung der Vermögensgegenstände der Treuhand-Unternehmung im Extremfall nicht finanziert werden. Folglich kann auch kein Wertsteigerungspotential aus Folgeinvestitionen ex ante im Kaufpreis für die Treuhand-Unternehmung eskomptiert werden. Da Expansions-Optionen per se einen Wert annehmen, wird ein Investor für eine THA-Unternehmung mit restringierter Wachstums-Option c.p. nicht bereit sein, einen Kaufpreis zu zahlen wie für eine Investition, der diese Option auf Folgeinvestitionen immanent wäre. Der Käufer wird in seinem Gebot folgerichtig einen entsprechenden Diskont vornehmen.

Dem aus der Nachbewertungsklausel resultierenden Liquiditätsproblem konnte die Privatisierungsagentur durch Stundungsvereinbarungen mit Ratenzahlungen und angemessener Verzinsung begegnen. Darüberhinaus bestand grundsätzlich die Möglichkeit zur Vereinbarung einer Obergrenze (sog. "Deckel") des an die Treuhandanstalt nachzuzahlenden Betrages. Auf diese Weise wird die Maximalbelastung für den Käufer kalkulierbar und Planungssicherheit hergestellt.[4] Da unter den Vertragsparteien sym-

---

1 G.H. Wächter et al., Klauseln Teil I, 1992, S. 295.

2 G.H. Wächter et al., Klauseln Teil I, 1992, S. 295f.

3 G.H. Wächter et al., Klauseln Teil I, 1992, S. 296.

4 G.H. Wächter et al., Klauseln Teil I, 1992, S. 296.

metrische Erwartungen in bezug auf das Wertsteigerungspotential von Grund und Boden des Investitionsobjektes bestanden, dürfte eine Begrenzung des späteren Nachzahlungsrisikos c.p. zu einem ex ante höheren Kaufpreis führen.

Auf der anderen Seite behielt sich die **THA** bis zum Nachbewertungsstichtag die Ausübung ihrer verbliebenen *Desinvestitions-Option* vor und konnte sich auf diese Weise selbst das aus der Realoption resultierende Wertsteigerungspotential sichern. Die Nachbewertungsklausel war mithin ein gutes Instrument zur Maximierung der Privatisierungserlöse.

Zusammenfassend läßt sich für die Nachbewertungsklauseln festhalten, daß dort wo sie angewandt werden, das Upside Potential des **Investitionsprojektes** durch den Verkäufer des Underlying Asset abgeschöpft wird, folglich dem Käufer kein Optionswert aus dem Underlying Asset Treuhand-Unternehmung mehr zur Verfügung steht und folgerichtig einen relativ geringeren Preis (als mit vorhandenem Optionswert) zu zahlen bereit ist.

2.1.5 Klauseln zur Berücksichtigung von Umweltaltlasten

Bei Unternehmenskäufen in der ehemaligen DDR nehmen aufgrund der häufig maroden Zustände von Industrieanlagen und der damit zusammenhängenden hohen Schadstoffbelastung der Umwelt Auseinandersetzungen mit der Beseitigung dieser Umweltaltlasten einen weiten Raum ein. Umweltaltlasten können häufig Beträge annehmen, die, wenn in die Kalkulation des Investitionsprojektes einbezogen, eine Investition sehr schnell unrentabel werden lassen können.[1]

Nach der *Definition* des *Altlasten*begriffs der Treuhandanstalt sind Altlasten "nicht unerhebliche Belastungen des Bodens mit umweltgefährdenden insbesondere gesundheitsgefährdenden Stoffen, aus industrieller oder gewerblicher Nutzung, die vor Vertragsschluß entstanden sind."[2]

Die Treuhandanstalt war in Verhandlungen der Altlastenregelung in ihrem vertraglichen Gestaltungsspielraum nicht völlig frei. Sie war sowohl an das vereinfachte

---

1 G.H. Wächter, T. Kaiser und M. Krause, Klauseln in Unternehmenskaufverträgen mit der Treuhandanstalt, Teil II, in: WM, 46. Jg. (1992), Nr. 9, S. 338.

2 G.H. Wächter et al., Klauseln Teil II, 1992, S. 338f.

haushaltsrechtliche Einwilligungsverfahren nach § 65 Bundeshaushaltsordnung (BHO)[1] als auch an die Altlastengrundsätze des Bundesministers der Finanzen gebunden. Wie auch unter anderen Aspekten eines Unternehmenskaufs von der Treuhandanstalt üblich, werden bei Altlastenregelungen die Verhandlungsergebnisse diskretionär ermittelt, d.h. welche Seite sich wie stark an der Altlastenbeseitigung beteiligt, ist häufig ein Ergebnis der Verhandlungspositionen des Käufers und Verkäufers. Eine Regel, nach der sich die Treuhandanstalt oder ihre Tochterunternehmungen in einem bestimmten Umfang an solchen Risiken beteiligen müssen, gab es nicht,[2] wohl aber die unten diskutierten Grundsätze.

Deshalb ist von einer grundsätzlichen Einstandspflicht des Käufers für die Behebung von Umweltaltlasten auszugehen. Sie wird im Unternehmenskaufvertrag mit der Treuhandanstalt auf eine Bandbreite und einen Sockelbetrag fixiert. Durch die Übernahme der Altlasten innerhalb der vereinbarten Marge und durch die teilweise Übernahme der über den Sockelbetrag hinausgehenden Sanierungskosten wird der Erwerber in seiner unternehmerischen Betätigung erheblich beeinträchtigt.[3] Konkret werden durch die vom Käufer zu tragenden Aufklärungsmaßnahmen und die tatsächliche Beseitigung der Umweltaltlasten erhebliche finanzielle Mittel gebunden, die alternativ für Folgeinvestitionen zur Verfügung stünden. Hier wird die *Expansions-Option* zumindest restringiert. Die hohe Umfeldunsicherheit erhöht zudem die Wahrscheinlichkeit, daß Aufwendungen zur Beseitigung von Umweltaltlasten versinken.

Andere der Treuhand-Unternehmung inhärente Realoptionen können dadurch beeinflußt werden, daß sich die Treuhandanstalt zusätzliche Mitwirkungsrechte (wie z. B. gemeinsame Ausschreibungen, die Erstellung von Pflichtenkatalogen oder die gemeinsame Abnahme und Beaufsichtigung von Sanierungsarbeiten) vorbehält, wenn erhebliche Altlasten vorkommen, bekannt oder zu erwarten sind.[4]

Für eine Beteiligung der Treuhandanstalt am Altlastenrisiko läßt sie sich von sieben Grundsätzen leiten, die in verschiedener Hinsicht die mit Treuhand-Unternehmungen

---

1 Gemäß § 65 Abs. 2, Satz 1 und 3 BHO "Beteiligung an privatrechtlichen Unternehmen" hat der zuständige Minister für die in seinen Bereich fallenden privatrechtlichen Unternehmen, an denen der Bund eine Beteiligung hält, in Entscheidungen über diese Beteiligungen die Einwilligung des Bundesministers der Finanzen einzuholen. Das gleiche Einwilligungsverfahren gilt gem. § 65 Abs. 3, Satz 1 und 2 BHO für das Hinwirken des zuständigen Bundesministers darauf, "daß ein Unternehmen, an dem der Bund unmittelbar oder mittelbar mit Mehrheit beteiligt ist, nur mit seiner (des zuständigen Ministers, Anm. d. Verf.) Zustimmung eine Beteiligung von mehr als dem vierten Teil der Anteile eines anderen Unternehmens erwirbt, eine solche Beteiligung erhöht oder sie ganz oder zum Teil veräußert." Gem. § 65 Abs. 4 BHO können der Bundesminister der Finanzen und der für das Bundesvermögen zuständige Bundesminister auf die Ausübung der Befugnisse nach den o.g. Absätzen 2 und 3 des § 65 BHO verzichten. Insbesondere mußte die Treuhandanstalt bei ihren Verhandlungen die besonderen Interessen des Bundes berücksichtigen. Vgl. Bundeshaushaltsordnung (BHO) vom 19. August 1969, BGBl. 1969, Teil I, S. 1284, zuletzt geändert durch Gesetz vom 18.7.1990, BGBl. 1990, Teil I S. 1447.

2 G.H. Wächter et al., Klauseln Teil II, 1992, S. 338.

3 G.H. Wächter et al., Klauseln Teil II, 1992, S. 338.

4 G.H. Wächter et al., Klauseln Teil II, 1992, S. 340.

verbundenen Realoptionen für den Käufer oder Verkäufer positiv oder negativ beeinflussen. Diese Grundsätze werden im folgenden kurz umrissen und die betroffenen Realoptionen identifiziert.

a) Grundsatz der Subsidiarität einer vertraglichen Risikobeteiligung der Treuhandanstalt gegenüber einer Freistellung nach dem Umweltrahmengesetz (URG)

Weil gemäß URG grundsätzlich die Bundesländer für die Beseitigung von Umweltaltlasten verantwortlich sind und die damit zusammenhängenden Kosten zu tragen haben, verlangte die Treuhandanstalt grundsätzlich, daß ein Antrag auf Freistellung nach dem URG gestellt und gegebenenfalls auch der Rechtsweg bei fehlerhaft abschlägiger Bescheidung ausgeschöpft wurde, bevor die Treuhandanstalt für das Altlastenrisiko miteintrat und die nachfolgenden Grundsätze überhaupt in Betracht gezogen wurden.[1] Ein Antrag zur Freistellung von Umweltaltlasten, insbesondere wenn sie über den Rechtsweg erstritten werden muß, trägt nicht zur Beschleunigung der Privatisierung bei. In der ex ante-Phase werden primär die *Timing-Optionen* sowohl bei der **Privatisierungsagentur** als auch bei dem **Investor** restringiert. Als Folge wird sekundär bei der Privatisierungsagentur die *Desinvestitions-Option* und beim Investor die *Expansions-Option* restringiert.

b) Grundsatz der Risikoaufklärung

Eine wesentliche grundsätzliche Voraussetzung für eine Beteiligung der Treuhandanstalt am Altlastenrisiko war die Durchführung der zeitlich und sachlich möglichen Aufklärungsmaßnahmen durch den Käufer über den Umfang des Altlastenrisikos. Diese Maßnahmen konnten weniger umfangreich sein, z. B. Nachforschungen über die Nutzung in der Vergangenheit, oder aber erhebliche Anstrengungen erforderlich machen, wie z. B. substantiierte Altlastenerhebungen, je nachdem wie konkret ein Altlastenverdacht war.

Mit der Übernahme dieser Aufklärungsmaßnahmen durch den potentiellen Käufer und sein Verzicht auf Altlastengewährleistungen der Treuhandanstalt versetzte sich der Investor im Vergleich zu Mitbewerbern in eine bessere Verhandlungsposition. Er leistete hiermit Aufwendungen im Sinne des Basispreises einer Expansions-Option.

c) Grundsatz der kostenbewußten Aushandlung im Einzelfall

Der Unternehmensverkäufer Treuhandanstalt hatte aus Gründen der ihm auferlegten Grundsätze einer sparsamen Haushaltsführung dafür zu sorgen, daß die bei seinen Beteiligungsunternehmungen anfallenden Altlastenbeseitigungen kostengünstig beseitigt

---

[1] G.H. Wächter et al., Klauseln Teil II, 1992, S. 339f.

werden.[1] In diesem Verfahren sollte der Unternehmensverkäufer im Einvernehmen mit dem Käufer grundsätzlich auf die kostengünstigste Variante der Altlastenermittlung und -beseitigung dringen, weil auch der Verkäufer umso stärker profitierte, je niedriger die Altlastenkosten waren. Würden die Altlastenbeseitigungskosten dem Käufer auferlegt, minderten sie den Unternehmenswert und der Verkäufer würde Opportunitätskosten in Form von Verkaufserlösabschlägen erleiden.

Die Treuhandanstalt drang deshalb in Verhandlungen mit potentiellen Käufern auf deren angemessene Beteiligung an den anfallenden Altlastenbeseitigungskosten. Diese Beteiligung erfolgte durch die Vereinbarung eines sogenannten Sockelbetrages, in dessen Höhe der Käufer die Beseitigung von Altlasten alleine trägt. Für beide Akteure wurde das Altlastenrisiko auf diese Weise in einer ersten Stufe auf einen absoluten Betrag begrenzt. In einer zweiten Stufe erfolgte eine prozentuale Begrenzung in bezug auf die den Sockelbetrag übersteigenden Aufwendungen. Sofern nicht andere Umstände eine andere Verteilung notwendig machten, ging die Treuhandanstalt von einer hälftigen Beteiligung des Käufers aus.[2]

Besonders hervorzuheben ist in diesem Zusammenhang die Tatsache, daß die Privatisierungsagentur in der Form einer Anstalt öffentlichen Rechts nicht konkursfähig war. Deckt der Käufer nach erfolgtem Unternehmenskauf Mängel am Kaufgegenstand Unternehmung auf, die der Verkäufer verschwiegen hat, so wird der Käufer vom Verkäufer Schadenersatz fordern. Dieser kann im Extremfall die Grenze der Zahlungsfähigkeit des Verkäufers erreichen. Darüber hinausgehende versunkene Kosten muß der Käufer selbst tragen. Da Unternehmen öffentlichen Rechts nicht konkursfähig sind, könnte ein Käufer für jeden nachgewiesenen Mangel der gekauften Unternehmung in tendenziell unendlicher Höhe Schadenersatz von der Treuhandanstalt verlangen. Eine Anstalt öffentlichen Rechts muß sich deshalb durch die Vereinbarungen von Haftungsobergrenzen absichern.[3]

Die Interpretation im Lichte der Optionstheorie ist **aus Käufersicht** abhängig von seiner Ausstattung mit Finanzkapital. Denn es besteht ein Trade-off zwischen der <u>Verpflichtung</u> zur Übernahme der Altlastensanierung in Höhe eines Sockelbetrages plus eines Anteils x an den darüber hinausgehenden Kosten einerseits und der <u>Notwendigkeit</u> der Sanierung andererseits, mit unterschiedlichen Auswirkungen auf die der Treuhandunternehmung inhärenten *Expansions-Option*. Ist das Finanzkapital des Käufers nach Finanzierung von Kaufpreis und Altlastensanierung geschwächt, so daß keine ausreichenden finanziellen Mittel für Folgeinvestitionen bereitgestellt werden können, wird die Expansions-Option dieser Unternehmung restringiert und die Gegenwartswerte der Realoption und der gesamten Zielunternehmung müssen entsprechend niedriger bemessen werden. Tendenziell hat dies einen geringeren Kaufpreis zur Folge als ohne Übernahme der Umweltaltlasten durch die Treuhandunternehmung.

---

1 G.H. Wächter et al., Klauseln Teil II, 1992, S. 338.

2 G.H. Wächter et al., Klauseln Teil II, 1992, S. 338.

3 G.H. Wächter et al., Klauseln Teil II, 1992, S. 338.

Andererseits besteht häufig eine objektive Notwendigkeit, die mit der Zielunternehmung zusammenhängenden Umweltaltlasten zu ermitteln und zu beseitigen, um überhaupt das Anlagevermögen in einen dem Verwendungszweck entsprechenden Zustand zu versetzen.[1] D.h. durch die Übernahme von Kosten der Altlastenbeseitigung eröffnete sich der Käufer erst die Realoption auf Folgeinvestitionen. Folgerichtig sollte diese Realoption zu einer höheren gegenwärtigen Bewertung von Treuhandunternehmungen führen; dies auch deshalb, weil der Käufer mit der Übernahme solcher Sanierungsaufwendungen signalisierte, daß er erwartet, gewinnbringende Folgeinvestitionen realisieren zu können.

Expansions-Optionen können jedoch nur unter der notwendigen Bedingung "ausgeübt" werden, daß die dafür notwendigen Finanzmittel bereitgestellt werden können. Folgerichtig dürfte es auch nur unter dieser Kondition zu einem positiven Realoptionswert und zu einer höheren Gegenwartsbewertung der Zielunternehmung kommen als ohne Altlastenübernahme durch den Käufer resp. die Zielunternehmung.

Aus Sicht des Unternehmungs**verkäufers** stellen Umweltaltlasten, die vor oder in der Zeit seiner Eigentümerschaft entstanden sind, eine erhebliche Restriktion seiner *Realoption auf Desinvestition* dar, denn darüber, welche Partei in welcher Höhe die Beseitigung der Altlasten zu tragen hat, muß beim Eigentümerwechsel Klarheit gewonnen worden sein.

Altlastenkosten können erhebliche Ausstiegskosten (Sunk Costs) darstellen[2] und sind für die Treuhandanstalt - auch wenn sie die Aufwendungen zu deren Beseitigung nicht direkt in Form von pagatorischen Kosten trug - Opportunitätskosten in Form von entgangenen sonst höheren Verkaufserlösen. Die Investitionsausstiegskosten Altlasten restringieren die Desinvestitions-Option des Unternehmensverkäufers erheblich. Die Privatisierungsagentur konnte dieser Restriktion durch Vereinbarung eines Sockelbetrages entgegenwirken, restringierte damit aber die Expansions-Option des Investors. Folgerichtig mußte diese Tatsache zu einem Bewertungsabschlag und in der Konsequenz zu einem Preisabschlag für die zu verkaufende Treuhand-Unternehmung führen.

d) Grundsatz der Beschränkung der erstattungsfähigen Sanierungskosten

Sofern sich die Privatisierungsagentur überhaupt bereit erklärte, Altlastensanierungskosten anzuerkennen und zu übernehmen, z.B. im Rahmen der über den vereinbarten Sockelbetrag hinausgehenden anteiligen Kosten, wirkte die Treuhandanstalt im Ver-

---

1 Um die Altlastensanierung auf den zukünftigen Verwendungszweck auszurichten und sogenannte Luxussanierungen zu Lasten des Verkäufers auszuschließen, wurde in diesem Zusammenhang häufig in einer Vertragsanlage die zukünftige Nutzung definiert. Auf diese Weise wurde in Bezug auf Grundstücke erreicht, daß diese für objektiv ungeeignete Verwendungszwecke ökonomisch nicht sachgerecht "heraufsaniert" werden. Vgl. G.H. Wächter et al., Klauseln Teil II, 1992, S. 340.

2 G.H. Wächter et al., Klauseln Teil II, 1992, S. 338.

handlungswege darauf hin, als "Sanierungskosten lediglich die Aufwendungen anzusehen, die unmittelbar zur Untersuchung, Sanierung, Eindämmung, Milderung und Beseitigung der Altlast erforderlich sind."[1] Demzufolge werden alle mittelbar mit der Altlastenbeseitigung entstehenden Kosten von der Erstattungsfähigkeit ausgeschlossen. Dies betrifft insbesondere Verluste, entgangene Einnahmen, mit der Altlastenbeseitigung entstandene Schäden, Betriebsbeeinträchtigungen, Produktionsstillstände, Abrißarbeiten oder sonstige Kosten.[2]

Die optionstheoretische Interpretation sowohl aus Käufer- als auch aus Verkäufersicht entspricht derjenigen unter Kapitel *c) Grundsatz der kostenbewußten Aushandlung im Einzelfall.*

e) Grundsatz der angemessenen zeitlichen Begrenzung der Einstandspflicht der Treuhandanstalt

Der Grundsatz der angemessenen zeitlichen Begrenzung der Einstandspflicht der Treuhandanstalt besagt, daß die Treuhandanstalt auf eine vertraglich vereinbarte Fristsetzung drängen muß. Um Folgeschäden und Sanierungserschwerungen zu vermeiden, erwartete die Privatisierungsagentur, daß innerhalb dieser Frist Altlasten vom Käufer angezeigt und durch ein Sachverständigengutachten substantiiert belegt werden müssen.[3] Eine (enge) Fristsetzung war nicht nur aufgrund einer sonst potentiell auftretenden Verschleppung der Altlastenaufklärung notwendig, sondern auch um die vertraglich fixierten Fristen der Investitionsvorhaben einhalten zu können. Die Frist bemaß sich an der zur sorgfältigen Prüfung der Zielunternehmung notwendigen Zeitspanne durch einen Sachverständigen.[4]

Im Lichte der *Timing-Realoption* (speziell des Investitionsaufschubs) führt eine (enge) Fristsetzung für die Aufdeckung und Beseitigung von Altlasten der Zielunternehmung zu einer Restriktion dieser Realoption beim **Investor** resp. bei der **Zielunternehmung**. Dies ist, wie oben bereits erwähnt, auch in engem Zusammenhang mit den Fristenvorgaben in den Vertragsklauseln zu Investitionsverpflichtungen zu sehen. Die Fristsetzung in der Altlastenklausel ist damit eine Voraussetzung für die Fristeneinhaltung der Investitionsverpflichtungen und führt ähnlich wie diese zu einer Restriktion der Aufschuboption. Folgerichtig muß eine zeitliche Begrenzung der Altlastenbeseitigung - ähnlich den Wirkungen von zeitlich fixierten Investitionsverpflichtungen - c.p. tendenziell zu einem Bewertungsabschlag und in der Konsequenz zu einem Preisabschlag für die Zielunternehmung führen.

---

1 G.H. Wächter et al., Klauseln Teil II, 1992, S. 338.

2 G.H. Wächter et al., Klauseln Teil II, 1992, S. 338.

3 G.H. Wächter et al., Klauseln Teil II, 1992, S. 338f.

4 G.H. Wächter et al., Klauseln Teil II, 1992, S. 339.

f) Grundsatz des Ausweises eines besonderen Entgelts für die Übernahme von Altlastenrisiken

Übernahm die Unternehmensverkäuferin Treuhandanstalt das Risiko einer Altlastenbeseitigung in einer gewissen abzuschätzenden Höhe, die sich nach der Eintrittswahrscheinlichkeit des Sanierungsfalles und der zu erwartenden Sanierungskosten bemaß, so würde diese Risikoübernahme eine Wertsteigerung und Kaufpreiserhöhung der Treuhandunternehmung zur Folge haben. In dem Falle, daß die Treuhandanstalt nicht mit der Person oder Institution identisch war, der die Verkaufserlöse aus dem Verkauf der Treuhand-Unternehmung zuflossen,[1] mußte die Treuhandanstalt sicherstellen, daß der für die Altlastenrisikoübernahme ermittelte Kostenbetrag der Treuhandanstalt für die Vergütung ihrer Risikoübernahme zugute kam und nicht einseitig z. B. der Restitutionsberechtigte von dieser Verkaufserlöserhöhung profitierte.[2] Zur Berücksichtigung dieses Entgelts in der Bilanz der Ziel-Treuhandunternehmung würde zusätzlich zu der gebildeten sonstigen Rückstellung für Altlastensanierung eine entsprechende Forderung gegenüber der Treuhandanstalt eingestellt werden, mit der Maßgabe, daß sie (die Treuhandanstalt) sich diesen Betrag vom zukünftigen Käufer erstatten lassen kann.[3] "U. U. kommt bei Verkäufen aus der Konkursmasse bzw. bei Verkäufen durch Tochtergesellschaften der THA eine Altlastenbeteiligung der THA nur durch separaten Vertrag mit dem Käufer in Betracht."[4] Des weiteren sollte durch einen expliziten Ausweis des Altlastenrisikos sichergestellt werden, daß im Konkursfalle der Treuhandunternehmung die Konkursmasse durch die von der Treuhandanstalt erbrachte Risikobeteiligung nicht einseitig zugunsten der Konkursgläubiger vermehrt wird.[5]

---

1 Es konnte sich hierbei z. B. um Tochtergesellschaften der Treuhandanstalt oder um Restitutionsberechtigte handeln.

2 G.H. Wächter et al., Klauseln Teil II, 1992, S. 339.

3 Ein solcher nach diesem Grundsatz explizit vorzunehmender Ausweis entspräche jedoch nicht der vom Hauptfachausschuß (HFA) des Instituts der Wirtschaftsprüfer einem sog. Nettoausweis den Vorzug gebenden Empfehlung. Die *Nettomethode* besagt, daß die Treuhand-Unternehmung lediglich den verbleibenden Altlastenrückstellungsbetrag, d.h. die Gesamtverpflichtung abzüglich des Erstattungsbetrages der Treuhandanstalt, passivieren darf. Bei der *Bruttomethode* wird die Gesamtverpflichtung für die Altlastenbeseitigung passiviert und der vollständige Erstattungsbetrag separat aktiviert. Der Nettomethode unter betragsmäßiger Angabe des Haftungsverhältnisses ist gem. HFA deshalb der Vorzug zu geben, weil hierdurch ein zutreffender Ausweis der Belastung des Vermögens erfolgt. Der HFA führt jedoch weiter aus: "In Fällen von Bedeutung empfiehlt sich eine offene Absetzung der Zusage zur anteiligen Kostentragung von der Gesamtverpflichtung zur Altlastensanierung", was eher der Bruttomethode entspräche. "Der Vorzug der Nettomethode gilt insbesondere für die DM-Eröffnungsbilanz und solche Jahresabschlüsse, bei denen über § 36 DMBilG eine Rückwirkung auf die DM-Eröffnungsbilanz entsteht." Der Vorteil der Bruttomethode wird lediglich darin gesehen, daß sie die rechtlichen Aspekte der Verpflichtung der Unternehmungen richtig ausweist. Vgl. Verlautbarungen des Hauptfachausschusses (HFA) des Instituts der Wirtschaftsprüfer (IDW), Bilanzielle Berücksichtigung von vertraglichen Vereinbarungen zwischen der Treuhandanstalt und Treuhandunternehmen über die Übernahme von Altlastenverpflichtungen durch die Treuhandanstalt, in: IDW-Verlag (Hrsg.), Rechnungslegung und Prüfung in den neuen Bundesländern, Sammlung von Verlautbarungen der Treuhandanstalt und des Instituts der Wirtschaftsprüfer, Düsseldorf 1993, S. 169f.

4 G.H. Wächter et al., Klauseln Teil II, 1992, S. 339.

5 G.H. Wächter et al., Klauseln Teil II, 1992, S. 339.

Durch den Grundsatz des Ausweises eines besonderen Entgelts für die Übernahme von Altlastenrisiken werden bei der Privatisierungsagentur und dem Investor/Kaufobjekt c.p. keine Realoptionen beeinflußt, die nicht bereits durch andere Grundsätze betroffen wurden, weil es hier lediglich um die Festlegung des bilanziellen Ausweises geht.

g) Grundsatz des Ausschlusses einer weitergehenden Gewährleistungshaftung

Die Überlegung, daß die *Expansions-Option* des **Investors/Kaufobjektes** nur dann durch eine Risikoübernahme der Treuhandanstalt unterstützt wird, wenn nicht nur der im Zeitpunkt des Kaufs vereinbarte wahrscheinliche Altlastenbeseitigungsbetrag von ihr übernommen wird, sondern wenn der Käufer grundsätzlich von der Altlastensanierung freigestellt würde, kommt mit diesem abschließenden Grundsatz der Treuhandanstalt zur Altlastenproblematik zum Tragen. Wenn sich die Treuhandanstalt vertraglich an dem Altlastenrisiko beteiligte, sah sie darüber hinausgehend keinen Raum mehr für eine gesetzliche Sachmangelhaftung nach § 459 BGB, obwohl Altlasten von der höchstrichterlichen Rechtsprechung als Fehler im Sinne von § 459 BGB behandelt werden.[1]

Für die **Privatisierungsagentur** eröffnete sich mit der Begrenzung des Altlastenrisikos auf einen Sockelbetrag und dem grundsätzlichen Ausschluß einer darüber hinausgehenden Gewährleistungshaftung typischerweise eine Put-Option mit fixem Basispreis (vertraglich vereinbarter Verkaufspreis der Unternehmung) über den hinaus c.p. keine Verluste getragen werden müssen. Dies entspricht dem Aufbau einer *Desinvestitions-Option*.

2.1.6 Einzelverwertungsklauseln ("Spekulationsklauseln")

Einzelverwertungsklauseln beziehen sich auf einzelne Vermögensgegenstände der verkauften Treuhand-Unternehmung. Diese Vermögensgegenstände sind unter einer bestimmten Zweckbindung zur Sicherung treuhandspezifischer Zielsetzungen, die sich unter Umständen kaufpreismindernd ausgewirkt haben, an einen Investor privatisiert worden. Sofern der Käufer planwidrige Veräußerungen oder Nutzungsänderungen von Betriebsimmobilien vornimmt, wird eine entsprechende Einzelverwertungsklausel (auch "anti-asset-stripping-Klausel"[2] oder "Spekulationsklausel" genannt) eine nachträgliche Kaufpreiserhöhung vorsehen.

---

1 G.H. Wächter et al., Klauseln Teil II, 1992, S. 339.

2 Beim Asset-Stripping handelt es sich um einen nachträglichen Verkauf von Gegenständen aus dem Betriebsvermögen durch den Käufer zur Finanzierung des Kaufpreises. Da die Unternehmung grundsätzlich fortgeführt wird, ist ein Asset-Stripping zu unterscheiden von der Zerschlagung einer Unternehmung.

Einzelverwertungsklauseln zielen darauf ab, daß im Falle einer Weiterveräußerung von Immobilien oder einer vom vorausgesetzten Zweck abweichenden Vermietung, Verpachtung oder Nutzung in einer längeren Frist von fünf bis fünfzehn Jahren der Vermögensgegenstand einer der neuen Verwendung entsprechenden Neubewertung unterzogen wird.[1]

Auch wenn eine gewisse Ähnlichkeit mit Nachbewertungsklauseln besteht, so führen Einzelverwertungsklauseln im Gegensatz zu Nachbewertungsklauseln nicht generell zwangsläufig zur Abschöpfung einer Wertsteigerung, sondern führen nur dann zu einer nachträglichen Erhöhung der finanziellen Gegenleistung, wenn die ursprünglich vereinbarte Verwendung nicht verfolgt wird und qualitative Ziele der THA verletzt wären. Die Nachbewertung bei Nachbewertungsklauseln ist hingegen grundsätzlich unabhängig von einem eventuellen Wiederverkauf und dem dabei erzielten Wiederverkaufspreis.[2]

Als schwierig stellt sich die Ausgestaltung von Einzelverwertungsklauseln hinsichtlich der Definition des Einzelverwertungsfalles dar, um zu vermeiden, daß sie eine ihrer ursprünglichen Zielrichtung entgegengesetzte Wirkung erzielt, die eine effizientere als die ursprünglich geplante Verwendung der veräußerten Ressource verhindert. Der Einzelverwertungsfall ist so zu definieren, daß eine Neu- oder Nachbewertung wirklich lediglich im Falle einer Zweckverfehlung der Ressource ausgelöst wird. Es kann z.B. zweckmäßig sein, eine Betriebsspaltung vorzunehmen, einen Sale-and-Lease-Back durchzuführen oder die Vermietung von betrieblichen Flächen zu ermöglichen.

Anstelle einer Nach- oder Neubewertung kann für den Fall einer Zweckverfehlung auch ein **Rückkaufsrecht** der Treuhandanstalt vereinbart werden. Im Lichte der Existenz von Einzelverwertungsklauseln sollte Grundlage des Rückkaufpreises der ursprünglich vereinbarte Kaufpreis zwischen der Treuhandanstalt und dem Käufer sein. In dieser Variante hält die **Treuhandanstalt** die Kaufoption auf das in Rede stehende Underlying Asset zu einem Basispreis in Höhe des ursprünglichen Kaufpreises (möglicherweise aufgezinst bis zum Bewertungsstichtag) mit einer Laufzeit bis zum Eintritt des Nachbewertungsfalles - nach fünf bis fünfzehn Jahren. Der Käufer der Treuhand-Unternehmung ist Stillhalter der Option. Im Lichte der *Desinvestitions-Option* hält der **Käufer** der Treuhand-Unternehmung das Recht, die in Rede stehenden Vermögensgegenstände zum Basispreis der Treuhandanstalt anzudienen. Da der Basispreis nur den urprünglich vereinbarten Kaufpreis abwirft - davon ist auszugehen, weil das Rückkaufsrecht *anstelle* einer Nachbewertung vereinbart wird (eine Nachbewertung also nicht stattfindet) -, kann die Desinvestitions-Option nicht von dem Wertsteigerungspotential profitieren. Folgerichtig wird der Investor nicht bereit sein, einen Optionswert im Kaufpreis der Treuhand-Unternehmung mit abzugelten. Gleichzeitig bietet die Desinvestitions-Option aber eine Absicherung gegen einen Preisverfall im Falle der Desinvestition. Gründe für eine Desinvestition, nämlich die nicht mehr gegebene oder sich nicht ergebende effizientere Verwendung als die ursprünglich vertraglich vorgesehene, können dann bei gegebenem Rückkaufsrecht der Treuhandanstalt und damit gegebener

---

1 G.H. Wächter et al., Klauseln Teil I, 1992, S. 299.

2 G.H. Wächter et al., Klauseln Teil I, 1992, S. 300.

Desinvestitions-Option des Käufers erst recht zum Motiv einer Zweckentfremdung (als Vorwand zur Desinvestition) werden. Die Treuhandanstalt müßte dann ihre Kaufoption auf den betreffenden Vermögensgegenstand ausüben. Nur in diesem Falle der asymmetrischen Informationsverteilung zwischen Käufer und Treuhandanstalt hält der Käufer eine Desinvestitions-Option im eigentlichen Sinne.

Für den Fall der Vereinbarung einer Rückkaufklausel läßt sich zusammenfassend festhalten, daß eine Desinvestitions-Option dem Unternehmenskäufer zwar gegeben ist, er zwar an keinem Wertsteigerungspotential durch Realisierung von "Spekulationsgewinnen" partizipieren kann, zumindest aber Sunk Cost vermeiden kann.

Anstelle einer von der zukünftigen Nutzung des Vermögensgegenstandes abhängigen Nachbewertungsklausel können die Vertragsparteien auch eine **Mehrerlösabschöpfung** vereinbaren, die ausschließlich auf den Wiederveräußerungsfall abzielt.[1] Mit Hilfe einer solchen Vereinbarung wird der über den an die Treuhandanstalt gezahlte Kaufpreis hinausgehende Erlös an die Treuhandanstalt abgetreten. Um die Gefahr eines Zwischenverkaufs zu besonders niedrigen Preisen an verbundene Unternehmungen des Käufers - und eine sich anschließende Veräußerung zu Marktpreisen - zu vermeiden, wird sich die Treuhandanstalt ein Vorkaufsrecht sichern oder sich mit dem Käufer darauf einigen, daß der Wiederverkauf mindestens zum Marktpreis zu erfolgen hat, der von einem Gutachter ermittelt werden muß. Mehrerlösklauseln sind jedoch nicht geeignet, eine Nutzungsänderung (wie z.B. durch Vermietung oder Verpachtung) des ehemaligen Treuhand-Vermögensgegenstandes zu verhindern, denn sie greifen nur im Verkaufsfall. Ein wirkungsvoller Schutz der Treuhandanstalt gegen eine solche planwidrige Nutzungsänderung ist - neben Beschäftigungsklauseln, die sich auf den betreffenden mit einer Spekulationsklausel belegten Vermögensgegenstand beziehen - nur mit einem Rückkaufsrecht der Treuhandanstalt gegeben.

Im *ersten Schritt* einer optionstheoretischen Interpretation von Mehrerlösabschöpfungsklauseln ist der Verkaufspreis mit Mehrerlös äquivalent dem unsicheren Basispreis der *Desinvestitions-Option* des **Akquisiteurs/Kaufobjekts**. Da in einem *zweiten Schritt* der Mehrerlös, ein Quasi-Put-Optionswert, jedoch von der Treuhandanstalt abgeschöpft wird, hat eine solche Desinvestitions-Option für den Käufer nur den Wert einer teilweisen Absicherung gegen Sunk Cost, wenn er für den betrachteten Vermögensgegenstand keine effiziente Verwendung findet. Ein dem Vermögensgegenstand immanentes Wertsteigerungspotential wird der Investor deshalb nicht im Kaufpreis honorieren. Der Basispreis dieser Put-Option ist jedoch nicht so sicher wie bei der Variante des Rückkaufsrechts der Treuhandanstalt. Denn wenn der Investor bei der gewünschten Veräußerung des Vermögensgegenstandes weniger als den ursprünglichen Kaufpreis erzielte, würde die Treuhandanstalt das Asset nicht zum ursprünglichen Kaufpreis zurücknehmen müssen. Sie wäre lediglich im Falle eines Mehrerlöses an eben diesem beteiligt. Die **THA** hält eine Call-Option (*Expansions-Option*) auf den zugrundeliegenden Vermögensgegenstand, mit dem ursprünglichen Verkaufspreis als Basispreis.

---

[1] G.H. Wächter et al., Klauseln Teil I, 1992, S. 299.

Zusätzlich zur Vernachlässigung des optionstheoretischen Gedankengutes wird bei Zweckbindungen in Form von Einzelverwertungsklauseln deutlich, daß unter der Kondition der Zweckbindung und damit der Restriktion von Nutzungsrechten zwangsläufig eine Wert- und folgerichtig auch eine Kaufpreisminderung einhergeht.[1]

Obwohl, wie oben herausgearbeitet wurde, die Verwertung eines Upside Potential (= Spekulationsgewinnrealisierung durch Verkauf) für den Käufer einer Treuhand-Unternehmung stark eingeschränkt wurde, war die Treuhandanstalt auf der anderen Seite grundsätzlich bereit, auf Nutzungsänderungswünsche des Investors, die in direktem Zusammenhang mit der Geschäftsfortführung standen, einzugehen.[2] So hat der Käufer ein durchaus legitimes Interesse daran, Gebäudeteile an Lieferanten, Joint-Venture-Partner oder auch beliebige Dritte zu vermieten, ohne daß dies einen Einzelverwertungsfall auslöst.

2.1.7 Gewährleistungsklauseln und Rechtsfolgen bei deren Verletzungen

a) Verkäufergewährleistungen

Gewährleistungen über Charakteristiken der zu veräußernden Unternehmung wird ein Verkäufer unter "normalen" Umständen dann bereit sein, dem Käufer zu gewähren, und werden vom Käufer zwingend gefordert werden, wenn zum einen die Informationsasymmetrie, betreffend die Unternehmung, zu Gunsten des Verkäufers verteilt ist und er deshalb das Risiko einer Fehleinschätzung der Unternehmung besser einschätzen kann (weil er langjähriger Besitzer der Unternehmung war und folglich die juristische und ökonomische Situation kennt) als der Käufer, zum anderen wenn der Verkäufer einen nennenswerten Veräußerungsgewinn erzielen kann.[3] Desweiteren muß der Käufer auf umfangreiche Gewährleistungen bestehen, wenn seine Prüfungsmöglichkeiten eingeschränkt sind, was bei "normalen" Unternehmensverkäufen häufig der Fall sein kann, weil ein solcher Unternehmensverkauf streng vertraulich (insbesondere im Verhältnis zu den Mitarbeitern) behandelt wird und sich der Käufer auf Zusicherungen durch den Verkäufer verlassen muß.[4]

Solche bei "normalen" Unternehmenstransaktionen vorhandenen Informationen des Verkäufers lagen der Treuhandanstalt nicht vor, weil sie ad hoc kraft Gesetzes Eigentümerin tausender Unternehmungen geworden war. Auch das Einholen solcher Unternehmensinformationen durch Due Dilligence Reviews wurde durch die personelle Kapazität restringiert. Das Know-how der Treuhandanstalt-Akteure über ihre Unternehmungen gründete sich häufig auf DM-Eröffnungsbilanzen und Zwischenbilanzen. Aus der planwirtschaftlichen Vergangenheit vorliegende betriebswirtschaftliche Daten waren aufgrund der Eigentümlichkeiten einer Planwirtschaft nur eingeschränkt verwertbar. Aufgrund dieser mit hoher Unsicherheit behafteten Treuhand-Unternehmens-

---

1 E. Furubotn und S. Pejovitch, Property Rights, 1972, S. 1139.
2 G.H. Wächter et al., Klauseln Teil I, 1992, S. 300.
3 G.H. Wächter et al., Klauseln Teil I, 1992, S. 301.
4 G.H. Wächter et al., Klauseln Teil I, 1992, S. 301.

informationen konnte die Treuhandanstalt keine (umfangreichen) Gewährleistungen übernehmen. Folgerichtig erwartete sie von potentiellen Investoren und mit der Privatisierung beauftragten Dritten, daß sie selbst umfangreiche Prüfungsmöglichkeiten wahrnahmen, bei denen die Treuhandanstalt den potentiellen Käufer unterstützte. Der Käufer erwarb hierdurch und durch häufig ex ante langjähriger Kooperationen mit der Treuhand-Unternehmung ein der Treuhandanstalt überlegenes Unternehmens-Know-how.[1] Desweiteren waren für den Käufer einer Treuhand-Unternehmung umfangreiche Gewährleistungen deshalb nicht ausschlaggebend, weil der Unternehmenskauf häufig weniger aufgrund der Ausstattung mit Anlage- und Umlaufvermögen getätigt wurde, als vielmehr aufgrund von Standortvorteilen, wie technisch gut ausgebildetem Facharbeiterstamm und ostdeutschem und osteuropäischem Marktzugang. Die im Vergleich zu westlichen Unternehmungen relativ einfachen Rechtsbeziehungen der Treuhand-Unternehmungen zu Dritten erleichtern den Unternehmenskauf zusätzlich.[2]

Die von der Treuhandanstalt gegebenen Gewährleistungen konzentrierten sich daher auf folgende die Unsicherheit der Privatisierung (insbesondere in bezug auf Eigentumsfragen hinsichtlich von Immobilien) betreffenden Punkte:[3]

- das rechtswirksame Bestehen der Gesellschaft,
- die Inhaberschaft an den Anteilen und die Verfügungsbefugnis des Verkäufers,
- die Freiheit der Anteile von Rechten Dritter und
- das Eigentum der Gesellschaft an den Betriebsgrundstücken und die Lastenfreiheit in Abt. III des Grundbuches.

Folgende Gewährleistungen wurden von der Treuhandanstalt regelmäßig nicht übernommen:[4]

- die Richtigkeit und Vollständigkeit der DM-Eröffnungsbilanz oder die Angemessenheit gebildeter Rückstellungen, weil - wie oben bereits ausgeführt - vom potentiellen Investor erwartet wird, daß er die ihm zur Verfügung stehenden Prüfungsmöglichkeiten umfangreich ausschöpft;
- das Vorliegen aller zum Betrieb derzeitig und zukünftig erforderlichen Genehmigungen, weil diese Erfordernisse aufgrund seines in der Regel gegebenen Know-how-Vorsprungs vom potentiellen Käufer besser beurteilt werden können; dies gilt auch für das von den alten Bundesländern übernommene Umweltrecht;
- Gewährleistungen hinsichtlich von Sachmängeln des Anlagevermögens;
- Gewährleistungen hinsichtlich der künftigen Ertragsentwicklung;
- Gewährleistungen hinsichtlich des Nichvorhandenseins von Umweltaltlasten oder Rückübertragungsansprüchen; hier werden unter Umständen Sonderregelungen erforderlich bzw. kommen in Betracht.

---

1 G.H. Wächter et al., Klauseln Teil I, 1992, S. 301.
2 G.H. Wächter et al., Klauseln Teil I, 1992, S. 301f.
3 G.H. Wächter et al., Klauseln Teil I, 1992, S. 302.
4 G.H. Wächter et al., Klauseln Teil I, 1992, S. 302.

b) Rechtsfolgen bei Verletzung der dem Käufer gegebenen Gewährleistungen

Hat die Verkäuferin Treuhandanstalt die von ihr gegebenen Gewährleistungen verletzt, z. B. im Zusammenhang mit dem Eigentum an Betriebsgrundstücken oder an Enkelunternehmungen, kann der Käufer den Kaufpreis in angemessenem Umfange mindern.[1] Maßgebend für die Minderung ist der Wertansatz des betroffenen Vermögenswertes, wie er in den Kaufpreis eingeflossen ist. Unter eingeschränkten Voraussetzungen kann vom Käufer auch ein Rücktrittsrecht wahrgenommen werden. Dies ist dann möglich, wenn das Eigentum an einem entscheidenden Vermögensgegenstand dem Käufer nicht verschafft werden kann.[2]

Weitergehende Ansprüche bei der Verletzung von Gewährleistungen, wie Wandlung, Schadensersatz oder ein allgemeines Rücktrittsrecht, werden ausgeschlossen. Auch hier berief sich die Treuhandanstalt auf die umfangreichen dem Käufer eingeräumten Prüfungsmöglichkeiten und der asymmetrischen Informationsverteilung zu Lasten der Treuhandanstalt und darauf, daß die Kaufpreise regelmäßig "Sicherheitspuffer" zugunsten der Käufer enthielten und daß im Kaufpreis keinerlei Prämien für die Übernahme einer "Erfolgshaftung" durch die Treuhandanstalt enthalten waren.[3]

Es wird deutlich, daß der **Investor** im Falle einer schlechteren Entwicklung seiner von der Privatisierungsagentur übernommenen Unternehmung kaum eine *Desinvestitions-Option* hielt, auch nicht, wenn eine der wenigen Gewährleistungen der Verkäuferin nicht erfüllt werden konnte. Lediglich in der hypothetischen Konstellation einer Koinzidenz aus neuen negativen Informationen über das geplante Investitionsvorhaben noch vor Erfüllungstermin einerseits und der Nicht-Verschaffung des Eigentums an bestimmten betriebsnotwendigen Vermögensgegenständen andererseits, eröffnet sich dem Investor eine Desinvestitions-Option, die sonst bei ungestörter Vertragserfüllung für den Käufer mittelfristig nicht bestünde. Diese Desinvestitions-Option wird dem Käufer jedoch nur dann eröffnet, wenn die Gesamtumstände Berücksichtigung gefunden haben. Folglich kann dem Käufer ein Rücktrittsrecht verwehrt werden, wenn die Treuhandanstalt ihren Rechten der nachträglichen Heilung von verletzten Gewährleistungen innerhalb einer angemessenen Frist nachkommt.

Wie bereits beim Grundsatz des Ausschlusses weitergehender Gewährleistungen bei Umweltaltlasten (vgl. 2.1.5 Buchstabe g) führt auch hier der Ausschluß weitergehender Gewährleistungen dazu, daß sich die **Privatisierungsagentur** eine *Desinvestitions-Option* mit dem vertraglich vereinbarten Verkaufspreis als Basispreis eröffnete. Die Privatisierungsagentur hat sich mit dem Ausschluß von weitergehenden Gewährleistungen in der Konsequenz gegen zukünftige Sunk Costs abgesichert, der Akquisiteur nicht.

---

1 G.H. Wächter et al., Klauseln Teil I, 1992, S. 303.

2 G.H. Wächter et al., Klauseln Teil I, 1992, S. 303.

3 G.H. Wächter et al., Klauseln Teil I, 1992, S. 303.

2.2 Regelungen des Restitutionsverfahrens

Grundsätzlich wird die auch einer Treuhand-Unternehmung potentiell inhärente Expansions-Option durch eine potentiell wirksam werdende noch latente Restitution an den Altberechtigten - in der Restitutionsdiskussion auch *Berechtigter* oder *Restitutionsberechtigter* genannt -[1] restringiert. Denn im Falle einer Restitution (der Berechtigte entscheidet sich gegen eine Entschädigung in Geld) muß der Käufer die Unternehmung wieder herausgeben.[2] Er erhält dann zwar auch den bereits gezahlten Kaufpreis zurück, kann in diesem Falle jedoch keine Cash-flows aus potentiellen Folgeinvestitionen realisieren, für die der Kauf der Realoption Treuhand-Unternehmung eine notwendige Bedingung gewesen wäre. Mit einer Wahrscheinlichkeitseinschätzung durch den Käufer in bezug auf das Restitutionspotential der Unternehmung - und damit einer Wahrscheinlichkeit der *nicht* zurückfließenden Cash-flows aus potentiellen Folgeinvestitionen - wird der Käufer einen Abschlag auf den Gegenwartswert der Unternehmung vornehmen, sofern eine Restitution ex ante nicht explizit ausgeschlossen werden konnte.

Infolge der im Zeitablauf der Privatisierung sich wandelnden Ausprägungen der Restitutionswahrscheinlichkeit aufgrund der einem dynamischen Prozeß unterliegenden gesetzlichen Bestimmungen, wird der potentielle Käufer derart unterschiedlich stark ausgeprägte Realoptionen - insbesondere die Expansions-Option - ihrer Ausprägung entsprechend bewerten.

Fragen der Restitution regelt das Gesetz zur Regelung offener Vermögensfragen (Vermögensgesetz - VermG)[3]; es bildet damit die Rechtsgrundlage für die Geltendmachung von Restitutionsansprüchen gegenüber den im Verhandlungszeitraum Verfügungsberechtigten.[4] Im Vermögensgesetz erfolgen Begriffsbestimmungen hinsichtlich *Berechtigte*, *Verfügungsberechtigte*, *Vermögenswerte* und *Schädigung*. Weil ohne diese Begriffe eine Behandlung der Restitutionsproblematik nicht möglich ist und andererseits eine Erklärung dieser Begriffe nach Common Sense aus dem Kontext heraus zu Mißverständnissen führt, werden im folgenden Abschnitt diese Begriffe entsprechend den juristischen Definitionen expliziert. Auf die Entwicklung des Restitutionsrechts und auf Durchbrechungen von Restitutionsverfahren durch Investitionsbevorzugungen wird in einer chronologischen Abhandlung in Kapitel 2.2.2 eingegangen und in den sich daran anschließenden Kapiteln 2.2.3 und 2.2.4 aufgezeigt, wie sich durch die Änderungen der gesetzlichen Regelungen die den Treuhand-Unternehmungen inhärenten Realoptionen und daraus folgend die Werte dieser Unternehmungen ändern konnten.

---

1 G.H. Wächter, Rückübertragungsklauseln in Privatisierungsverträgen nach dem II. Vermögensrechtsänderungsgesetz, Teil I, in: WM, 46. Jg. (1992), Nr. 45, S. 1843f.

2 C. Lehmann, Unternehmenskauf von der Treuhandanstalt - Praktische Hinweise zur Vertragsgestaltung, in: DStR 30. Jg. (1992), Nr. 37, S. 1290.

3 Die aktuelle Fassung des Vermögensgesetzes ist die seit dem 1. Dezember 1994 geltende Neufassung des Vermögensgesetzes; BGBl. 1994, Nr. 87, Teil I, S. 3610 -3629.

4 F. Ebbing, Die Verkaufspraxis der Treuhandanstalt: Rechtliche Grundlage der Unternehmens- und Grundstücksverkäufe, Vertragsgestaltungen, Nachverhandlungen, Köln 1995, S. 125.

2.2.1 Begriffliche Grundlagen der Restitutionsregelung

Berechtigte sind gem. § 2 Abs. 1 VermG natürliche und juristische Personen, deren Vermögenswerte von den in § 1 VermG abschließend genannten Maßnahmen betroffen sind. Diese Maßnahmen der *Schädigung* gem § 2 Abs. 4 i.V.m. § 1 Abs. 1 VermG sind z. B. "vermögensrechtliche Ansprüche an Vermögenswerten, die ... entschädigungslos enteignet und in Volkseigentum überführt wurden";[1] "die ... gegen eine geringere Entschädigung enteignet wurden, als sie Bürgern der früheren Deutschen Demokratischen Republik zustand";[2] die nach der Überführung in staatliches Eigentum durch den Verfügungsberechtigten an Dritte weiterveräußert wurden;[3] "die ... auf der Grundlage des Beschlusses des Präsidiums des Ministerrates vom 9. Februar 1972 und im Zusammenhang stehender Regelungen in Volkseigentum übergeleitet wurden."[4] Des weiteren fallen unter die Maßnahmen des Geltungsbereichs des Vermögensgesetzes schleichende Enteignungen von bebauten Grundstücken und Gebäuden, bei denen aufgrund administrierter nicht kostendeckender Mieten die Überschuldung eingetreten war oder unmittelbar bevorstand und letztendlich "durch Enteignung, Eigentumsverzicht, Schenkung oder Erbausschlagung in Volkseigentum übernommen wurden".[5] Darüber hinaus werden Vermögensfragen derjenigen Personen geregelt, die das damalige Gebiet der Deutschen Demokratischen Republik ohne die erforderliche Genehmigung verlassen und Vermögenswerte hinterlassen haben.[6]

Der Begriff der *Verfügungsberechtigten* bezieht sich auf den Zeitraum vor einer abschließend rechtskräftig gewordenen Restitution und bezeichnet denjenigen Personenkreis, "in dessen Eigentum oder Verfügungsmacht das entzogene Unternehmen ganz oder teilweise steht, sowie bei Kapitalgesellschaften deren unmittelbare oder mittelbare Anteilseigner und bei der Rückübertragung von anderen Vermögenswerten diejenige Person, in deren Eigentum oder Verfügungsmacht der Vermögenswert steht."[7] Auch der staatliche Verwalter - also die Treuhandanstalt -wird explizit als Verfügungsberechtigter genannt.[8] Als *Vermögensgegenstände* definiert das Vermögensgesetz Grundstücke und Gebäude, deren Nutzungsrechte und dingliche Rechte daran, bewegliche Sachen sowie gewerbliche Schutzrechte, Urheberrechte und verwandte Schutzrechte, Kontoguthaben, Forderungen, Eigentum / Beteiligungen an Unternehmungen, Betriebsstätten / Zweigniederlassungen mit Sitz außerhalb der DDR.[9]

---

1 § 1 Abs. 1 Buchstabe a) VermG.

2 § 1 Abs. 1 Buchstabe b) VermG.

3 § 1 Abs. 1 Buchstabe c) VermG.

4 § 1 Abs. 1 Buchstabe d) VermG.

5 § 1 Abs. 2 VermG.

6 § 1 Abs. 4 erster Spiegelstrich VermG.

7 § 2 Abs. 3 VermG, BGBl. 1994, Nr. 87, Teil I, S. 3612.

8 § 2 Abs. 3 VermG, BGBl. 1994, Nr. 87, Teil I, S. 3612.

9 § 2 Abs. 2 VermG, BGBl. 1994, Nr. 87, Teil I, S. 3612.

2.2.2 Gesetzgebungschronik der Restitutionsregelungen

An dieser Stelle wird mit Tabelle 6 aufgrund der häufigen Änderungen von Gesetzen, die im Zusammenhang mit Restitutionsvorhaben stehen, eine systematische Übersicht in der Reihenfolge ihrer Verabschiedung gegeben.[1]

2.2.3 Grundsatz der Rückübertragung und Verfügungssperre

Der Grundsatz der Restitution von enteigneten Unternehmungen und einzelnen Vermögensgegenständen und die Verfügungssperre darüber bei Vorliegen einer Anmeldung vermögensrechtlicher Ansprüche haben bei potentiellen Investoren zu großer Verunsicherung geführt.[2]

Das Vermögensgesetz bestimmte bereits in der ersten Fassung in § 3 Abs. 1 den Grundsatz der Restitution von Vermögenswerten an die Berechtigten, wenn diese Vermögensgegenstände zuvor in Volkseigentum überführt oder an Dritte veräußert wurden oder Maßnahmen im Sinne von § 1 VermG unterlagen. Liegt bei einem solchen Vermögensgegenstand eine Anmeldung vermögensrechtlicher Ansprüche gemäß Anmeldeverordnung beim Landesamt zur Regelung offener Vermögensfragen vor, wird die Verfügungssperre nach § 3 Abs. 3 VermG ausgelöst.[3] Demnach wird der Verfügungsberechtigte (Treuhandanstalt bzw. Käufer) verpflichtet, den Abschluß dinglicher Rechtsgeschäfte oder die Eingehung langfristiger vertraglicher Verpflichtungen ohne Zustimmung des Berechtigten zu unterlassen. "Ausgenommen sind Rechtsgeschäfte, die

- zur Erfüllung von Rechtspflichten des Eigentümers, insbesondere bei Anordnung eines Modernisierungs- und Instandsetzungsgebots nach § 177 des Baugesetzbuches, zur Beseitigung der Mißstände und zur Behebung der Mängel oder
- zur Erhaltung und Bewirtschaftung des Vermögenswertes

erforderlich sind."[4]

---

1 Eine Chronik seit dem 9.6.1950 bis zum 4.7.1995 über die mit der Verstaatlichung und Privatisierung im Zusammenhang stehenden Gesetze gibt F. Ebbing, Verkaufspraxis, Köln 1995, S. 389 - 409. Einen Überblick über die Gesetzgebung der DDR ab dem 9.11.1989 bis zum Einigungsvertrag geben G. Luttosch und F. v. Schlabrendorff, DDR-Reformgesetzgebung vom 9.11.1989 bis 18.3.1990, in: Deutsch-deutsche Rechtszeitschrift, 1. Jg. (1990), H. 2-3, S. 60-68; K.-H. Hannemann und S. Bergmann, Zur Gesetzgebung in der DDR nach dem 18.3.1990, in: Deutsch-deutsche Rechtszeitschrift, 1. Jg. (1990), H. 5, S. 183-188; R. Nissel, Fortgeltendes DDR-Recht nach dem Einigungsvertrag, Deutsch-deutsche Rechtszeitschrift, 1. Jg. (1990), H. 9, S. 330-333; S. Leutheusser-Schnarrenberger, Zur Struktur der Rechtsangleichung im vereinten Deutschland, in: Neue Juristische Wochenschrift, 46. Jg. (1993), H. 39, S. 2465-2470.

2 H. Willgerodt, Wiedereinsetzung der Alteigentümer (Reprivatisierung), in: W. Fischer et al. (Hrsg.), Treuhandanstalt, 1993, S. 244f.

3 G.H. Wächter et al., Klauseln Teil II, 1992, S. 340; F. Ebbing, Verkaufspraxis, 1995, S. 125f..

4 F. Ebbing, Verkaufspraxis, 1995, S. 126.

Tab. 6: Gesetzgebungschronik der Unternehmensrestitution und des Unternehmensverkaufs an Dritte

Datum der Verabschiedung	Datum des Inkrafttretens	Bezeichnung des Gesetzes
6.6.1990	27.6.1990	Gesetz zum Abbau von Hemmnissen bei Investitionen in der Deutschen Demokratischen Republik einschließlich Berlin (Ost), (**DDR-Investitionsgesetz - DDR-IG**)[1]
23.9.1990	29.9.1990	Gesetz zur Regelung offener Vermögensfragen (**Vermögensgesetz - VermG**)[2]
23.9.1990	29.9.1990	Gesetz über besondere Investitionen in der DDR (**Investitionsgesetz - BInvG**)[3]
22.3.1991	29.3.1991	Gesetz zur Beseitigung von Hemmnissen bei der Privatisierung von Unternehmen und zur Förderung von Investitionen (**Hemmnisbeseitigungsgesetz - PrHBG**)[4]
18.4.1991	29.3.1991	Neufassung des Vermögensgesetzes (**VermG**) vom 23.9.1990 [5]
22.4.1991	29.3.1991	Neufassung des Investitionsgesetzes (**BInvG**) vom 23.9.1990 [6]; durch das PrHBG vom 22.3.1991 wurde der vollständige Titel dieses Gesetz umbenannt in "Gesetz über besondere Investitionen in dem in Art. 3 des Einigungsvertrages genannten Gebiet (Investitionsgesetz - BInvG)"
13.7.1991		Verordnung zum Vermögensgesetz über die Rückgabe von Unternehmen (**Unternehmensrückgabeverordnung - URüV**)[7]
14.7.1992	22.7.1992	Gesetz zur Änderung des Vermögensgesetzes und anderer Vorschriften (**Zweites Vermögensrechtsänderungsgesetz - 2. VermRÄndG**)[8]
14.7.1992	22.7.1992	Gesetz über den Vorrang für Investitionen bei Rückübertragungsansprüchen nach dem VermG (**Investitionsvorranggesetz - InVorG**) = Art. 6 des 2. VermRÄndG[9]
3.8.1992	22.7.1992	Neufassung des Vermögensgesetzes (**VermG**) vom 18.4.1991 [10]
2.12.1994	1.12.1994	Neubekanntmachung des Vermögensgesetzes (**VermG**)[11]
4.7.1995	9.7.1995	Gesetz zur Anpassung vermögensrechtlicher und anderer Vorschriften (**Vermögensrechtsanpassungsgesetz - VermRAnpG**)[12]

Quellen:
1 BGBl. 1990 Teil I, S. 1143 ff.
2 BGBl. 1990 Teil II, S. 885 ff.
3 BGBl. 1990 Teil II, S. 889ff.
4 BGBl. 1991 Teil I, S. 766 ff.
5 BGBl. 1991 Teil I, S. 957 ff, berichtigt durch S. 1928.
6 BGBl. 1991 Teil I, S. 995 ff, berichtigt durch S. 1928.
7 BGBl. 1991 Teil II, S. 1542 ff.
8 BGBl. 1992 Teil I, S. 1257 ff.
9 BGBl. 1992 Teil I, S. 1368 ff.
10 BGBl. 1992 Teil I, S. 1446 ff., berichtigt durch S. 1811.
11 BGBl. 1994 Teil I, S. 3610 ff.
12 BGBl. 1995 Teil I, S. 895 ff.

Wie eingangs in diesem Kapitel bereits angedeutet, wird durch die Restitutionsregelung des § 3 Abs. 1 VermG und die Verfügungssperre des § 3 Abs. 3 VermG die *Expansions-Option* des **Investors/Kaufobjekts** restringiert oder sogar vollkommen vernichtet. Wie stark eine Option auf Folgeinvestitionen durch Rückübertragungsansprüche restringiert wird, ist davon abhängig, ob zum Verkaufszeitpunkt eine Restitutionsanmeldung vorlag oder aber ob der potentielle Investor bereits im Stadium der Unternehmensanalyse erkennen mußte oder konnte, daß Restitutionsansprüche geltend gemacht werden können. Von den Kenntnissen über potentielle Restitutionsverfahren, die ein potentieller Investor aus den Unternehmensunterlagen vor Kaufvertragsabschluß gewinnen konnte, hängt es wiederum insbesondere ab, ob der Käufer die Unternehmung redlich im Sinne des § 4 Abs. 3 VermG erwarb.[1] Hatte der Käufer die Unternehmung redlich erworben, so ist eine Restitution gemäß § 4 Abs. 1 Satz 3 und 4 VermG ausgeschlossen, wenn und soweit eine Unternehmung aufgrund

- der Joint-Venture-Verordnung vom 25.1.1990,
- des Treuhandanstalt-Gründungsbeschlusses vom 1.3.1990,
- des Unternehmensgesetz vom 7.3.1990 oder
- des Treuhandgesetzes vom 17.6.1990

verkauft wurde.[2]

Die Expansions-Option bliebe der Unternehmung voll erhalten und müßte sich ceteris paribus in der Bereitschaft des Käufers widerspiegeln, einen tendenziell höheren Kaufpreis zu zahlen als in dem Fall, daß der Berechtigte seine Restitutionsansprüche durchsetzen kann.

Mit dem Institut des redlichen Erwerbs wird die Immanenz einer Realoption auf Folgeinvestitionen in einer Treuhand-Unternehmung und ihre Bewertung in starkem Maße von der Gegebenheit des redlichen Erwerbs abhängen. Ist der Käufer redlich im Sinne des § 4 Abs. 1 Satz 4, Abs. 2 Satz 1 (wenn es sich um natürliche Personen, Religionsgemeinschaften oder gemeinnützige Stiftungen handelt, die an dem Ver-

---

1 Ein redlicher Erwerb ist an den Begriff des gutgläubigen Erwerbs nach §§ 932, 892 BGB und § 366 HGB angelehnt, aber nicht damit identisch. § 4 Abs. 3 VermG nennt Regelbeispiele, in denen ein Erwerb als unredlich anzusehen ist. Ein Erwerb ist demnach dann nicht als redlich anzusehen, wenn er nicht im Einklang mit den im Zeitpunkt des Erwerbs geltenden allgemeinen Rechtsvorschriften, Verfahrensgrundsätzen und einer ordnungsgemäßen Verwaltungspraxis der Deutschen Demokratischen Republik stand und der Erwerber dies wußte bzw. hätte wissen müssen (§ 4 Abs. 3a VermG). Das Regelbeispiel stellt damit zwar auf die während des Bestehens der Deutschen Demokratischen Republik geltenden Rechtsvorschriften ab und bringt dadurch zum Ausdruck, daß ein Erwerb während dieser Zeit grundsätzlich weiter am Maßstab des früheren DDR-Rechts gemessen wird. Für Erwerbsvorgänge nach der Vereinigung beider deutscher Staaten ist jedoch gesamtdeutsches Recht anzuwenden; vgl. F. Ebbing, Verkaufspraxis, 1995, S. 128. Des weiteren gilt ein Rechtserwerb insbesondere dann als unredlich, wenn der Erwerber "durch Korruption oder Ausnutzung einer persönlichen Machtstellung auf den Zeitpunkt oder die Bedingungen des Erwerbs oder auf die Auswahl des Erwerbsgegenstandes eingewirkt hat" (§ 4 Abs. 3b VermG) oder der Erwerber sich eine Nötigung oder Täuschung des Eigentümers zu Nutze gemacht hat (§ 4 Abs. 3c VermG).

2 F. Ebbing, Verkaufspraxis, 1995, S. 127.

mögensgegenstand Eigentum erworben haben)[1] i.V.m. § 4 Abs. 3 VermG, so geht der Rückübertragungsanspruch unter und der Berechtigte kann nur noch Entschädigung verlangen.[2]

2.2.3.1 Erkundigungen über Rückübertragungsansprüche

Der Verfügungsberechtigte - die Treuhandanstalt - muß sich vor einer Verfügung, d.h. einer Privatisierung an Dritte, oder vor der Durchführung umfangreicher Sanierungsinvestitionen vergewissern, daß keine Anmeldung vermögensrechtlicher Ansprüche gem § 3 Abs. 3 VermG vorliegt.[3] Hinsichtlich Unternehmungen sind Anfragen über Anmeldungen vermögensrechtlicher Ansprüche an die zuständigen Landesämter zur Regelung offener Vermögensfragen zu richten.[4] Aber auch bei Unternehmensprivatisierungen im Wege des Anteilsverkaufs (Share Deal) müssen einzelne mit Restitutionsansprüchen belastete Grundstücke, die der betreffenden Unternehmung in der Historie der Deutschen Demokratischen Republik einverleibt wurden, beachtet werden. Es empfahl sich daher, eine entsprechende Anfrage auch an die betreffenden Ämter zur Regelung offener Vermögensfragen zu richten, in deren Bezirk die betreffenden Grundstücke belegen sind.[5] Darüber hinaus werden Erkundigungen bei der Geschäftsführung der betreffenden zu veräußernden Unternehmung und bei einer Abteilung des THA-Direktorats Recht, die alle ihr bekannten vermögensrechtlichen Ansprüche erfaßt, eingeholt.[6] Wenn bereits lediglich Anzeichen darauf hindeuten, daß die Unternehmung oder einzelne Vermögenswerte zwischen 1933 und 1945 enteignet worden sind, ist auch beim Bundesminister der Justiz eine Anfrage auf geltend gemachte Restitutionsansprüche zu stellen.

Bei der Privatisierung einer Treuhand-Unternehmung mit Grundbesitz können vermögensrechtliche Erkundigungen bei vier und mehr verschiedenen Stellen erforderlich

---

1 Die Bestandsinteressen dieses Personenkreises, dem im Rechtszustand der Deutschen Demokratischen Republik Nutzungsrechte an einem zuvor enteigneten volkseigen gewordenen Grundstück oder Gebäude zugewiesen worden waren, sollten geschützt werden. Vgl. N. Horn, Das Zivil- und Wirtschaftsrecht im neuen Bundesgebiet, Köln 1991, S. 249 f.

2 F. Ebbing, Verkaufspraxis, 1995, S. 127. Dieser Anspruch bezieht sich gem. § 6 Abs. 6a Satz 4,5 VermG im Falle des § 4 Abs. 1 Satz 3 VermG auf den Veräußerungserlös, jedoch mindestens auf den Verkehrswert. Wahlweise kann der Restitutionsberechtigte gem. § 6 Abs. 7 VermG Entschädigung verlangen. Eine Entschädigung wird aber mit großer Wahrscheinlichkeit wesentlich geringer sein als die Erstattung des Verkehrswertes oder des Veräußerungserlöses, weil sie sich gem. § 6 Abs. 7 Satz 1 VermG auf den Wert der Unternehmung in Deutscher Mark zum Zeitpunkt der Übernahme in Volkseigentum bezieht. Im Falle des § 4 Abs. 1 Satz 1 und 2 Abs. 2 VermG steht dem Rückübertragungsberechtigten gem. §§ 9 und 10 lediglich eine Entschädigung auf der Grundlage des Entschädigungsgesetzes zu.

3 § 3 Abs. 5 VermG.

4 § 25 VermG. Des weiteren sind die Landesämter zur Regelung offener Vermögensfragen ausschließlich zuständig für die Unternehmensentflechtung sowie für die vorläufige Enweisung nach § 6a VermG; vgl. § 25 VermG.

5 G.H. Wächter et al., Klauseln Teil II, 1992, S. 341.

6 G.H. Wächter et al., Klauseln Teil II, 1992, S. 341.

werden. Unter Berücksichtigung der unzureichenden personellen und technischen Ausstattung der Vermögensämter in Ostdeutschland,[1] der zu bewältigenden Massen an Restitutionsanträgen und Grundbucheintragungen,[2] der im Vergleich zu den alten Bundesländern wesentlich längeren Postlaufzeiten und überlasteten Telefonverbindungen wird deutlich, daß die Beachtung der Vergewisserungspflicht gemäß § 3 Abs. 5 VermG zu erheblichen Verzögerungen einer Privatisierung führen kann und nicht selten eine erfolgreiche Privatisierung erschweren kann.[3]

Zu beachten ist vor allem auch in der folgenden Analyse, daß die Vergewisserungspflicht des Verfügungsberechtigten auch unter der sogenannten "Supervorfahrtregelung" für Investitionen gem. § 3a VermG vom 18. April 1991 und auch in späteren Novellierungen des Vermögensgesetzes beibehalten wurde[4] und sich somit keine Verfahrensvereinfachung oder -beschleunigung ergeben konnte.

Optionstheoretisch wird in erster Linie die *Desinvestitions-Option* der **Treuhandanstalt** eingeschränkt.

Aus der Sicht des **Investors** stellt sich das Problem, daß er zwar den Zuschlag für eine bebotene Treuhand-Unternehmung zeitverzögert erhalten kann, sofern ein eventuell Restitutionsberechtigter nicht ein annähernd gleichwertiges Übernahmeangebot unterbreitet und damit bereits zur Ausübung seiner *Timing-Option* zum Investitionsaufschub veranlaßt wird. Ihren Wert erhält die Aufschuboption für den Investor aber erst dadurch, daß er *selbst* in Abhängigkeit der Umfeldeinflüsse über eine Investition entscheiden kann und nicht - wie es bei dem Restitutionsverfahren der Fall ist - durch Umfeldfaktoren eine Entscheidung *herbeigeführt* wird. Hinzu kommt die erhebliche Unsicherheit hinsichtlich bestehender Restitutionsansprüche und daraus folgend eine erhebliche Unsicherheit hinsichtlich der Zuschlagsvergabe an den Altberechtigten oder den Neuinvestor.

2.2.3.2 Ausnahmen vom Grundsatz der Restitution

Das Vermögensgesetz sieht verschiedene Ausnahmen vom Grundsatz der Restitution vor. § 4 VermG regelt generell den Ausschluß von Rückübertragungen. § 5 VermG regelt den Ausschluß der Rückübertragungen von Eigentumsrechten an Grundstücken und Gebäuden.

---

1 G.H. Wächter et al., Klauseln Teil II, 1992, S. 341.

2 Ebbing spricht von einer "totalen Überlastung der zuständigen Behörden von Anbeginn an" und "sehr langwierigen" Entscheidungen über Restitutionsanträge. Vgl. F. Ebbing, Verkaufspraxis, 1995, S. 133.

3 G.H. Wächter et al., Klauseln Teil II, 1992, S. 341.

4 § 5 Abs. 3 VermG, BGBl 1991, Teil I, S. 959; BGBl. 1992, Teil I, 1448; BGBl. 1994, Teil I, S. 3613.

§ 4 VermG schließt den Restitutionsanspruch in zwei Fällen aus:
1. bei Unmöglichkeit der Rückgabe (§ 4 Abs. 1 VermG) und
2. bei einem redlichen Erwerb durch Dritte (§ 4 Abs. 2 VermG).

So hat die Novellierung des Vermögensgesetzes durch das Hemmnisbeseitigungsgesetz (PrHBG) vom 22. März 1991 erstmals speziell für Unternehmungen den Tatbestand der Unmöglichkeit näher bestimmt, wonach die Restitution von Unternehmungen dann ausgeschlossen ist, "wenn und soweit der Geschäftsbetrieb eingestellt worden ist und die tatsächlichen Voraussetzungen für die Wiederaufnahme des Geschäftsbetriebs nach vernünftiger kaufmännischer Beurteilung fehlen."[1] Diese Norm wurde in keiner der nachfolgenden Novellierungen des Vermögensgesetzes geändert.[2] In diesem Fall kann der Restitutionsberechtigte noch vorhandene Einzelgegenstände (z.B. Grundstücke oder Substitutionsgegenstände) verlangen,[3] wobei dann nicht mehr das Verbot gemäß § 3 Abs. 1 Satz 3 VermG gilt, von vornherein die Restitution auf Einzelgegenstände zu beschränken, anstatt die Restitution der gesamten Unternehmung zu verlangen.[4]

Um die o.g. Wiederaufnahme eines eingestellten Geschäftsbetriebes kaufmännisch vernünftig beurteilen zu können, bedarf es der Voraussetzung einer eindeutigen Feststellung des seinerzeitigen Geschäftsbetriebes. Für eine derartige sachgerechte Beurteilung fehlen in der Realität in der Regel die erforderlichen Unterlagen.[5] Ab wann die Voraussetzungen für eine Wiederaufnahme des Geschäftsbetriebes nach vernünftiger kaufmännischer Beurteilung gegeben sind, dürfte im Einzelfall von der subjektiven Wertschätzung des Investitionsobjektes durch den Altberechtigten, Neuinvestor oder Treuhandanstalt und von den Umfeldbedingungen abhängen. Dementsprechend groß wird die Bandbreite sein, in der sich diese Wertschätzungen bewegen.

Grundsätzlich ist eine Restitution ausgeschlossen, wenn sie "von der Natur der Sache her nicht mehr möglich ist".[6] § 5 VermG bezieht sich speziell auf Grundstücke und Gebäude und enthält hierfür eine Präzisierung des Unmöglichkeitstatbestandes, die sich an Fallgruppen orientiert. Demnach ist die Unmöglichkeit der Rückgabe dann gegeben, "wenn Grundstücke und Gebäude
a) mit erheblichem baulichen Aufwand in ihrer Nutzungsart oder Zweckbestimmung verändert wurden und ein öffentliches Interesse an dieser Nutzung besteht,
b) dem Gemeingebrauch gewidmet wurden,

---

1 § 4 Abs. 1 Satz 2 VermG, Novellierung vom 18. April 1991, BGBl. 1991 Teil I, S. 960f..

2 § 4 Abs. 1 Satz 2 VermG, Novellierung vom 3. August 1992, BGBl. 1992, Teil I, S. 1446 ff., abgedruckt in: IDW-Verlag (Hrsg.), Rechnungslegung und Prüfung in den neuen Bundesländern, Düsseldorf 1993, S. 322; Neubekanntmachung vom 2. Dezember 1994 des VermG, BGBl. 1994, Teil I, S. 3614.

3 § 6 Abs. 6a Satz 1 VermG vom 18. April 1991, BGBl. 1991, Teil I, S. 963. Diese Vorschrift wurde auch in späteren Novellierungen des Vermögensgesetzes beibehalten; vgl. jeweils § 6 Abs. 6a Satz 1 VermG vom 3. August 1992, in: IDW-Verlag, Rechnungslegung in den neuen Bundesländern, 1993, S. 324, VermG vom 2. Dezember 1994, BGBl. 1994, Teil I, S. 3616.

4 N. Horn, Privatisierung und Reprivatisierung von Unternehmen, in: P. Hommelhoff (Hrsg.) Treuhandunternehmen im Umbruch, 1991, S. 163.

5 G.H. Wächter et al., Klauseln Teil II, 1992, S. 341.

6 § 4 Abs. 1 Satz 1 VermG.

c) im komplexen Wohnungsbau oder Siedlungsbau verwendet wurden,
d) der gewerblichen Nutzung zugeführt oder in eine Unternehmenseinheit einbezogen wurden und nicht ohne erhebliche Beeinträchtigung des Unternehmens zurückgegeben werden können."[1]

Für die Zwecke dieser Arbeit ist Buchstabe d) von besonderem Interesse. In der Restitutionsempirie zeigt sich, daß der Berechtigte in einem solchen Fall gleichwohl die Restitution des Grundstückes und / oder Gebäudes verlangen wird, weil er eine "erhebliche Beeinträchtigung des Unternehmens" dadurch ausschließen kann, daß er der Unternehmung die Verpachtung der restituierten Immobilien anbietet.[2] Zuvor sollte geprüft werden, ob es im Einzelfall möglich ist, die Immobilie im Wege der Unternehmensentflechtung gemäß § 6 Abs. 5 Satz 2 und § 6b VermG der ursprünglichen Unternehmung zuzuführen.[3]

Das Verfahren zur Entscheidung Restitution versus Verkauf an Dritte liegt mit der vorrangigen Bedeutung der Restitution in den Händen der Vermögensämter.[4] Sie entscheiden darüber, ob von einer Ausnahme zur Restitution Gebrauch gemacht wird - der Vermögensgegenstand mithin in der zu privatisierenden Unternehmung verbleibt - oder die Restitution durchgeführt wird. Zur Wahrung der konkurrierenden Interessen von Altberechtigten und Investor ist die Trennung zwischen Treuhandanstalt und Vermögensämtern eine notwendige Bedingung. Läge die Entscheidung über eine Restitution einzig bei der Treuhandanstalt oder der Geschäftsführung ihrer Unternehmungen, die von ihrer Aufgabenstellung her für eine zügige Privatisierung zuständig war,[5] würden Altberechtigte ohne die oben angeführten Verfahrensregeln (Erkundigungen über Rückübertragungsansprüche, schwache Ausnahmen vom Grundsatz der Restitution) bei einem Unternehmensverkauf an Dritte nicht gemäß dem Grundsatz "Restitution vor Entschädigung"[6] angemessen berücksichtigt werden, zu dem sich der Gesetzgeber von Beginn bis zum Schluß der Privatisierungsphase gleichwohl bekannt hatte und der auch durch zwischenzeitliche Gesetzesnovellierungen nicht grundsätzlich von Verkäufen an Dritte dominiert wurde.

Naturgemäß kommt es bei der Trennung von Verantwortlichkeiten und Kontrollinstanzen zu Friktionen, die auch zwischen der Treuhandanstalt und den Vermögensämtern, speziell unter den erschwerten personellen und technischen Konditionen in Ostdeutschland, nur durch äußerst kooperatives Verhalten einzelner Akteure beider Verantwortungsbereiche (Treuhandanstalt und Vermögensämter) gering gehalten werden können. Die Treuhandanstalt kann sich nur in Fällen der "offensichtlichen Unbegründetheit" über die Verfügungssperre hinwegsetzen.[7] Gleichwohl bleibt sowohl

---

1 § 5 Abs. 1 VermG. Diese Präzisierung bestand bereits in der ersten Fassung des Vermögensgesetzes und wurde auch durch folgende Novellierungen nicht geändert.
2 G.H. Wächter et al., Klauseln Teil II, 1992, S. 341.
3 N. Horn, Privatisierung und Reprivatisierung, 1991, S. 164.
4 G.H. Wächter et al., Klauseln Teil II, 1992, S. 341.
5 Vgl. Abschnitt 2.1 im 1. Kapitel.
6 F. Ebbing, Verkaufspraxis, 1995, S. 132.
7 G.H. Wächter et al., Klauseln Teil II, 1992, S. 341.

bei einem begründeten wie auch bei einem unbegründeten Restitutionsanspruch das aufwendige Verfahren zur Außerkraftsetzung einer Restitutionsanmeldung das gleiche: entweder durch Zustimmung des Anmelders, durch rechtskräftige Entscheidung des Vermögensamtes oder durch Investitionsbescheinigungen nach dem BInvG oder durch Investitionsvorrangentscheidungen nach § 3a VermG (dazu siehe unten).[1] Wie oben ausgeführt, muß jedoch auch bei diesen Bemühungen stets ermittelt werden, ob ein Berechtigter Restitutionsansprüche angemeldet hat und ob sein Unternehmenskonzept mit demjenigen eines Dritten konkurrieren kann. Ausnahmen vom Grundsatz der Restitution haben somit in der Praxis zu keinen spürbaren Erleichterungen der Privatisierungen geführt.[2]

Die restringierenden Wirkungen auf die den Treuhand-Unternehmungen inhärenten Realoptionen, wie sie in Abschnitt 2.2.3.1 dargelegt wurden, werden noch dadurch verstärkt, daß der Investor keine rasche Sicherheit über Ausnahmen von der Restitution erlangen kann. In demselben Maße wie bei einem potentiellen **Investor** die Kaufoption in Gestalt der *Expansions-Option* auf eine Treuhand-Unternehmung restringiert wird, wird bei der **Treuhandanstalt** die Verkaufsoption - *Desinvestitions-Option* - restringiert. Weil die Treuhandanstalt mit verstreichender Zeit immer stärker unter Verkaufsdruck gerät, verliert ihre Desinvestitions-Option mit verstreichender Zeit an Wert; die Treuhandanstalt wird immer weniger dieses Optionswertes im Unternehmensverkaufspreis durchsetzen können; dies in Analogie zum abnehmenden Zeitwert einer Finanzoption bei zunehmender Annäherung an den Verfalltag der Option.[3]

2.2.3.3 Einvernehmliche Regelungen zwischen Anspruchsteller und Verfügungsberechtigten

Gemäß § 31 Abs. 5 VermG haben die Vermögensämter "in jedem Stadium des Verfahrens auf eine gütliche Einigung zwischen dem Berechtigten und dem Verfügungsberechtigten hinzuwirken." Die Vermögensämter setzen das Verfahren aus, soweit ihnen mitgeteilt wird, daß eine gütliche Einigung angestrebt wird.[4] Falls es zu einer Einigung zwischen den Beteiligten kommt, "so ist die Einigung auf Antrag durch Bescheid nach § 33 Abs. 3 in Verbindung mit einem Übergabeprotokoll nach § 33 Abs. 4, § 6 b Abs. 4 festzustellen".[5]

Eine solche gütliche Einigung läuft grundsätzlich auf einen Verzicht des Berechtigten auf physische Restitution des Vermögenswertes gegen Zahlung eines angemessenenen Geldbetrages hinaus. Dabei kommen zwei Wege in Betracht:[6]

---

1 G.H. Wächter et al., Klauseln Teil II, 1992, S. 341.

2 G.H. Wächter et al., Klauseln Teil II, 1992, S. 341.

3 H. Lipfert, Devisenoptionshandel, 1988, S. 153.

4 § 31 Abs. 5 VermG, BGBl. 1991, Teil I, S. 968.

5 Ebenda. Die im Zitat genannten Paragraphen beziehen sich auf das Vermögensgesetz.

6 G.H. Wächter et al., Klauseln Teil II, 1992, S. 341.

a) Der Berechtigte verzichtet auf die Rückübertragung gegen Entschädigung gemäß § 8 VermG, deren Betrag später festgestellt wird, und stimmt dem Verkauf zu;
b) der Berechtigte tritt seine Ansprüche gemäß § 3 Abs. 1 Satz 2 VermG gegen Zahlung eines bestimmten Geldbetrages an den Verfügungsberechtigten oder den Investor ab.

Darüber hinaus kommt als gütliche Einigung im nicht-juristischen Sinne (also nicht nach § 31 Abs. 5 VermG) auch die Möglichkeit in Betracht, daß der Investor die Restitutionsrechte des Altberechtigten anerkennt und sein Gebot zurückzieht.

2.2.4 Durchbrechung der Verfügungsbeschränkung durch investive Verwendungen

Vor Inkrafttreten der sogenannten "Supervorfahrtsregelung" für Investitionen galt der Grundsatz "Rückgabe vor Entschädigung".[1] Weil jedoch die Privatisierungstätigkeit der Treuhandanstalt aufgrund der notwendigen Erkundigungen gemäß § 3 Abs. 5 VermG über Anmeldungen von Restitutionsbegehren vor der Veräußerung an Dritte und der sehr langwierigen Entscheidungen über Restitutionsanträge aufgrund der "totalen Überlastung der zuständigen Behörden von Anbeginn an" ins Stocken zu geraten drohte und weil mit den Privatisierungen - vor allem Restitutionen an Altberechtigte - zu wenig arbeitsplatzsichernde Investitionen verbunden werden konnten und ein konjunktureller Aufschwung in Ostdeutschland sich abzuschwächen drohte, mußte der Grundsatz "Rückgabe vor Entschädigung" um einen Vorrang für Investitionen ergänzt werden.[2] Auf diese Weise wurde die Möglichkeit geschaffen, dem modifizierten Grundsatz "Investitionen vor Rückgabe vor Entschädigung" zu folgen und von Restitutionen abzusehen, falls der Verkauf an einen Dritten umfangreichere Investitionen und Arbeitsplatzsicherungen erwarten ließ als ein annähernd gleichwertiges Unternehmenskonzept des Altberechtigten.

Die entscheidende Regel, die einen raschen Unternehmensverkauf an Dritte trotzdem verhindert, ist § 3 Abs. 3 VermG, der den Verfügungsberechtigten anhält, "den Abschluß dinglicher Rechtsgeschäfte oder die Eingehung langfristiger vertraglicher Verpflichtungen ohne Zustimmung des Berechtigten zu unterlassen."[3] Dem o.g. Grundsatz "Investitionen vor Rückgabe vor Entschädigung" wurde dadurch Geltung verschafft, daß der Verfügungsberechtigte - die Treuhandanstalt - von der Verfügungsrestriktion des § 3 Abs. 3 VermG befreit wird und die im folgenden behandelten "Vorfahrtsregelungen für Investitionen" greifen konnten.[4] Kommt es zu einem Unternehmensverkauf an einen Dritten, so erhält der Restitutionsberechtigte den Kaufpreis, mindestens jedoch den zum Zeitpunkt der Veräußerung ermittelten Verkehrswert.[5] Eine

---

1 N. Horn, Privatisierung und Reprivatisierung, 1991, S. 144f.
2 F. Ebbing, Verkaufspraxis, 1995, S. 133.
3 § 3 Abs. 3 VermG vom 18. April 1991, BGBl. 1991 Teil I, S. 959.
4 F. Ebbing, Verkaufspraxis, 1995, S. 133.
5 § 3 Abs. 4 Satz 3, Abs. 7 Satz 6 VermG, § 3a Abs. 5, § 6 Abs. 6a Satz 4 VermG; § 3 BInvG; § 16 InVorG.

nachrangige Behandlung der Restitutionsberechtigten muß für diese nicht notwendigerweise von Nachteil sein, sondern kann sogar Vorteile in sich bergen. So erhält ein Restitutionsberechtigter den Verkehrswert der Unternehmung in der Regel erheblich rascher zurück, als er dieses erwarten könnte, wartete er einen stattgegebenen Restitutionsbescheid ab. Vor allem geht der Berechtigte nicht das Risiko ein, daß sich bei einer genaueren Prüfung seines Restitutionsantrages ein Ausschluß seiner Ansprüche nach den Paragraphen 4 und 6 Abs. 1 Satz 1 VermG herausstellte. In einem solchen Fall erhielte der Berechtigte lediglich eine deutlich geringere Entschädigung gemäß der Paragraphen 6 Abs. 7 VermG bzw. 9 VermG in Verbindung mit dem Entschädigungsgesetz vom 27. September 1994.[1]

2.2.4.1 Investitionsgesetz (BInvG) vom 23. September 1990 und Hemmnisbeseitigungsgesetz (PrHBG) vom 22. März 1991

Der Gesetzgeber erkannte schon früh, daß eine kompromißlose Restitutionshandhabung nicht in jeder Situation sinnvoll sein muß. Für die Fälle, daß Restitutionsberechtigter und Verfügungsberechtigter keine einvernehmliche Lösung - wie oben in Kapitel 2.2.3.3 beschrieben - finden, kann der Verfügungsberechtigte auf folgende Verfahren zur Präferenz von Investitionen zurückgreifen:

- das Investitionsvorrangverfahren gemäß § 3a VermG (siehe unten Kapitel 2.2.4.3),
- die Beantragung einer Investitionsvorrangbescheinigung gemäß der §§ 1 und 2 BInvG (dazu in diesem Kapitel),
- die Beantragung einer Eigeninvestitionsbescheinigung gemäß der §§ 1c und 2 BInvG (dazu in diesem Kapitel).[2]

Es wurde bereits mit dem Gesetz über besondere Investitionen in der DDR (Investitionsgesetz - BInvG) vom 23. September 1990 die erste "Vorfahrtsregelung" für Investitionen geschaffen. Sie bezog sich jedoch nur auf ehemals volkseigene Grundstücke und Gebäude, die Gegenstand von Rückübertragungsansprüchen waren oder sein konnten.[3] Grundstücke, die staatlicher oder treuhänderischer Verwaltung unterlagen, wurden von dem BInvG nicht erfaßt.[4] Somit kam das Investitionsgesetz bei Unternehmensverkäufen nur dann zur Anwendung, wenn eine Unternehmung im Wege des Asset Deal verkauft werden sollte und sich im Vermögen Grundstücke und / oder Gebäude befanden, auf die Restitutionsansprüche angemeldet waren, die sich auf andere Enteignungsvorgänge gründeten als die Enteignung der Unternehmung als ganzes.[5]

---

1 F. Ebbing, Verkaufspraxis, 1995, S. 133.

2 G.H. Wächter et al., Klauseln Teil II, 1992, S. 341.

3 § 1 Abs. 1 BInvG.

4 J. Schmidt-Räntsch, Das Gesetz über besondere Investitionen in der DDR, in: ZIP, 12. Jg. (1991), H. 2, S. 126.

5 F. Ebbing, Verkaufspraxis, 1995, S. 133f.

Folgende Voraussetzungen müssen für das Vorliegen eines Investitionszweckes, der einen Immobilienverkauf durch die THA rechtfertigt, vorliegen: Das Investitionsvorhaben mußte dringlich und geeignet sein für

"- die Sicherung oder Schaffung von Arbeitsplätzen, insbesondere durch die Errichtung einer gewerblichen Betriebsstätte oder eines Dienstleistungsunternehmens,
- die Deckung eines erheblichen Wohnbedarfs der Bevölkerung oder
- die für derartige Vorhaben erforderlichen Infrastrukturmaßnahmen"[1]

und die Inanspruchnahme des Grundstücks oder Gebäudes mußte für das Investitionsvorhaben erforderlich sein.[2]

Zur Durchführung des Investitionsvorrangverfahrens mußte der Verfügungsberechtigte (Treuhandanstalt oder Treuhand-Unternehmung) einen entsprechenden Antrag nebst beigefügtem Investitionsplan[3] bei dem örtlich zuständigen Landkreis / der kreisfreien Stadt stellen,[4] der / die daraufhin die Gemeinde zu dem Vorhaben anhörte. Letztere erteilte eine sogenannte "Investitionsbescheinigung", in der sie dem Vorhaben als solchem und seiner investiven Erforderlichkeit zustimmten. Investitionsbescheinigungen waren jedoch nicht mit Investitions*vorrang*bescheinigungen identisch. Da eine Zustimmung der Gemeinde zu dem Investitionsprojekt sowieso nicht erforderlich war, erschöpfte sich die juristische Bedeutung der Investitionsbescheinigung in der Aussage, daß die Gemeinde dem Investitionsprojekt keine Bedenken entgegenbrachte.[5]

Des weiteren waren die Restitutionsberechtigten anzuhören. Hierbei handelte es sich jedoch eher um eine pro forma-Anhörung, weil sie gemäß § 4 Abs. 1 Satz 2 BInvG unterbleiben konnte, wenn sie mit dem Erfolg des Investitionsprojektes unvereinbar war. Dies war dann der Fall, wenn durch die Ermittlung des Restitutionsberechtigten eine Verfahrensverzögerung drohte. Von einer Anhörung des Restitutionsberechtigten konnte auch dann "abgesehen werden, wenn die zuständigen Ämter zur Regelung offener Vermögensfragen sich außerstande sahen, verbindlich über das Bestehen von Anspruchsanmeldungen Auskunft zu geben und hierdurch eine Verfahrensverzögerung verursacht wird (vgl. § 4 Abs. 4 BInvG)."[6] Um eine Wartezeit von vier Wochen kam der Investor jedoch nicht umhin, weil das Verfahren um diese Frist ausgesetzt wurde, nachdem die Tatsache, daß ein Antrag auf Durchführung eines Investitionsvorrangverfahrens gestellt worden war, im Bundesanzeiger bekannt gemacht wurde.[7]

Ein schließlich von der Behörde erlassener Investitionsvorrangbescheid mußte gemäß § 1 Abs. 3 Satz 3 BInvG eine dem Investor gesetzte Frist zur Investitionsdurchführung enthalten. Außerdem mußte der Bescheid bestimmen, daß in den privatrechtlichen Kaufvertrag über ein Grundstück eine sogenannte "Rückfallklausel" aufzunehmen war, nach der der Investor das Grundstück oder das Gebäude bei einer durch ihn zu ver-

---

1 § 1 Abs. 2 BInvG.
2 § 1 Abs. 2 BInvG.
3 § 1 Abs. 3 BInvG.
4 § 2 BInvG.
5 F. Ebbing, Verkaufspraxis, 1995, S. 183.
6 F. Ebbing, Verkaufspraxis, 1995, S. 184.
7 § 4 Abs. 1 BInvG.

tretenden Umständenen eingetretenen Verzögerung der Investitionen zurückzuübertragen hat, sobald eine Investitionsvorrangbescheinigung unanfechtbar gemäß § 1 d Abs. 2 Satz 1 BInvG widerrufen wurde. Vor Ablauf der dem Vorhaben gesetzten Frist konnte diese auf Antrag bei der zuständigen Behörde durch die Treuhandanstalt verlängert werden, wenn sie nachwies, daß das Investitionsprojekt ohne Verschulden des Investors nicht innerhalb der ursprünglich festgesetzten Frist hätte durchgeführt werden können. Vor einer Fristverlängerung war wiederum der Restitutionsberechtigte anzuhören.[1] Im Falle eines Widerrufs der Bescheinigung war die Treuhandanstalt verpflichtet, die Rückfallklausel anzuwenden, um die Restitution wieder zu ermöglichen.[2] "Dies galt nicht, falls der Restitutionsberechtigte auf die Restitution verzichtete."[3] Bei frist- und planmäßiger Durchführung des Investitionsprojektes kann der Restitutionsberechtigte jedoch keine Rückübertragung der Immobilie mehr verlangen, sondern nur noch eine Entschädigungszahlung von der Treuhandanstalt in Höhe des Verkaufserlöses, mindestens jedoch in Höhe des Verkehrswertes.[4]

Sobald der Treuhandanstalt die Investitionsvorrangbescheinigung vorlag, wurde ihre Verfügungsbeschränkung des § 3 Abs. 3 VermG über die Immobilie überwunden; die Treuhandanstalt konnte darüber gemäß dem mit dem Antrag auf Investitionsvorrang eingereichten Investitionsplan verfügen.

Im Lichte der Optionstheorie zeigt sich hier wieder, daß ein **Investor** zunächst ein Grundstück oder Gebäude nicht als Option erwerben kann, um von dort aus Folgeinvestitionen (*Expansions-Option*) durchzuführen, die er in Abhängigkeit der Entwicklung des ökonomischen Umfeldes beliebig lange aufschieben kann oder zeitlich vorziehen könnte (*Timing-Option* des Investitionsaufschub). Dem Vorziehen der Investition steht die Anhörungsfrist des Restitutionsberechtigten, die Anhörungspflicht der Gemeinden und das Genehmigungsverfahren über den Investitionsplan durch die Landkreise bzw. kreisfreien Städte entgegen. Dem Aufschieben der Investition steht die in der Investitionsvorrangbescheinigung festgelegte Durchführungsfrist entgegen. Somit besteht im Grunde - auch wenn immerhin investive Grundstücksverkäufe an Dritte gegenüber "Nur"-Restitutionen präferiert wurden - keine Timing-Option. Durch die Investitions*verpflichtung*, die notwendige Bedingung für die Investitionsvorrangbescheinigung ist, besteht für den Investor auch keine *Desinvestitions-Option* oder eine Option auf vorübergehende Stillegung (*Switching-Option*).

Folgerichtig wird ein Investor nur relativ sichere Investitionsprojekte mit in der Konsequenz niedrigen Renditen durchführen. Im optionstheoretischen Sinne müßte bei Fehlen der o.g. Realoptionen c.p. auch der Gegenwartswert der in Investitionsvorrangverfahren einbezogenen Immobilien stark sinken.

Das Hemmnisbeseitigungsgesetz (PrHBG) vom 22. März 1991 führte Änderungen im Investitionsgesetz herbei, das dann als Novellierung in der Fassung vom 22. April

---

1 F. Ebbing, Verkaufspraxis, 1995, S. 184.

2 § 1d Abs. 5 BInvG.; G.H. Wächter et al., Klauseln Teil II, 1992, S. 342.

3 F. Ebbing, Verkaufspraxis, 1995, S. 185.

4 § 3 Abs. 1 BInvG.

1991 galt.[1] Das Hemmnisbeseitigungsgesetz ermöglichte weitere alternative investive Verwendungen restitutionsbelasteter Immobilien: Statt eines Verkaufs konnte ein Grundstück nun auch langfristig vermietet oder verpachtet werden,[2] oder es konnten beschränkte dingliche Rechte an der Immobilie zugunsten eines Investors bestellt werden.[3]

Durch das Hemmnisbeseitigungsgesetz wurde die Aufnahme des § 1c BInvG in die novellierte Fassung des Investitionsgesetzes veranlaßt, wodurch auch Eigeninvestitionen des Verfügungsberechtigten (Treuhandanstalt bzw. Treuhand-Unternehmung) möglich wurden. Ihm wurde auf Antrag eine sogenannte "**Eigeninvestitionsbescheinigung**" erteilt, die in den Voraussetzungen und Wirkungen der Investitionsvorrangbescheinigung entsprach.[4] Mit dem Instrument der Eigeninvestitionsbescheinigung wurde nun auch der Unternehmensverkauf als Ganzes im Wege des Share Deals bei einzelnen restitutionsbelasteten Immobilien der betreffenden Unternehmung möglich.[5]

Mit dem Hemmnisbeseitigungsgesetz wurde nicht nur das Investitionsgesetz geändert, sondern auch das Vermögensgesetz, in das mit dem § 3a die "Supervorfahrt" für Investitionen eingeführt wurde. § 3a VermG definierte die Investitionsvorrangregelung für Verfügungsgeschäfte der Treuhandanstalt und öffentlich-rechtlicher Gebietskörperschaften. Da § 3a VermG lex specialis des Investitionsgesetzes war, kam letzteres innerhalb des Regelungsbereiches des § 3a VermG nicht mehr zur Anwendung.[6] Das Investitionsvorrangverfahren nach § 3a VermG wird unten im Kapitel 2.2.4.3 behandelt. Außerhalb des Regelungsbereiches des § 3a VermG blieb für die Treuhandanstalt das Investitionsgesetz in der Fassung vom 22. April 1991 anwendbar.[7]

Gut ein Jahr nach seiner letzten Novellierung wurde das Investitionsgesetz durch das Zweite Vermögensrechtsänderungsgesetz (2. VermRÄndG) vom 14. Juli 1992 außer Kraft gesetzt und durch das Investitionsvorranggesetz (InVorG) ersetzt.[8] Für begonnene und noch nicht abgeschlossene Verfahren sollten die Verfahrens- (und Wirkungsvorschriften) des Investitions*vorrang*gesetzes, hinsichtlich des Inhalts jedoch die alten Vorschriften des Investitionsgesetzes gelten.[9]

Mit dem Hemmnisbeseitigunggesetz vom 22. März 1991 wurden die Investitionsvorrangregelungen § 3 Abs. 6-8 und § 3a in das Vermögensgesetz aufgenommen, die in den folgenden Abschnitten behandelt werden.

---

1 Vgl. oben Tabelle 5 der Gesetzgebungschronik, Abschnitt 2.2.2.

2 § 1a BInvG.

3 § 1b BInvG.

4 F. Ebbing, Verkaufspraxis, 1995, S. 186.

5 G.H. Wächter et al., Klauseln Teil II, 1992, S. 342.

6 F. Ebbing, Verkaufspraxis, 1995, S. 187.

7 F. Ebbing, Verkaufspraxis, 1995, S. 186.

8 Artikel 3 und 6 des Gesetzes zur Änderung des Vermögensgesetzes und anderer Vorschriften (Zweites Vermögensrechtsänderungsgesetz - 2. VermRÄndG) vom 14. Juli 1992, BGBl. 1992, Teil I, S. 1266.

9 F. Ebbing, Verkaufspraxis, 1995, S. 187.

2.2.4.2 § 3 Abs. 6-8 VermG

Wie oben bereits angedeutet, wurden mit dem § 3 Abs. 6-8 VermG erste Investitionsvorrangregelungen für Unternehmensverkäufe innerhalb des Vermögensgesetzes geschaffen. Ein investitionskonditionierter Verkauf der Unternehmung als einheitliches Ganzes konnte im Wege des Share oder Asset Deals durchgeführt werden.[1]

Gemäß § 3 Abs. 6-8 VermG war dem Verfügungsberechtigten, auch dann wenn über einen Restitutionsantrag noch nicht bestandskräftig entschieden worden ist, innerhalb von drei Monaten nach Antragstellung das Recht einzuräumen, über eine Unternehmung zu verfügen, d.h. diese an einen Dritten zu veräußern oder langfristig zu verpachten.[2] Diese Vorschrift hob somit die Verfügungsbeschränkung bei restitutionsbelegten Vermögensgegenständen gemäß § 3 Abs. 3 VermG wieder auf. Die Verfügung war an folgende Konditionen geknüpft:

- Die Verfügungsmaßnahme mußte geeignet sein, Arbeitsplätze zu schaffen oder zu sichern oder die Wettbewerbsfähigkeit der Unternehmung verbessernde Investitionen zu ermöglichen;
- oder der Berechtigte bot keine Gewähr dafür, daß er die Unternehmung fortführen oder sanieren würde.[3]
- Der Erwerber mußte seinerseits glaubhaft machen, daß er nach seinen persönlichen und wirtschaftlichen Verhältnissen hinreichend Gewähr dafür bot, daß er die Unternehmung fortführen oder sanieren würde.[4]

Die Antragsgenehmigung selbst ist an die Kondition geknüpft, daß sich der Käufer zu explizit von ihm benannten Investitionen in den ersten zwei Jahren nach Eigentumsübergang verpflichtete.[5] Konnte er diese Verpflichtungen nicht durchführen und lagen die Ursachen dafür bei dem Investor, mußte das Landesamt zur Regelung offener Vermögensfragen (bei dem zuvor auch der Antrag der investiven Veräußerung gestellt wurde) die Rückabwicklung des Veräußerungsvertrages anordnen.[6] Denn der Grundsatz "Investitionen vor Restitution vor Privatisierung" besagt auch, daß Verkäufe an Dritte von mit Restitutionsansprüchen belegten Vermögensgegenständen eben nur dann gegenüber der Restitution zu präferieren sind, wenn damit Investitionen verbunden sind. Entfiel dieser Rechtfertigungsgrund für den Ausschluß der Restitution, so mußte auch die Restitution wieder ermöglicht werden. Die Anordnung der Rückabwicklung des Veräußerungsvertrags konnte jedoch nur auf Antrag des Restitutionsberechtigten erwirkt werden.[7] Auf diese Weise wurde der Restitutionsberechtigte in Zugzwang gesetzt; er mußte die Investitionsfortschritte des Investors verfolgen und gegebenenfalls selbst dafür sorgen, daß seine Restitutionsansprüche wieder Berücksichtigung fanden. Es ist sicherlich nicht zu weit gegriffen, wenn man davon ausgeht, daß ein Restitu-

---

1 F. Ebbing, Verkaufspraxis, 1995, S. 134.
2 F. Ebbing, Verkaufspraxis, 1995, S. 134.
3 § 3 Abs. 6 Satz 1 VermG.
4 § 3 Abs. 6 Satz 2 VermG.
5 F. Ebbing, Verkaufspraxis, 1995, S. 134.
6 § 3 Abs. 6 Satz 3 VermG.
7 F. Ebbing, Verkaufspraxis, 1995, S. 135.

tionsberechtigter, der ja bereits seine Entschädigung (s.o.) erhalten hat und somit kein Vertragsverhältnis mit dem Investor hat, das Investitionsprojekt und damit die Option, seine Restitutionsberechtigung gegebenenfalls wieder aufleben zu lassen, nicht so intensiv verfolgen wird wie die Behörde, der gegenüber sich der Investor zu Investitionen vertraglich verpflichten mußte.

Unter dem neu geschaffenen § 3 Abs. 6-8 VermG erhöhte sich die Wahrscheinlichkeit, daß die mit der unter diesen Vorschriften durchgeführten Investition verbundene *Expansions-Option* des **Investors** erhalten blieb und nicht investitions- oder entscheidungsträger*extern* genommen wurde. Für die **Treuhandanstalt** erhöhte sich mit dieser Vorschrift die Wahrscheinlichkeit des Erhalts ihrer *Desinvestitions-Option* und der Entscheidung über deren optimalen Ausübungszeitpunkt. Die Sicherheit des ökonomischen Umfeldes wurde somit für alle beteiligten Akteure erhöht. Die Sicherheit darüber, daß diese Realoptionen dem Investor bzw. der Treuhandanstalt erhalten blieben, wurde durch die Antragsmöglichkeit einer *Eigeninvestitionsbescheinigung* des vor Veräußerung oder Restitution Verfügungsberechtigten erhöht. Führte der Verfügungsberechtigte Investitionen gemäß der Erlaubnis, die an dieselben Konditionen geknüpft war wie die Investitionsvorranggenehmigung, durch, so wurde die Restitution ausgeschlossen.[1]

Wenngleich der Investitionsvorrang gemäß der Vorschriften des § 3 Abs. 6-8 VermG keine praktische Anwendung fand,[2] weil zeitgleich der § 3a VermG geschaffen wurde, der innerhalb seines Anwendungsbereiches lex specialis zu § 3 Abs. 6-8 VermG war,[3] so ist es doch für die Privatisierungsaktivitäten wichtig, daß zumindest ceteris paribus - auch dann wenn es den § 3a VermG nicht gegeben hätte - die mit einem Investitionsprojekt verbundenen Realoptionen wieder hergestellt wurden, die durch Restitutionsberechtigungen zuvor genommen worden waren.

Das zweite Vermögensrechtsänderungsgesetz vom 14. Juli 1992 hob § 3 Abs. 6-8 VermG schließlich auf und ersetzte ihn durch das Investitionsvorranggesetz (InVorG).

2.2.4.3 Investitionsvorrangverfahren nach § 3a VermG

Aufgrund der sich abzeichnenden Schwierigkeiten beim Verkauf restitutionsbelasteter Unternehmungen wurde mit dem Hemmnisbeseitigungsgesetz vom 22. März 1991 die sogenannte "Supervorfahrtsregelung" des § 3a VermG eingeführt, mit dessen Hilfe investive Unternehmensverkäufe beschleunigt werden sollten. Bereits ein Jahr und vier Monate später wurde der § 3a VermG durch das 2. Vermögensrechtsänderungsgesetz wieder aufgehoben.

Das Investitionsvorrangverfahren gem. § 3a VermG zeichnete sich durch *verfahrenstechnische Erleichterungen* aus. Es konnte von der Treuhandanstalt selbst durchgeführt

---

1 F. Ebbing, Verkaufspraxis, 1995, S. 135.

2 F. Ebbing, Verkaufspraxis, 1995, S. 135.

3 § 3a Abs. 9 VermG.

werden. Sie traf eine Investitionsvorrangentscheidung, die die Verfügungsbeschränkung gemäß § 3 Abs. 3 VermG aufhob und den Restitutionsberechtigten auf einen Anspruch auf pekuniäre Entschädigung beschränkte und in dem Veräußerungserlös bzw. mindestens in dem Verkehrswert[1] oder der Bewertung nach dem Entschädigungsgesetz bestehen konnte. Widerspruch und Anfechtungsklage gegen die von der Treuhandanstalt erlassene Investitionsvorrangentscheidung hatten keine aufschiebende Wirkung.[2]

Zum anderen erhielt § 3a VermG seine besondere Förderungswirkung investiver Unternehmensverkäufe dadurch, daß die *inhaltlichen Anforderungen* an die investiven Verwendungszwecke erheblich *reduziert* wurden: In der zuvor gültigen Investitionsvorfahrtsregelung des § 1 Abs. 2 BInvG mußte eine Maßnahme noch "dringlich" zur Erreichung eines investiven Zwecks und die Inanspruchnahme des Grundstücks für die Maßnahme "erforderlich" sein, um eine Investitionsvorrangbescheinigung erlassen zu können. Nach § 3a VermG waren dann "Dienlichkeit" und "Angemessenheit" hierfür ausreichend.

Prima vista mußte § 3a VermG zu einer Beschleunigung der Unternehmensverkäufe durch die Treuhandanstalt führen, denn sie benutzte diesen Paragraphen als Instrument, um über jeden Vermögensgegenstand zu verfügen, soweit die formalen Anforderungen erfüllt waren.[3] Bis zum Erlaß des Investitionsvorranggesetzes (InVorG) vom 14.7.1992 mußte die Treuhandanstalt jedoch Restitutionsberechtigte insofern bevorrechtigt berücksichtigen, als diese bei Gleichwertigkeit ihres Übernahmeangebotes mit dem eines dritten Investors den Zuschlag erhalten mußten.[4] Weil Restitutionsberechtigte bzw. deren Erben nach vielen Jahren der Enteignung nicht selten nicht mehr ohne weiteres befähigt waren, die Führung ihrer ehemaligen Unternehmung zu übernehmen, konnten sie ihren Restitutionsanspruch an einen Dritten - mit Branchen-Know-how und Investitionskapital - veräußern oder abtreten.[5] Auch die Unternehmensverkaufsregelung nach § 3a VermG wurde also wieder dadurch restringiert, daß, wie bereits in der voherigen Regelung, der Restitutionsberechtigte durch Auskünfte der Landesämter bzw. der Ämter zur Regelung offener Vermögensfragen ermittelt und sein Übernahme- und Investitionskonzept bzw. dasjenige des Restitutionserwerbers geprüft werden mußte.[6] Die Ämter konnten jedoch der Treuhandanstalt keine abschließende Auskunft über das Bestehen angemeldeter Restitutionsansprüche geben: Bis Ende 1992 hatten die Ämter noch nicht einmal die Sichtung aller gestellten Restitutionsanträge abgeschlossen.[7]

---

1 § 3a Abs. 5, § 6 Abs. 6a Satz 4 und 5 VermG.

2 § 3a Abs. 4 VermG.

3 F. Ebbing, Verkaufspraxis, 1995, S. 137.

4 § 3a Abs. 3 VermG.

5 § 3 Abs. 1 Satz 2 VermG.

6 Die vorgesehene Beteiligung der Restitutionsberechtigten durch die Treuhandanstalt wurde in § 3a Abs. 3 Satz 2 i.V.m. § 3 Abs. 5 VermG geregelt.

7 F. Ebbing, Verkaufspraxis, 1995, S. 138.

"Solche Bescheide [über die Kenntnis angemeldeter Restitutionsansprüche nach dem Bearbeitungsstand der Behörde (Anm. d. Verf.)] mußten faktisch zum Stillstand des § 3a-Verfahrens führen, bis eine endgültige Klärung des Bestehens von angemeldeten Restitutionsansprüchen möglich war."[1]

Erst durch Inkrafttreten des Investitionsvorranggesetzes vom 14.7.1992 mußte derjenige Restitutionsberechtigte, der seinen Anspruch rechtsgeschäftlich und nicht originär durch Erbschaft erworben hatte, nicht einmal mehr am Investitionsvorrangverfahren beteiligt werden.[2]

a) Voraussetzungen des § 3a VermG

Auf folgende Vermögensgegenstände fand § 3a VermG Anwendung: Grundstücke, Gebäude und Unternehmungen, die einer investiven Verwendung zugeführt werden sollten und zu einem früheren Zeitpunkt in Volkseigentum überführt worden oder an Dritte veräußert worden waren. Die Zuführung der Vermögensgegenstände zur investiven Verwendung hatte im Wege der Veräußerung, Vermietung oder Verpachtung zu erfolgen, und zwar durch öffentlich-rechtliche Gebietskörperschaften oder die Treuhandanstalt.[3] Obwohl die vorliegende Arbeit grundsätzlich ganze Unternehmungen behandelt, werden aufgrund der Möglichkeit, eine Unternehmung im Wege des Asset Deals zu veräußern, auch betrieblich genutzte Gebäude und Grundstücke behandelt.

Das § 3a-Verfahren wurde in zwei Stufen durchgeführt.[4] Die erste Stufe bildete die Entscheidung darüber, ob die intendierte Veräußerung zu investiven Zwecken zulässig war. Diese Stufe wurde mit der Investitionsvorrangentscheidung abgeschlossen und war öffentlich-rechtlicher Natur. Mit einer Investitionsvorrangentscheidung lag bei Vorliegen eines investiven Zweckes auch ein Versagungsgrund für eine eventuell beantragte Restitution vor. Weil für das Vorliegen eines investiven Zwecks der Investitionsplan des Investors die Grundlage für die Durchführung des § 3a-Verfahrens bildete, hatte die Treuhandanstalt in der Regel eng mit dem Käufer zusammengearbeitet, wohingegen "dem Restitutionsberechtigten häufig die selbstverständlichsten

---

1 F. Ebbing, Verkaufspraxis, 1995, S. 138. Hierzu wird allerdings die Meinung vertreten, daß die Treuhandanstalt im Rahmen des § 3a-Verfahrens nur diejenigen Restitutionsberechtigten hätte beteiligen müssen, die "der Behörde bekannt" (§ 3a Abs. 3 VermG) seien, d.h. von der Behörde bereits registriert worden waren. Nach Ebbing müßte ein Restitutionsberechtigter als "der Berhörde bekannt" gelten, wenn der Behörde ein Restitutionsantrag oder eine entsprechende Mitteilung hierüber vorlag. Vgl. F. Ebbing, Verkaufspraxis, S. 138f. Diese Ansicht erscheint konsequent, denn wenn der Gesetzgeber die Beteiligung Restitutionsberechtigter vorsieht, muß er zur Gesetzesdurchführung auch die entsprechende Bearbeitungsinfrastruktur schaffen und kann den Schaden aus einer mangelhaften Infrastruktur nicht dem nach Gesetz Berechtigten anlasten.

2 § 7 und § 4 Abs. 5 InVorG.

3 § 3a Abs. 1 VermG.

4 B. Scheifele, Praktische Erfahrungen (Zweiter Teil), 1991, S. 632.

Verfahrensrechte verweigert wurden."[1] Eine wesentliche Voraussetzung einer Investitionsvorrangentscheidung gem. § 3a VermG war der dem Antrag beizufügende Investitionsplan, der folgende Angaben enthalten mußte:

"- eine möglichst konkrete Beschreibung des Investitionsvorhabens (ggf. mit entsprechenden Bauzeichnungen u.ä.),
- einen Finanzierungsplan,
- Angaben über den voraussichtlichen Termin des Vorhabens,
- Angaben über die für die ersten zwei Jahre geplanten Maßnahmen (vgl. §§ 3a, 7 VermG),
- Angaben über die voraussichtliche Fertigstellung des Gesamtvorhabens,
- Angaben zur Eignung und Zweckmäßigkeit des Investitionsvorhabens und der gewählten Investitionsform sowie
- Angaben zur Zuverlässigkeit des Erwerbs-, Miet- oder Pachtinteressenten in persönlicher und wirtschaftlicher Hinsicht."[2]

Die § 3a-Abteilung mußte sodann bei den zuständigen Ämtern und beim Direktorat Recht der Treuhandanstalt in Erfahrung bringen, ob Restitutionsansprüche nach dem Vermögensgesetz angemeldet worden waren. Die ermittelten Restitutionsberechtigten mußten von dem intendierten Unternehmensverkauf unterrichtet und zur Stellungnahme bzw. Abgabe eines alternativen Investitionskonzeptes aufgefordert werden,[3] wofür eine Frist von zwei Wochen gesetzt wurde. Kündigte der Restitutionsberechtigte ein Alternativkonzept an, mußte die Frist verlängert werden.[4]

Obgleich die Anforderungen an einen investiven Unternehmensverkauf verringert wurden, wurde die *Desinvestitions-Option* der **Treuhandanstalt** durch die oben dargestellte Verfahrenstechnik des § 3a VermG weiterhin restringiert. D.h. die Identifikation eines potentiellen Unternehmenskäufers und die Schaffung der juristischen Voraussetzung dafür nützte der Treuhandanstalt und dem potentiellen Käufer nichts, wenn die Unternehmung durch den Restitutionsberechtigten nicht "freigegeben" war. Der potentielle **Unternehmenskäufer** kann mit einer Unternehmensübernahme von der Treuhandanstalt in der ex post-Phase zunächst auf keine der fünf Realoptionen Zugriff erlangen.

Auf einer zweiten Stufe mußte die § 3a-Abteilung der Treuhandanstalt prüfen, ob mit dem intendierten Verkauf der Treuhand-Unternehmung ein investiver Zweck vorlag. Dieser war gegeben, wenn der Verkauf erfolgte,

- um Arbeitsplätze zu schaffen oder zu sichern oder um die Wettbewerbsfähigkeit verbessernde Investitionen zu ermöglichen oder

---

1 F. Ebbing, Verkaufspraxis, 1995, S. 140. Um eine gewisse Unabhängigkeit bei der Entscheidung über den Ausgang eines § 3a-Verfahrens zu gewährleisten, hatte die Treuhandanstalt bei ihren Niederlassungen besondere Abteilungen zur Durchführung des § 3a-Verfahrens eingerichtet. Bei diesen Abteilungen mußten die den investiven Verkauf durchführenden Stellen einen Antrag auf Entscheidung gem. § 3a VermG stellen. Vgl. F. Ebbing, Verkaufspraxis, 1995, S. 140.

2 F. Ebbing, Verkaufspraxis, 1995, S. 141.

3 § 3a Abs. 3 Satz 1 und 2 VermG.

4 F. Ebbing, Verkaufspraxis, 1995, S. 141.

- weil der Restitutionsberechtigte keine Gewähr dafür bot, die Unternehmung fortzuführen.[1]

Legte der Restitutionsberechtigte ein eigenes Unternehmensübernahme- und Investitionskonzept vor und war dieses dem des potentiellen Erwerbers zumindest gleichwertig, so mußte der Verkauf an einen Dritten unterbleiben und die Unternehmung dem Restitutionsberechtigten (rück)übertragen werden. Anderenfalls - wenn zugunsten des Investors entschieden wurde - konnte der Restitutionsberechtigte Widerspruch und Anfechtungsklage erheben, wodurch jedoch keine aufschiebende Wirkung erzielt wurde.[2]

Ein Ausschluß des § 3a-Verfahrens und damit eine Restringierung der *Desinvestitions-Option* der **Treuhandanstalt** an einen außenstehenden Investor besteht dann, wenn der Restitutionsberechtigte vorläufig in seine Unternehmung eingewiesen worden war,[3] welches er nach § 6a VermG beantragen konnte. Unter folgenden Bedingungen mußte er von der Restitutionsbehörde in die Unternehmung eingewiesen werden, wenn er seine Berechtigung glaubhaft machen konnte:

- Es durften keine Anhaltspunkte darüber vorliegen, daß der Berechtigte oder die zur Leitung der Unternehmung bestellten Personen die Geschäftsführung nicht ordnungsgemäß ausführen würden; und
- die Restitutionsberechtigten mußten in dem Falle der Sanierungsnotwendigkeit der Unternehmung über ein erfolgversprechendes Konzept verfügen.[4]

Ein Bescheid der Restitutionsbehörde über die vorläufige Einweisung wurde selten ausdrücklich erlassen.[5] Die vorläufige Einweisung galt jedoch auch dann als erfolgt, wenn nicht innerhalb von drei Monaten positiv oder negativ über den Antrag auf vorläufige Einweisung entschieden wurde.[6] Wenn der Restitutionsberechtigte ein ernsthaftes Interesse an seiner Unternehmung hatte, gewährte die vorläufige Einweisung das wirksamste Vehikel, um gegen die Durchführung eines Investitionsvorrangverfahrens gem. § 3a VermG zu intervenieren, gerade auch vor dem Hintergrund, daß die Treuhandanstalt und die Restitutionsbehörde sich regelmäßig darüber verständigten, das Restitutionsverfahren auszusetzen, bis das § 3a-Verfahren zu Ende geführt worden war.[7] Durch einen Antrag auf vorläufige Einweisung gem. § 6a VermG konnte der Restitutionsberechtigte nach Ablauf der Frist von drei Monaten gem. § 6a Abs. 2 VermG die Durchführung eines Investitionsverfahrens nach § 3a VermG unmöglich machen.

Durch die juristisch notwendige Einbeziehung der Restitutionsberechtigten wurde die *Desinvestitions-Option* der **Treuhandanstalt** restringiert und hat zu einer Verzögerung

---

1 § 3a Abs. 1 Satz 2 Nr. 2 VermG.

2 § 3a Abs. 4 VermG.

3 § 3a Abs. 2 VermG.

4 § 6a Abs. 1 VermG.

5 F. Ebbing, Verkaufspraxis, 1995, S. 142.

6 § 6a Abs. 2 Satz 1 VermG.

7 F. Ebbing, Verkaufspraxis, 1995, S. 143.

der Desinvestition aus ihren Unternehmungen geführt. Ob das § 3a-Verfahren zu einer Verbesserung der Privatisierungsergebnisse geführt hatte - hinsichtlich der Privatisierungsfrist und der -erlöse -, soll die statistische Untersuchung im 3. Kapitel zeigen.

Wurde in der oben dargestellten Weise eine Investitionsvorrangentscheidung herbeigeführt, konnte in einem zweiten, privatrechtlichen Schritt die Unternehmung veräußert werden.[1] An den Unternehmenskaufvertrag wurden wiederum Mindestanforderungen gestellt, um die Durchführung des Investitionsplans sicherzustellen oder - im Falle des Scheiterns - die Restitution nachträglich wieder zu ermöglichen. Dieser Mindestinhalt war folgender:[2]

- die Verpflichtung des Investors zur Durchführung betragsmäßig festgelegter Investitionen und zur Sicherung einer festzulegenden Anzahl von Arbeitsplätzen, bezogen auf einen Zeitraum von zwei Jahren;
- eine Verpflichtung des Käufers, die Unternehmung zurückzuübertragen, falls er die für die ersten zwei Jahre zugesagten Maßnahmen nicht durchführte oder hiervon wesentlich abwich; die Rückübertragungsverpflichtung trat nicht in Kraft, wenn das Investitionsvorhaben deshalb nicht oder nicht rechtzeitig durchgeführt worden war, weil dringende betriebliche Erfordernisse dazu führten, die im Zeitpunkt des Vertragsschlusses noch nicht vorhersehbar waren.

Kam der Unternehmenskäufer seinen o.g. Verpflichtungen nicht innerhalb der zwei Jahre nach und lagen keine dringenden betrieblichen Erfordernisse vor, so hatte die Treuhandanstalt gegenüber dem Käufer das Recht, vom Vertrag zurückzutreten, gegenüber dem Restitutionsberechtigten sogar die Pflicht, vom Unternehmenskaufvertrag zurückzutreten, weil eine Rechtfertigung für die Aussetzung einer Verfügungsbeschränkung gem. § 3a VermG nun nicht mehr mit Investitionen zu rechtfertigen war.[3] Die Treuhandanstalt ist in der Ausübung des Rücktrittsrechts frei, wenn der Restitutionsberechtigte kein Interesse mehr an der Unternehmung hatte, weil dieses durch den zwischenzeitlichen Verkauf möglicherweise Schaden genommen hatte.[4] So wird der Restitutionsberechtigte davor geschützt, daß all diejenigen Unternehmungen wieder der Restitution zugeführt werden, die sich als nicht sanierungsfähig herausgestellt haben. Dem Restitutionsberechtigten würde eine Sanierung oder ein Weiterverkauf der Unternehmung dann ebenso schwerfallen.

Durch den o.g. Mindestinhalt des Verkaufsvertrages wird eine *DesinvestitionsOption* der **Treuhandanstalt** sogar dann ins Gegenteil verkehrt, wenn es sich um außerordentlich schwierig zu sanierende Unternehmungen handelte. Denn bei einem Scheitern der Sanierung würde die Unternehmung wieder an die Treuhandanstalt zurückfallen. Der Investor kann also selbst dadurch wieder desinvestieren, wenn er seine Option auf Nichterfüllung der Investitions- und Arbeitsplatzzusagen ausübt. Hierfür mußte er jedoch die vertraglich fixierten Pönalen entrichten. Damit die Ausübungs-Wahrscheinlichkeit dieser *Desinvestitions-Option* des **Investors** möglichst gering blieb, mußte die

---

1 F. Ebbing, Verkaufspraxis, 1995, S. 143.
2 § 3a Abs. 7 VermG.
3 F. Ebbing, Verkaufspraxis, 1995, S. 144.
4 F. Ebbing, Verkaufspraxis, 1995, S. 144.

Treuhandanstalt selbst durch hohe Subventionen das Sanierungsprogramm unterstützen. Eine solche Subventionierung war für die Treuhandanstalt solange vorteilhaft, wie die Unternehmung nicht an die Treuhandanstalt zurückfiel und eigene laufende Sanierungskosten und Kosten der Suche nach einem neuen Investor oder Stillegungskosten verursachte.

b) Unternehmensgrundstücke und -gebäude, die mit angemeldeten Restitutionsansprüchen belastet sind

Betrachtet werden hier die Fälle, in denen sich der Restitutionsanspruch explizit nur auf bestimmte Unternehmensgrundstücke bezog, weil diese enteignet und zu einem späteren Zeitpunkt in eine Unternehmung integriert wurden. Nicht gemeint sind hier die Fälle, in denen Restitutionsberechtigte ihre Ansprüche auf eine eigentliche Unternehmensrestitution dadurch konkretisiert haben, daß sie diese Ansprüche auf einzelne Vermögensgegenstände der Unternehmung richten. Im ersten Falle handelt es sich um die Restitution eines einzelnen ehemals enteigneten Vermögensgegenstand, im zweiten Falle um eine Unternehmensrestitution.[1]

Die Konstellation einer Eigentumstrennung von Betriebsgrundstück und der Unternehmung als solcher war eine nicht seltene und das Privatisierungsverfahren nicht unerheblich restringierende Erscheinung. Das Risiko lag jedoch nicht bei der Treuhandanstalt. Sie konnte durch einen Restitutionsanspruch nur auf ein Unternehmens*grundstück* nicht an der Verfügung über die *ganze Unternehmung* gehindert werden. Eine Verfügung durch die Treuhandanstalt über die anmeldungsbelasteten Unternehmensgrundstücke fand nicht statt. Verfügungsberechtigter über die Grundstücke blieb vor und nach dem Verkauf der Unternehmensanteile die Unternehmung.[2] Die Unternehmung - und damit im Falle des Verkaufs auch der Investor - blieb jedoch dem Risiko der Restitution der Unternehmensgrundstücke und damit des Verlustes eines der wichtigsten Anlagevermögen ausgesetzt.[3]

Der **Investor** muß hier die potentielle Restriktion seiner *Expansions-Option* zur Durchführung von Folgeinvestitionen durch einen eventuellen Wegfall des Unternehmensgrundstückes und daraus resultierende Folgekosten berücksichtigen. Nach der Realoptionstheorie muß dieser Umstand c.p. zu einem niedrigeren Realoptionswert und zu einer niedrigeren Unternehmensbewertung führen als es ohne Restriktion dieser Realoption der Fall gewesen wäre.

---

1 P. Preu, Wie wirksam schützt § 3a VermG den Käufer eines Treuhandunternehmens vor Rückgabeansprüchen?, in: DB 45. Jg. (1992), H. 10, S. 513f.; G.H. Wächter, Rückübertragungsklauseln Teil I, 1992, S. 1841-1843.

2 F. Ebbing, Verkaufspraxis, 1995, S. 146.

3 G. Espey und K. Jaenecke, Stehen Restitutionsansprüche auf Gegenstände des Betriebsvermögens der Privatisierung von Treuhand-Unternehmen entgegen?, in: BB, 46. Jg. (1991), H. 29, S. 2025f.; B. Scheifele, Zur Anwendung des § 3a Vermögensgesetz durch die Treuhandanstalt, in: BB, 46. Jg. (1991), H. 20, S. 1350 und 1354; P. Preu, Wie wirksam schützt, 1992, S. 513 und 515 sind jedoch der Ansicht, daß der Restitutionsanspruch an den Unternehmensgrundstücken dadurch ausgeschlossen wird, daß die Geschäftsanteile nach § 3a VermG verkauft werden.

Das Risiko der Grundstücksrestitution bei einer bereits verkauften Unternehmung kann zwar durch die Gegebenheit der Betriebsnotwendigkeit des Grundstücks ausgeschlossen werden, wenn diese Betriebsnotwendigkeit bereits am 29.9.1990 vorgelegen hatte,[1] in der Realität hing die Restitution jedoch von der Einzelfallentscheidung der Restitutionsbehörden ab.[2] Erst später durch die Schaffung des Investitionsvorranggesetzes vom 14.7.1992 konnte die Treuhandanstalt dem Investor die gewünschte Restitutionssicherheit im Rahmen eines Investitionsvorrangverfahrens vorentscheiden.[3]

Nach herrschender Meinung konnte in dieser Konstellation ein Investitionsvorrangverfahren nach § 3a VermG zum Zwecke des Ausschlusses einer Grundstücksrestitution nicht durchgeführt werden, weil bei einem Verkauf von Geschäftsanteilen kein Veräußerungsvorgang im Hinblick auf die Grundstücke gegeben war.[4] Der Verkauf der Unternehmensanteile beinhaltet jedoch ein Recht an den damit verbundenen Vermögensgegenständen der Unternehmung, also auch an den in der Bilanz ausgewiesenen Grundstücken. Sind die Grundstücke allerdings tatsächlich beim Unternehmensverkauf aus der Unternehmung herausgelöst worden, ergab sich auch kein Risiko für den Investor im Hinblick auf die Nutzung der Betriebsgrundstücke, denn solange die Treuhandanstalt verfügungsberechtigt blieb, würde ihr der Investor eine Pacht für deren Nutzung zahlen müssen. Wenn der Restitutionsberechtigte verfügungsberechtigt wird, zahlt der Investor ihm die Pacht. Die Zahlung der Pacht ist für den Investor im Lichte der *Expansions-Option* solange günstiger wie der Barwert potentieller Erträge aus Folgeinvestitionen, die durch das Pachten des Grundstücks möglich werden, höher ist als der Barwert der Pachtkosten.

Als Problemlösung kamen aus juristischer Sicht vor Inkrafttreten des Investitionsvorranggesetzes nur folgende Alternativen in Betracht:
- Eigeninvestitionsbescheinigung gemäß § 1c BInvG,
- Asset Deal / Kaufvertragsaufspaltung,
- gütliche Einigung gemäß § 31 Abs. 5 VermG,
- analoge Anwendung des § 3a VermG.

Vor dem Unternehmensverkauf konnte die Unternehmung als Eigentümerin des Grundstücks eine **Eigeninvestitionsbescheinigung gem. § 1c BInvG** beantragen.[5]

---

1 Ein Betriebsgrundstück war dann von der Restitution ausgeschlossen, wenn es bis zum 29.9.1990 einer gewerblichen Nutzung zugeführt oder in eine Unternehmenseinheit einbezogen worden war und nicht ohne erhebliche Beeinträchtigung der Unternehmung zurückgegeben werden kann. Vgl. R. Weimar, Der Vorrang der Investition und seine Grenzen, in: DB, 44. Jg. (1991), H. 49, S. 2531.

2 F. Ebbing, Verkaufspraxis, 1995, S. 146.

3 F. Ebbing, Verkaufspraxis, 1995, S. 146.

4 B. Scheifele, § 3a Vermögensgesetz, 1991, S. 1350 und 1353; M. Uechtritz, Sicherer Erwerb restitutionsbelasteter Grundstücke und Unternehmen trotz angefochtener Investitionsvorrangentscheidung?, in: BB, 47. Jg. (1992), H. 9, S. 581 und 588.

5 M. Keil, Ungeklärte Eigentumsverhältnisse als praktische Probleme bei der Privatisierung von Treuhandunternehmen, in: VIZ, 2. Jg. (1992), H. 4, S. 121, 123f.; M. Uechtritz, Das Zweite Vermögensrechtsänderungsgesetz, in: BB, 47. Jg. (1992), H. 24, S. 1649, 1654; P. Preu, Wie wirksam schützt, 1992, S. 513, 516.

Dieses Investitionsvorrangverfahren konnte mit dem für die Unternehmesübernahme entwickelten Investitionskonzept begründet werden. Bei einer positiven Entscheidung über eine Eigeninvestitionsentscheidung und Einhaltung des Investitionskonzeptes entfiel der Restitutionsanspruch auf die Unternehmensgrundstücke.[1] Der Restitutionsberechtigte hatte jedoch einen Entschädigungsanspruch gegen die verfügungsberechtigte Unternehmung, wovon mittelbar auch der Käufer betroffen war.[2] Weil für diesen Entschädigungsanspruch zum Zwecke der Verfahrensdurchführung eine Sicherheit geleistet werden mußte,[3] die Unternehmung hierzu häufig aber nicht in der Lage war, mußte entweder die Treuhandanstalt oder der Investor diese Sicherheit stellen.[4] Weitere Nachteile dieses Verfahrens lagen in den langen Entscheidungsfristen der zuständigen Behörden, weil weder ein Investor noch die Treuhandanstalt bis zur abschließenden Entscheidung über die Eigeninvestitionsbescheinigung warten konnten und auch häufig keine der Parteien bereit war, einen Unternehmenskaufvertrag abzuschließen und dessen "Wirksamkeit von der Entscheidung einer am Vertragsschluß nicht beteiligten Behörde abhängig zu machen".[5] Wie bereits oben in diesem Abschnitt dargelegt, würde ein solcher Vertrag c.p. in erheblichem Maße die *Expansions-Option* beim **Investor** und die *Realoption auf Desinvestition* bei der **Treuhandanstalt** restringieren. Eine *Timing-Option* des Investitionsaufschubs bleibt für den **Unternehmenskäufer** auch bei Vorliegen einer Eigeninvestitionsbescheinigung restringiert, weil diese eine Frist enthalten muß, innerhalb der der Investor das Investitionsvorhaben durchgeführt haben muß, um den Anspruch auf Restitution nicht wieder aufleben zu lassen.[6] In aller Regel war dieses Verfahren der Eigeninvestitionsbescheinigung damit mit zu hoher Unsicherheit verbunden und zu aufwendig.

Mit Hilfe eines **Asset Deals bzw. einer Kaufvertragsaufspaltung** konnten in einem ersten Schritt die Unternehmensgrundstücke nach dem § 3a-Verfahren und in einem zweiten Schritt die Geschäftsanteile an der GmbH an den Investor veräußert werden.[7] Für beide Kaufverträge war das Investitionskonzept, das Voraussetzung des § 3a-Verfahrens war, identisch. Ein reiner Asset Deal wurde von der Treuhandanstalt vermieden, weil dieser die zeit- und kostenintensive Liquidation des zurückbehaltenen GmbH-Mantels zur Folge gehabt hätte.[8] Eine solche Vertragsgestaltung stellte eine für beide Parteien restitutionsrisikomindernde Problemlösung dar.

Zwischen Investor und Restitutionsberechtigtem sollte die Restitutionsbehörde auf eine **gütliche Einigung gem. § 31 Abs. 5 Satz 1 VermG** in jedem Stadium des Restitutionsverfahrens hinwirken. Dies geschähe dergestalt, daß der Restitutionsberechtigte auf die Natural-Rückübertragung des Vermögensgegenstandes verzichtet und sich mit der Treuhandanstalt auf eine Ausgleichszahlung einigt. Diese Einigung konnte auf

---

1 § 1c Abs. 2 BInvG.
2 § 3a Abs. 1a BInvG.
3 § 6 BInvG.
4 F. Ebbing, Verkaufspraxis, 1995, S. 148.
5 F. Ebbing, Verkaufspraxis, 1995, S. 148.
6 G.H. Wächter et al., Klauseln Teil II, 1992, S. 344.
7 P. Preu,Wie wirksam schützt, 1992, S. 513, 516.
8 F. Ebbing, Verkaufspraxis, 1995, S. 148.

Antrag durch Bescheid der Restitutionsbehörde bestätigt werden.[1] Aus optionstheoretischer Sicht liegt der Vorteil einer gütlichen Einigung darin, daß der Bescheid sofort wirksam wird und somit die **Treuhandanstalt** ihre *Realoption auf Desinvestition* ausüben kann und dem **Investor** die *Expansions-Option* eröffnet wird. **Beide Parteien** können ihre *Timing-Option* zum Vorziehen der Desinvestition resp. der Expansion nutzen. Ein Widerrufsrecht darf sich die Restitutionsbehörde nur höchstens einen Monat vorbehalten.[2] Mit dem Instrument der gütlichen Einigung wurde der Unternehmensverkauf im Wege des Share Deals nicht weiter durch restitutionsbelastete Unternehmensgrundstücke belastet.

Auch bei Vorliegen restitutionsbelasteter Unternehmensgrundstücke hätte im Rahmen eines Share Deals **§ 3a VermG analog angewandt** und eine Investitionsvorrangentscheidung auf die Grundstücke erstreckt werden können.[3] Weil der Gesetzgeber den Anwendungsbereich des § 3a VermG jedoch zu eng formuliert und den hier aufgezeigten Problemkreis nicht berücksichtigt hatte, wurden bei der analogen Anwendung des § 3a VermG seitens der Treuhandanstalt Schadensersatzansprüche durch die Investoren für den Fall befürchtet, daß sich die Verwaltungsgerichte dieser Sichtweise nicht angeschlossen hätten. Die Treuhandanstalt und die Investoren haben es in dem hier dargelegten Problemkreis vorgezogen, ihre *Option auf Desinvestition* sicher auszuüben **(Treuhandanstalt)** bzw. sich die *Expansions-Option* offenzuhalten **(Investor)**.

c) Rückübertragungsansprüche auf Unternehmensanteile

Wenn Restitutionsansprüche auf der gesamten Unternehmung lasten, konnte eine Rückübertragungsklausel im Unternehmenskaufvertrag mit der Treuhandanstalt folgenden Wortlaut haben:[4]

"Ansprüche auf Unternehmensrestitution
(1) Den Parteien ist bekannt, daß die in der *Anlage* ... aufgeführten Ansprüche auf Rückübertragung der Gesellschaft oder einzelner Betriebsteile nach § 6 VermG (Unternehmensrestitution) angemeldet worden sind. Die Parteien versichern einander, daß ihnen andere Ansprüche auf Unternehmensrestitution nicht bekannt sind.
(2) Die Übertragung der Geschäftsanteile steht daher unter der aufschiebenden Bedingung, daß die für Entscheidungen nach § 3a VermG zuständige Stelle der Verkäuferin einen stattgebenden Bescheid nach § 3a VermG ("Investitionsvorrangentscheidung") erläßt und dies dem beurkundenden Notar schriftlich von der Verkäuferin mitgeteilt wird. Die aufschiebende Bedingung gilt als eingetreten, wenn bestandskräftig feststeht, daß die Ansprüche auf Unternehmensrestitution nicht bestehen oder sich auf sonstige Weise erledigt haben und dies dem Notar schriftlich von der Verkäuferin mitgeteilt wird. Die Käuferin wird der Verkäuferin die für den Erlaß einer Investitionsvorrangentscheidung erforderlichen Auskünfte erteilen und die notwendigen Unterlagen

---

[1] § 31 Abs. 5 Satz 2 VermG.
[2] § 31 Abs. 5 Satz 3 VermG.
[3] F. Ebbing, Verkaufspraxis, 1995, S. 149.
[4] G.H. Wächter et al., Klauseln Teil II, 1992, S. 342f..

beibringen. Die Käuferin anerkennt, daß sie keinen Anspruch auf Erlaß einer Investitionsvorrangentscheidung hat.
(3) Die Käuferin wird die Geschäftsanteile auf die Verkäuferin zurückübertragen, falls die Käuferin die für die ersten zwei Jahre zugesagten, in der *Anlage* ... zu diesem Vertrag ausgewiesenen, investiven Maßnahmen nicht durchführt oder hiervon wesentlich abweicht, es sei denn, daß dies auf zum Zeitpunkt des Vertragsschlusses nicht vorhersehbare dringende betriebliche Erfordernisse zurückzuführen ist.
(4) Sollte eine Investitionsvorrangentscheidung nicht ergehen, so stehen der Käuferin aus diesem Umstand keinerlei Ansprüche gleich welcher Art gegen die Verkäuferin zu mit Ausnahme des Anspruchs auf Rückzahlung des Kaufpreises zuzüglich Zinsen in Höhe von ____ vom Hundert über dem jeweiligen Diskontsatz der Deutschen Bundesbank, beginnend mit dem Ablauf des Tages, an dem der Kaufpreis bei der Verkäuferin einging."

Dieses Klauselbeispiel bietet aus *realoptionstheoretischer Sicht* einen vielschichtigen Inhalt. Die in Absatz (2) genannte aufschiebende Bedingung des Kaufvertrags durch einen Investitionsvorrangbescheid gem. § 3a VermG der zuständigen Restitutionsbehörde und auch die endgültige Wirksamkeit des Unternehmenskaufvertrags nach Durchführung der vertraglich zugesicherten Investitionen gemäß der Anlage zum Kaufvertrag - Absatz (3) des Klauselbeispiels, der in § 3a Abs. 7 VermG zwingend vorgeschrieben wird - bietet dem **Investor** die Realoption, die Unternehmung und die ostdeutsche Marktentwicklung intensiv kennenzulernen und gegebenenfalls seine vorgesehenen Investitionen im Laufe der Zweijahresfrist zu überdenken und bei negativer Unternehmensentwicklung nicht durchzuführen. Für diese Eröffnung seiner *Timing-Option* mußte der Investor jedoch Arbeitsplatz- und Investitionspönalen an die Privatisierungsagentur zahlen (vgl. Abschnitte 2.1.1 und 2.1.2). Durch diesen Vorgang würde jedoch gleichzeitig die *Realoption* der **Treuhandanstalt**, aus der Unternehmung zu *desinvestieren*, restringiert werden. Schwerer wiegt, daß andererseits in der Frist der Aufschiebung bis zur Bereinigung der Restitutionsansprüche die *Expansions-Option* des **Investors** zur Durchführung von Folgeinvestitionen restringiert wird, weil er unter Umständen mit einer Rückübertragung der Unternehmung an den Restitutionsberechtigten gegen Rückerhalt des verzinsten Kaufpreises rechnen muß [Absatz (4) des Klauselbeispiels]. Dieser Sachverhalt wird durch den letzten Satz des Absatzes (2) unterstützt, wonach der Unternehmenskäufer keinen Anspruch auf Erlaß einer Investitionsvorrangentscheidung und damit auch keine Sicherheit hinsichtlich des Eigentums an der Unternehmung hat. Es wird deutlich, daß dem Investor die vollständige Unsicherheit hinsichtlich des Eigentums am Kaufobjekt und damit verbundener Zukunftsinvestitionen übertragen wird. Einerseits werden vom Investor Arbeitsplatz- und Investitionsgarantien verlangt, andererseits konnte ihm jedoch keine Garantie über das Eigentum an diesen Investitionen und damit auch nicht an den Erträgen daraus gegeben werden. Tritt der Fall der Unternehmensrestitution ein, drohen Kosten der Arbeitsplatz- und Investitionsgarantien zu versunkenen Kosten zu werden. Solche aufgrund nicht gegebener Eigentumssicherung erheblich restringierte Realoptionen des Investors müssen zu gravierenden Kaufpreisabschlägen führen.

Es muß aber auch gesehen werden, daß die aufschiebend bedingte Übertragung der Gesellschaftsanteile - wie in Absatz (2) des Beispiels festgehalten - eine Hilfslösung der Privatisierung war, um bereits **vor** Abschluß des Investitionsvorrangverfahrens eine Bindungswirkung der Treuhandanstalt zugunsten des konkreten Investors zu erreichen. Von Fall zu Fall konnte es sachgerecht sein, beiden Parteien ein gegenseitiges Rücktrittsrecht vom Unternehmenskaufvertrag einzuräumen, wenn bis zu einem bestimmten Zeitpunkt keine Investitionsvorrangentscheidung erlassen wurde.[1]

d) Kommerzialisierung von Restitutionsansprüchen

Unter einer Kommerzialisierung von Restitutionsansprüchen verstand man die Abtretung von Restitutionsansprüchen an einen Dritten gegen Bezahlung.[2] Zu solchen Vorgehensweisen konnte es kommen, wenn ein Restitutionsberechtigter nicht in der Lage war, zum Erwerb seiner ehemaligen Unternehmung ein dem Konkurrenzangebot eines Investors mindestens gleichwertiges Angebot abzugeben. In diesem Falle kam auch ein Zusammenschluß mit einem dritten Investor, der aktuelles Know-how und Kapital in die Gemeinschaftsunternehmung einbringen konnte, in Betracht. Die Initiative zur Abtretung von Restitutionsansprüchen konnte auch von einem dritten Investor ausgehen, der aufgrund seines nicht konkurrenzfähigen Gebotes aus dem Verkaufsverfahren ausgeschieden war und dessen Gebot zusammen mit dem erworbenen Restitutionsanspruch nur noch dem Konkurrenzgebot gleichwertig sein mußte, um den Zuschlag für die Unternehmung zu erhalten.[3]

2.2.4.4 Investitionsvorranggesetz (InVorG) vom 14. Juli 1992

Die oben behandelten juristischen Regelungen zum Investitionsvorrangverfahren nach § 3a und § 3 Abs. 6-8 VermG und nach dem Investitionsgesetz (BInvG) wurden durch das 2. Vermögensrechtsänderungsgesetz (2.VermRÄndG) vom 14.7.1992 aufgehoben und durch das Investitionsvorranggesetz ersetzt, das nun zum ersten Male sämtliche Investitionsvorrangregelungen in einem Gesetz zusammenfaßt.[4]

Das Investitionsvorranggesetz regelt vor allem das Verhältnis von Restitutionsverfahren und Investitionsvorrangverfahren zueinander. Demnach wird das Restitutionsverfahren für die Zeit von drei Monaten (ab der Mitteilung des Investitionsvorrangverfahrens an den Restitutionsberechtigten) durch die Einleitung des Investitionsvorrangverfahrens unterbrochen.[5] Innerhalb dieser Frist kann die Treuhandanstalt ihren *Realoptionswert*

---

1 G.H. Wächter et al., Klauseln Teil II, 1992, S. 343.

2 G.H. Wächter et al., Klauseln Teil II, 1992, S. 345.

3 F. Ebbing, Verkaufspraxis, 1995, S. 156f.

4 Übersichten finden sich bei W. Strobel, Das Zweite Vermögensrechtsänderungsgesetz mit dem neuen Investitionsvorranggesetz, in: GmbHR, (1992), Nr. 8, S. 497f.; J. Schmidt-Räntsch, Das Zweite Vermögensrechtsänderungsgesetz, in: DtZ, 3. Jg. (1992), H. 10, S. 314 und 316; G. Dornberger und U. Dornberger, Zum Zweiten Vermögensrechtsänderungsgesetz, in: DB, 45. Jg. (1992), H. 32, S. 1613f.; M. Uechtritz, Das Zweite Vermögensrechtsänderungsgesetz, 1992, S. 1653-1661.

5 § 4 Abs. 4 InVorG.

der Desinvestition aus der Treuhand-Unternehmung erhöhen, indem sie alle Möglichkeiten ausschöpft, den Erlaß eines Investitionsvorrangbescheides herbeizuführen, ohne eine vorherige Restitutionsentscheidung durch die Restitutionsbehörde fürchten zu müssen.[1] Danach ist der Erlaß eines Investitionsvorrangbescheides wieder ausgeschlossen, wenn bestandskräftig über die Restitution entschieden wurde.[2]

Das Investitionsvorranggesetz findet sowohl Anwendung auf ganze Unternehmungen als auch auf Grundstücke und Gebäude.[3] Es ist nicht ausschließlich durch die Treuhandanstalt vollziehbar, sondern unabhängig davon, ob die Treuhandanstalt, eine öffentlich-rechtliche Gebietskörperschaft oder eine sonstige juristische oder natürliche Person verfügungsberechtigt ist.[4]

Es stellte sich auch hier wieder die Frage, wie im Übergang vom vorherigen zum neuen Restitutionsrecht zu verfahren war: Begonnene, aber noch nicht abgeschlossene Investitionsvorrangverfahren sind nach Inkrafttreten auf der Grundlage des Investitionsvorranggesetzes weiterzuführen. Die bis dahin gültig gewesenen Investitionsvorrangregelungen waren nicht mehr anzuwenden.[5]

Das Investitionsvorranggesetz sieht ein Standard-Investitionsvorrangverfahren und vier besondere Verfahrensarten vor. Für die Zwecke dieser Arbeit ist im wesentlichen das Standard-Investitionsvorhaben relevant, das im folgenden untersucht wird.[6]

a) Voraussetzungen des Standard-Investitionsvorrangverfahrens

Durch das Investitionsvorranggesetz wurde die Verwendung von Treuhandunternehmungen zu investiven Zwecken im Wege des Verkaufs, der Verpachtung oder der Eigeninvestition ermöglicht. Der Unternehmensverkauf konnte in Form des Share oder Asset Deals getätigt werden.[7]

Wie im § 3a-Verfahren, entschieden auch unter dem Investitionsvorranggesetz die Treuhandanstalt und die Gebietskörperschaften über das Verfahren - trotz möglicher-

---

1 F. Ebbing, Verkaufspraxis, 1995, S. 161.

2 § 10 Satz 2 InVorG.

3 § 1 InVorG.

4 F. Ebbing, Verkaufspraxis, 1995, S. 150.

5 Art. 14 Abs. 5 Satz 1 Halbs. 1 i.V.m. Abs. 4 Satz 1 des 2. VermRÄndG; nach BMJ sollten jedoch für die noch nicht abgeschlossenen Verfahren die *Verfahrens-* (und die *Wirkungs-*) *Vorschriften* des *Investitionsvorranggesetzes*, hinsichtlich des *Inhalts* jedoch die *alten Vorschriften* maßgeblich sein. Vgl. Bundesministerium der Justiz (Hrsg.), Vorrang für Investitionen in den neuen Bundesländern - Empfehlung zur Anwendung des InVorG für Immobilien 1.9.1992, in: Bundesanzeiger Sonderbeilage 13a/1993, 2. A. 1993, S. 91.

6 Zu den besonderen Verfahren zählen solche in Vorhaben- und Erschließungsplänen (§ 18 InVorG), das öffentliche Bieterverfahren (§ 19 InVorG), Vorhaben auf mehreren Grundstücken (§ 20 InVorG) und die investive Rückübertragung (§ 21 InVorG). Diese Verfahrensarten sind nur für die investive Verwendung von Grundstücken von Bedeutung.

7 § 2 Abs. 2 InVorG; M. Keil, Investitionsvorrang in der Praxis, in: VIZ, 3. Jg. (1993), H. 3, S. 89.

weise auftretender Interessenkonflikte gegenüber Restitutionsberechtigten und Fremdinvestoren -, um dieses zu beschleunigen.[1] Die Verfahrenseinleitung war nur bis zum 31.12.1995 möglich.[2] Die Zweistufigkeit des § 3a-Verfahrens[3] wurde beibehalten und im Hauptverfahren mit einem Investitionsvorrangbescheid festgestellt.[4] Der Bescheid bestätigte, daß das Vorhaben einem der im Investitionsvorranggesetz genannten besonderen Investitionszwecke dient.

"Bei Unternehmen und einem für dieses benötigten Grundstück des Unternehmens liegt ein besonderer Investitionszweck vor, wenn es verwendet wird,
1. um Arbeitsplätze zu schaffen oder zu sichern oder die Wettbewerbsfähigkeit verbessernde Investitionen zu ermöglichen oder
2. weil der Berechtigte keine Gewähr dafür bietet, daß er das Unternehmen fortführen oder sanieren wird, oder
3. um die Liquidation oder Gesamtvollstreckung eines Unternehmens bei nach kaufmännischer Beurteilung sonst auf Dauer nicht zu vermeidender Zahlungsunfähigkeit oder Überschuldung zu verhindern."[5]

Neu im Vergleich zum § 3a-Verfahren war der investive Zweck zur Vermeidung der Liquidation bzw. der Gesamtvollstreckung, wodurch die Übertragungsmöglichkeit von Betrieben und Betriebsteilen zur Sanierung auf eine Management-KG geschaffen wurde.[6]

Der Investor mußte sein Investitionskonzept in der Form eines Vorhabenplanes der zuständigen Behörde vorlegen, das neben dem Vorhabenträger den betroffenen Vermögenswert, die voraussichtlichen Kosten der zugesagten Maßnahmen, ihre Art und die angenommene Dauer ihrer Ausführung, vor allem aber das Kaufpreisgebot sowie Angaben über die zu schaffenden oder zu sichernden Arbeitsplätze enthalten mußte.[7] Daraufhin teilt die Treuhandanstalt (als für das Investitionsvorrangverfahren zuständige Stelle) der Restitutionsbehörde und den diesem Amt bekannten Restitutionsberechtigten die vorgesehene investive Verwendung des Vermögensgegenstandes mit.[8] Auch bei diesem Verfahren blieb es also dabei, daß Restitutionsberechtigte erst ermittelt werden mußten, bevor ein investiver Verkauf möglich war. Auch wenn die Behörde nicht alle Restitutionsberechtigten angegeben hatte, war die Durchführung des Investitionsvorrangverfahrens gegenüber den nicht benannten Berechtigten wirksam, weil die Ver-

---

1 F. Ebbing, Verkaufspraxis, 1995, S. 152f.

2 § 4 Abs. 1 InVorG.

3 Vgl. oben Abschnitt 2.2.4.3 Investitionsvorrangverfahren nach § 3a VermG, a) Voraussetzungen.

4 Zu beachten sind hier die im Laufe der unterschiedlichen Investitionsvorrangregelungen geprägten Begriffe: Die Bezeichnung des Investitionsgesetzes (BInvG) lautete "Investitionsvorrang*bescheinigung*", die des Vermögensgesetzes (VermG) "Investitionsvorrang*entscheidung*" und die des Investitionsvorranggesetzes lautet erstmals "Investitionsvorrang*bescheid*".

5 § 3 Abs. 2 InVorG.

6 M. Uechtritz, Das Zweite Vermögensrechtsänderungsgesetz, 1992, S. 1649 und 1654.

7 § 4 Abs. 3 InVorG.

8 F. Ebbing, Verkaufspraxis, 1995, S. 153.

fahrensvoraussetzungen des InVorG eingehalten worden waren.[1] Dabei eventuell nicht berücksichtigte Restitutionsberechtigte haben gegebenenfalls *gegen die Restitutionsbehörde* (also nicht gegen die Treuhandanstalt) einen Amtshaftungsanspruch.[2] Wenn die Restitutionsbehörde jedoch nicht in der Lage war, eine abschließende Auskunft über das Vorhandensein aller Restitutionsberechtigten zu geben, konnte die Treuhandanstalt grundsätzlich kein Restitutionsverfahren durchführen, weil sie die vorgeschriebene Beteiligung aller bekannten Restitutionsberechtigten nicht sicherstellen konnte.[3] Führte sie die Privatisierung trotzdem durch, verstieß sie gegenüber den nicht berücksichtigten Restitutionsberechtigten gegen § 3 Abs. 3 VermG und wurde schadensersatzpflichtig.[4] "Als der Behörde bekannt" müssen all diejenigen Restitutionsberechtigten angesehen werden, die ihren Antrag fristgerecht gestellt hatten. Verwaltungsinterne Probleme konnten die Restitutionsbehörden Mitte 1992 - bei Einführung des Investitionsvorranggesetzes - nicht mehr geltend machen, weil sie bis dahin weitestgehend Zeit gefunden haben mußten, um die eingegangenen Anträge zumindest zu registrieren.[5]

Eine weitere *Vereinfachung des Investitionsvorrangverfahrens* wurde dadurch ermöglicht, daß Restitutionsberechtigte, die ihren Antrag im Zeitpunkt der Anfrage (der Treuhandanstalt bei der Restitutionsbehörde nach Restitutionsanmeldern) nicht ordnungsgemäß präzisiert hatten, über das anstehende Investitionsvorrangverfahren keine Mitteilung erhielten und folgerichtig an dem Verfahren nicht beteiligt zu werden brauchten.[6]

Eine Anhörung der Alteigentümer konnte sogar ganz unterbleiben, wenn die voraussichtliche Dauer des Anhörungsverfahrens bis zu ihrer Durchführung den Erfolg des geplanten Vorhabens gefährdet hätte.[7] Weil von dieser Regelung hauptsächlich diejenigen Restitutionsberechtigten betroffen waren, deren Ansprüche zwar angemeldet worden waren, die jedoch von den Behörden noch immer nicht vollständig registriert worden waren - nicht ordnungsgemäß präzisierte Anträge wurden sowieso nicht berücksichtigt -, wurde diese Ausschlußmöglichkeit der Alteigentümer als extrem restitutionsschädigend angesehen, zumal die Restitutionsberechtigten ohnehin durch die schleppende Bearbeitung ihrer Anträge betroffen waren.[8] Mittlerweile wurden Restitutionsinteressen weitestgehend restringiert. Die bloße Gefährdung eines Investitionsprojektes reicht aus, um von der Benachrichtigung Restitutionsberechtigter abzusehen. Ob von dieser Sonderregelung zukünftig wieder zu einem Verfahren der Beteiligung der Alteigentümer zurückgekehrt wird, muß offen bleiben.[9]

---

1 M. Keil, Investitionsvorrang in der Praxis, 1993, S. 89 und 92.

2 F. Ebbing, Verkaufspraxis, 1995, S. 153.

3 F. Ebbing, Verkaufspraxis, 1995, S. 153.

4 F. Ebbing, Verkaufspraxis, 1995, S. 153.

5 F. Ebbing, Verkaufspraxis, 1995, S. 154.

6 § 5 Abs. 1 Satz 3 InVorG.

7 § 5 Abs. 4 InVorG. Eine identische Regelung gab es bereits mit § 4 Abs. 1 Satz 2 BInvG.

8 M. Uechtritz, Das Zweite Vermögensrechtsänderungsgesetz, 1992, S. 1649 u. 1653.

9 F. Ebbing, Verkaufspraxis, 1995, S. 156.

Eine Kommerzialisierung von Restitutionsansprüchen war durch das Investitionsvorrangesetz unmöglich geworden: Käufer von Restitutionsansprüchen waren in keinem Fall an dem Investitionsvorrangverfahren zu beteiligen,[1] wodurch käuflich erworbene Restitutionsansprüche wertlos geworden waren und zukünftig für Drittinvestoren kein Anreiz zum Erwerb von Restitutionsansprüchen bestand. Unter Juristen war diese Verweigerung des rechtlichen Gehörs der Restitutionsrechtserwerber umstritten.[2] Warum jemand, der ein Recht erwirbt, nicht ganauso davon profitieren dürfe wie jemand, dem dieses Recht originär zustand, ist nicht einsehbar. So wird der tatsächliche Grund für die Neuregelung nach dem Investitionsvorranggesetz darin vermutet, daß die Treuhandanstalt in den § 3a-Verfahren dadurch eine Privatisierungsbeschleunigung herbeizuführen versuchte, indem sie nicht bis zum Abschluß des Investitionsvorrangverfahrens gewartet hatte, sondern Unternehmensverkaufsverfahren unter der aufschiebenden Bedingung geschlossen hatte, daß eine Investitionsvorrangentscheidung erlassen wurde. Dem Käufer wurde die Unternehmung sofort übergeben. Entmutigt von den endlosen Restitutionsverfahren und unter den Befürchtungen von § 3a-Entscheidungen entschlossen sich vor Inkrafttreten des Investitionsvorranggesetzes immer mehr Restitutionsberechtigte, ihre Ansprüche zu verkaufen. Käufer der Restitutionsrechte konnten dem Fremdinvestor häufig konkurrenzfähige Investitionskonzepte entgegensetzen und mußten bereits bei Gleichwertigkeit ihrer Projekte bevorzugt werden. Erst durch diese Situation drohten die Unternehmenskaufverträge, die unter der Erwartung einer Investitionsvorrangentscheidung abgeschlossen worden waren, zu scheitern und rückabgewickelt werden zu müssen.[3]

Durch das Investitionsvorranggesetz wurden dem Restitutionsberechtigten erheblich restriktivere Fristen zur Geltendmachung seiner Investitionskonzeption eingeräumt, als es noch unter dem § 3a-Verfahren der Fall war. So mußte der Berechtigte innerhalb von zwei Wochen nach Zugang des Vorhabenplanes und der Mitteilung über das Vorhaben, betreffend das Restitutionsobjekt, sich dazu äußern, ob er selbst investive Maßnahmen beabsichtigte und seinen Restitutionsanspruch glaubhaft machen konnte.[4] Wenn der Restitutionsberechtigte ein eigenes Investitionskonzept ankündigte, mußte er dieses innerhalb von sechs Wochen nach Zugang der Mitteilung und des Vorhabenplanes des Drittinvestors in Form eines eigenen Vorhabenplanes der Treuhandanstalt darlegen.[5] Bei Versäumnis der ersten Frist wurde der Restitutionsberechtigte mit seinem Investitionskonzept im weiteren Verfahren nicht mehr berücksichtigt.[6]

Wie auch im § 3a-Verfahren waren unter dem Investitionsvorranggesetz das Investitionskonzept des Restitutionsberechtigten und des Drittinvestors gegeneinander ab-

---

[1] § 4 Abs. 5 InVorG.

[2] F. Ebbing, Verkaufspraxis, 1995, S. 157f.; M. Keil, Investitionsvorrang in der Praxis, 1993, S. 89 und 92. Beide Autoren sind der Ansicht, daß dem Erwerber von Restitutionsrechten über den Wortlaut des Gesetzes hinaus zumindest rechtliches Gehör zu gewähren gewesen wäre.

[3] F. Ebbing, Verkaufspraxis, 1995, S. 157.

[4] § 5 Abs. 2 InVorG. Die Zwei-Wochen-Frist entspricht jedoch der bis dahin schon von der Treuhandanstalt geübten Praxis; vgl. F. Ebbing, Verkaufspraxis, 1995, S. 158, FN 77.

[5] § 5 Abs. 3 InVorG.

[6] § 5 Abs. 2 Satz 3 InVorG.

zuwägen. Bei gleichen oder annähernd gleichen Investitionsmaßnahmen gebührte dem Restitutionsberechtigten jedoch *nur noch in der Regel ein Vorrang*.[1]

Für einen Drittinvestor war durch das Investitionsvorrangverfahren nach dem Investitionsvorranggesetz - anders als im § 3a-Verfahren - frühzeitiger vor Ablauf eines Rechtsbehelfsverfahrens, in dem der Restitutionsberechtigte gem. §§ 80 Abs. 5 und 80a Abs. 3 VwGO i.V.m. § 12 Abs. 1 und Abs. 2 InVorG eine Aufhebung des zugunsten des Drittinvestors erlassenen Investitionsvorrangbescheides anstreben konnte, erkennbar, ob er den Vermögensgegenstand behalten konnte. Eine Rückübertragung an den Restitutionsberechtigten war ausgeschlossen, wenn

"1. a) der Anmelder nicht innerhalb von **zwei Wochen** (Hervorhebung durch den Verfasser) ab Bekanntgabe des Investitionsvorrangbescheides einen Antrag auf Anordnung der aufschiebenden Wirkung eines Widerspruchs oder einer Klage gestellt hat oder

b) ein innerhalb der in Buchstabe a genannten Frist gestellter Antrag rechtskräftig abgelehnt wird und

2. mit der tatsächlichen Durchführung der zugesagten Investition nachhaltig begonnen worden ist."[2]

Eine in früheren Investitionsvorrangverfahren hohe *Unsicherheit* des zukünftigen Eigentums am betroffenen Vermögensgegenstand und eine starke Restriktion der *Expansions-Option* beim **Akquisiteur** war nun aufgrund der gesetzten Zwei-Wochen-Frist nicht mehr in dem Maße gegeben. Die **Treuhandanstalt** konnte ihrerseits ihre Chancen verbessern, ihre *Option auf Desinvestition* auszuüben.

Nach Erteilung des Investitionsvorrangbescheides konnte der Abschluß des Privatisierungsvertrages erfolgen. Nach dem Investitionsvorranggesetz war der Käufer nicht nur gezwungen, sich vertraglich zu betragsmäßig bestimmten Investitionen und zur Schaffung von Arbeitsplätzen für einen Zeitraum von zwei Jahren zu verpflichten, sondern mußte sich auch einer vertraglichen Pönalisierung unterwerfen, die im Investitionsvorrangbescheid zu bezeichnen war.[3] Eine solche gesetzliche Verpflichtung zur Pönalisierung war in dem § 3a-Verfahren noch nicht vorgesehen.[4] Die Pönalisierung von Unternehmensverkaufsverträgen entsprach einer von der Treuhandanstalt bereits seit dem zweiten Halbjahr 1991 geübten Praxis. Von den in diesem Zeitraum abgeschlossenen Verträgen waren 60% der Arbeitsplätze und 64% der Investitionen durch Pönalen abgesichert. Diese Pönalisierungsanteile lagen bei den im zweiten Halbjahr 1990 abgeschlossenen Verträgen nur bei lediglich 7%.[5]

Gemäß Investitionsvorranggesetz mußte der Investor sich auch vertraglich verpflichten, die Unternehmung zurückzuübertragen, wenn er die für die ersten zwei Jahre zu-

---

1 § 7 Abs. 1 InVorG.

2 § 12 Abs. 3 InVorG.

3 § 8 Abs. 3 InVorG.

4 F. Ebbing, Verkaufspraxis, 1995, S. 160.

5 H.-U. Küpper, Vertragsgestaltung und Vertragsmanagement, 1993, S.320.

gesagten Maßnahmen nicht durchführte oder wesentlich davon abwich.[1] Vertraglich war diese Rückübertragungsverpflichtung als Rücktrittsrecht der Treuhandanstalt auszugestalten.[2] Ex ante wirkte die Wahrscheinlichkeit der Nichtausführung der vertraglich fixierten Maßnahmen und eines gleichzeitigen Verzichts des Restitutionsberechtigten c.p. restringierend auf die *Desinvestitions-Option* der **Privatisierungsagentur** hinsichtlich der betroffenen Unternehmung.[3] Der Treuhandanstalt war es dann freigestellt, von der Ausübung des Rücktrittsrechts vom Unternehmensverkaufsvertrag Gebrauch zu machen und die Unternehmung einer sekundären Privatisierung zuzuführen. Wenn der Restitutionsberechtigte jedoch auf sein Restitutionsrecht bestand, war die Treuhandanstalt zum Vertragsrücktritt und zur Restitution verpflichtet.

b) Unternehmensgrundstücke und -gebäude, die mit angemeldeten Restitutionsansprüchen belastet sind

Wie bereits oben unter Abschnitt 2.2.4.3 zum § 3a-Verfahren ausgeführt, wird auch hier der Fall von Unternehmensgrundstücken angesprochen, die für sich genommen Restitutionsansprüchen unterliegen, die betroffene Unternehmung aber im Wege eines Share Deals veräußert werden soll. Wie auch unter dem § 3a-Verfahren ist nach dem Investitionsvorranggesetz in dieser Konstellation die Durchführung eines Eigeninvestitionsverfahrens notwendig. Die Durchführung dieses Verfahrens wurde mit dem Investitionsvorranggesetz jedoch wesentlich erleichtert.[4]

Eine Treuhandunternehmung selbst als Verfügungsberechtigte kann parallel zur Veräußerung der Geschäftsanteile den Erlaß eines Eigeninvestitionsbescheides für ihre restitutionsbelasteten Immobilien beantragen.[5] Gemäß § 2 Abs. 1 Nr. 4 InVorG findet die Verfügungssperre des § 3 Abs. 3 VermG nun keine Anwendung mehr, wenn der Verfügungsberechtigte - hier die zum Verkauf stehende Treuhandunternehmung - selbst Investitionen durchführt. Das Investitionsvorrangverfahren erfordert es, daß der Verfügungsberechtigte selbst an die Stelle des Drittinvestors tritt. Grundlage dieses Antrages eines Eigeninvestitionsbescheids ist dasselbe Investitionskonzept, das auch der Übernahme der Geschäftsanteile dient. In dieser Zusammenführung der Investitionskonzepte für die Unternehmung und für ein betriebsnotwendiges restitutionsbelastetes Grundstück bestand der Vorteil des Investitionsvorranggesetzes. Ein weiterer Vorteil liegt darin, daß die Treuhandanstalt die Zuständigkeit für das Eigeninvestitionsverfahren durch eine einfache Mitteilung an die sonst zuständig gewesene Stelle an sich ziehen konnte und damit sowohl die Unternehmensveräußerung als auch das Eigeninvestitionsverfahren zeitlich koordinieren konnte.

---

1 § 8 Abs. § InVorG.

2 F. Ebbing, Verkaufspraxis, 1995, S. 160.

3 Führte der Investor vertragsgemäß die Zusagen durch, hatte der Restitutionsberechtigte in Höhe des Veräußerungserlöses, mindestens jedoch in Höhe des Verkehrswertes, einen Entschädigungsanspruch gegen die Treuhandanstalt (§§ 16 und 17 InVorG).

4 F. Ebbing, Verkaufspraxis, 1995, S. 162.

5 M. Keil, Investitionsvorrang in der Praxis, 1993, S. 89 und 91.

Bei einzelnen restitutionsbelasteten *Unternehmensgrundstücken* spielt die *Betriebsnotwendigkeit* eine große Rolle. War vor dem Investitionsvorranggesetz ausschließlich die Restitutionsbehörde für die Entscheidung über den Restitutionsanspruch zuständig (die sehr langwierig sein konnte), so konnte die Treuhandanstalt auch in dieser Frage die Zuständigkeit an sich ziehen,[1] indem sie die Betriebsnotwendigkeit bejahte. Diese Entscheidung hatte für die Restitutionsbehörde gem. § 7 Abs. 2 InVorG bindende Wirkung. Die Frage der Behandlung einzelner restitutionsbelasteter Grundstücke konnte von der Treuhandanstalt also relativ schnell gelöst werden, wenn es sich um betriebsnotwendige Grundstücke im Sinne des § 5 Abs. 1 Buchst. d) VermG handelte. Demnach mußte die Betriebsnotwendigkeit bereits am 29.9.1990 begründet worden sein. Ein gesondertes Eigeninvestitionsverfahren war nur noch notwendig, wenn die Betriebsnotwendigkeit erst nach dem 29.9.1990 begründet wurde.[2]

2.3 Kaufvertragsarrangements ohne (direkte) Wirkung auf Realoptionen der Treuhand-Unternehmungen

2.3.1 Nichtberücksichtigung von unbekannten erheblichen Vermögenswerten bei der Kaufpreisbildung

Bei Klauseln zur Vermeidung einer unrechtmäßigen Aneignung von Vermögensgegenständen durch den Käufer beim Share Deal handelt es sich nicht um Klauseln zur Sicherung treuhandspezifischer Zielsetzungen, sondern um Vereinbarungen zur Sicherung eines fairen Austausches von Leistung und Gegenleistung, wie sie auch bei "normalen" Unternehmenstransaktionen vereinbart werden. Bereits bei der Aufstellung von DM-Eröffnungsbilanzen mußte größte Sorgfalt darauf verwendet werden, daß alle Vermögensgegenstände und Schulden einer Treuhand-Unternehmung vollständig erfaßt wurden. Aufgrund der zahlreichen Umstrukturierungen und Abspaltungen von Treuhand-Unternehmungen und der zahlreichen gesetzlichen Rechtsübergänge (z.B. aufgrund des Treuhandgesetzes und der 5. Durchführungsverordnung zum Treuhandgesetz) bestand noch lange Zeit Ungewißheit über die rechtliche Zuordnung von Vermögens- und Schuldenpositionen, insbesondere im Hinblick auf Grundstücke und Beteiligungen.[3] So ist es z.B. vorgekommen, daß beim Anteilsverkauf erhebliche Vermögensgegenstände "mitverkauft" wurden, so z.B. Warenzeichen, ohne in den Kaufpreis einbezogen worden zu sein. Darüber hinaus konnte es vorkommen, daß im Falle eines Anteilsverkaufs nach vorausgegangener Teilprivatisierung - z.B. dem Verkauf einer Beteiligungsunternehmung - aus dieser vorausgegangenen Privatisierung herrührende der hier betrachteten Muttergesellschaft untypische kontingente Forderungen aus Investitions-, Beschäftigungs- und Nachbewertungsklauseln zustehen, deren Miterwerb durch den Anteilskäufer der Muttergesellschaft nicht intendiert war.[4]

---

1 M. Uechtritz, Das Zweite Vermögensrechtsänderungsgesetz, 1992, S. 1649 und 1655; M. Keil, Investitionsvorrang in der Praxis, 1993, S. 89 und 93.

2 F. Ebbing, Verkaufspraxis, 1995, S. 164.

3 G.H. Wächter et al., Klauseln Teil I, 1992, S. 296.

4 G.H. Wächter et al., Klauseln Teil I, 1992, S. 296f.

2.3.2 Abtretung von einzelwertberichtigten Forderungen

Auch bei einer Klausel, betreffend die Abtretung einzelwertberichtigter Forderungen, handelt es sich um eine Regelung zur Sicherung fairer Leistungen und Gegenleistungen zwischen Käufer und Verkäufer. Eine unmittelbare Wirkung auf die den Treuhand-Unternehmungen immanenten Realoptionen erscheint nicht angezeigt.

Die Problematik, gegen die sich die Treuhandanstalt abzusichern intendierte, lag darin, daß vor dem Unternehmensverkauf häufig erhebliche Wertberichtigungen auf Forderungen vorgenommen worden sind, die zu einer Kaufpreisreduktion führten, und später wieder auflebende Forderungen nicht durch den Kaufpreis abgedeckt wurden.

Eine besonders kuriose Situation konnte sich ergeben - und das eher in der Regel als in der Ausnahme -, wenn die einzelwertberichtigten Forderungen der privatisierten Unternehmung gegenüber einer anderen Treuhand-Unternehmung bestanden. Sie würden den Kaufpreis der Unternehmung mit wertberichtigten Forderungen senken, weil diese und eventuell zu einem späteren Zeitpunkt wider Erwarten doch eintreffenden Zahlung nicht in den Kaufpreis einfließen. Andererseits würden sie auch den Kaufpreis derjenigen Treuhand-Unternehmung senken, die die entsprechenden Beträge noch als Verbindlichkeiten in ihren Büchern stehen hat. Eine Wertberichtigung von Verbindlichkeiten ist gemäß Vorsichts- und Imparitätsprinzip des Handelsgesetzbuches nicht zulässig.

2.3.3 Rückstellungsklauseln

Rückstellungen in DM-Eröffnungsbilanzen und in Folgebilanzen spiegeln die Unsicherheit des ökonomischen Umfeldes am deutlichsten wider. Es wurden teilweise Rückstellungen für Instandsetzung, Rekultivierung, Altlasten und Sozialpläne gebildet, die mit einer erheblichen Unsicherheit behaftet waren und deren Notwendigkeit häufig nicht evaluiert werden konnte, zumindest keine Tatsachen gegen eine Rückstellungsbildung angeführt werden konnten.[1] Da die Bewertung einer Treuhand-Unternehmung in der Regel nach dem Substanzwert erfolgte, wirkten sich Rückstellungen kaufpreismindernd aus. Je höher die Rückstellungen angesetzt werden, desto geringer wird der Kaufpreis der Unternehmung. Im Ansatz der Rückstellungen selbst liegt also bereits eine preisreduzierende Ursache. Der Käufer einer Treuhand-Unternehmung wird bestrebt sein, potentielle Risiken so umfangreich wie möglich in die Unternehmensbewertung einzubeziehen. Um sich gegen überhöhte Rückstellungen abzusichern, die sich zugunsten des Käufers auswirken würden, verwendete die Treuhandanstalt Kaufvertragsklauseln, die dazu führten, daß die Differenz zwischen den in der der Unternehmensbewertung zugrunde liegenden Bilanz angesetzten Rückstellungsbeträgen und den für den ursprünglichen Verwendungszweck niedrigeren tatsächlichen Aufwendungen nachträglich vom Käufer an die Treuhandanstalt gezahlt werden mußte.[2]

---

1 K. Kiethe, Nachverhandlungen mit der Treuhandanstalt, Köln 1994, S. 136.

2 G.H. Wächter et al., Klauseln Teil I, 1992, S. 296.

Eine Rückstellungsklausel konnte z. B. folgenden Wortlaut annehmen:

"Rückstellungen
(1) Die Bilanz der Gesellschaft zum ____ weist folgende Rückstellungen auf, die in Höhe ihrer jeweiligen Beträge zu einer Reduzierung des Kaufpreises geführt haben:
(i) Rückstellung in Höhe von DM _____ für ____,
(ii) Rückstellung in Höhe von DM _____ für ____etc.
(2) Der Käufer hat die zweckgerechte Verwendung der zurückgestellten Beträge bis zum ____ zu belegen. Soweit die Verwendung für die Zwecke der Rückstellungen nach der o.g. Bilanz unangemessen oder nicht erforderlich war oder nicht ausreichend gegenüber dem Verkäufer belegt wurde, erhöht sich der Kaufpreis um die Differenz zwischen den zurückgestellten Beträgen und den für die Zwecke der jeweiligen Rückstellung tatsächlich aufgewendeten, erforderlichen, angemessenen und belegten Beträgen. Der Differenzbetrag ist vom Tage der Zahlbarkeit des Kaufpreises an zu verzinsen."[1]

Weil die Rückstellungen eine Kaufpreisreduzierung veranlassen, die dem Käufer in t_0 zugute kommt, und die lediglich eine Verschiebung der Ausgaben auf einen späteren Zeitpunkt darstellen, sofern es sich um eine realistische Schätzung der Rückstellungsbeträge handelt, die rückwirkend an die Treuhandanstalt gezahlt werden müssen, wenn der Käufer desinvestiert, wird deutlich, daß es sich lediglich um eine Vor- und Rückverlagerung von Ausgaben handelt.

Realoptionen der **Privatisierungsagentur** und des **Akquisiteurs/des Kaufobjekts** werden durch die Rückstellungsklausel nicht eingeschränkt.

2.3.4 Steuerklauseln

Unter steuerlichen Gesichtspunkten der verkauften Unternehmung und des Erwerbers ergaben sich zwangsläufig für das Verhandlungsteam der Treuhandanstalt - als eine dem Bundesministerium für Finanzen unterstehende Anstalt öffentlichen Rechts - Interessenkonflikte, weil die Treuhandanstalt an einer zügigen und ihr Zielsystem maximierenden Privatisierung interessiert war und diese Zielsetzungen möglicherweise durch für die Treuhand-Unternehmung und den Erwerber vorteilhafte steuerliche Lösungen unterstützt wurden. Durfte die Treuhandanstalt also Verträge mit für den Erwerber steuerlich optimalen Arrangements abschließen, oder war sie gehalten, sich als steuerlicher Wächter des Staates steuerlich motivierten Gestaltungen zu widersetzen?[2]

Betrachtet man die Treuhandanstalt als quasi-privaten Akteur, so ist es folgerichtig legitim und möglich, dem Käufer die steuerlichen Vorteile seiner Treuhand-Unternehmung aufzuzeigen und zu gewähren und derartige Steuervorteile kaufpreiserhöhend

---

1 G.H. Wächter et al., Klauseln Teil I, 1992, S. 296.
2 G.H. Wächter et al., Klauseln Teil I, 1992, S. 297.

anzusetzen.[1] Solche Steuervorteile liegen z.B. in dem Sonderverlustkonto nach § 17 Absatz 4 DMBilG, in den häufig im Verhältnis zur Bilanzsumme ungewöhnlich hohen Verlustvorträgen, die aufgrund der Umstellung der Bilanzen von Mark der DDR auf Deutsche Mark entstanden waren.[2] "Betrachtet man die Treuhandanstalt als 'Vollzugsorgan des Steuerrechtes', so wird fraglich, ob sie die von dem Steuergesetzgeber gewährten Vergünstigungen über den Kaufpreis zurückfordern kann. Andererseits dürfte der Erwerber bei dieser Sichtweise auch nicht erwarten, daß die Verhandlungsteams ohne weiteres an für den Käufer steueroptimalen Gestaltungen mitwirken."[3]

In der Praxis der steuerlichen Ausgestaltung der Privatisierungsverträge agierten die Privatisierungsteams der Treuhandanstalt wie quasi-private Akteure. Folgerichtig führte dies bei ihnen einerseits zu einer Akzeptanz von für den Käufer steuerlich günstigen Gestaltungen, andererseits erwarteten sie bei erheblichen Steuervorteilen, z.B. aus Verlustvorträgen oder dem Sonderverlustkonto nach § 17 Absatz 4 DMBilG, kaufpreiserhöhende Gegenleistungen.[4]

Beim Sonderverlustkonto der zu verkaufenden Treuhand-Unternehmung geschah dies in der Weise, daß ein bestimmter Prozentsatz (z.B. 50%) wie Eigenkapital behandelt wurde und somit den Kaufpreis erhöhte; bei Verlustvorträgen geschah dies dergestalt, daß ein bestimmter Prozentsatz der Steuerersparnisse daraus bei Eintritt des Steuervorteils an die Treuhandanstalt abzuführen war.[5]

3. Die Privatisierung von Treuhand-Unternehmungen und die Dimension Zeit

3.1 Übertragung der Zeitwerterkenntnisse der finanziellen Optionstheorie auf das Underlying Asset Treuhand-Unternehmung

Ein unternehmenspreisreduzierender Effekt kann darin bestehen, daß die **Privatisierungsagentur** mit immer weiterer Annäherung an den Abschlußstichtag ihrer Tätigkeit, zu relativ stärkeren Preiskonzessionen bereit war. Dieser Effekt ist äquivalent dem Zeitwertverlust ihrer *Option auf Desinvestition* (= Put-Option), der aus der abnehmenden Restlaufzeit resultiert.[6] Der Zeitwert der Optionsprämie sinkt, weil während der gesamten Laufzeit der Option ein asymmetrischer Risikoschutz zu Gunsten des Op-

---

1 G.H. Wächter et al., Klauseln Teil I, 1992, S. 297f.

2 G.H. Wächter et al., Klauseln Teil I, 1992, S. 297.

3 G.H. Wächter et al., Klauseln Teil I, 1992, S. 298.

4 G.H. Wächter et al., Klauseln Teil I, 1992, S. 298.

5 G.H. Wächter et al., Klauseln Teil I, 1992, S. 298.

6 Der Zeitwert einer Optionsprämie entspricht der Differenz zwischen Optionsprämie und innerem Wert. Der innere Wert einer Optionsprämie entspricht der positiven Differenz zwischen dem gewählten Basispreis und dem Terminkurs des Underlying Asset am Endfälligkeitstermin der Option. Vgl. H. Lipfert, Devisenoptionshandel, 1988, S. 151-153. Eine sachgerechtere Bezeichnung des inneren Wertes ist Preisuntergrenze einer Optionsprämie, weil ein Objekt per se keinen Wert haben kann, der ihm nicht vom beurteilenden Subjekt beigemessen wird, vgl. W. Stützel, Wert und Preis, 1976, Sp. 4404-4425; zur Subjekt-Objekt-Beziehung: G. Sieben, Zur Wertfindung, 1992, S. 2042f.

tionshalters und zu Lasten des Stillhalters besteht und die Eintrittswahrscheinlichkeit einer zukünftigen Kassakursentwicklung des Underlying Asset, die zur Ausübung der Option führen würde, um so geringer ist, je kürzer die Restlaufzeit der Option ist.[1] Auf Realoptionen übertragen bedeutete der zukünftige Kassakurs des Underlying Asset Treuhand-Unternehmung, daß die zukünftigen Cash-inflows die Anfangsauszahlungen für die Investition (=Basispreis der Investition) in einem beliebigen Zeitpunkt innerhalb der Optionsfrist bis zum 31. Dezember 1994 ausreichend weit übersteigen (ein kritischer positiver Kapitalwert ist äquivalent einer "in-the-money" Call-Option)[2], so daß ein potentieller Investor die Timing-Option zum Investitionsvorzug ausübt, um die ausreichend großen Cash-inflows zu vereinnahmen, und zwar selbst bei einem in t_0 negativen reinen Kapitalwert.[3] Dies kann eine Erklärung dafür sein, warum Treuhand-Unternehmungen, die in der Regel im Kaufzeitpunkt Verluste erwirtschafteten, trotzdem verkauft werden konnten. Darüber hinaus kann mit der Aufschuboption der Investoren auch eine Erklärung dafür gegeben werden, daß die Privatisierung von Treuhand-Betrieben nur langsam beginnen konnte: eben weil potentielle Investoren mit der Ausübung ihrer Aufschuboption bis zum Erreichen eines kritischen Kapitalwertes warteten.

3.2 Abhängigkeit des Preises von der Verweildauer der Unternehmung auf dem Markt für Unternehmungen

Es erscheint intuitiv plausibel, daß die erzielten Verkaufskonditionen[4] eine positive Korrelation mit der Zeit aufweisen. So muß ein Verkäufer für den schnellen Verkauf großer Wertpapierpositionen selbst auf einem funktionsfähigen Wertpapiermarkt i.d.R. einen Sofortigkeitsabschlag auf den Verkaufspreis hinnehmen.[5] Bei THA-Unternehmen handelt es sich nicht einmal um Objekte, für die es einen organisierten Handel gibt, sondern um einzigartige "large-scale capital assets" ohne zeitgleich angebotene identische Vergleichsobjekte. Für solche Assets hat Trippi 1977 eine Studie vorgelegt,[6] die mit Hilfe der kanonischen Regression untersucht, wie sich die erzielten Konditionen (= Verkaufspreis) in Abhängigkeit von der Länge der Zeit, die der Vermögensgegenstand angeboten wurde - beschrieben durch eine Cobb-Douglas-Funktion - verhalten.

---

1 H. Lipfert, Devisenoptionshandel, 1988, S.153.

2 R.A. Brealey und S.C. Myers, Principles, 1988, S.496.

3 R.A. Brealey und S.C. Myers, Principles, 1988, S.496.

4 Diese Kondition ist i.d.R. eindimensional: der Preis. Bei der THA sind die Konditionen jedoch mehrdimensional: zusätzlich zu den Verkaufserlösen müssen Arbeitsplatzgarantien, Investitionszusagen, deren Absicherungen und die Übernahme von Altlasten berücksichtigt werden.

5 H. Schmidt, Wertpapierbörsen, München 1988, S. 24f.

6 R.R. Trippi, Estimating the Relationship between Price and Time to Sale for Investment Property, in: Management Science, 23. Jg. (1977), Nr. 8, S. 838-842. Er unterstellt einen aktiven Markt, der gekennzeichnet sei durch verschieden große Orders der Käufer, die den Markt im Zeitverlauf kontinuierlich betreten und wieder verlassen. Bei den Untersuchungsobjekten handelt es sich in dieser Studie allerdings nicht um ganze Unternehmungen, sondern um Betriebsgrundstücke (die jedoch ähnlich einzigartige Eigenschaften aufweisen). Durch das besondere Interesse potentieller Investoren gerade an Betriebsgrundstücken der THA-Unternehmen kann ein enger Bezug zum Verkauf von THA-Unternehmen hergestellt werden.

Das Ergebnis seiner Untersuchung zeigt eine signifikant positive Korrelation zwischen Preis und Zeit.[1] Für einen Anbieter bestehen aber gerade darin die konfligierenden Ziele, weil er nicht beide Parameter maximieren kann, sondern die *Zeit zu minimieren* und die erzielbaren *Konditionen zu maximieren* sucht.[2] Dabei wird implizit unterstellt, daß der Verkäufer genau dann gute Konditionen erzielen kann, wenn er lang genug warte, bis sich ein Käufer findet, der bereit ist, diese Konditionen zu erfüllen.[3] Es ist hier der Frage nachzugehen und statistisch zu untersuchen, ob dieser Sachverhalt auch für die THA und ihre Unternehmensverkäufe gilt. Möglicherweise wird der Privatisierungsprozeß jedoch dadurch sachgerechter beschrieben, daß die Konditionen tendenziell unter Druck geraten, je länger ein THA-Betrieb auf einem Markt angeboten wird und Interessenten zögern, ein realistisches Gebot abzugeben. Denn zum einen handelt es sich bei dem Markt für Unternehmensprivatisierungen *nicht* notwendigerweise um einen *aktiven Markt*, wie oben in der Trippi-Studie beschrieben: Das Interesse potentieller Investoren ist über den Zeitpfad der THA-Tätigkeit nicht kontinuierlich stark. Zum anderen befindet sich das Angebot an THA-Betrieben unter einem *endlichen Zeithorizont* (vgl. Abschnitt 3.1 dieses Kapitels). Befindet sich der Anbieter unter zeitlichem Druck, wird er bereit sein, schlechtere Konditionen zu akzeptieren. Die Unternehmenspreise würden dann umso mehr unter Druck geraten, je länger eine THA-Unternehmung auf dem Unternehmensmarkt angeboten wird.

4. Zwischenergebnis

In diesem Kapitel wurden die einer Privatisierungsagentur zur Verfügung stehenden Vehikel zur Unternehmensprivatisierung hinsichtlich ihrer Wirkungen auf Realoptionen analysiert. Dabei wurde sowohl nach ex ante- und ex post-Situation als auch nach Privatisierungsagentur und Privatisierungsobjekten bzw. Investoren als auch nach Realoptionstypen differenziert. Die thematische Fokussierung wurde auf Privatisierungsmodelle, die rechtliche Ausgestaltung von Unternehmenskaufverträgen und die Dimension Zeit gelegt. Die ex ante-Situation wird wesentlich durch die Privatisierungsverfahren charakterisiert. Es konnte herausgearbeitet werden, daß käuferseitig die Timing-Option umso stärker restringiert wird, je formalisierter der Bietprozeß ist, während seitens der Privatisierungsagentur keine grundsätzliche Tendenz festzustellen war. Die Expansions-Option des Investors wird umso weniger unterstützt, je formalisierter das Privatisierungsverfahren ist. Der Auftrag der Privatisierungsagentur läßt bei ihr eine Expansions-Option irrelevant werden. Die Kontraktions-Option - verstanden als Unternehmensaufspaltungen zur Schaffung kleinerer Unternehmenseinheiten - konnte durch den Käufer und Verkäufer umso weniger beeinflußt werden, je formalisierter das Privatisierungsverfahren ausgestaltet wurde. Eine Desinvestitions-Option ist für den Käufer ex ante nicht relevant, bei der Privatisierungsagentur wird sie hingegen umso stärker unterstützt, je formalisierter das Verkaufsverfahren ausgestaltet ist. Die Switching-Option des Käufers und Verkäufers wurde im wesentlichen kaum durch die Verkaufsverfahren beeinflußt. Die Privatisierungsagentur setzt Instrumente des Privati-

---

[1] R.R. Trippi, Price and Time, 1977, S. 842.

[2] R.R. Trippi, Price and Time, 1977, S. 839.

[3] R.R. Trippi, Price and Time, 1977, S. 839.

sierungsmarketings und bestimmte operative Verkaufsverfahren zur Unterstützung ihrer Desinvestitions-Option ein. Besondere Bedeutung kam der Privatisierung im Wege des MBO bzw. MBI zu. Sie eröffneten der Privatisierungsagentur in geeigneten Branchen und Unternehmensgrößenstrukturen, ihre Desinvestitions-Option auszuüben. Die unten ausgeführten statistischen Untersuchungen werden qualitativ und quantitativ aufzeigen, wie sich MBOs und MBIs im Vergleich zu reinen Unternehmensakquisitionen durch Unternehmungen verhalten. Unter der Behandlung des rechtlichen Rahmens der Privatisierung und der rechtlichen Ausgestaltungen der Unternehmenskaufverträge wurde herausgearbeitet, daß hier die hauptsächlichen Ursachen für Realoptionsrestriktionen des Investors in der ex post-Phase liegen. Im einzelnen haben pönalisierte Beschäftigungs- und Investitionsverpflichtungen, Betriebsfortführungsklauseln und Spekulationsklauseln die Desinvestitions-Optionen bzw. Expansions-Optionen des Investors / des Privatisierungsobjektes restringiert und Investitionen in THA-Unternehmungen bereits ex ante vollständig zu Sunk Cost werden lassen. Da grundsätzlich die Interessen von Restitutionsberechtigten zu berücksichtigen waren, führten auch spätere Novellierungen der Restitutionsregelungen, mit dem Ziel der Förderung investiver Verwendungen der THA-Unternehmungen, zu keiner wesentlichen Begrenzung der rechtlichen Unsicherheit. In dem sich anschließenden 3. Kapitel werden die im theoretischen Teil erarbeiteten qualitativen Aussagen regressionsanalytisch getestet. Die Arbeit muß sich im wesentlichen auf Vertragsausgestaltungen, operative Verkaufsverfahren (MBO, MBI, M&A) und die zeitliche Dimension konzentrieren. Privatisierungs*modelle* (Auktionsmodell, Verhandlungsmodell, Vermarktungsverfahren der Praxis) können mit dem vorhandenen Datenmaterial nicht getestet werden.

3. Kapitel
Statistische Untersuchungen

Im Anschluß an eine ausführliche Diskussion des Regressanden Kaufpreis/Nettounternehmenspreis und der Aufbereitung der Regressoren folgt eine deskriptive Darstellung der Datenstruktur. Dieses Kapitel mündet schließlich in die Regressionsanalysen. Die Regressionsanalysen umfassen neben der Auswertung des Gesamtsamples (Abschnitt 4.1) auch disaggregierte Untersuchungen zu reinen Unternehmenszusammenschlüssen und -übernahmen durch Unternehmungen (M&As, Abschnitt 4.2), Management-Buyouts (MBOs, Abschnitt 4.3) und zu Management-Buyins (MBIs, Abschnitt 4.4).

1. Der Stichprobenumfang

Ausgewertet werden Daten aus dem Vertragsmanagement der Treuhandanstalt. Es liegen für 2.609 100%ig privatisierte Unternehmungen die vertraglichen Vereinbarungen zwischen Käufer und Verkäufer in anonymisierter Form vor. Über eine angegebene Treuhand-Firmenkennung läßt sich jeder Vertrag einer bestimmten Unternehmung zuordnen und mit charakteristischen Unternehmensdaten verknüpfen. Ein Branchencode definiert die Branchenzugehörigkeit einer jeden Unternehmung. In Tabelle 7 werden die vorliegenden Vertragsangaben mit ihrer jeweiligen Art der Ausprägung aufgelistet. Es handelt sich hierbei um ehemalige Treuhand-Unternehmungen, die im Zeitraum von Juni 1990 bis Februar 1994 privatisiert wurden. Auch wenn hier Daten aus dem letzten Jahr der Treuhand-Aktivitäten (1994) größtenteils fehlen, läßt sich bereits in 1993 der für 1994 erwartete Effekt drastischer Preissenkungen feststellen, wie unten gezeigt wird.

Wünschenswert sind nicht nur Daten über die Vertragsergebnisse, sondern auch Referenzwerte zur Charakterisierung der Treuhand-Unternehmung unmittelbar vor dem Verkauf. Solche Referenzwerte bestehen in dem bilanzierten Eigenkapital, dem Betriebsergebnis, den Umsatzerlösen und der Anzahl der Beschäftigten. Da das Sample zum einen durch die Engpaßvariable bilanziertes Eigenkapital, das zur Approximation des Unternehmenswertes im Sinne eines Substanzwertes herangezogen werden könnte, auf 572 Beobachtungen reduziert werden würde und durch weitere Disaggregation in MBOs und MBIs nicht mehr repräsentativ wäre, wird - anders als bei Lucke[1] - auf das Eigenkapital in der vorliegenden Untersuchung nicht zurückgegriffen. Zum anderen sind die Eigenkapitalangaben für Treuhand-Unternehmungen aufgrund der zahlreichen eigenkapitalschaffenden Sondervorschriften des DM-Bilanzgesetztes (DMBilG), die zu Sonderposten in der Bilanz einer Treuhand-Unternehmung führen und bis dahin dem deutschen Bilanzrecht fremd waren, unter Umständen stark verzerrte Approximationen für den tatsächlichen Wert der zu veräußernden Unternehmung, auch wenn von einer systematischen Verzerrung nach oben oder unten nicht ausgegangen werden muß.[2]

---

[1] B. Lucke, Privatisierungspolitik der Treuhandanstalt, 1995, S. 1-36.

[2] B. Lucke, Privatisierungspolitik der Treuhandanstalt, 1995, S. 14.

Tab. 7: Vertragliche Angaben in der Stichprobe

Vertragliche Angabe	Skalenniveau	Einheit	Ausprägung
Firmenkennung	ordinal	--	1 bis +∞
Branchencode	ordinal	--	200 bis 310
Vertragsdatum	ordinal	Tag/Monat/ Jahr	15.6.1990 bis 7.2.1994
Bundesland	nominal	--	--
Kaufpreis, fix	metrisch	DM	0 bis +∞
Kaufpreis, variabel	metrisch	DM	0 bis +∞
Risikoprämie	metrisch	DM	0 bis +∞
Sonstige Zahlungen (die zum Kaufpreis gezählt werden)	metrisch	DM	-∞ bis +∞
Nationalität des Käufers	nominal	--	--
Genehmigung des Kartellamts notwendig?	nominal	--	0;1
Altkredite vorhanden ?	nominal	--	0;1
Altkredit 1, der von THA übernommen wird	metrisch	DM	-∞ bis 0
Altkredit 2, der von THA übernommen wird	metrisch	DM	-∞ bis 0
Vereinbarung über Kredite / Bürgschaften?	nominal	--	0;1
Rückzahlung des Altkredits wird von Treuhandanstalt übernommen	metrisch	DM	-∞ bis 0
Rückzahlung des Altkredits wird von THA-Betrieb / Investor übernommen	metrisch	DM	0 bis +∞
Es handelt sich um MBO, MBI, BBO, M&A	nominal	--	MBO,MBI, BBO,MuA
Liquiditätskredite?	nominal	--	0;1
Abschlag für Altlasten, der im Kaufpreis berücksichtigt wurde.	metrisch	DM	-∞ bis 0
Investitionszusagen	metrisch	DM	0 bis +∞
Konventionalstrafe für nicht erfüllte Investitionszusagen	nominal	--	0;1
Arbeitsplatzzusagen	metrisch	Stück	0 bis +∞
Konventionalstrafe für nicht erfüllte Arbeitsplatzzusagen	nominal	--	0;1
Verbindlichkeiten der Treuhandanstalt gegenüber dem Investor	metrisch	DM	-∞ bis 0
Forderungsverzicht des THA-Betriebes / des Investors aus o.g. Verbindlichkeit der Treuhandanstalt	metrisch	DM	0 bis +∞
Forderungen der Treuhandanstalt gegenüber dem Investor	metrisch	DM	0 bis +∞
Forderungsverzicht der Treuhandanstalt aus o.g. Forderungen	metrisch	DM	-∞ bis 0

Quelle: eigene Darstellung

So sieht das DMBilG die Bildung von Ausgleichsforderungen bzw. -verbindlichkeiten in den Bilanzen von Treuhand-Unternehmungen vor.[1] Ergäbe sich bei der Aufstellung der DM-Eröffnungsbilanz nach Abzug der regulären Schulden und des Eigenkapitals eine Überschuldung der Treuhand-Unternehmung, so wurde diese bilanzielle Über-

[1] §§ 24 und 25 Gesetz über die Eröffnungsbilanz in Deutscher Mark und die Kapitalneufestsetzung (D-Markbilanzgesetz - DMBilG), Neufassung vom 4.8.1994, BGBl. 1994, Teil I, S.1851-1853.

schuldung durch die Bildung einer Ausgleichsforderung gegenüber der Muttergesellschaft beseitigt (dies war entweder unmittelbar die Treuhandanstalt selbst oder eine andere Treuhand-Unternehmung).[1] Andererseits wurden Treuhand-Unternehmungen mit sehr hohen Vermögenswerten und deutlich darunter liegenden Schulden und somit einem relativ hohen sogenannten "vorläufigen Eigenkapital" mit Ausgleichsverbindlichkeiten gegenüber der Treuhandanstalt belastet.[2] Aus dieser Situation heraus waren für die Unternehmensführungen von Treuhandbetrieben erhebliche Anreize gegeben, für ihre Vermögenssituation die niedrigstmögliche Bewertung anzusetzen[3] (oder illegal sogar niedriger anzusetzen als es die tatsächliche Vermögensposition rechtfertigt), weil vermeintlich bilanziell überschuldeten Unternehmungen über eine Ausgleichsforderung gegenüber der Muttergesellschaft zusätzliches Eigenkapital zugeführt wurde. Wurden Vermögenswerte hingegen nicht mit den niedrigsten Werten angesetzt, konnte es passieren, daß solche Unternehmungen - bei ausreichender Überschreitung des vorläufigen Eigenkapitals und der Verbindlichkeiten - mit Ausgleichsverbindlichkeiten belastet wurden.

Unter anderem hatten auch die Bilanzierung eines Kapitalentwertungskontos gem. § 28 DMBilG, die Bilanzierung eines Beteiligungsentwertungskontos gem. § 24 Abs. 5 DMBilG und die Bildung einer vorläufigen Gewinnrücklage gem. § 31 DMBilG eigenkapitalschaffende Wirkung. Das Kapitalentwertungskonto hatte die Aufgabe, die Bilanzierung einer ausstehenden Einlage zu vermeiden. Das Beteiligungsentwertungskonto neutralisierte Verbindlichkeiten aus Ausgleichsforderungen von Tochterunternehmungen. Beide Konten müssen als nicht werthaltig angesehen werden.[4] Die vorläufige Gewinnrücklage hingegen entstand aufgrund der Aktivierung von immateriellen Vermögensgegenständen und ist bei sachgerechter Ermittlung der immateriellen Vermögensgegenstände grundsätzlich werthaltig. Angaben über die Anteile von Sonderposten am bilanzierten Eigenkapital liegen in der Stichprobe nicht vor. "Zu den bereits geschilderten Problemen kommt erschwerend hinzu, daß die Bilanzdaten auch insofern nicht dieselbe Güte haben, als die Treuhandanstalt bei weitem nicht alle von den Betrieben eingereichten Bilanzen auch festgestellt hat. Obschon die nicht festgestellten Bilanzen oft stark korrekturbedürftig waren, hat die Treuhandanstalt auf die Feststellung in der Regel verzichtet, falls das Unternehmen vor Vorlage einer feststellungsreifen Bilanz privatisiert wurde. Nach einer mündlichen Auskunft der Treuhandanstalt kann der Anteil der nicht festgestellten Bilanzen durchaus bei ca. 50% gelegen haben."[5]

---

1 § 24 DMBilG.

2 § 25 DMBilG.

3 Das Niederstwertprinzip des § 253 Abs. 2 HGB schreibt nach dem kaufmännischen Vorsichtsprinzip eine solche Bewertung mit bestimmten Abstufungen für das Umlaufvermögen vor, was gerade in der Phase erhöhter Unsicherheit des ökonomischen Umfeldes, insbesondere in bezug auf Preise der Faktor- und Outputmärkte, im Transformationprozeß zu einer erheblichen Abwertung der Vermögensgegenstände führte.

4 B. Lucke, Privatisierungspolitik der Treuhandanstalt, 1995, S. 13.

5 B. Lucke, Privatisierungspolitik der Treuhandanstalt, 1995, S. 14.

In der vorliegenden Arbeit soll aufgrund der vorstehend aufgezeigten problematischen Verwendung von Eigenkapitalangaben im Gegensatz zu einer Erklärung einer Wert-Preis-Differenz die *Richtung* der *Preisveränderung* durch solche erklärenden Variablen aufgezeigt werden, die jeweils die *Wirkungsrichtung* eines bestimmten Typus *Realoption* repräsentieren, wie sie im 2. Kapitel herausgearbeitet wurde. Die vorliegende Untersuchung zieht als zu erklärende Variable die erzielten Nettounternehmenspreise heran. Eine sachgerechte Preisermittlung muß nicht nur den fixen (und variablen) Kaufpreisanteil, sondern auch darüber hinausgehende vertraglich vereinbarte Zahlungen, Forderungen und Verbindlichkeiten der Treuhandanstalt bzw. des Investors berücksichtigen. Solche Angaben liegen für ein Sample von 2.609 Unternehmensverkaufsverträgen vor.

Die Ergebnisse von vier der insgesamt 2.609 zur Verfügung stehenden Unternehmensverkaufsverträgen betreffen Unternehmensaufspaltungen. Diese Vertragsergebnisse wurden zu einem Gesamtprivatisierungsergebnis der jeweiligen Unternehmungen zusammengefaßt, um sie den lediglich für die jeweilige Unternehmung zur Verfügung stehenden Gesamt-Unternehmensdaten (wie z.B. Umsatzerlöse, Gewinn bzw. Verlust, Mitarbeiterzahlen) zum Zeitpunkt unmittelbar vor der Privatisierung gegenüberstellen zu können. Die genaue Darstellung der in dieser Untersuchung verwendeten Variablenkonstruktionen wird unten in Abschnitt 2.1 dieses Kapitels behandelt. Die Verteilung der Stichprobe der 2.609 Beobachtungen im Zeitablauf, verglichen mit den tatsächlichen Privatisierungen in der Grundgesamtheit, wird in Tabelle 8 dargestellt. Zur Wahrung der sachgerechten Darstellung der Unternehmensverkäufe im Gesamtkontext der Treuhand-Aktivitäten werden die tatsächlich von der THA durchgeführten Restitutionen und Gesamtvollstreckungen separat aufgeführt. Diese Stichprobe beträgt 41,8% der bis Ende 1993 getätigten Unternehmenstransaktionen (=Verkäufe) und kann als (ausreichend) große Stichprobe angesehen werden.

Mit 298 Beobachtungen im ersten Quartal 1991 und 385 Beobachtungen im zweiten Quartal 1991, sind diese Quartale am stärksten in der vorliegenden Untersuchung vertreten. Sie repräsentieren zusammen mit den 157 Beobachtungen aus dem vierten Quartal 1990 50% der Grundgesamtheit dieser drei Quartale. Die übrigen quartalsmäßig verteilten Beobachtungen reichen von 30,2% der Grundgesamtheit eines Quartals (3. Quartal 1991) bis 62,7% der Grundgesamtheit eines Quartals (4. Quartal 1992). Auffällig ist die im Verhältnis zu den 100%igen Unternehmensverkäufen sehr hohe Zahl der Gesamtvollstreckungen. Im Untersuchungszeitraum waren dies insgesamt 3.219 Gesamtvollstreckungen im Verhältnis zu insgesamt 6.245 reinen Unternehmensverkäufen, mithin 51,5% der reinen Unternehmensverkäufe bzw. 28,3% der als Gesamtprivatisierungen geltenden 11.384 Unternehmungen (incl. Gesamtvollstreckungen).

Da die Treuhandanstalt ein spezielles Programm zur Förderung ihrer Privatisierungstätigkeit durch MBOs aufgelegt hatte, ist anzunehmen, daß die mit MBO-Privatisierungen im Zusammenhang stehenden Intentionen der Treuhandanstalt auch die Privatisierungskonditionen und die Realoptionen der jeweiligen Investoren und ihrer akquirierten Unternehmungen unterschiedlich beeinflußt haben.

Tab. 8: Stichprobe der 2.609 Beobachtungen im Vergleich mit der Grundgesamtheit nach Jahres-Quartalen

Jahresquartale	Unternehmensverkäufe			Restitutionen [1]	Gesamtvollstreckungen [1]
	Stichprobe		Grundgesamtheit [1]		
	absolut	in % der Quartals-Grundgesamtheit			
4/1990	157	--	--	--	--
1/1991	298	50,3*	1.670*	491*	378*
2/1991	385	--	--	--	--
3/1991	281	30,2	931	140	170
4/1991	254	36,5	696	239	375
1/1992	221	30,9	715	152	504
2/1992	259	43,8	591	170	284
3/1992	230	37,5	614	212	213
4/1992	195	62,7	311	136	416
1/1993	97	40,4	240	92	293
2/1993	78	58,6	133	157	306
3/1993	69	38,8	178	98	186
4/1993	85	51,2	166	33	94
Summe	**2.609**	**41,8%**	**6.245**	**1.920**	**3.219**
Gesamtpri-vatisierungen					**11.384****

* Summe für die Quartale 4/1990, 1/1991 und 2/1991.

** Summe der Unternehmensverkäufe, Restitutionen und Gesamtvollstreckungen

Quelle: eigene Darstellung

[1] Zentrales Controlling der Treuhandanstalt

Da zu vermuten ist - wie oben in Abschnitt 1.3.2.1 des 2. Kapitels herausgearbeitet wurde -, daß die Privatisierungsergebnisse der Management-Buyouts sich von denen der Mergers & Acquisitions und Management-Buyins unterscheiden, werden die Beobachtungen einer disaggregierten Untersuchung gemäß diesen Transaktionsformen unterzogen. Um einen Gesamtüberblick über die Verteilung des Samples nach M&As, MBOs und MBIs zu erhalten, für die in den nachfolgenden Kapiteln Regressionsanalysen durchgeführt werden, werden nachfolgende Abbildungen 11 bis 14 zur Veranschaulichung gegeben.

Wie sich zunächst die Anzahl der Beobachtungen im Sample nach Jahresquartalen auf M&As, MBOs und MBIs verteilen, verdeutlichen Tabelle 9 und Abbildung 11. Wie zu erwarten, stellen M&As mit insgesamt 1.627 Verträgen den größten Anteil an den gesamten 2.609 Kontrakten, gefolgt von insgesamt 723 MBO-Kontrakten und insgesamt 259 MBI-Kontrakten. Damit repräsentieren M&A-Privatisierungen einen Anteil von 62,4%, MBO-Privatisierungen einen Anteil von 27,7% und MBIs einen Anteil von 9,9% an den gesamten erhobenen Verträgen.

Tab. 9: Verteilung der Stichproben nach Jahresquartalen und M&A, MBO und MBI

Jahres-quartale	Anzahl Verträge im Sample	davon: M&A	MBO	MBI
4/1990	157	124	22	11
1/1991	298	202	75	21
2/1991	385	244	115	26
3/1991	281	157	102	22
4/1991	254	146	88	20
1/1992	221	125	71	25
2/1992	259	133	88	38
3/1992	230	145	57	28
4/1992	195	121	39	35
1/1993	97	64	21	12
2/1993	78	53	19	6
3/1993	69	49	11	9
4/1993	85	64	15	6
Summe	**2.609**	**1.627**	**723**	**259**

Quelle: eigene Darstellung, eigene Zählungen

Aus Abbildung 11 wird die Gewichtungsverschiebung zwischen den Unternehmenstransaktionsformen im Zeitablauf deutlich. Die Beobachtungen eines Quartals bilden jeweils 100%. Während im vierten Quartal 1990 noch 79,0% der Beobachtungen auf M&As, 14,0% auf MBOs und 7,0% auf MBIs entfielen, nahm der Anteil der M&A-Privatisierungen bis zum zweiten Quartal 1992 stetig ab, auf dann noch 51,4%. Dementsprechend nahm der MBO-Anteil auf 34,0% und der MBI-Anteil auf 14,7% zu.

Der steigende Anteil von MBO und MBI ist sicherlich nicht zuletzt auf die "Treuhand-Initiative Mittelstand" zurückzuführen. Ab dem dritten Quartal 1992 nahm der Anteil der M&A-Privatisierungen bis zum Ende des Untersuchungszeitraums wieder stetig zu, auf dann 75,3%. Die Anteile der MBO- und MBI-Transaktionen gingen dementsprechend zurück. Insbesondere der Anteil der MBOs verringerte sich von 24,8% im dritten Quartal 1992 auf nur noch 17,6% im vierten Quartal 1993. Einen im Zeitverlauf kontinuierlich wachsenden Anteil nahmen MBIs ein. Ihr Anteil stieg von 7,0% im vierten Quartal 1990 auf 13,0% im dritten Quartal 1993. Leichte Rückgänge dieser Unternehmenstransaktionsform gab es im dritten Quartal 1992 und im ersten Quartal 1993 (12,2% bzw. 12,4%). Ein deutlicher Rückgang des MBI-Anteils an den Quartals-Privatisierungen ist im zweiten Quartal (7,7%) und vierten Quartal 1993 (7,1%) zu verzeichnen.

Abb. 11: Verteilung der Stichprobe nach Jahresquartalen und M&A-, MBO- und MBI-Privatisierungen für den Zeitraum 1990 bis Ende 1993 (100%=Anzahl der Gesamtbeobachtungen eines Quartals)

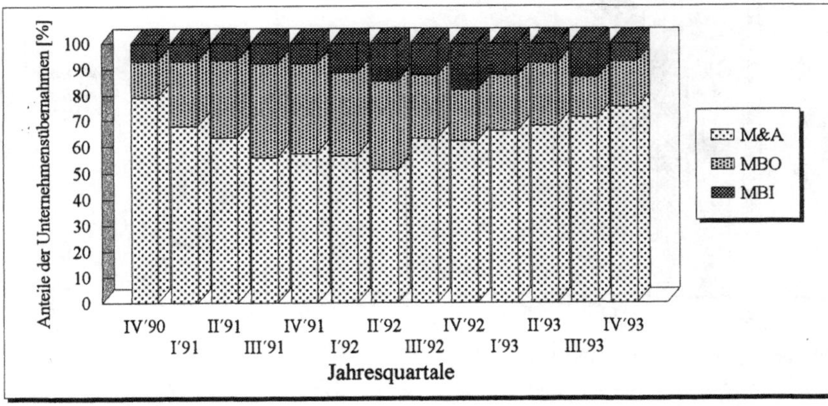

Quelle: eigene Darstellung

Abbildung 12 gibt Aufschluß darüber, mit welchen Anteilen an der Gesamtstichprobe die Beobachtungen auf die einzelnen Jahresquartale verteilt sind. Auffällig ist, daß die Quartale der Jahre 1991 und 1992 mit Anteilen von 7,5% bis 14,8% besonders stark in diesem Sample vertreten sind. In diesem Zeitraum waren auch die Anteile der MBO-und MBI-Privatisierungen am stärksten vertreten. Das größte Gewicht nahmen aber auch hier die M&A-Privatisierungen an. MBO-Privatisierungen hatten in diesem Zeitraum Anteile von 1,5% (4. Quartal 1992) bis 4,4% (2. Quartal 1991). MBI-Transaktionen repräsentierten in diesem Zeitraum 0,8% (1. Quartal 1991) bis 1,5% (2. Quartal 1992) der Gesamtbeobachtungen. Einen relativ geringen Anteil weisen die Beobachtungen der Quartale des Jahres 1993 an den 2.609 Gesamtbeobachtungen auf. Sie liegen zwischen 2,6% und 3,7% der Gesamtbeobachtungen. Hier wird deutlich, daß in der Grundgesamtheit die Anzahl der Privatisierungen durch 100%ige Unternehmensverkäufe 1993 bereits stark zurückging. Wenngleich die Anteile der 1993er Quartale an den Gesamtbeobachtungen gering sind, so repräsentieren sie dennoch zwischen 38,8% und 58,6% der jeweiligen quartalsmäßigen Unternehmensverkäufe in der Grundgesamtheit (vgl. Tabelle 8). Auffällig ist des weiteren der hohe Anteil der Beobachtungen des ersten und zweiten Quartals 1991 an den Gesamtbeobachtungen. Im ersten Quartal 1991 konzentrieren sich 11,4% der Gesamtbeobachtungen, im zweiten Quartal 1991 sogar 14,8%. Wie bereits in Abbildung 11 zu erkennen war, nehmen die M&A-Privatisierungen das größte Gewicht in der vorliegenden Analyse an, gefolgt von MBO-Transaktionen und MBI-Transaktionen.

Abb. 12: Verteilung der Stichprobe nach Jahresquartalen und M&A-, MBO- und MBI-Privatisierungen für den Zeitraum 1990 bis Ende 1993 (100%=Anzahl der Gesamtbeobachtungen der Stichprobe)

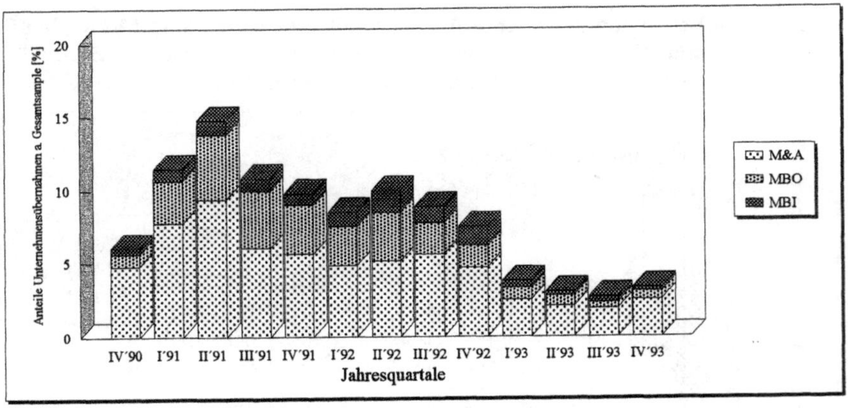

Quelle: eigene Darstellung

Da die Entwicklung einzelner Wirtschaftssektoren ganz unterschiedlich im Zeitraum 1990 bis 1992 verlaufen ist (vgl. Anhang A Entwicklung der Nettoproduktion), werden unten die Regressionsanalysen auch disaggregiert nach Branchen durchgeführt. Im folgenden Abschnitt wird daher die Struktur der Stichprobe nach Branchen und M&A-, MBO- und MBI-Transaktionen untersucht. Die gesamte Stichprobe beinhaltet 15 Branchengruppen des verarbeitenden Gewerbes und zwei Branchengruppen des Bausektors, also insgesamt 17 Branchengruppen. Die Verteilung der absoluten Kontrakt-Beobachtungen in der Stichprobe nach Branchengruppen wird in Tabelle 10 dargestellt. Die relativen Häufigkeiten innerhalb der Branchen werden in Abbildung 13, die relativen Häufigkeiten im Verhältnis zur Gesamtstichprobe in Abbildung 14 veranschaulicht.

Tab. 10: Verteilung der Privatisierungskontrakte nach Branchengruppen

Branchen-gruppen-code	Bezeichnung der Branchengruppen	Anzahl Verträge im Sample	davon M&A	MBO	MBI
200	Chemische Industrie	106	89	13	4
210	Kunststoff-, Gummi- und Asbestverarbeitung	58	36	13	9
220	Gewinnung und Verarbeitung von Steinen und Erden; Feinkeramik und Glasgewerbe	197	157	23	17
230	Eisen- und NE-Metallerzeugung, Gießerei und Stahlverformung	86	49	26	11
240	Stahl- und Leichtmetallbau	72	46	19	7
242	Maschinenbau	398	259	93	46
244	Fahrzeugbau	146	82	53	11
250	Elektrotechnik, Elektronik	141	97	32	12
252	Feinmechanik und Optik	20	13	6	1
256	EMB-Waren, Musikinstrumente, Sportgeräte, Spiel- und Schmuckwaren	94	62	25	7
260	Holzindustrie	170	101	48	21
264	Papier- und Druckgewerbe	108	72	25	11
270	Leder- und Schuhindustrie	31	17	13	1
275	Textil- und Bekleidungsindustrie	107	54	35	18
280	Nahrungs- und Genußmittelgewerbe	353	243	73	37
300	Bauhauptgewerbe	448	223	185	40
310	Ausbau- und Bauhilfsgewerbe	74	27	41	6
Summe		**2.609**	**1.627**	**723**	**259**

Quelle: eigene Darstellung

Wie aus Tabelle 10 ersichtlich ist, weisen die absoluten Beobachtungen der aggregierten Stichprobe je Branchengruppe befriedigende Größen auf. Die disaggregierte Stichprobe nach MBIs weist hingegen für zwei Branchengruppen (250: Elektrotechnik, Elektronik und 270: Leder- und Schuhindustrie) jeweils lediglich einen Vertrag auf. Für die Regressionsanalysen wird die Mindestzahl von 15 Beobachtungen angesetzt, so daß Branchen mit weniger Beobachtungen nicht mit Hilfe regressionsanalytischer Mittel analysiert werden.

Aus Abbildung 13 sind die Verteilungen der Kontrakte einer Branche nach M&As, MBOs und MBIs ersichtlich. Hier bildet die Summe der Beobachtungen einer Branche 100%. Der Anteil der M&As liegt in allen Branchen deutlich über 50%. Eine Ausnahme bilden die Industrien Bauhauptgewerbe (300) mit 49,8% und das Bauhilfsgewerbe (310) mit 36,5%. Die Anteile der MBO- und MBI-Privatisierungen sind hier dementsprechend hoch; im Bauhauptgewerbe (300): 41,3% MBOs, 8,9% MBIs und im Bauhilfsgewerbe (310): 55,4% MBOs, 8,1% MBIs. Der zweithöchste MBO-Anteil ist mit 41,9% in der Leder- und Schuhindustrie zu finden. Besonders hoch ist der M&A-Anteil in kapitalintensiven Branchen, wie der chemischen Industrie (200) und der Branche Steine und Erden (220). Der Anteil beträgt hier 84,0% bzw. 79,0%. Entsprechend gering sind die Anteile der MBOs und MBIs. In der chemischen Industrie beträgt der Anteil der MBO-Beobachtungen 12,3%, der Anteil der MBI-Beobachtungen beträgt 3,7%. In der Branche Steine und Erden beträgt der Anteil der MBO-Beobachtungen lediglich 11,7% und der Anteil der MBI-Beobachtungen 9,3%. Die drei höchsten Anteile der MBI-Beobachtungen an dem jeweiligen Branchen-Sample befinden sich mit 16,8% in der Textil- und Bekleidungsindustrie, mit 15,5% in der kunststoffverarbeitenden Industrie und mit 12,8% in der Eisen- und NE-Metallerzeugung.

Abb. 13: Verteilung der Stichprobe nach Branchen und M&A-, MBO- und MBI-Privatisierungen für den Zeitraum 1990 bis Ende 1993 (100%=Anzahl der Gesamtbeobachtungen einer Branche)

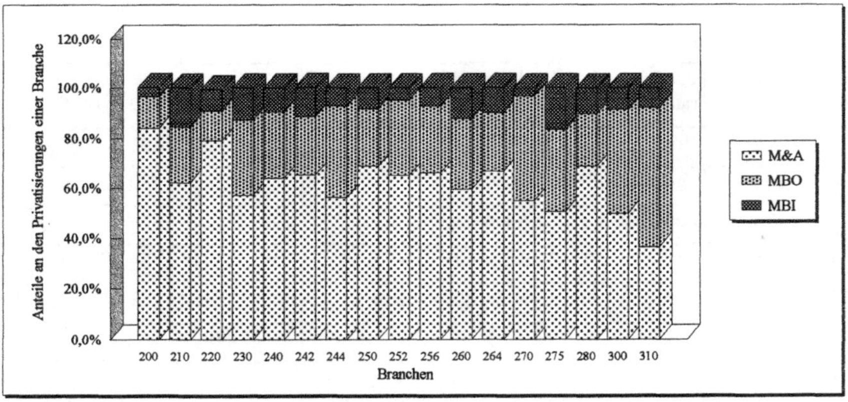

Quelle: eigene Berechnungen

Abbildung 14 gibt Aufschluß über die Gewichtung der Branchen und der in ihnen enthaltenen M&A-, MBO- und MBI-Privatisierungen an den 2.609 Gesamtbeobachtungen. Die Branchen 242 Maschinenbau (398 Unternehmensverkäufe = 15,3%), 280 Nahrung (353 Unternehmensverkäufe = 13,5%) und 300 Bauhauptgewerbe (448 Unternehmensverkäufe = 17,2%) nehmen herausragende Gewichte an. Diese Industrien repräsentieren nicht nur die höchste Anzahl von Unternehmensverkäufen einer Branche sondern weisen - gemessen an den Gesamtbeobachtungen - auch die höchsten MBO- und MBI-Privatisierungen auf. Zusammengenommen beträgt der Anteil der MBO- und MBI-Privatisierungen des Maschinenbaus 5,3%, des Nahrungsmittelgewerbes 4,2% und des Bauhauptgewerbes 8,6% der 2.609 Gesamtbeobachtungen. Mit den geringsten

Anteilen gehen die Industrien 252 Feinmechanik und Optik (20 Unternehmensverkäufe = 0,8% der Gesamtbeobachtungen) und 270 Leder und Schuhe (31 Unternehmensverkäufe = 1,2% der Gesamtbeobachtungen) in die Untersuchung ein. In den übrigen Industrien weisen die Anteile der MBOs und MBIs zusammen jeweils einen Branchenanteil am Gesamtsample von 0,7% bis 2,6% auf. Der Anteil der M&A-Beobachtungen liegt bei den übrigen Industrien zwischen 1,0% (310 Bauhilfsgewerbe) und 6,0% (220 Steine und Erden).

Abb. 14: Verteilung der Stichprobe nach Branchen und M&A-, MBO- und MBI-Privatisierungen für den Zeitraum 1990 bis Ende 1993(100%=Anzahl der Gesamtbeobachtungen der Stichprobe)

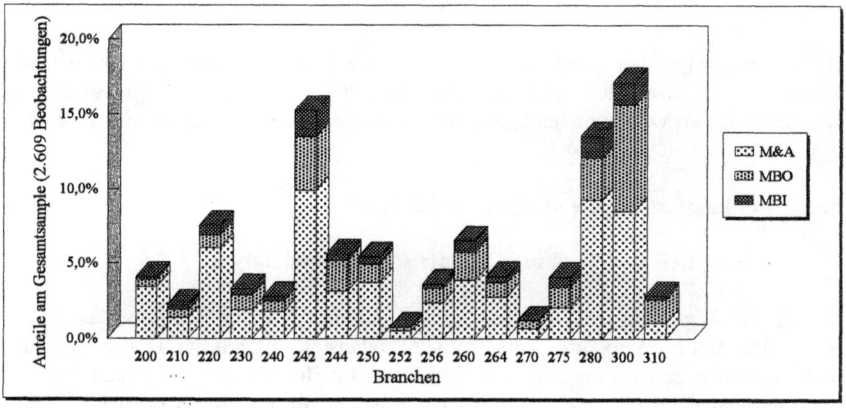

Quelle: eigene Darstellung

Zusammenfassung und weitere Vorgehensweise

In diesem Abschnitt wurde eine Analyse des Stichprobenumfangs dergestalt vorgenommen, daß die Stichprobe zum einen nach Jahresquartalen zum anderen nach Branchen strukturiert wurde. Aufgrund eines Vergleichs der Stichprobe mit der Grundgesamtheit ergab sich, daß 41,8% der ehemaligen Treuhand-Unternehmungen, die zu 100% in der Zeit von Juni 1990 bis Februar 1994 im Wege eines M&A-Geschäfts, eines MBO oder eines MBI verkauft worden waren, in die vorliegende Untersuchung eingegangen sind. Die Stichprobe kann daher als hinreichend repräsentativ angesehen werden. Die Strukturanalyse nach Jahresquartalen ergab, daß die Quartale der Jahre 1991 und 1992 ähnlich hohe Gewichte aufwiesen, hingegen das vierte Quartal 1990 und die Quartale des Jahres 1993 relativ zu den Gesamtbeobachtungen geringere Gewichte aufwiesen, jedoch im Verhältnis zu der jeweiligen quartalsmäßigen Grundgesamtheit nicht unterrepräsentiert waren.

Die Strukturanalyse nach Branchen hat eine starke Gewichtung der Branchen Maschinenbau, Nahrungs- und Genußmittel und Bauhauptgewerbe offengelegt. Dies ist darin begründet, daß exakt diesen Branchen auch in der Grundgesamtheit des verarbeitenden Gewerbes die höchsten Anteile zukommen.[1]

Die nach Jahresquartalen und Branchen durchgeführte Strukturanalyse für M&As, MBOs und MBIs hat ergeben, daß jeweils den M&A-Transaktionen die größte, den MBO-Transaktionen die zweitgrößte und den MBI-Transaktionen die drittgrößte Häufigkeit zukommt. Die Quartalshäufigkeit der MBO- und MBI-Transaktionen stieg bis zum zweiten Quartal 1992 an, um dann wieder bis Ende 1993 zurückzugehen. Bei Betrachtung der Branchen ergaben sich die größten Häufigkeiten von MBO- und MBI-Transaktionen im Bauhaupt- und im Bauhilfsgewerbe und in der Leder- und Schuhindustrie.

In dem nachfolgenden Kapitel werden die in die Regressionsanalysen einfließenden Variablen und die zur deskriptiven Statistik (die dem Abschnitt der Regressionsanalysen vorangestellt wird) notwendigen Indikatoren in ihrer Konstruktion beschrieben.

2. Indikatoren für die statistische Analyse

2.1 Konzeption der Variablen für die Regressionsanalyse

Die in der Regressionsanalyse verwendete endogene Variable ist grundsätzlich der Nettoerlös, den der Verkäufer - die Treuhandandanstalt - erzielt hat. Dieser Nettoerlös muß zusätzlich zu dem erzielten Kaufpreis und der Hingabe der Unternehmung auch die zahlreichen Neben- und Zusatzlasten erfassen, die die Treuhandanstalt in dem umfangreichen Kaufvertragswerk dem Käufer gewährt hatte. Unter den für die Treuhandanstalt entstehenden Zusatzlasten sind nicht nur solche Positionen zu verstehen, die sie aufgrund des Unternehmenskaufvertrages dem Käufer tatsächlich zahlen muß (Cash-out-flow) - z.B. für Umweltaltlasten - sondern in weitaus größerem Umfange solche Positionen, die die Treuhandanstalt der Treuhand-Unternehmung vor der Privatisierung gewährt hatte und auf deren Rückzahlung sie aufgrund des Kaufvertrages verzichtet (Verzicht auf Cash-inflow). Solche Positionen führen bei dem Verkäufer zu einem Forderungsausfall, damit zu Aufwand und somit zu einem Verlust aus diesen Positionen. Aus diesem Grund dürfen sie nicht aus der Berechnung eines Nettoverkaufserlöses ausgeklammert werden. Eine solche Betrachtung wäre innerhalb des gegebenen möglichen Berechnungsrahmens unvollständig.

Die in der Stichprobe vorhandenen Zusatzlasten der Treuhandanstalt sind aus der o.g. Tabelle 7 ersichtlich. Aus diesen Einzelangaben wurde die Variable Nettoerlös wie folgt konstruiert:

---

[1] W. Fischer et al. (Hrsg.), Treuhandanstalt, 1993, S. 547.

Abb. 15: Berechnung des Nettoverkaufserlöses für eine Treuhand-Unternehmung

	Kaufpreis, fix (incl. Mehrwertsteuer)
+	Sonstige Zahlungen (die zum Kaufpreis gezählt werden)
./.	Verbindlichkeiten der THA gegenüber dem Investor
+	Forderungsverzicht des THA-Betriebes / des Investors aus zuvor genannten Verbindlichkeiten der THA
+	Forderungen der THA gegenüber dem Investor
./.	Forderungsverzicht der THA aus zuvor genannten Forderungen
./.	Altkredite, die von der THA übernommen werden[1]
=	**Nettoerlös der THA** aus dem Verkauf einer Einzelunternehmung.

Quelle: eigene Darstellung

Bei der Variablen Nettoerlös handelt es sich um eine cashflow-orientierte Größe aus der Perspektive des Unternehmensverkäufers Treuhandanstalt. In diesen Cash-flow oder zu Cash-flow werdenden Positionen (bzw. auf Cash-flow verzichtende Positionen) sind aus normativer Sicht grundsätzlich diejeniegen Zahlungen einzubeziehen, die die Treuhandanstalt unmittelbar nach Vertragsabschluß vom Käufer erhalten wird (fixer Kaufpreis, sonstige Zahlungen und die Nettoforderung bzw. -verbindlichkeit, die sich aus der Aufrechnung gegenseitiger Forderungen und Verbindlichkeiten zwischen Treuhandanstalt und Treuhand-Unternehmung respektive Investor ergeben) oder in Abhängigkeit von der Unternehmensentwicklung in der ferneren Zukunft erhalten wird (variabler Kaufpreisbestandteil, Risikoprämie). Andererseits werden diejenigen Zahlungen einbezogen, die die Treuhandanstalt oder staatliche Stellen der früheren Planwirtschaft in der Vergangenheit an die Treuhand-Unternehmung und somit aufgrund des Kaufvertrages an den Investor geleistet hatten und nach dem Unternehmensverkauf nicht zurückerhalten (die in Tabelle 7 genannten Altkredite, die von der Treuhandanstalt zurückgezahlt werden). In die Variable Nettoerlös werden nur diejenigen Vereinbarungen aufgenommen, die im Zeitpunkt des Unternehmensverkaufs zu einer sicheren Ermittlung des Nettoerlöses führen. D.h. von den angegebenen Kaufpreisbestandteilen wird der fixe Kaufpreis einbezogen, nicht jedoch die von der zukünftigen Unternehmensentwicklung abhängigen Bestandteile "Kaufpreis, variabel"[2] und "Risikoprämie". Diese beiden Kaufpreisbestandteile sind zudem nur in sehr geringem Umfange in den Kaufverträgen genutzt worden und sind damit in der überwiegenden Zahl mit Null-Werten in dieses Sample eingegangen, wie unten in der Analyse der Häufigkeitsverteilungen einzelner Variablendaten zu sehen sein wird.

---

1 Diese von THA übernommenen Altkredite bestehen aus den in der Tabelle 7 genannten Positionen "Altkredit 1", "Altkredit 2" und "Rückzahlung des Altkredits wird von der Treuhandanstalt übernommen".

2 Der variable Kaufpreisanteil berücksichtigt die zu einem späteren Zeitpunkt zu ermittelnden Werte, z.B. das Ergebnis von Inventuren, Nachbewertungen des Umlaufvermögens, Kaufpreisanpassungen aufgrund von Grundstücksnachvermessungen etc.

"Sonstige Zahlungen (die zum Kaufpreis gezählt werden)" sind hingegen bereits im Kaufvertrag fest vereinbart. Von ihrer Vereinbarung wurde in den Verträgen häufig Gebrauch gemacht, sie gehen in entsprechendem Umfange in die Stichprobe ein.

In die Berechnung der Nettoerlöse geht auch der Nettobetrag aus Forderungen und Verbindlichkeiten zwischen der THA-Unternehmung bzw. Investor und Treuhandanstalt ein, sofern sie zusätzlich zum Kaufpreis bestehen. Sie sind in der o.g. Berechnung einzeln aufgeführt und bestehen aus:

- "Verbindlichkeiten der Treuhandanstalt gegenüber dem Investor"; sie sind eine Verpflichtung der Treuhandanstalt und mindern somit den Nettoerlös aus dem Unternehmensverkauf;
- "Forderungsverzicht des THA-Betriebes / des Investors aus zuvor genannter Verbindlichkeit der THA"; weil es sich aus der THA-Perspektive um eine Verbindlichkeit handelt, die ihr erlassen wird, vermindert sie die brutto ausgewiesenen "Verbindlichkeiten der Treuhandanstalt gegenüber dem Investor" und erhöht netto die Verkaufserlöse; sie werden deshalb zum Kaufpreis addiert;
- die brutto ausgewiesenen "Forderungen der THA gegenüber dem Investor" erhöhen die Verkaufserlöse; sie werden zum Kaufpreis addiert;
- dort, wo die THA ganz oder teilweise auf ihre zuvor genannten Brutto-Forderungen gegenüber dem Investor verzichtet, mindern sie die Verkaufserlöse; ein "Forderungsverzicht der THA aus zuvor genannten Forderungen" wird deshalb von dem Kaufpreis (bzw. von den Brutto-Forderungen, wenn nur der Teilbereich der Forderungen und Verbindlichkeiten betrachtet wird) subtrahiert.

Altkredite, die nicht von der verkauften ehem. THA-Unternehmung zurückgezahlt werden müssen, sondern von der THA übernommen werden, vermindern das Ergebnis der THA aus dem Unternehmensverkauf. Solche Altkredite werden deshalb von dem vertraglich fixierten Verkaufspreis subtrahiert. Im Bereich der Altkredite existieren drei verschiedene Angaben: Sowohl "Altkredit 1, der von der THA übernommen wird" als auch "Altkredit 2, der von der THA übernommen wird" werden im Vetragsmanagement der BVS unter der Rubrik "Altkredite" geführt und beziehen sich jeweils auf getrennte Kreditverträge (i.d.R. gegenüber unterschiedlichen Kreditgebern).

In Tabelle 11 werden die in die Regressionsanalysen einfließenden Variablen übersichtlich dargestellt und nachfolgend in Einzelfällen weiter erläutert. Um eine Unabhängigkeit von der jeweiligen Unternehmensgröße zu erreichen und die Unternehmens- bzw. Vertragsdaten untereinander vergleichbar zu machen, wurden die Indikatoren grundsätzlich unternehmensgrößenspezifisch normiert. Als Normierungsgröße wurde die letzte Umsatzangabe einer jeden THA-Unternehmung herangezogen. Indikatoren die von der Unternehmensgröße unabhängig sind, wurden nicht normiert.

kp_ue

Die Variable berechnet sich für jede Einzelunternehmung auf der Grundlage der oben in Abb. 15 herausgearbeiteten Methodik zur Ermittlung der Nettoverkaufserlöse (zusammengefaßt zur Variablen **kprs**), dividiert durch die letzte Umsatzangabe (zusammengefaßt zur Variablen **ue**). Aufgrund der Normierung mit den Umsatzerlösen der THA-Unternehmung liegen die Variablenausprägungen als Verhältniszahlen vor.

Tab. 11: Die in den Regressionen verwendeten Variablen und ihre Inhalte

lfd. Nr.	Bezeichnung der Variablen	Bedeutung der Variablen
1.	kp_ue	Nettoverkaufserlös der THA im Verhältnis zur letzten Umsatzangabe der betreffenden THA-Unternehmung unmittelbar vor der Privatisierung (Umsatzmultiplikator)
2.	i_ue	Investitionszusagen des Investors im Verhältnis zur letzten Umsatzangabe
3.	ap_ue	Arbeitsplatzzusagen des Investors im Verhältnis zur letzten Umsatzangabe
4.	gv_ue	die letzte Unternehmensgewinnangabe (bzw. -verlustangabe) unmittelbar vor der Privatisierung im Verhältnis zur letzten Umsatzangabe (Umsatzrendite)
5.	gv_ue_va	Varianz der gv_ue innerhalb einer Branchengruppe
6.	poenal1	vorhandene (1) oder nicht vorhandene (0) Pönalisierung der Investitionszusagen
7.	poen1_va	Varianz der poenal1 innerhalb einer Branchengruppe
8.	poenal2	vorhandene (1) oder nicht vorhandene (0) Pönalisierung der Arbeitsplatzzusagen
9.	poen2_va	Varianz der poenal2 innerhalb einer Branchengruppe
10.	markttag	Verweildauer der THA-Unternehmung auf dem Markt für Unternehmensverkäufe [in Tagen]
11.	arbeitpl	Anzahl der Arbeitsplätze der THA-Unternehmung unmittelbar vor der Privatisierung
12.	buerg	Bankbürgschaft des Käufers liegt vor (1) bzw. liegt nicht vor (0)
13.	gesetz	Inkrafttreten eines Gesetzesbündels zur Förderung von Investitionen in den neuen Bundesländern
14.	gv_var	Varianz des nicht normierten THA-Unternehmensgewinns/-verlustes innerhalb einer Branchengruppe

Quelle: eigene Darstellung

i_ue

Angaben über die Investitionszusagen (zusammengefaßt zur Variablen **invzusag**) eines Investors für die übernommene Treuhand-Unternehmung liegen in vollen DM vor. Durch die unternehmensgrößenabhängige Normierung ergibt sich hier eine Verhältniszahl. Die Variable dient als Indikator einer auf zukünftigen Investitions*verpflichtungen* basierenden Restringierung des mit der THA-Unternehmung verbundenen Bündels Realoptionen.

ap_ue

Angaben über die Arbeitsplatzzusagen (zusammengefaßt zur Variablen **apzusage**) eines Investors für die übernommene Treuhand-Unternehmung liegen in der Anzahl von Vollzeitarbeitsplätzen vor. Durch die unternehmensgrößenabhängige Normierung ergibt sich hier eine Verhältniszahl. Die Variable dient als Indikator einer Restringierung des mit der THA-Unternehmung verbundenen Bündels Realoptionen, die auf der Verpflichtung zur zukünftigen Bereitstellung von Arbeitsplätzen basiert.

gv_ue

Diese Variable (Umsatzrendite) wird aus den Jahres-Betriebsergebnissen (zusammengefaßt zur Variablen **gv**) der veräußerten Treuhand-Unternehmungen berechnet, d.h. das aus den Ergebnissen des operativen Geschäfts vor Berücksichtigung des Finanzergebnisses und außerordentlicher Einflüsse. Die Betriebsergebnis-Angaben liegen in vollen DM vor; ein Gewinn geht mit positivem Vorzeichen in Analyse ein, ein Betriebsverlust mit negativem Vorzeichen. Da für eine Treuhand-Unternehmung die Ergebnisse häufig für mehrere zurückliegende Jahre vorliegen, letztendlich aber für jede Unternehmung nur eine Zahl in die Regressionsgleichung aufgenommen werden kann, mußte die Entscheidung für eine der folgenden Alternativen gefällt werden:

1. der Mittelwert der zurückliegenden Jahresergebnisse oder
2. das letztgenannte Betriebsergebnis, auch wenn es erst in dem Jahr des Vertragsabschlusses erzielt wird.

Es wurde die zweite Alternative gewählt, weil eine zu starke Einbeziehung der außerordentlichen Einflüsse aus den ersten Jahren der Transformation (wie sie in die erste Variante einfließen würden) einer sachgerechten Beurteilung der Zukunftsperspektiven einer Unternehmung nicht dienlich sein kann. Entscheidend für die Unternehmensbewertung im Lichte von Realoptionen (aber auch bereits bei der Unternehmensbewertung nach der Ertragswert- oder der Discounted Cash-flow-Methode) sind aber gerade die Zukunftsperspektiven der zu bewertenden Unternehmung (vgl. Abschnitt 3 im 1. Kapitel). Liegt die Betriebsergebnis-Angabe nur für das laufende Jahr des Kaufvertragsdatums vor, wird diese Angabe verwendet, weil davon auszugehen ist, daß das prognostizierte Jahresergebnis in der Unternehmensbewertung antizipiert wurde. Auch in den Fällen, in denen zwar Vorjahresangaben vorliegen, der Vertragsabschluß aber in die letzten beiden Monate des Geschäftsjahres fällt, wird unter derselben Annahme die Ergebnisangabe des laufenden Privatisierungsjahres präferiert. Zwar handelt es sich bei diesen Gewinn- bzw. Verlustangaben noch immer um vergangenheitsbezogene Daten. Angesichts der Tatsache, daß hierüber keine Zukunftsschätzungen vorliegen, können diese Daten als sachgerechte beste Schätzer aufgefaßt werden.

gv_ue_va
Die Branchenvarianz ermittelt sich aus den Einzelausprägungenen der Variablen gv_ue. Diese Variable ist ein Indikator für die Unsicherheit der Gewinnströme der Einzelunternehmungen.

poenal1
Da die hierzu vorliegenden Angaben in der zur Verfügung gestellten Erhebung alphanumerisch sind - "ja" = Investitionszusagen des Investors sind pönalisiert, "nein" = Investitionszusagen sind nicht pönalisiert - wurde eine Recodierung dergestalt vorgenommen, daß die Angabe "nein" den Wert 0 zugewiesen bekommt und "ja" den Wert 1. Die Pönalisierung der Investitionszusagen dient als Indikator für zukünftige Restriktionen der Nutzungsmöglichkeiten der privatisierten Unternehmung, die sich aus einer angespannten finanziellen Situation der Unternehmung aufgrund von pflichtgetreu durchgeführten Investitionen ergibt. Dies bedeutet eine Restringierung der Expansions-Option der privatisierten Unternehmung und muß zu einer Kaufpreisreduktion führen.

poen1_va
Der Inhalt dieser Variable wird aus den Einzelausprägungen der Variablen poenal1 für jede Branchengruppe ermittelt. Die Branchenvarianz der Investitionspönalisierung ist ein Indikator für die Unsicherheit aus politisch-sozial motivierten Interventionen in die Vertragsverhandlungen.

poenal2
Hier wurde für die Pönalisierungsangaben in bezug auf die Arbeitsplatzgarantien entsprechend vorgegangen wie bei den Variablen poenal1. Die dort gemachten Aussagen über die Indikatoreigenschaft gelten mit Bezug auf die Arbeitsplatzzusagen auch hier.

poen2_va
Der Variableninhalt wird analog poen1_va berechnet. Die gleiche Indikatoreigenschaft wie poen1_va kommt poen2_va mit Bezug auf die Arbeitsplatzgarantien zu.

markttag
Diese Variable berechnet sich aus der Anzahl von Tagen, die zwischen Beginn der Treuhand-Privatisierungstätigkeiten und dem Tage des Vertragsabschlusses vergangen sind und gibt damit die Verweildauer der Unternehmung auf dem Markt für Unternehmenstransaktionen an. Die Einheit der Variablen sind Tage. Die Präsenzdauer auf dem Markt für Unternehmungen hat Einfluß auf den Zeitwert einer Option, der Bestandteil des Gesamtoptionswertes ist und sollte somit in die Regressionsanalyse einfließen. Als Datum des Beginns der Treuhand-Privatisierungsaktivitäten wird der 15. März 1990 gewählt, nicht der 17. Juni 1990 (Beschluß des Treuhandgesetzes) oder der 1. Juli 1990 (Beginn der Währungs-, Wirtschafts- und Sozialunion). Bereits am 15. März 1990 - gleich nach der Verabschiedung ihres Statuts - konstituierte sich die Treuhandanstalt in ihrer ersten Gestalt unter der Modrow-Regierung der DDR.[1] Dem

---

[1] W. Fischer und H. Schröter, Die Entstehung der Treuhandanstalt, in: W. Fischer et al., (Hrsg.), Treuhandanstalt, 1993, S. 30.

Selbstverständnis dieser Ur-Treuhandanstalt nach bestanden ihre Aufgaben zwar noch vornehmlich in der Umwandlung und Entflechtung der Kombinate und deren Vorbereitung auf die Währungs-, Wirtschafts- und Sozialunion. Aber bereits vor Inkrafttreten der Währungs-, Wirtschafts- und Sozialunion hatten sich Investoren frühzeitig nach denen für sie interessanten Unternehmungen der DDR informiert, sind Kooperationen eingegangen oder haben Joint-Ventures gegründet. Dies waren vor allem solche westdeutschen Unternehmungen, die in der Vergangenheit einen Sitz auf dem Gebiet der späteren DDR hatten und eine Übernahme dieses Alt-Betriebes in Erwägung zogen.

arbeitpl

Die unmittelbar vor der Privatisierung noch vorhandene Anzahl der Arbeitsplätze einer THA-Unternehmung dient als Indikator für den Einfluß der Unternehmensgröße (hier als für ehemalige Kombinate typischer kurzfristig fixer großer Personal-Kostenblock) auf den Kaufpreis.

buerg

Da es häufig für den Abschluß eines Unternehmenskaufvertrages mit der Treuhandanstalt zur notwendigen Bedingung gemacht wurde, daß der Käufer eine Bankbürgschaft zur Absicherung der Kaufpreiszahlung stellt, geht diese Variable mit den Werten 1 für das Vorliegen einer Bankbürgschaft und 0 für das Nichtvorliegen einer Bankbürgschaft in die Untersuchung ein. Die Variable ist ein Indikator für die Kreditrationierung bzw. die Liquiditätsbeschränkung des Käufers und die Wirkung daraus auf den Unternehmenskaufpreis.

gesetz

Diese Variable markiert das Inkrafttreten von drei für die Privatisierungsbeschleunigung und Investitionsförderung wichtigen Gesetzen zum 22. Juli 1992: Zweites Vermögensrechtsänderungsgesetz (2. VermRÄndG), Investitionsvorranggesetz (InVorG) und die Neufassung des Vermögensgesetzes (VermG) (vgl. oben 2. Kapitel Abschnitt 2.2.2 Gesetzgebungschronik der Restitutionsregelungen). Jeder Einzelkontrakt mit einem Kontraktdatum vor dem 22. Juli 1992 erhält die Ausprägung 0 zugewiesen, jeder Kontrakt mit einem Kontraktdatum 22. Juli 1992 oder später die Ausprägung 1. "Gesetz" dient als Indikator für die Wirkung von Gesetzen zur Investitionsförderung in einem grundsätzlich der Restitutionsregelung verhafteten Rechtsumfeld.

gv_var

Die Varianz des nicht unternehmensgrößennormierten Unternehmensgewinns bzw. -verlusts dient als Indikator für die Branchenunsicherheit / Umfeldunsicherheit.

Nachdem oben die Konzeptionen und Berechnungsmethoden derjenigen Variablen aufgezeigt wurden, die gemäß dem Modell der Realoptionen in die Regressionsanalysen des 4. Kapitels einfließen müssen, wird im folgenden Abschnitt die Datenstruktur analysiert.

2.2 Die Datenstruktur

Die im vorangegangenen Abschnitt herausgearbeiteten erklärenden Variablen der Regressionsanalyse werden nachfolgend in ihrer vorliegenden Struktur in der Stichprobe beschrieben. Ein methodisches Problem ergibt sich bei der Bildung der oben genannten Verhältniszahlen, wenn der Umsatz, also der Nenner, den Wert Null annimmt. Der Quotient kann dann nicht berechnet werden, wodurch die Stichprobe dezimiert wird.

Es ist davon auszugehen, daß die im Vertragsmanagement fixierten Arbeitsplatz- und Investitionszusagen eine rechtlich bindende Wirkung haben und gegenüber dem Investor eingeklagt werden können. Darüber hinaus gab es Investoren mit einer starken Verhandlungsposition gegenüber der Treuhandanstalt - insbesondere große Investoren - , deren Investitionspläne umfangreiche und langfristige Investitionen vorsahen, mit denen auch Arbeitsplatzsicherungen einhergehen und bei denen die Treuhandanstalt von einer vertraglichen Fixierung der Arbeitsplatzsicherungen absah.[1] Solche Arbeitsplätze schaffenden Investitionen können hier nicht statistisch untersucht werden.

2.2.1 Die Gesamtstichprobe

Durch die Einbeziehung der Nebenforderungen und -verbindlichkeiten, die nicht für alle 2.609 Verträge vorliegen, dezimiert sich auch die Gesamtzahl der Kaufpreise auf insgesamt 1.520 Beobachtungen. Davon sind 539 Kaufpreise negativ. Dies sind 35% der beobachteten Kaufpreise. 10 Kaufpreise weisen eine Ausprägung von exakt DM 0,-- auf. 9 Unternehmungen wurden für DM 1,-- verkauft.

Gewinn- bzw. Verlustangaben lagen für insgesamt 1.877 Beobachtungen vor. Dabei handelte es sich in 940 Fällen (= 50% der 1.877 Gewinn-/Verlustbeobachtungen) um einen Verlust. In 573 Fällen nimmt die Variable gv exakt die Ausprägung Null an (= 31% der Gewinn-/Verlustbeobachtungen).

Investitionszusagen wurden in 2.110 Kaufverträgen festgeschrieben. Davon waren 1.746 Zusagen pönalisiert. Aus dem Datenmaterial geht jedoch nicht hervor, welcher Teil der Investitionszusagen in welcher Höhe pönalisiert wurde. Arbeitsplatzzusagen wurden in 2.279 Kaufverträgen festgeschrieben. Davon waren 2.000 Zusagen pönalisiert. Auch hier geht aus dem Datenmaterial nicht hervor, welcher Teil der Arbeitsplatzzusagen in welcher Höhe pönalisiert wurde. 1.614 Verträge enthalten *sowohl* Arbeitsplatz- *als auch* Investitionsverpflichtungen.

2.2.2 Mergers & Acquisitions

Durch die Einbeziehung der Nebenforderungen und -verbindlichkeiten, die nicht für alle 1.627 M&A-Kontrakte vorliegen, dezimiert sich die Gesamtzahl der Kaufpreise

---

[1] Gespräch mit Dr. M. Schumann, Referatsleiter Vertragsmanagement Grundsatz, am 17. Juni 1994.

auf insgesamt 923 Beobachtungen. Davon sind 353 Kaufpreise negativ. Dies sind 38% der beobachteten M&A-Kaufpreise. 10 Kaufpreise weisen eine Ausprägung von exakt DM 0,-- auf. 7 Unternehmungen wurden für DM 1,-- verkauft.

Gewinn- bzw. Verlustangaben lagen für insgesamt 1.125 M&A-Beobachtungen vor. Dabei handelte es sich in 608 Fällen (= 54% der 1.125 Gewinn-/Verlustbeobachtungen) um einen Verlust. In 339 Fällen nimmt gv die Ausprägung Null an (= 30 % der Gewinn-/Verlustbeobachtungen).

Investitionszusagen wurden in 1.267 Kaufverträgen festgeschrieben. Davon waren 1.042 Zusagen pönalisiert (= 82,2% der Investitionszusagen). Arbeitsplatzzusagen wurden in 1.353 Kaufverträgen fixiert. Davon waren 1.177 Zusagen pönalisiert (= 87,0% der Arbeitsplatzzusagen).

2.2.3 Management-Buyouts

Durch die Einbeziehung der Nebenforderungen und -verbindlichkeiten, die nicht für alle 723 MBO-Kontrakte vorliegen, dezimiert sich die Gesamtzahl der MBO-Kaufpreise auf insgesamt 445 Beobachtungen. Davon sind 129 Kaufpreise negativ. Dies sind 28% der beobachteten Kaufpreise. Keiner der Kaufpreise ist exakt gleich DM 0,-- oder DM 1,--.

Gewinn- bzw. Verlustangaben lagen für insgesamt 545 MBO-Beobachtungen vor. Dabei handelte es sich in 219 Fällen (= 40% der 545 Gewinn-/Verlustbeobachtungen) um einen Verlust. In 177 Fällen nimmt gv die Ausprägung Null an (= 32% der Gewinn-/Verlustbeobachtungen).

Investitionszusagen wurden in 619 Kaufverträgen festgeschrieben. Davon waren 520 Zusagen pönalisiert (= 84,0% der MBO-Investitionszusagen). Arbeitsplatzzusagen wurden in 683 Kaufverträgen festgeschrieben. Davon waren 614 Zusagen pönalisiert (= 89,9% der MBO-Arbeitsplatzzusagen).

2.2.4 Management-Buyins

Durch die Einbeziehung der Nebenforderungen und -verbindlichkeiten, die nicht für alle 259 MBI-Kontrakte vorliegen, dezimiert sich die Gesamtzahl der MBI-Kaufpreise auf insgesamt 152 Beobachtungen. Davon sind 59 Kaufpreise negativ. Dies sind 39% der beobachteten MBI-Kaufpreise. Kein Kaufpreis weist eine Ausprägung von exakt DM 0,-- auf. 2 Unternehmungen wurden für DM 1,-- verkauft.

Gewinn- bzw. Verlustangaben lagen für insgesamt 207 Beobachtungen vor. Dabei handelte es sich in 112 Fällen (= 54% der 207 Gewinn-/Verlustbeobachtungen) um einen Verlust. In 57 Fällen nimmt gv die Ausprägung Null an (= 28% der Gewinn-/Verlustbeobachtungen).

Investitionszusagen wurden in 224 MBI-Kontrakten festgeschrieben. Davon waren 184 Zusagen pönalisiert. Arbeitsplatzzusagen wurden in 243 Kontrakten festgeschrieben. Davon waren 209 Zusagen pönalisiert.

3. Übersicht der wichtigsten Indikatoren im Vergleich zwischen M&A-, MBO- und MBI-Transaktionen

Um vor der Behandlung der Regressionsanalysen einen Überblick darüber zu erhalten, wie sich die wesentlichen Eckdaten der Übernahmeverträge - nämlich Unternehmenspreise, Investitions- und Arbeitsplatzgarantien und deren Pönalisierungen - bei M&As, MBOs und MBIs verhalten, werden die dazu ermittelten Indikatoren jeweils in einem direkten Vergleich der drei Unternehmenstransaktionen gegenübergestellt. Es werden dazu einige Indikatoren notwendig, die in der Regressionsanalyse nicht verwendet werden und deshalb erst an dieser Stelle erläutert werden. Diese deskriptive statistische Analyse wird jeweils nach Branchen, Jahresquartalen und Unternehmensgrößenklassen durchgeführt. D.h. die oben unter Abschnitt 2.1 erläuterten Variablen (soweit sie hier einfließen) und die zusätzlich unten erläuterten Indikatoren sind arithmetische Mittelwerte einer Branche, eines Jahresquartals oder einer Unternehmensgrößenklasse, die jeweils für M&As, MBOs und MBIs errechnet worden sind.

3.1 Definitionen einiger zusätzlicher Indikatoren

Pro-Investitions-Preis (PIP)

Es handelt sich hierbei um das arithmetische Mittel des Quotienten aus der Division des Nettoerlöses für eine Treuhand-Unternehmung durch die Höhe der Investitionszusagen dieser Unternehmung. Dieser Quotient drückt aus, wie hoch DM 1,-- zugesagte Investition durch die Treuhandanstalt subventioniert (die Nettoerlöse waren fast ausnahmslos negativ) wurde.

Arbeitsplatz-Erhaltungs-Rate (AER)

Dieser Durchschnitts-Quotient wird ermittelt aus der Division der vertraglich zugesicherten Arbeitsplätze durch die originär zu Beginn des Privatisierungsprogramms in 1990 bestehenden Arbeitsplätze der betreffenden Treuhand-Unternehmung. Falls eine Angabe aus 1990 nicht vorlag, wurde auf die letzte verfügbare Angabe unmittelbar vor der Privatisierung zurückgegriffen. Die Kennziffer AER spiegelt das Wachstum bzw. die Schrumpfung der privatisierten Treuhand-Unternehmung wider.

Pönalisierungs-Quote der Investitionen (PQI)

Hier wird das arithmetische Mittel einer Branche, eines Quartals oder einer Unternehmensgrößenklasse gebildet, indem die Gesamtzahl der Pönalisierungen einer solchen Gruppe durch die Gesamtzahl der beobachteten Investitionszusagen (also nicht die DM-Werte der Investitionen, sondern die Anzahl der Verträge, in denen Investitionszusagen gegeben wurden) dividiert wird. Der Quotient gibt Auskunft darüber, wieviel Prozent der Verträge einer Branche, eines Quartals oder einer Unternehmensgrößenklasse in bezug auf die Investitionszusagen pönalisiert wurden.

Pönalisierungs-Quote der Arbeitsplätze (PQA)

Auch hier wird das arithmetische Mittel einer Branche, eines Quartals oder einer Unternehmensgrößenklasse gebildet, indem die Gesamtzahl der Pönalisierungen einer solchen Gruppe durch die Gesamtzahl der beobachteten Arbeitsplatzzusagen (Anzahl der Verträge, Häufigkeiten) dividiert wird. Der Quotient gibt Auskunft darüber, wieviel Prozent der Verträge einer Branche, eines Quartals oder einer Unternehmensgrößenklasse in bezug auf die Arbeitsplatzzusagen pönalisiert wurden.

3.2 Komparative Analyse der umsatznormierten Kaufpreise (Umsatzmultiplikatoren) nach Investorengruppen und Branchen

Die in Abbildung 16 dargestellten Ergebnisse machen deutlich, daß die durchschnittlich für 1,-- DM des letzten zurückliegenden Umsatzes gezahlten Preise nach Branchen als auch nach Investorengruppen überwiegend negativ sind.

Abb. 16: Durchschnittliche Kaufpreise für DM 1,-- übernommenen Umsatz (in Tausend DM) für die Gesamtbeobachtungen, M&As, MBOs und MBIs nach Branchen für den Zeitraum 1990 bis 1993

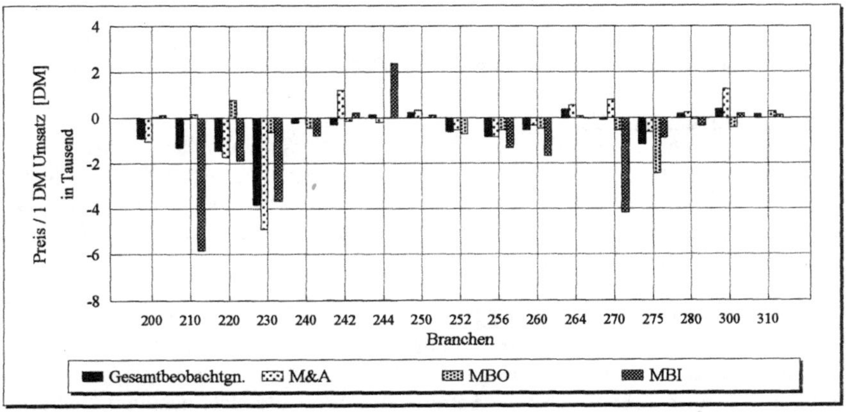

Quelle: eigene Berechnungen

In dem Vergleich der Durchschnittspreise nach Branchen kommt deutlich die starke Streuung der Stichprobe zum Ausdruck. Der Durchschnittspreis der Gesamtbeobachtungen liegt zwischen -3.828 DM (Branche 230 Eisen- und NE-Metallerzeugung) und +384 DM (Branche 300 Bauhauptgewerbe). Daß im Bauhauptgewerbe der höchste Durchschnittspreis gezahlt wurde, reflektiert plausibel die zu erwartende hohe Nachfrage nach Bauleistungen, demzufolge ein frühzeitiges Erreichen der Gewinnschwelle und damit einen hohen Nettobarwert der Unternehmungen dieser Branche.

In der knapp überwiegenden Zahl der Branchen (in 9 Branchen: 240 Stahl- und Leichtmetallbau, 244 Fahrzeugbau, 250 Elektrotechnik und Elektronik, 252 Feinmechanik und Optik, 264 Papier- und Druckgewerbe, 270 Leder- und Schuhindustrie, 275 Textil- und Bekleidungsindustrie, 280 Nahrungs- und Genußmittelgewerbe, 300 Bauhauptgewerbe) nahmen die durchschnittlichen Preise der MBO unterdurchschnittliche Werte an, lagen also unterhalb derjenigen der Gesamtbeobachtungen und wurden mithin stärker subventioniert als der Gesamtdurchschnitt der privatisierten Treuhand-Unternehmungen. In acht Branchengruppen (200 Chemische Industrie, 210 Kunststoffverarbeitung, 220 Steine und Erden, 230 Eisen- und NE-Metallerzeugung, 242 Maschinenbau, 256 EMB-Waren, Musikinstrumente, Sportgeräte, Spiel- und Schmuckwaren, 260 Holzindustrie, 310 Ausbau- und Bauhilfsgewerbe) nahmen die MBO-Kaufpreise pro 1 DM Umsatz überdurchschnittliche Werte an. Ein herausragender Durchschnittspreis wird unter den MBO-Privatisierungen mit -2.453 DM in der Branche 275 Textil und Bekleidung verzeichnet.

Das Sample der MBI-Privatisierungen ist stark dadurch geprägt, daß die Beobachtungen innerhalb einzelner Branchengruppen sehr niedrig sind, so daß sich bei der Mehrzahl der Branchen keine verallgemeinernden Rückschlüsse auf die jeweilige Branchengrundgesamtheit ziehen lassen. Die Beobachtungen innerhalb einzelner Branchen liegen bei 15 Branchen unter den für die späteren Regressionen gemeinhin als notwendig erachteten 15 Beobachtungen. Diese Branchengruppen werden hier nicht weiter betrachtet, mit Ausnahme der Branche 300 Bauhauptgewerbe, die 14 Beobachtungen aufweist, so daß sie an dieser Stelle gerade noch mit in die Kommentierung einfließen soll. Der Durchschnittspreis liegt hier mit +178 DM unter dem Gesamtdurchschnittspreis von +348 DM. In der Branchengruppe 280 Nahrungs- und Genußmittel liegen 16 Kaufpreisbeobachtungen für MBI-Transaktionen vor. Der durchschnittliche MBI-Kaufpreis dieser Branche liegt mit -325 DM weit unter dem Durchschnittspreis aller Privatisierungen dieser Branche (+178 DM). Mit 18 Beobachtungen liegt auch für die Branche 242 Maschinenbau eine ausreichend hohe Zahl von Beobachtungen vor: Der durchschnittliche MBI-Kaufpreis liegt mit +221 DM deutlich über dem Gesamtdurchschnittskaufpreis von -305 DM dieser Branche. Dieses vorläufige Ergebnis läßt noch keine Aussage über die Vorteilhaftigkeit von MBIs im Vergleich zu anderen Transaktionsformen zu. Die vier Beobachtungen der Branche 244 Fahrzeugbau weisen einen weit überdurchschnittlichen Kaufpreis von durchschnittlich über 2,-- DM auf. Hier muß noch einmal darauf hingewiesen werden, daß die oben definierte Standardisierung mit dem Umsatz grundsätzlich den letzten realisierten Umsatz einer Unternehmung heranzieht, diese Umsätze sich aber während des Transformationsprozesses stetig dezimiert haben. Die in Branche 244 von MBI-Investoren gezahlten Preise werden also stark durch positive zukünftige Ertragsschätzungen genährt, die ihre Begründung in den absolut hohen Investitionen der westdeutschen Automobilindustrie haben können, wenn man davon ausgeht, daß MBI-Investoren dieser Branche in Automobilzulieferbetriebe investiert haben.

Unternehmensverkäufe im Wege eines M&A nehmen in der Regel Branchen-Durchschnittspreise an, die nahe am arithmetischen Mittel der Gesamtbeobachtungen liegen. Besonders extreme Ausprägungen nehmen die durchschnittlichen M&A-Kaufpreise in den Branchen 230 Eisen- und NE-Metallerzeugung und 220 Steine und Erden an. In der Branchengruppe 230 liegt der Kaufpreis bei -4.896 DM (und damit unter dem Gesamtdurchschnittspreis von -3.828, der natürlich durch das starke Gewicht der M&A-Privatisierungen im Vergleich zu den MBO- und MBI-Privatisierungen überproportional stark beeinflußt wird). Ein ähnliches Bild auf etwas höherem Niveau zeigt sich in der Branchengruppe 220: Der M&A-Durchschnittspreis liegt mit -1.724 DM etwas unter dem Gesamtdurchschnittspreis in Höhe von -1.459 DM dieser Branche.

3.3 Komparative Analyse der umsatznormierten Investitionszusagen nach Investorengruppen und Branchen

Die durchschnittlichen Investitionszusagen aller einfließenden Beobachtungen betragen 1.726 DM. Deutlich darüber liegen die durchschnittlichen Investitionszusagen der Branchengruppen 220 (Steine und Erden) mit 7.606 DM und 242 (Maschinenbau) mit 3.042 DM. Die niedrigsten Investitionen wurden mit 378 DM im Bereich 252 Feinmechanik und Optik und mit 220 DM im Bauhilfsgewerbe (310) garantiert (vgl. Abbildung 17).

Abb. 17: Durchschnittliche Investitionszusagen pro DM 1,-- übernommenen Umsatz (Angaben in Tausend DM) für die Gesamtbeobachtungen, M&As, MBOs und MBIs nach Branchen für den Zeitraum 1990 bis 1993

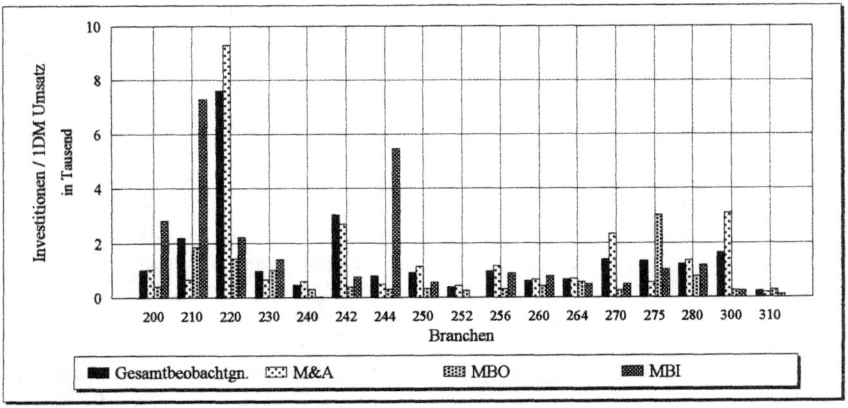

Quelle: eigene Berechnungen

Die branchendurchschnittlichen Investitionszusagen der M&A-Transaktionen liegen in der überwiegenden Zahl (bei 11 Branchen) leicht über den Ausprägungen der Gesamtbeobachtungen. Ausnahmen bilden die Branchengruppen 210 (Kunststoffe), 230 (Eisen- und NE-Metallerzeugung), 242 (Maschinenbau), 244 (Fahrzeugbau), 275 (Textil und Bekleidung) und 310 (Ausbau- und Bauhilfsgewerbe). Deutlich über dem Durchschnitt aller Branchengruppen liegen die Investitionen der Branchen 220 mit 9.314 DM, 242 mit 2.702 DM, 270 mit 2.334 DM und 300 mit 3.085 DM (jeweils pro 1 DM übernommenen Umsatzes).

MBOs weisen im Vergleich zu M&As - mit Ausnahme der zwei Branchen 210 (Kunststoffe) und 275 (Textil und Bekleidung) - regelmäßig deutlich niedrigere arithmetische Mittel der Investitionszusagen auf. Sie liegen zwischen 255 DM (Branchengruppe 252) und 3.022 DM (Branchengruppe 275). Die durchschnittlichen Investitionszusagen pro übernommener 1 DM Umsatz aller MBOs liegen bei 607 DM. Deutlich über dem Gesamtdurchschnitt der MBOs liegen die Investitionsverpflichtungen in den Branchengruppen 210 (1.859 DM), 220 (1.442 DM) und 275 (3.022 DM). Die in der überwiegenden Zahl der Branchen relativ geringeren Zukunftsverpflichtungen der MBO-Teams reflektieren die besondere Initiative der Treuhandanstalt für den Mittelstand.

Auch für die Investitionsgarantien gilt, daß das Sample der MBI-Privatisierungen stark dadurch geprägt ist, daß die Beobachtungen innerhalb einzelner Branchengruppen sehr niedrig sind, so daß sich bei der Mehrzahl der Branchen keine verallgemeinernden Rückschlüsse auf die jeweilige Branchengrundgesamtheit ziehen lassen. Die Beobachtungen innerhalb einzelner Branchen liegen bei 13 Branchen unter denen für die späteren Regressionen gemeinhin als notwendig erachteten 15 Beobachtungen. Wie bereits bei den Kaufpreisen, werden diese Branchengruppen auch hier nicht weiter betrachtet. Diejenigen Branchengruppen, die das Kriterium von mindestens 15 MBI-Beobachtungen erfüllen sind 242 (Maschinenbau), 275 (Textil und Bekleidung), 280 (Nahrungs- und Genußmittel) und 300 (Bauhauptgewerbe). Die arithmetischen Mittel der MBI-Investitionen in diesen Branchen weisen in der Regel höhere oder annähernd gleichhohe Werte (Branche 242: 771 DM, Branche 280: 1.176 DM, Branche 300: 238 DM) auf wie diejenigen der MBOs, jedoch niedrigere Werte als M&A-Privatisierungen. Eine Ausnahme bildet die Branchengruppe 275, in der die MBO-Investoren deutlich höhere Investitionen erbracht haben als MBI- und M&A-Investoren.

3.4 Komparative Analyse der umsatznormierten Arbeitsplatzgarantien nach Investorengruppen und Branchen

Die durchschnittliche Arbeitsplatzzusage aller einfließenden Beobachtungen beträgt 0,022. Deutlich darüber liegen die durchschnittlichen Arbeitsplatzgarantien der Branchengruppen 220 (Steine und Erden) mit einem Koeffizienten von 0,026. Die niedrigsten Arbeitsplatzgarantien wurden mit 0,01 in der chemischen Industrie (200) und mit 0,011 im Nahrungs- und Genußmittelgewerbe (280) vereinbart (vgl. Abbildung 18).

Die branchendurchschnittlichen Arbeitsplatzgarantien der M&A-Transaktionen liegen in der überwiegenden Zahl (bei 10 Branchen) unter oder annähernd gleichauf mit den Ausprägungen der Gesamtbeobachtungen. Ausnahmen bilden die Branchengruppen 240 (Stahl- und Leichtmetall), 242 (Maschinenbau), 250 (Elektrotechnik, Elektronik), 260 (Holzindustrie), 264 (Papier- und Druckgewerbe), 280 (Nahrungs- und Genußmittel) und 300 (Bauhauptgewerbe). Deutlich über dem Durchschnitt aller Branchengruppen in Höhe von 0,026 liegen die Arbeitsplatzzusagen der Branche 242 mit einem Koeffizienten von 0,068 pro 1 DM übernommenen Umsatz). Die niedrigsten Arbeitsplatzgarantien wurden mit 0,009 in der Branchengruppe 244 Fahrzeugbau und mit 0,01 in der chemischen Industrie (200) vereinbart.

MBOs weisen im Vergleich zu M&As bei 10 Branchengruppen höhere oder (annähernd) gleichhohe arithmetische Mittel der Arbeitsplatzzusagen auf. Sie liegen zwischen 0,01 (Branchengruppen 240 und 250) und 0,032 (Branchengruppe 256) Arbeitnehmern pro 1 DM übernommenen Umsatz. Die durchschnittlichen Arbeitsplatzgarantien pro übernommener 1 DM Umsatz aller MBOs liegen bei 0,014. Deutlich über dem Gesamtdurchschnitt der MBOs liegen die Arbeitsplatzverpflichtungen in den Branchengruppen 256 mit einer Ausprägung von 0,032 und 270 mit einer Ausprägung von 0,026. Die geringsten Arbeitsplatzgarantien wurden im Fahrzeugbau (244) mit 0,009 und im Stahl- und Leichtmetallbau (240) mit 0,01 stipuliert.

Abb. 18: Durchschnittliche Arbeitsplatzgarantien pro DM 1,-- übernommenen Umsatz für die Gesamtbeobachtungen, M&As, MBOs und MBIs nach Branchen für den Zeitraum 1990 bis 1993

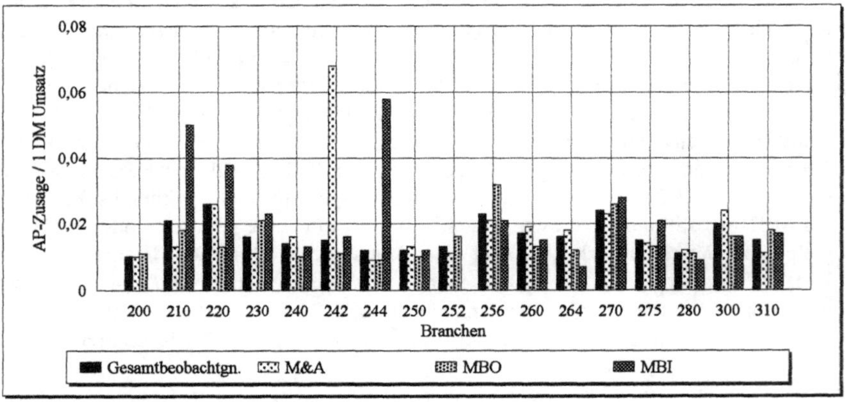

Quelle: eigene Berechnungen

Wie für die Unternehmenspreise und Investitionsgarantien gilt auch für die Arbeitsplatzgarantien, daß das Sample der MBI-Privatisierungen stark durch zu geringe Häufigkeiten innerhalb einzelner Branchengruppen geprägt ist, so daß sich bei der Mehrzahl der Branchen keine verallgemeinernden Rückschlüsse auf die jeweilige Branchengrundgesamtheit ziehen lassen. Die Beobachtungen innerhalb einzelner Branchen liegen bei 13 Branchen unter denen für die späteren Regressionen gemeinhin als notwendig erachteten 15 Beobachtungen. Diejenigen Branchengruppen, die das Kriterium von mindestens 15 MBI-Beobachtungen erfüllen sind 242 (Maschinenbau), 275 (Textil und Bekleidung), 280 (Nahrungs- und Genußmittel) und 300 (Bauhauptgewerbe). Die arithmetischen Mittel der MBI-Arbeitsplatzgarantien in diesen Branchen weisen in der Regel höhere oder ungefähr gleichhohe Werte (Branche 242: 0,016, Branche 275: 0,021, Branche 300: 0,016) auf wie diejenigen der MBOs. Eine Ausnahme bildet die Branchengruppen 280, in der die MBO-Investoren ein etwas höheres Arbeitsplatz-Umsatz-Verhältnis garantiert haben als MBI-Investoren.

3.5 Komparative Analyse der AER

Die AER, die eine Veränderungsrate[1] hin zur zukünftigen Unternehmensgröße nach der Mitarbeiterzahl darstellt, beträgt durchschnittlich für alle Beobachtungen der Stichprobe 1,01. Das heißt, in den 100%ig veräußerten Unternehmungen konnten durchschnittlich die Arbeitsplätze erhalten werden, darüberhinaus gehend wurden für die Zukunft jedoch keine weiteren Arbeitsplätze vertraglich vom Investor zugesagt. Diese nicht erwartete relativ hohe AER hat ihre Ursache darin, daß fünf Branchengruppen Durchschnitts-AER aufweisen, die deutlich über dem Gesamtdurchschnitt liegen. Dies sind die Branchengruppe 264 (Papier und Druck) mit einer AER in Höhe von 2,98, die Branchengruppe 256 (EMB-Waren) mit einer AER in Höhe von 1,71, die Branche 242 (Maschinenbau) mit einer AER in Höhe von 1,48, die Branche 230 (Eisen- und NE-Metallerzeugung) mit einer AER in Höhe von 1,27 und schließlich die Branchengruppe 220 (Steine und Erden) mit einer Durchschnitts-AER in Höhe von 1,37. In diesen Branchengruppen wurden also mittelfristig deutlich mehr Arbeitsplätze vom Unternehmenskäufer zugesichert - in der Branche 264 sogar die dreifache Höhe der ursprünglichen Mitarbeiterzahl - als ursprünglich in den Unternehmungen vorhanden waren. Eine Rate größer als 1 deutet auf eine vom Investor erwartete Unternehmensexpansion hin. Die arithmetischen Mittel der AER in den übrigen 12 Branchen lagen in der Regel zwischen 0,4 und 0,6, d.h. die ursprünglich vorhandene Mitarbeiterzahl wurde auf ungefähr die Hälfte reduziert (vgl. Abbildung 19).

Abb. 19: Durchschnittliche AER für die Gesamtbeobachtungen, M&As, MBOs und MBIs nach Branchen für den Zeitraum 1990 bis Ende 1993

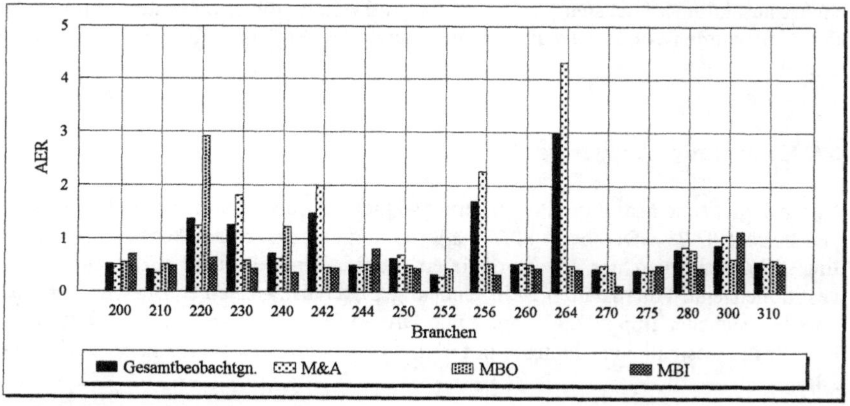

Quelle: eigene Berechnungen

Unter den M&A-Transaktionen beträgt das arithmetische Mittel der AER über alle Branchen hinweg 1,23. Dieser relativ hohe Wert unterliegt genauso wie die Gesamt-

---

1 Es handelt sich hierbei nicht um eine Jahresrate, sondern um einen Multiplikator für den gesamten Zeitraum ab Beginn des Privatisierungsprozesses bis zum Ende der vertraglichen Bindungsfrist für die Aufrechterhaltung garantierter Arbeitsplätze.

beobachtungen herausragenden Einflüssen in denselben Branchen wie dort. In der Branche 264 beträgt die durchschnittliche AER sogar 4,31, in der Branche 256 beträgt sie 2,26, in der Branche 242 liegt sie bei 2,00 und in der Branche 230 beträgt sie 1,82. Wie auch bei den Gesamtbeobachtungen liegen die durchschnittlichen AER in 12 Branchengruppen in der Regel nur zwischen 0,4 und 0,6.

Das arithmetische Mittel aller MBO-Transaktionen beträgt 0,67 und liegt damit deutlich unter dem arithmetischen Mittel der Gesamtbeobachtungen und der M&A-Beobachtungen. Nach oben herausragende AER weisen die Branchen 220 mit 2,92 und 240 mit 1,23 auf. Die AER der übrigen 15 Branchen nehmen Werte um 0,5 an und verhalten sich damit ähnlich wie die M&A-Transaktionen. Ein eindeutiges Verhältnis zu den M&A-Transaktionen - grundsätzlich höhere oder niedrigere AER der MBOs gegenüber denen der M&As - läßt sich unter den Branchen ohne Extremwerte nicht ersehen. In sechs Branchen liegt die AER der MBOs über derjenigen der M&As, in fünf Branchen liegt sie darunter. Ein Vergleich der AER-Durchschnittswerte der M&A- vs. MBO-Transaktionen zeigt jedoch, daß bei den MBOs niedrigere AER erzielt werden. Vor allem die weit überdurchschnittlichen AER der M&As in fünf Branchen deuten auf höhere finanzielle Ressourcen bzw. geringere Kreditbeschränkungen der Investoren hin, als es bei den MBO-Investoren der Fall ist.

Unter allen MBI-Transaktionen beträgt das arithmetische Mittel der AER 0,60. Sie liegt damit leicht unter der AER der MBO-Transaktionen und nimmt im Vergleich der Unternehmenstransaktionen den niedrigsten Wert an. Eine nach oben herausragende AER weist lediglich die Branche 300 mit 1,16 auf. Die im Vergleich der Unternehmenstransaktionen höchsten Verkaufspreise und relativ hohen Investitionszusagen bei den MBI wurden von der Treuhandanstalt durch die vergleichsweise niedrigsten AER erkauft.

3.6 Komparative Analyse der PQI

Das arithmetische Mittel der Pönalisierungs-Quote der Investitionen aller Beobachtungen beträgt 82,7%. Das heißt 82,7% aller Unternehmensverkaufskontrakte, in denen Investitionenzusagen des Investors fixiert wurden, enthielten in bezug auf die Investitionen eine Pönalisierung. Ein eindeutiges Herausragen einer Branche kann nur von der Branchengruppe 264 (Papier und Druck) festgestellt werden. Die PQI nimmt hier für die Gesamtbeobachtungen mit 67,1% den niedrigsten Wert an (vgl. Abbildung 20).

Das arithmetische Mittel der PQI aller M&A-Beobachtungen beträgt 82,2% und liegt damit nur unwesentlich unter der durchschnittlichen PQI der Gesamtbeobachtungen. Auch unter den M&A-Transaktionen sind keine nennenswerten herausragenden Branchengruppen festzustellen, mit Ausnahme der Branche 252, in der die PQI mit 70,0% den niedrigsten Wert annimmt. Der höchste PQI-Wert wird mit 100% in der Branche 270 (Leder und Schuhe) erreicht.

Das arithmetische Mittel der PQI aller MBO-Beobachtungen beträgt 84,0% und liegt damit über dem Wert aller M&A-Transaktionen. Die relativ niedrigsten Kaufpreise pro investiv zugesagter 1 DM bei MBO-Transaktionen (vgl. oben Abschnitt 3.3 dieses Kapitels) wurden mit dem relativ höchsten Commitment für Zukunftsinvestitionen erkauft. Den niedrigsten Branchen-Durchschnitt nimmt die PQI unter den MBOs in der Branche 264 an. Hier beträgt der Wert 44,4%. Den höchsten Wert weist die Branchengruppe 220 mit 100% auf.

Abb. 20: Durchschnittliche PQI für die Gesamtbeobachtungen, M&As, MBOs und MBIs nach Branchen für den Zeitraum 1990 bis Ende 1993

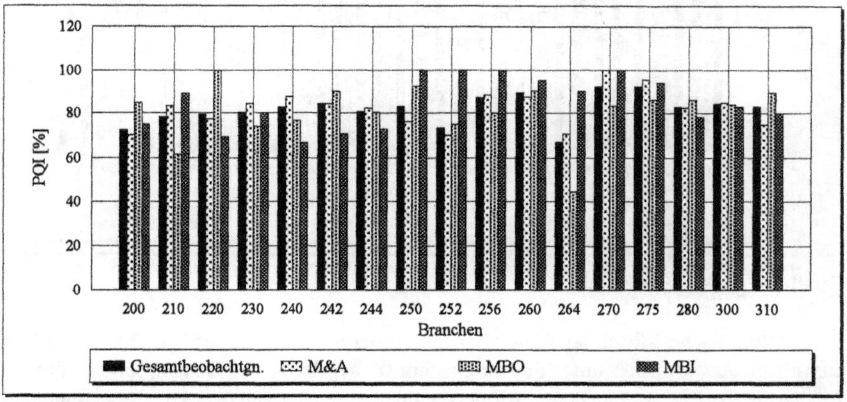

Quelle: eigene Berechnungen

Das arithmetische Mittel der PQI aller MBI-Beobachtungen beträgt 82,1% und liegt damit nur leicht unter dem Wert der M&A-Beobachtungen. Im Gegensatz zu den MBO-Transaktionen, bei denen ein niedriger Kaufpreis durch hohe Commitments in Bezug auf zukünftig durchzuführende Investitionen erkauft wurde, ist bei den MBI-Transaktionen ein solcher Ausgleich zwischen Kaufpreis und pönalisierter Investitionszusagen nicht festzustellen. Für MBI-Transaktionen werden im Vergleich der Unternehmenstransaktionsformen die höchsten Unternehmenspreise pro investiv zugesagter 1 DM **und** mit die höchste Pönalisierungsquote der Investitionen verzeichnet. Unter den MBI-Beobachtungen sind auch am häufigsten Branchen-PQI-Werte mit 100% vertreten. Sie werden in den Branchen 250, 252, 256 und 270 verzeichnet.

3.7 Komparative Analyse der PQA

Das arithmetische Mittel der Pönalisierungs-Quote der Arbeitsplätze aller Beobachtungen beträgt 87,8%. Das heißt 87,8% aller Unternehmensverkaufskontrakte, in denen Arbeitsplatzzusagen des Investors fixiert wurden, enthielten in bezug auf die Arbeitsplätze eine Pönalisierung. Ein eindeutiges Herausragen einzelner Branchen kann nur von der Branchengruppe 264 (Papier und Druck) festgestellt werden. Die PQA nimmt hier für die Gesamtbeobachtungen mit 70,2% den niedrigsten Wert an. Diese Ergebnisse decken sich somit sehr stark mit denen der PQI-Analyse der Gesamtbeobachtungen (vgl. Abbildung 21).

Abb. 21: Durchschnittliche PQA für die Gesamtbeobachtungen, M&As, MBOs und MBIs nach Branchen für den Zeitraum 1990 bis 1993

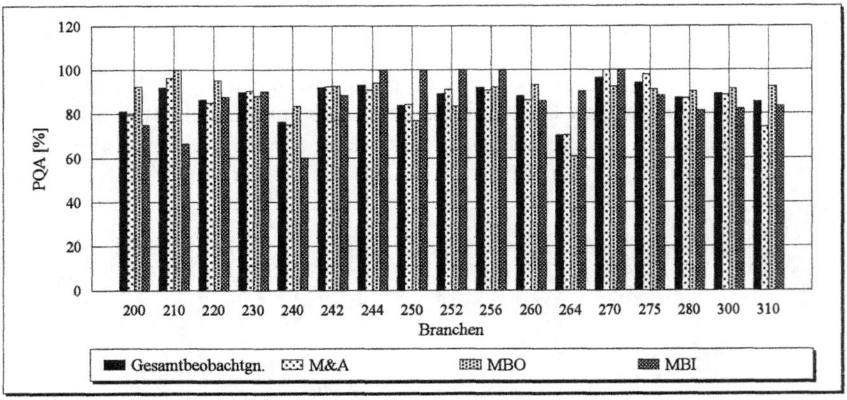

Quelle: eigene Berechnungen

Das arithmetische Mittel der PQA aller M&A-Beobachtungen beträgt 87,0% und liegt damit nur unwesentlich unter der durchschnittlichen PQA der Gesamtbeobachtungen. Auch unter den M&A-Transaktionen sind keine nennenswerten herausragenden Branchengruppen festzustellen, mit Ausnahme der Branche 264, in der die PQA mit 70,5% den niedrigsten Wert annimmt. Der höchste PQA-Wert wird mit 100% in der Branche 270 (Leder und Schuhe) erreicht. Auch diese Ergebnisse decken sich somit sehr stark mit denen der PQI-Analyse in der M&A-Gruppierung.

Das arithmetische Mittel der PQA aller MBO-Beobachtungen beträgt 89,9% und liegt damit über dem Wert aller M&A-Transaktionen. Die relativ niedrigsten Kaufpreise pro investiv zugesagter 1 DM bei MBO-Transaktionen (vgl. oben Abschnitt 3.3) wurden zusätzlich zu dem relativ höchsten Commitment für Zukunftsinvestitionen auch mit dem relativ höchsten Commitment für Zukunftsarbeitsplätze erkauft. Den niedrigsten Branchen-Durchschnitt nimmt die PQA unter den MBOs in der Branche 264 an. Hier beträgt der Wert 60,9%. Den höchsten Wert weist die Branchengruppe 210 mit 100% auf. Somit zeigen sich auch hier Parallelen zu der Analyse der Branchen-PQI nach MBOs.

Das arithmetische Mittel der PQA aller MBI-Beobachtungen beträgt 86,0% und liegt damit unter dem Wert der M&A-Beobachtungen. Im Gegensatz zu den PQI-Berechnungen der MBI-Beobachtungen ist hier nun doch deutlich zu erkennen, daß die im Vergleich der Transaktionsformen relativ höchsten PKP bei den MBI durch die geringsten Pönalisierungsquoten der Arbeitsplätze kompensiert wurden.

Unter den MBI-Beobachtungen sind jedoch am häufigsten Branchen-PQA-Werte mit 100% vertreten. Sie werden in den Branchen 244, 250, 252, 256 und 270 verzeichnet. Auch hier zeigt sich eine starke Deckung mit der MBI-Analyse der PQI.

3.8 Schlußfolgerungen und weitere Vorgehensweise

Durch die in diesem 3. Abschnitt durchgeführte vergleichende Analyse von M&A-, MBO- und MBI-Transaktionen auf der Basis vergleichbarer Kriterien im Hinblick auf den Unternehmenskaufpreis, die Investitions- und Arbeitsplatzgarantien des Investors und im Hinblick auf deren Pönalisierungen kann zusammenfassend bestätigt werden, daß die Treuhandanstalt bezüglich der hier analysierten Kriterien MBOs durch vergleichsweise geringe Übernahmekonditionen gefördert hat, wie dies im 2. Kapitel Abschnitt 1.3.2.1 herausgearbeitet wurde. Andererseits wiesen MBOs die höchsten Selbstbindungsquoten in bezug auf Investitions- und Arbeitsplatzgarantien auf (vgl. Tabelle 12). Tabelle 12 stellt für die oben untersuchten Merkmale die Rangfolge der Unternehmenstransaktionsformen zusammen. Rang 1 entspricht dem jeweils höchsten arithmetischen Mittel eines Indikators und dem für den Verkäufer höchsten Zielerreichungsgrad.

Tab. 12: Rangfolge von M&As, MBOs und MBIs nach arithmetischen Mitteln für Kaufpreis/Umsatz, Invest.garantien/Umsatz, Arbeitsplatzgarantien/Umsatz, AER, PQI und PQA für den Zeitraum 1990 bis 1993

	Preis/ Umsatz	Invest./ Umsatz	Arbeitspl./-Umsatz	AER	PQI	PQA
Rang 1	M&A -59 DM	M&A 2.256 DM	M&A 0,026	M&A 1,2	MBO 84,0%	MBO 89,9%
Rang 2	MBO -313 DM	MBI 1.283 DM	MBI 0,020	MBO 0,7	M&A 82,2%	M&A 87,0%
Rang 3	MBI -814 DM	MBO 607 DM	MBO 0,014	MBI 0,6	MBI 82,1%	MBI 86,0%
Gesamt-mittelwert	-220 DM	1.726 DM	0,022	1,0	82,7%	87,8%

Quelle: eigene Berechnungen

Interessant ist das Verhältnis der Pönalisierungs-Quoten zu den übrigen Kennziffern. Während MBOs bei den Investitions- und Arbeitsplatzgarantien die für den Investor besten (für den Verkäufer schlechtesten) Konditionen aufweisen und bei dem Kaufpreis und der Arbeits-Erhaltungs-Rate den zweitschlechtesten Wert aufweisen, erreichen MBOs die höchsten Pönalisierungsquoten.

M&A-Transaktionen weisen bei den "harten" Kennziffern Kaufpreis, Investitions- und Arbeitsplatzgarantien und AER die für den Verkäufer vergleichsweise besten Zielerreichungsgrade auf und die zweitbesten Zielerreichungsgrade bei den Pönalisierungen. Die MBI-Transaktionen lassen in diesem Überblick - außer bei den Pönalisierungsquoten, bei denen sie die niedrigsten Werte aufweisen - noch keine eindeutige Tendenz erkennen.

Der Zusammenhang zwischen dem Unternehmenspreis einerseits und weiteren Verkaufskonditionen, Unternehmensdaten und Brancheneinflüssen wird in den Regressionsanalysen des folgenden 4. Abschnitts differenziert analysiert.

4. Regressionsanalysen

Die Analyse der unten entwickelten Regressionsgleichung erfolgt für die Gesamtbeobachtungen und disaggregiert nach Mergers & Acquisitions, Management-Buy-outs und Management-Buyins und, soweit die Mindestzahl von 15 Beobachtungen pro Branchengruppe erreicht wird, disaggregiert nach Branchengruppen. In den Abschnitten der disaggregierten Untersuchungen (4.1, 4.2, 4.3 und 4.4) werden den Regressionsanalysen jeweils die entsprechenden Datenstrukturen vorangestellt, weil durch die Datentransformationen (vgl. oben Abschnitt 2.1 in diesem Kapitel) letztendlich auch die Anzahl der jeweils in die Regressionsanalysen einfließenden Beobachtungen im Vergleich zu den ursprünglich vorhandenen verändert wurde.

Unter Verwendung eines Störterms u wird folgende Regressionsgleichung getestet:

$$\text{kp\_ue} = b_0 + b_1 \text{ i\_ue} + b_2 \text{ ap\_ue} + b_3 \text{ poenal1} + b_4 \text{ poenal2} + b_5 \text{ gv\_ue} + b_6 \text{ poen1\_va} + b_7 \text{ poen2\_va} + b_8 \text{ gv\_ue\_va} + b_9 \text{ markttag} + b_{10} \text{ arbeitpl} + b_{11} \text{ buerg} + b_{12} \text{ gesetz} + b_{13} \text{ gv\_var} + u$$

Die Variablen poen1_va, poen2_va, gv_ue_va und gv_var können in die Regressionen einzelner Branchen nicht aufgenommen werden, weil pro Branche lediglich 1 Varianzwert ermittelt werden kann. Diese Variablen gehen nur in die Analyse über alle Branchen hinweg ein. Die lineare Regressionsanalyse wird mit dem Ordinary-Least-Squares (OLS) Testverfahren durchgeführt, und zwar unter Prüfung der unabhängigen Variablen daraufhin, ob der F-Signifikanzwert (zum Ausschluß der Variable) von 5% überschritten wird. Sofern dies der Fall ist, wird bei jedem Schritt diejenige Variable entfernt, zu der sich die größte Wahrscheinlichkeit des F-Wertes ergibt.[1] Für die Interpretation der Schätzergebnisse soll im folgenden angenommen werden, daß der Störterm u den Erwartungswert $E(u) = 0$ hat.

4.1 Analyse der Gesamtbeobachtungen

In der nachfolgenden Tabelle 13 wird eine Übersicht über die letztendlich in die Regressionsanalyse einfließenden Beobachtungen gegeben, die aufgrund der Normierung einzelner Indikatoren mit dem Unternehmensumsatz eine neue, verminderte Größenordnung annehmen; vgl. rechte Spalte der Tabelle 13. Links davon sind zum Vergleich die ursprünglich vorhandenen Verkaufskontrakte aufgeführt.

---

[1] G. Brosius und F. Brosius, SPSS: Base System und Professional Statistics, Bonn 1995, S. 500. Es wird hier das Variablenausschlußverfahren "Backward" in SPSS verwendet.

Tab. 13: Verteilung der Privatisierungskontrakte und der Indikatoren der gesamten Beobachtungen nach Branchengruppen

Branchen-gruppen-code	Bezeichnung der Branchengruppen	Anzahl Verträge im Sample	Anzahl Beobachtungen der Indikatoren
200	Chemische Industrie	106	30
210	Kunststoff-, Gummi- und Asbestverarbeitung	58	15
220	Gewinnung und Verarbeitung von Steinen und Erden; Feinkeramik und Glasgewerbe	197	57
230	Eisen- und NE-Metallerzeugung, Gießerei und Stahlverformung	86	29
240	Stahl- und Leichtmetallbau	72	20
242	Maschinenbau	398	148
244	Fahrzeugbau	146	36
250	Elektrotechnik, Elektronik	141	39
252	Feinmechanik und Optik	20	11
256	EMB-Waren, Musikinstrumente, Sportgeräte, Spiel- und Schmuckwaren	94	35
260	Holzindustrie	170	58
264	Papier- und Druckgewerbe	108	26
270	Leder- und Schuhindustrie	31	14
275	Textil- und Bekleidungsindustrie	107	42
280	Nahrungs- und Genußmittelgewerbe	353	92
300	Bauhauptgewerbe	448	118
310	Ausbau- und Bauhilfsgewerbe	74	14
Summe		**2.609**	**784**

Quelle: eigene Darstellung

Die Branchengruppen Feinmechanik und Optik, Leder- und Schuhindustrie und das Bauhilfsgewerbe weisen jeweils weniger als 15 Beobachtungen aus und werden deshalb nicht regressionstechnisch analysiert.

Die lineare Regressionsanalyse für die oben herausgearbeitete Gleichung erbringt bei Verwendung eines Wahrscheinlichkeits-Signifikanzniveaus des t-Wertes von 5% für die Aufnahme in die Regressionsgleichung und 10% für den Ausschluß einer Variablen die in Tabelle 14 aufgeführte Spezifikation.

Das angepaßte Bestimmtheitsmaß R^2 [1] beträgt für alle Branchen, d.h. für alle dieser Untersuchung zur Verfügung stehenden Beobachtungen, 0,9940, womit nahezu 100% der Gesamtstreuung der abhängigen Variablen durch die in die Regressionsgleichung eingehenden unabhängigen Variablen erklärt werden. Die Wahrscheinlichkeit für den F-Prüfwert, mit der sich ein so großes R^2 ergeben kann, wenn in der Grundgesamtheit, aus der die Variablenwerte stammen, tatsächlich kein Zusammenhang zwischen ihnen existiert[2] (oder anders ausgedrückt: die Wahrscheinlichkeit dafür, daß der gemessene Zusammenhang falsch ist), beträgt 0,0000, also nahezu 0% und R^2 ist damit hochsignifikant. Je größer F bei gegebenen Freiheitsgraden ist, desto besser ist R^2 gegen Null gesichert. Ein derartig hohes angepaßtes R^2 läßt Kolliniarität zwischen gewissen exogenen Variablen vermuten. Eine Kolliniaritätsanalyse nach Varianzanteilen[3] - für alle nachfolgenden Kolliniaritätsanalysen werden die Varianzanteile herangezogen - zeigt über alle Branchen hinweg eine deutliche Kolliniarität zwischen i_ue und ap_ue. Ähnlich hohe Bestimmtheitsmaße können für die Branchengruppen 210 Kunststoffe, 220 Steine und Erden, 242 Maschinenbau, 244 Fahrzeugbau, 275 Textil und Bekleidung und für 300 Bauhauptgewerbe ermittelt werden. In der Branche 210 besteht eine deutliche Kolliniarität zwischen markttag und gesetz, in Branche 220 zwischen i_ue, ap_ue und gv_ue. In den Branchen 242, 244, 275 und 300 besteht hingegen keine Kolliniarität. Auffallend niedrig sind die Bestimmtheitsmaße in drei Branchengruppen: der chemischen Industrie (200), der Eisen- und NE-Metallerzeugung (230) und in der Holzindustrie (260). In der chemischen Industrie besteht Kolliniarität zwischen markttag und gesetz, in der Eisen- und NE-Metallerzeugung ist lediglich eine Variable signifikant und in der Holzindustrie besteht keine Kolliniarität. Mit Ausnahme der chemischen Industrie sind die F-Werte der Regressionsspezifizierungen auch durchweg hochsignifikant gegen Null gesichert.

Eine eventuell vorliegende Autokorrelation der Residuen wird über den Durbin-Watson-Test geprüft. Obgleich eine Autokorrelation der Residuen bei Querschnittsanalysen keine Rolle spielt, sondern hauptsächlich bei Zeitreihenanalysen, bei denen die Beobachtungen nebeneinanderliegende Zeitpunkte repräsentieren, wird der Test in der vorliegenden Querschnittsanalyse herangezogen, weil die Daten in der Stichprobe vorwiegend zeitlich aufeinanderfolgend angeordnet sind. Als Regel für akzeptable Durbin-Watson-Koeffizienten werden Werte zwischen 1,5 und 2,5 angegeben.

---

[1] Das angepaßte Bestimmtheitsmaß wird gegenüber dem unkorrigierten R^2 dahingehend korrigiert, daß ein steigender Stichprobenumfang das korrigierte R^2 erhöht, wohingegen eine steigende Zahl erklärender Variablen zu einer Senkung des korrigierten Bestimmtheitsmaßes führt. Auf diese Weise wird Schutz vor der Strategie geboten, den Fit der Regressionsgleichung durch eine steigende Anzahl erklärender Variablen möglichst zu maximieren. G.G. Judge et al., Introduction to the Theory and Practice of Econometrics, 2. Aufl., New York et al. 1988, S. 213f.

[2] G. Brosius und F. Brosius, SPSS, 1995, S. 480.

[3] Bei der Kolliniaritätsanalyse nach Varianzanteilen (Variance Proportions) werden die Varianzen der Regressionskoeffizienten in Komponenten zerlegt, die den Eigenwerten zugeordnet sind. Die Summe dieser Komponenten beträgt für jeden Regressionskoeffizenten 1. Sobald derselbe Eigenwert die Varianz mehrerer Regressionskoeffizienten in hohem Maße erklärt, deutet dies auf Kolliniarität zwischen den betreffenden Variablen hin. G. Brosius und F. Brosius, SPSS, 1995, S. 496.

Tab. 14: Regressionsergebnisse aller Beobachtungen nach Branchengruppen

Branchengruppe		geschätzterRegressionskoeffizient 1. Zeile: Regressor 2. Zeile: P-Wert der t-Statistik														adj. R2 P-Wert / F-Statistik Durbin-Watson-Wert
Code	Bezeichnung	b0 Konst.	b1 i_ue	b2 ap_ue	b3 poenal1	b4 poenal2	b5 gv_ue	b6 poen1_va	b7 poen2_va	b8 gv_ue_va	b9 markttag	b10 arbeitpl	b11 buerg	b12 gesetz	b13 gv_var	
200	Chem. Industrie	3088,7153 0,2658	– –	– –	– –	– –	– –	n.a.	n.a.	n.a.	-7,4441 0,0905	– –	– –	4618,8689 0,0763	n.a.	0,0500 0,1907 1,9756
210	Kunststoffe	-3851,3514 0,0007	– –	– –	– –	-657,7480 0,0897	3648,1023 0,0000	n.a.	n.a.	n.a.	8,0908 0,0001	– –	– –	-2007,6304 0,0025	n.a.	0,9941 0,0000 2,6701
220	Steine und Erden	1673,3382 0,0078	0,2465 0,0000	-3914,9066 0,0726	-1597,0555 0,0145	– –	1848,4181 0,0000	n.a.	n.a.	n.a.	– –	– –	-928,5703 0,0856	– –	n.a.	0,9603 0,0000 1,9961
230	Eisen u. NE-Metalle	4050,7427 0,3849	– –	-640536,91 0,0358	– –	– –	– –	n.a.	n.a.	n.a.	– –	– –	– –	– –	n.a.	0,1217 0,0358 1,9189
240	Stahlbau	-1012,3303 0,0004	– –	– –	– –	963,2907 0,0015	– –	n.a.	n.a.	n.a.	– –	– –	– –	– –	n.a.	0,4046 0,0015 1,7387
242	Maschinenbau	-6,8491 0,9632	0,2172 0,0000	– –	– –	– –	1236,3337 0,0000	n.a.	n.a.	n.a.	– –	– –	– –	– –	n.a.	0,9999 0,0000 1,9889
244	Fahrzeugbau	1161,0895 0,0038	0,3167 0,0000	– –	– –	-928,7524 0,0186	1180,4758 0,0001	n.a.	n.a.	n.a.	– –	– –	– –	-494,8725 0,0526	n.a.	0,8410 0,0000 1,9140
250	Elektronik	-446,3566 0,2800	0,3954 0,0000	– –	– –	– –	– –	n.a.	n.a.	n.a.	– –	– –	– –	– –	n.a.	0,4947 0,0000 2,4944
256	EMB-Waren	1877,9682 0,0208	– –	– –	– –	– –	1615,4573 0,0006	n.a.	n.a.	n.a.	– –	– –	-1519,8489 0,0311	-1226,5494 0,0321	n.a.	0,3260 0,0016 1,8067

Branchengruppe		geschätzterRegressionskoeffizient 1. Zeile: Regressor 2. Zeile: P-Wert der t-Statistik														adj. R2 P-Wert / F-Statistik Durbin-Watson-Wert
Code	Bezeichnung	b0 Konst.	b1 i_ue	b2 ap_ue	b3 poenal1	b4 poenal2	b5 gv_ue	b6 poen1_va	b7 poen2_va	b8 gv_ue_va	b9 markttag	b10 arbeitpl	b11 buerg	b12 gesetz	b13 gv_var	
260	Holzindustrie	1747,2756 0,0266	-- --	-- --	-- --	-- --	2468,8701 0,0017	n.a.	n.a.	n.a.	-1,9942 0,0193	-- --	-- --	-- --	n.a.	0,1831 0,0014 2,1418
264	Papier und Druck	810,5661 0,1093	-- --	-- --	-1515,0316 0,0006	1101,0024 0,0931	1457,0158 0,0123	n.a.	n.a.	n.a.	-- --	-- --	-- --	-- --	n.a.	0,4427 0,0011 1,4995
275	Textil, Bekleidg.	301,9644 0,1596	-- --	-476,0130 0,0000	-- --	-- --	1213,6854 0,0000	n.a.	n.a.	n.a.	-- --	-- --	-462,6689 0,0629	-- --	n.a.	0,9715 0,0000 2,2635
280	Nahrung, Genuß	-68,6996 0,8476	0,1212 0,0007	41023,589 0,0000	-1123,0033 0,0003	-- --	1045,9996 0,0056	n.a.	n.a.	n.a.	1,8442 0,0214	-- --	-678,0564 0,0052	-1013,4896 0,0325	n.a.	0,4669 0,0000 1,4840
300	Bauhauptgewerbe	-1268,0681 0,0005	-- --	89498,238 0,0000	-- --	-- --	-- --	n.a.	n.a.	n.a.	-- --	-- --	-1277,9460 0,0110	1198,7753 0,0330	n.a.	0,8292 0,0000 2,0528
	alle Branchen	903,5593 0,005	0,24462 0,0000	-771,3863 0,0000	-- --	-- --	1879,9712 0,0000	-- --	-- --	-- --	-- --	-- --	-934,7462 0,0025	-- --	-0,0000074 0,0003	0,9940 0,0000 2,0069

Quelle: eigene Berechnungen

Werte kleiner als 1 bzw. größer als 3 deuten auf ein erhebliches Maß an Autoregression hin. Bei einem Wert von 2 liegt keinerlei Autokorrelation der Residuen vor.[1] Für die Beobachtungen aller Branchen wird tatsächlich ein Koeffizient von 2,0069 beobachtet. Obwohl das Bestimmtheitsmaß der chemischen Industrie sehr gering ist, deutet der Durbin-Watson-Koeffizienten in Höhe von 1,9756 auf keinerlei Autoregression der Residuen in dieser Branchengruppe hin. Die Werte aller übrigen Branchen liegen innerhalb des akzeptablen Wertebereichs.

Der Zusammenhang zwischen Investitionszusagen und Unternehmenspreisen ist bei allen (sowohl nach Branchen als auch über alle Branchen hinweg) signifikanten Koeffizienten positiv, d.h. die Investitionszusagen haben die Schwelle einer realoptionsrestringierenden Wirkung nicht erreicht. Gemäß den hier berechneten Regressionskoeffizienten b_1 führt eine um 1,-- DM höhere Investitionszusage/1DM Umsatz durch den Investor zu Kaufpreissteigerungen zwischen 0,12 DM (Nahrung, Genuß) und 0,40 DM/1DM Umsatz (Elektronik). Bei Betrachtung der Beobachtungen aller Branchen wurde eine Kaufpreissteigerung um 0,22 DM/1DM Umsatz für jede zusätzlich zugesagte 1,-- DM/1DM Umsatz Investition geschätzt.

Arbeitsplatzzusagen des Investors sind für fünf Branchengruppen signifikant (bei Steine und Erden jedoch nur auf dem 7%-Niveau). Mit Ausnahme der Branchen Nahrung, Genuß und dem Bauhauptgewerbe haben die Arbeitsplatzgarantien in jeder dieser Branchen und für alle Branchen zusammen die für die privatisierte Unternehmung realoptionsrestringierende Schwelle überschritten. Der Regressionskoeffizient b_2 nimmt Werte zwischen -640.536,91 (Eisen NE-Metall) und +89.498,24 (Bauhauptgewerbe) an. Im Durchschnitt wird für alle Beobachtungen aller Branchen ein Koeffizient von -771,39 geschätzt, d.h. der Unternehmenspreis sinkt um 771,39 DM/1DM Umsatz, wenn die Arbeitsplatzzusage um 1 Arbeitnehmer/1DM Umsatz erhöht wird.

Es wird deutlich, daß jeweils nur eine der beiden Garantien hinsichtlich Investitionen und Arbeitsplätzen eine preisreduzierende Wirkung hatte. Dieses Ergebnis stimmt mit dem von Lucke ermittelten überein.[2]

Der wechselseitige Einfluß von Investitions- und Arbeitsplatzzusagen wird unterstützt durch die mit ihnen zusammenhängenden Pönalisierungen. In denjenigen Branchengruppen, in denen Investitionspönalisierungen signifikant sind, weisen sie ein umgekehrtes Vorzeichen zu den jeweiligen Koeffizienten der Investitionsgarantien selbst auf. Weisen Investitionszusagen keinen negativen Zusammenhang zu den Unternehmenspreisen auf, so ist der Zusammenhang zwischen den durchschnittlichen Pönalisierungen der Investitionszusagen und den Unternehmenspreisen einzelner Branchengruppen ((Steine und Erden, Papier/ Druck und Nahrung/Genuß) signifikant negativ. Arbeitsplatzpönalisierungen sind dann insignifikant - mit Ausnahme der Branchengruppe Papier und Druck, in der beide Pönalisierungen mit entgegengesetzten Vor-

---

[1] G. Brosius und F. Brosius, SPSS, 1995, S. 489.

[2] Diese Regel wurde von Lucke in einer Regressionsanalyse disaggregiert nach einzelnen Branchengruppen mit Hilfe eines robusten Least-Absolute-Residuals Schätzers herausgearbeitet. B. Lucke, Privatisierungspolitik der Treuhandanstalt, 1995, S. 6, 26f.

zeichen signifikant sind und die Investitions- und Arbeitsplatzgarantien insignifikant sind. Da es sich bei der Variablen poenal1 um eine Dummyvariable mit den Werten 0 für "Nichtpönalisierung" und 1 für "Pönalisierung" handelt, nimmt der Regressionskoeffizient b_3 einen sehr hohen Wert an. Er ist hoch signifikant auf dem 1% Signifikanz-Niveau. Über alle Branchen hinweg ist die Investitionspönalisierung jedoch insignifikant bei bereits positiv signifikanten Investitionszusagen.

Ein Verhältnis entgegengesetzter Vorzeichen wie bei den Investitionszusagen und den zugehörigen Pönalisierungen zeigt sich auch bei den Arbeitsplatzzusagen und den zugehörigen Pönalisierungen. Wie oben bereits ausgeführt, weist der Regressionskoeffizient der Arbeitsplatzzusagen b_2 in drei von fünf Branchen und branchenübergreifend ein negatives Vorzeichen auf. Die signifikanten Regressionskoeffizienten b_4 der zu den Arbeitsplatzzusagen gehörenden Variable der Pönalisierungen weisen hingegen ein negatives Vorzeichen auf, bei insignifikanten (d.h. *nicht* optionsrestringierend wirkenden) Arbeitsplatzgarantien. Über alle Branchen und Beobachtungen hinweg sind auch die Arbeitsplatzpönalisierungen nicht signifikant.

Theoretisch korrekt nimmt der Regressionskoeffizient b_5 der Variable Gewinn/Umsatz in allen signifikanten Ausprägungen ein positives Vorzeichen an und ist in allen Branchen und branchenübergreifend sogar auf dem 1%-Niveau signifikant. Der Koeffizient beträgt zwischen 1046,00 (Nahrung, Genuß) und 3648,10 (Kunststoffe). Branchenübergreifend wird ein Regressionskoeffizient in Höhe von 1879,97 geschätzt. Das heißt, eine erwartete Gewinnsteigerung um 1 DM/Umsatz müßte ein Investor mit durchschnittlich 1879,97DM/Umsatz bezahlen. Wenngleich die Privatisierung ehemaliger Unternehmungen einer Planwirtschaft unter ganz besonderen Umständen durchgeführt werden mußte, wurde offensichtlich die normativ-theoretische positive Korrelation zwischen Unternehmenswert und Zukunftserträgen gemäß Ertragswertmethode von Käufern und Verkäufern grundsätzlich bei der Preisfindung beachtet.

Indikatoren für die Unsicherheit (oder Willkür) aus dem Verhandlungsprozeß zwischen Vertretern der Treuhandanstalt und Investoren können auf der Branchenebene nicht geschätzt werden, weil sie selbst branchenspezifisch ermittelt wurden. Für die branchenübergreifende Spezifizierung der Regressionsfunktion sind diese Variablen poen1_va und poen2_va insignifikant. Die Unsicherheit, die durch diese Variablen indiziert wird, kann zwei Ursachen haben: Zum einen könnte sie aus der fallweise unterschiedlichen Verhandlungsstärke der Vertragspartner entstanden sein, zum anderen aus einer die Zukunftsentwicklung der Unternehmung als hoch unsicher einzustufende Einschätzung, die auf die Bindung durch die Arbeitsplatzgarantien zurückzuführen ist. Diese Regressoren-Spezifikationen deuten darauf hin, daß einzelne Privatisierungsteams nicht von der grundsätzlich vorgegebenen und kommunizierten Privatisierungsstrategie der Treuhandanstalt abwichen, auch wenn die Schwerpunkte der Privatisierungsstrategie im Laufe der Treuhand-Tätigkeit wiederholt neu gesetzt wurden.

Auch bei dem Indikator für die unternehmensseitige Unsicherheit (gv_ue_va) handelt es sich um eine branchenspezifisch ermittelte Größe, die für einzelne Branchen deshalb nicht regressionstechnisch spezifiziert werden kann. Auch diese Variable ist branchenübergreifend auf dem 5%-Niveau nicht signifikant.

Die Präsenz auf dem Markt für Unternehmungen weist für einzelne Branchen keine einheitliche Richtung auf. Als Indikator für die Intensität des Investorensuchprozesses der Treuhandanstalt hat in den Branchen Kunststoffe und Nahrung, Genuß die zeitlich extensive Investorensuche zu steigenden Unternehmenskaufpreisen geführt. In den Branchen Chemie und in der Holzindustrie hingegen mußte die Treuhandanstalt aufgrund einer längeren Investorensuche den Investoren Preiszugeständnisse machen. Die Wirkung des Indikators markttag wird mögllicherweise durch die Wirkung der Unternehmensqualität oder der Erwartungen über die zukünftige Branchenentwicklung überlagert. Für die chemische Industrie läßt sich konstatieren, daß aufgrund der Kapitalintensität, der besonderen Größe der Unternehmungen und der hohen notwendigen Modernisierungsinvestitionen die Investorensuche unter ganz besonders schwierigen Umständen erfolgte. Wie Anhang A zeigt, ist die Nettoproduktion in der chemischen Industrie in dem Zeitraum 3. Quartal 1990 bis Ende 1992 zudem stärker als in anderen Industrien zurückgegangen (von 93,8% auf 55,5%; 2. Halbjahr 1990=100). Der größte Teil des Unternehmensbestandes in der chemischen Industrie und der Holzindustrie konnte erst 1993 abgebaut werden.[1] Das in beiden Branchen negative Vorzeichen des Regressionskoeffizienten markttag deutet übereinstimmend darauf hin, daß die Treuhandanstalt mit fortschreitender Annäherung an das Ende ihres Privatisierungsauftrages (der 31.12.1994) unter Druck geriet und in zunehmendem Maße ihre Desinvestitions-Option einbüßte. Branchenübergreifend ist die Variable markttag nicht signifikant. Der Grund dafür, daß markttag lediglich in vier von zehn Branchen auf dem 5%-Niveau signifikant ist, mag darin liegen, daß für den Beobachtungszeitraum der zeitliche Druck der Privatisierung auf einem gleichbleibend hohen Niveau lag und möglicherweise erst im Jahre 1994 - dem offiziell letzten Jahr des Privatisierungsauftrages der Treuhandanstalt - noch einmal erhöht wurde. In dem Bewußtsein, daß es eine Nachfolge-Institution für die Treuhandanstalt über 1994 hinaus geben müsse, ist es hingegen möglich, daß über das bis Ende 1993 bestehende Niveau der Privatisierungsanstrengungen in 1994 nicht hinausgegangen wurde.[2] Das Jahr 1994 ist bedauerlicherweise so gut wie nicht in dem vorliegenden Datenmaterial enthalten. Es sind lediglich zwei Verträge aus dem Januar 1994 vorhanden, die für die Zwecke dieser Arbeit noch dem Jahr 1993 zugeordnet wurden.

Für den Einfluß der Unternehmensgröße auf die Unternehmensverkaufspreise, repräsentiert durch den Indikator arbeitpl, konnte keine auf dem 5%-Niveau (für den t-Wert) signifikante Ausprägung ermittelt werden. Der Einfluß der Unternehmensgröße wird größtenteils durch die Umsatznormierung der oben diskutierten Variablen aufgefangen.

Der Indikator der Liquiditätsrestriktionen der Investoren (buerg) weist für alle signifikanten Regressionskoeffizienten das theoretisch richtige negative Vorzeichen auf. Er ist in den Branchengruppen EMB-Waren auf dem 3%-Niveau signifikant, im Bereich Nahrung und Genuß, im Bauhauptgewerbe und branchenübergreifend sogar auf dem

---

[1] Zur Unternehmensbestandsentwicklung siehe W. Fischer et al. (Hrsg.), Treuhandanstalt, 1993, S. 547.

[2] Einen Hinweis hierauf gibt die Tatsache, daß die THA ab Juni 1993 begann, eigenes Personal abzubauen. Siehe Personalstatistik der THA in W. Fischer et al. (Hrsg.), Treuhandanstalt, 1993, S. 550.

1%-Niveau signifikant. Die Branche Steine und Erden weist ein Signifikanzniveau von 8,5%, die Branche Eisen und NE-Metalle eine Signifikanz von 10,8% auf. Letztere wird jedoch nicht mehr in die Regressionsgleichung aufgenommen. Insgesamt zeigt sich hier die große restringierende Wirkung, die die von der Treuhandanstalt geforderte Bereitstellung einer Bankbürgschaft für den Unternehmenskauf hatte. Die Treuhandanstalt restringierte einerseits selbst ihre Option auf Desinvestition von ihren Objekten, mußte sich aber andererseits selbstverständlich in dieser Hinsicht auch absichern, um ihre Gegenleistung (die Kaufpreiszahlung) für die Hingabe ihrer Unternehmungen zu erhalten.

Das Bündel an Gesetzesnovellen zur Förderung von Investitionen und Unternehmensübernahmen in Ostdeutschland, das im Juli 1992 in Kraft trat, sollte über eine verstärkte Nachfrage nach Treuhand-Unternehmungen zu höheren Preisen für diese führen. Ein solcher positiver Mechanismus kann anhand des Indikators gesetz signifikant nur für die chemische Industrie (auf dem 8%-Niveau) und das Bauhauptgewerbe (auf dem 3%-Niveau) festgestellt werden. In den übrigen Branchen mit signifikantem Regressionskoeffizienten für den Gesetzesindikator (Kunststoffe, Fahrzeugbau, EMB-Waren und Nahrungs- und Genußmittel) hat dieses Gesetzesbündel keinen positiven Einfluß auf eine erhöhte Nachfrage nach Treuhand-Unternehmungen und Preissteigerungen für diese ausgelöst.

Das Risiko gemäß dem von der Bewertung risikobehafteter Vermögensgegenstände her bekannten μ,σ-Prinzip wird durch den Indikator gv_va repräsentiert. In Übereinstimmung mit der Theorie weist der Regressionskoeffizient für die branchenübergreifende Regressionsschätzung ein negatives Vorzeichen auf und ist auf dem 0,03%-Niveau hochsignifikant. Da es sich bei diesem Indikator um eine branchenspezifische Größe handelt, sind Regressionsanalysen für einzelne Branchen nicht durchführbar.

Nachdem oben herausgearbeitet werden konnte, welche Faktoren in Form von unabhängigen Variablen einen signifikanten Einfluß auf die Unternehmenspreise hatten und welcher Richtungszusammenhang zwischen ihnen besteht, ist es von besonderem Interesse, welchen Faktoren ein besonders hohes Gewicht beizumessen ist und welchen ein weniger hohes. Die Regressionskoeffizienten können hierüber keine Erkenntnisse liefern, weil sie auch von den unterschiedlichen Dimensionen der unabhängigen Variablen abhängen und deshalb nicht miteinander verglichen werden können.[1] Eine Aussage hierzu liefert der Beta-Koeffizient (B_i), der zu jedem Regressionskoeffizienten in Tabelle 14a aufgeführt wird. Er läßt sich wie folgt berechnen:

$$B_i = b_i \frac{s_{x_i}}{s_y}$$

B_i repräsentiert den i-ten standardisierten Regressionskoeffizienten b_i, der für alle Regressoren in derselben Dimension vorliegt und daher vergleichbar ist, s_{xi} ist die Standardabweichung der i-ten unabhängigen Variablen, s_y die Standardabweichung der abhängigen Variablen (hier kp_ue).

---

[1] G. Brosius und F. Brosius, SPSS, 1995, S. 478.

Tab. 14a: Beta-Koeffizienten aller Beobachtungen nach Branchengruppen

Branchengruppe		Variablengewichte 1. Zeile: Variable 2. Zeile: Beta-Koeffizient						
Code	Bezeichnung	Rang 1	Rang 2	Rang 3	Rang 4	Rang 5	Rang 6	Rang 7
200	Chem. Industrie	gesetz 0,6343 ***	markttag -0,6040 ***	-- --	-- --	-- --	-- --	-- --
210	Kunststoffe	gv_ue 0,9937	markttag 0,2441	gesetz -0,1529	poenal2 -0,0425 ***	-- --	-- --	-- --
220	Steine und Erden	gv_ue 3,2868	i_ue 2,6363	ap_ue -0,2313 ***	poenal1 -0,0701	buerg -0,0517 ***	-- --	-- --
230	Eisen u. NE-Metalle	ap_ue -0,3912	-- --	-- --	-- --	-- --	-- --	-- --
240	Stahlbau	poenal2 0,6603	-- --	-- --	-- --	-- --	-- --	-- --
242	Maschinenbau	i_ue 0,9996	gv_ue 0,0059	-- --	-- --	-- --	-- --	-- --
244	Fahrzeugbau	i_ue 0,8008	gv_ue 0,3060	poenal2 -0,1684	-- --	-- --	-- --	-- --
250	Elektronik	i_ue 0,7127	-- --	-- --	-- --	-- --	-- --	-- --
256	EMB-Waren	gv_ue 0,5545	gesetz -0,3248	buerg -0,3232	-- --	-- --	-- --	-- --
260	Holzindustrie	gv_ue 0,3999	markttag -0,2915	-- --	-- --	-- --	-- --	-- --
264	Papier und Druck	poenal1 -0,7120	gv_ue 0,4332	poenal2 0,3272 ***	-- --	-- --	-- --	-- --
275	Textil, Bekleidg.	ap_ue -0,9917	gv_ue 0,1724	buerg -0,0536 ***	-- --	-- --	-- --	-- --
280	Nahrung, Genuß	ap_ue 0,5279	poenal1 -0,3610	i_ue 0,3437	markttag 0,3299	gesetz -0,2690	gv_ue 0,2636	buerg -0,2319
300	Bauhauptgewerbe	ap_ue 0,9099	buerg -0,1006	gesetz 0,0845	-- --	-- --	-- --	-- --
	alle Branchen	i_ue 1,1268	gv_ue 0,1467	ap_ue -0,1282	gv_var -0,0101	buerg -0,0084	-- --	-- --
*** 10% Signifikanz sonst 5% Signifikanz								

Quelle: eigene Berechnungen

In Tabelle 14a werden die Variablen mit ihren Beta-Koeffizienten von links nach rechts in absteigender Reihenfolge der absoluten Beta-Beträge für die Regressionsschätzung der Gesamtbeobachtungen nach Branchen aufgeführt, d.h. links beginnend mit der unabhängigen Variablen mit dem relativ höchsten Erklärungsbeitrag und rechts endend mit der unabhängigen Variablen mit dem relativ geringsten Erklärungsbeitrag.

Wie von der Theorie her zu erwarten war, nimmt über alle Unternehmenstransaktionsformen hinweg der Unternehmensgewinn- bzw -verlust in den Branchenauswertungen ein bedeutendes Gewicht an. Die entsprechende Variable gv_ue nimmt unter den einzelnen Branchen viermal den ersten Rang ein. Eine ebenso starke Bedeutung kommt den Arbeitsplatzzusagen zu. Auch sie nehmen in vier Branchen den ersten Rang ein, von denen sie auch in zwei Branchen eine realoptionsrestringierende Wirkung hatten. Bezieht man zusätzlich die entsprechende Pönalisierung (poenal2 ist einmal auf Rang 1) in das Bündel der Arbeitsplatzgarantien ein, so nehmen nach einzelnen Branchen die Arbeitsplatzgarantien die größte Bedeutung an. Investitionszusagen nehmen in drei Branchen den ersten Rang ein, zusammen mit der entsprechenden Pönalisierung viermal und hätten damit die gleiche Bedeutung wie die Gewinn-Variable. Tatsächlich haben bei Betrachtung der branchenübergreifenden Regression die Investitionszusagen den größten Einfluß auf die Unternehmenskaufpreise gehabt, gefolgt von dem in der Unternehmensbewertungsliteratur am stärksten herausgestellten Faktor - dem Gewinn. Branchenübergreifend folgt an dritter Stelle die Realoptionsrestriktion der Arbeitsplatzgarantien, noch vor dem Risiko, dem zweiten entscheidenden Faktor in der Unternehmensbewertungsliteratur. Ein positives Vorzeichen bei den Investitionszusagen - also eine Kaufpreiserhöhung für vom Investor selbst durchzuführende Investitionen - kann nur bedeuten, daß der Investor die Investitionen auch ohne Verpflichtungsklausel übernommen hätte, weil er mit ihr und der Unternehmung Zukunftserträge verbindet. Der Investor schätzt in diesem Falle die Expansions-Option der privatisierten Unternehmung höher ein als die aufgrund der vertraglichen Investitionsgarantien restringierte Desinvestitions-Option und ist bereit, dafür einen höheren Kaufpreis zu bezahlen. Bei Informationssymmetrie[1] zwischen Treuhandanstalt und Investor würde die Privatisierungsagentur auf der Basis dieser Informationen zu der gleichen Realoptionseinschätzung gelangen wie der Investor und müßte auch aus ihrer Perspektive einen höheren Kaufpreis verlangen.

Mit der Spezifizierung des Modells auf der Basis aller zur Verfügung stehenden Beobachtungen konnte gezeigt werden, daß neben den bereits bekannten Faktoren Erträge und Risiko den mit einem Investitionsobjekt verbundenen Realoptionen eine ähnlich große (oder sogar größere) Bedeutung zukommt. Welche Bedeutung die einzelnen Variablen des Modells für die unterschiedlichen Investorengruppen hatten, wird in den folgenden Abschnitten untersucht.

4.2 Analyse reiner Unternehmenszusammenschlüsse und -übernahmen durch Unternehmungen (M&A)

Tabelle 15 gibt eine Übersicht über die letztendlich nach der Normierung einzelner Indikatoren mit dem Unternehmensumsatz in die Regressionsanalyse einfließenden

---

[1] Diese Annahme ist aufgrund der Einreichung einer ausführlichen Darstellung des Investitionskonzeptes bei der Treuhandanstalt nicht unangemessen.

Beobachtungen (vgl. rechte Spalte der Tabelle, links davon sind zum Vergleich wiederum die ursprünglich vorhandenen Verkaufskontrakte aufgeführt).

Die Branchengruppen Kunststoffverarbeitung, Stahl- und Leichtmetallbau, Feinmechanik und Optik, Leder- und Schuhindustrie und das Bauhilfsgewerbe weisen jeweils weniger als 15 Beobachtungen aus und werden deshalb nicht regressionstechnisch analysiert.

Tab. 15: Verteilung der Privatisierungskontrakte und der Indikatoren der M&A-Beobachtungen nach Branchengruppen

Branchen-gruppen-code	Bezeichnung der Branchengruppen	Anzahl Verträge im Sample	Anzahl Beobachtungen der Indikatoren
200	Chemische Industrie	89	26
210	Kunststoff-, Gummi- und Asbestverarbeitung	36	7
220	Gewinnung und Verarbeitung von Steinen und Erden; Feinkeramik und Glasgewerbe	157	45
230	Eisen- und NE-Metallerzeugung, Gießerei und Stahlverformung	49	18
240	Stahl- und Leichtmetallbau	46	11
242	Maschinenbau	259	86
244	Fahrzeugbau	82	15
250	Elektrotechnik, Elektronik	97	26
252	Feinmechanik und Optik	13	6
256	EMB-Waren, Musikinstrumente, Sportgeräte, Spiel- und Schmuckwaren	62	22
260	Holzindustrie	101	37
264	Papier- und Druckgewerbe	72	17
270	Leder- und Schuhindustrie	17	8
275	Textil- und Bekleidungsindustrie	54	22
280	Nahrungs- und Genußmittelgewerbe	243	55
300	Bauhauptgewerbe	223	52
310	Ausbau- und Bauhilfsgewerbe	27	5
Summe		**1.627**	**458**

Quelle: eigene Darstellung

Die lineare Regressionsanalyse des oben herausgearbeiteten Regressionsmodells liefert bei Verwendung eines Signifikanzniveaus des t-Wertes von 5% für die Aufnahme in die Regressionsgleichung und 10% für den Ausschluß einer Variablen die in Tabelle 16 angegebene Spezifikation.

Das angepaßte Bestimmtheitsmaß R^2 beträgt für alle M&A-Beobachtungen zusammen 0,45221 und kann angesichts der Normierung mit den Umsätzen als durchaus befriedigend bezeichnet werden. Ähnlich hohe oder deutlich höhere Bestimmtheitsmaße können durchweg für alle Branchengruppen festgestellt werden. Eine Ausnahme bilden die Branchen Chemische Industrie mit einem Bestimmtheitsmaß von lediglich 0,0482 bei einem insignifikanten F-Wert und die Holzindustrie mit einem angepaßten R^2 von 0,1938. Mit Ausnahme der bereits erwähnten chemischen Industrie sind die F-Werte der Regressionsspezifizierungen auch durchweg hochsignifikant gegen Null gesichert.

Über alle M&A-Beobachtungen hinweg besteht eine deutliche Kolliniarität zwischen den Variablen i_ue und gv_ue, zwischen anderen Variablen jedoch nicht. In einzelnen Branchen verhält es sich mit den Kolliniaritäten wie folgt: Deutliche Kolliniarität besteht zwischen markttag und gesetz in der Branche 200, zwischen markttag und buerg in der Branche 280 und schließlich zwischen i_ue und gv_ue in Branche 220. Mäßige Kolliniarität besteht zwischen markttag und gesetz in den Branchen 242 und 244, zwischen ap_ue und buerg in der Branche 230, zwischen markttag und gv_ue der Branche 260, zwischen i_ue und poenall der Branche 264 und schließlich zwischen i_ue und ap_ue der Branche 280.

Für die M&A-Beobachtungen werden für alle Branchen und branchenübergreifend sehr gute bis akzeptable Durbin-Watson-Koeffizienten beobachtet. Obwohl das Bestimmtheitsmaß der chemischen Industrie und in der Holzindustrie sehr gering ist, deutet der Durbin-Watson-Koeffizient in Höhe von 1,9996 (Chemie) und 1,9027 (Holzindustrie) auf keinerlei Autoregression der Residuen in diesen Branchengruppen hin.

Der Zusammenhang zwischen Investitionszusagen und Unternehmenspreisen ist mit Ausnahme der Branche Papier und Druck bei allen (sowohl nach Branchen als auch über alle Branchen hinweg) signifikanten Koeffizienten positiv, d.h. die Investitionszusagen haben die Schwelle einer realoptionsrestringierenden Wirkung nicht erreicht. Überschritten wurde diese Schwelle jedoch im Papier- und Druckgewerbe, in dem das negative Vorzeichen des Regressionskoeffizienten auf eine Restriktion der Realoptionen beim Investor bzw. der privatisierten Treuhand-Unternehmung hindeutet und über diesen Mechanismus zu Kaufpreissenkungen führte. Die Regressionskoeffizienten b_1 streuen relativ stark zwischen -0,6252 (Papier und Druck) und +1,5269 (Fahrzeugbau). Das heißt eine um 1,-- DM höhere Investitionszusage/Umsatz führt zu einer Kaufpreis/Umsatz-Senkung um 0,63 DM (Papier und Druck) bzw. zu einer Kaufpreis/-Umsatz-Steigerung von 1,53 DM (Fahrzeugbau). Bei Betrachtung der Beobachtungen aller Branchen wurde eine Kaufpreis/Umsatz-Steigerung um 0,13 DM für jede zusätzlich zugesagte 1,-- DM Investition/Umsatz geschätzt. Damit liegt der Durchschnittswert für b_1 aller M&A-Beobachtungen deutlich unter dem Durchschnittsregressionskoeffizienten von 0,22 aller vorhandenen Beobachtungen der Stichprobe (vgl. oben 4.1, Ergebnisse zu den Investitionszusagen).

Tab. 16: Regressionsergebnisse der M&A-Beobachtungen nach Branchengruppen

Branchengruppe		geschätzterRegressionskoeffizient 1. Zeile: Regressor 2. Zeile: P-Wert der t-Statistik														adj. R2 P-Wert / F-Statistik Durbin-Watson-Wert
Code	Bezeichnung	b0 Konst.	b1 i_ue	b2 ap_ue	b3 poenal1	b4 poenal2	b5 gv_ue	b6 poen1_va	b7 poen2_va	b8 gv_ue_va	b9 markttag	b10 arbeitpl	b11 buerg	b12 gesetz	b13 gv_var	
200	Chem. Industrie	3640,4014 0,2445	-- --	-- --	-- --	-- --	-- --	n.a.	n.a.	n.a.	-8,3645 0,0938	-- --	-- --	4811,0241 0,0994	n.a.	0,04817 0,2173 1,9996
220	Steine und Erden	1867,8954 0,0163	0,2344 0,0000	-- --	-1668,6709 0,0279	-- --	1812,4936 0,0000	n.a.	n.a.	n.a.	-- --	-- --	-1052,9580 0,0945	-- --	n.a.	0,9628 0,0000 2,3384
230	Eisen u. NE-Metalle	22413,687 0,0011	-- --	-1898222,0 0,0000	-- --	-- --	-- --	n.a.	n.a.	n.a.	-- --	-- --	-12728,179 0,029	-- --	n.a.	0,6634 0,0001 2,1234
242	Maschinenbau	-1161,4864 0,1210	-- --	22804,794 0,0000	-909,9260 0,0542	-- --	1579,7666 0,0000	n.a.	n.a.	n.a.	2,5193 0,0402	-- --	-- --	-1285,7348 0,0521	n.a.	0,4206 0,0000 2,0340
244	Fahrzeugbau	-336,6734 0,7203	1,5269 0,0080	-- --	-2500,7931 0,0050	-1192,4864 0,0412	1867,0703 0,0003	n.a.	n.a.	n.a.	4,6139 0,0104	-- --	-- --	-1335,2317 0,0566	n.a.	0,8503 0,0007 2,0542
250	Elektronik	-645,2103 0,3100	0,4033 0,0000	-- --	-- --	-- --	-- --	n.a.	n.a.	n.a.	-- --	-- --	-- --	-- --	n.a.	0,4949 0,0000 2,4920
256	EMB-Waren	345,9684 0,4817	-- --	-- --	-- --	-- --	2047,8183 0,0012	n.a.	n.a.	n.a.	-- --	-- --	-- --	-- --	n.a.	0,3851 0,0012 1,9400
260	Holzindustrie	1345,4865 0,0537	-- --	-- --	-- --	-- --	1844,5157 0,0043	n.a.	n.a.	n.a.	-1,5487 0,0424	-- --	-- --	-- --	n.a.	0,1938 0,0097 1,9027
264	Papier und Druck	2571,4336 0,0000	-0,6252 0,0056	-- --	-1876,2465 0,0001	-- --	-- --	n.a.	n.a.	n.a.	-- --	-- --	-- --	-- --	n.a.	0,6710 0,0002 2,5835

Branchengruppe		geschätzterRegressionskoeffizient 1. Zeile: Regressor 2. Zeile: P-Wert der t-Statistik														adj. R2 P-Wert / F-Statistik Durbin-Watson-Wert
Code	Bezeichnung	b0 Konst.	b1 i_ue	b2 ap_ue	b3 poenal1	b4 poenal2	b5 gv_ue	b6 poen1_va	b7 poen2_va	b8 gv_ue_va	b9 markttag	b10 arbeitpl	b11 buerg	b12 gesetz	b13 gv_var	
275	Textil, Bekleidg.	-60,2992 0,7448	-- --	-- --	-- --	-- --	1074,1988 0,0005	n.a.	n.a.	n.a.	-- --	-- --	-- --	-- --	n.a.	0,4367 0,0005 1,7493
280	Nahrung, Genuß	-383,1371 0,3960	0,1488 0,0004	36536,399 0,0002	-1695,7851 0,0001	-- --	-- --	n.a.	n.a.	n.a.	3,3192 0,0024	-- --	-859,7155 0,0075	-1643,9232 0,0134	n.a.	0,6142 0,0000 1,5983
300	Bauhauptgewerbe	-879,5613 0,0000	-- --	89846,889 0,0000	-- --	-- --	-- --	n.a.	n.a.	n.a.	-- --	-- --	-- --	-- --	n.a.	0,9941 0,0000 2,0597
	alle Branchen	-502,4571 0,5128	0,1338 0,0327	65011,159 0,0000	-- --	-1423,7931 0,0436	1751,7772 0,0000	-- --	-- --	-- --	2,5027 0,0025	-- --	-1419,7421 0,0014	-- --	-0,0000058 0,0004	0,45221 0,0000 2,0027

Quelle: eigene Berechnungen

Arbeitsplatzzusagen des Investors sind für vier Branchengruppen (Eisen und NE-Metalle, Maschinenbau, Nahrung/Genuß und Bauhauptgewerbe) signifikant. Auch für die Holzindustrie kann ein relativ hohes Signifikanzniveau von 14,28% ermittelt werden und wird aufgrund des Ausschlußkriteriums von 10% nicht in die Regressionsgleichung aufgenommen. Mit Ausnahme der Branche Eisen und NE-Metalle haben die Arbeitsplatzgarantien in jeder Branche und für alle Branchen zusammen die für die privatisierte Unternehmung realoptionsrestringierende Schwelle nicht überschritten, d.h. hier kann signifikant nur für die Eisen und NE-Metallverarbeitung festgestellt werden, daß die Kaufpreise aufgrund überhöhter Arbeitsplatzgarantien zurückgingen. Der Regressionskoeffizient b_2 nimmt Werte zwischen -1.898.222,0 (Eisen NE-Metall) und +89.846,89 (Bauhauptgewerbe) an. Im Durchschnitt wird für alle Beobachtungen aller Branchen ein Koeffizient von 65.011,16 geschätzt, d.h. der Unternehmenspreis/Umsatz steigt um 65.011,16 DM, wenn die Arbeitsplatzzusage um 1Arbeitnehmer/Umsatz erhöht wird.

Das für das Gesamtsample konstatierte Verhältnis von Investitions- und Arbeitsplatzzusagen, daß grundsätzlich nur von einer der beiden eine kaufpreisrestringierende Wirkung ausgeht, kann für die M&As nicht bestätigt werden. Es ist vielmehr so, daß überhaupt für nur zwei Branchengruppen (Eisen/NE-Metalle und Papier/Druck) eine Optionsrestriktion und damit eine negative Wirkung auf den Kaufpreis verifiziert werden kann.

Anders als bei den Gesamtbeobachtungen stellt sich auch das Verhältnis der Investitions- und Arbeitsplatzgarantien zu ihren jeweiligen Pönalisierungen dar. Der Regressionskoeffizient b_3 der Investitionspönalisierungen ist in fünf Branchengruppen (Steine und Erden, Maschinenbau, Fahrzeugbau, Papier/Druck und Nahrung/Genuß) signifikant und weist durchweg ein negatives Vorzeichen auf, und zwar auch in der Branche Papier/Druck, für die bereits die Investitionszusagen ein negatives Vorzeichen aufweisen. Über alle Branchen hinweg ist die Investitionspönalisierung jedoch insignifikant bei bereits positiv signifikanten Investitionszusagen.

Pönalisierungen der Arbeitsplatzzusagen sind lediglich für die Branche Fahrzeugbau und für alle M&A-Beobachtungen signifikant. Die Regressionskoeffizienten weisen hier jeweils ein negatives Vorzeichen auf.

Insgesamt stellen sich die Privatisierungsergebnisse hinsichtlich der Investitions- und Arbeitsplatzgarantien und ihrer Pönalisierungen bei den M&As so dar, daß die Investitionen und Arbeitsplätze per se nicht die Realoptionen der privatisierten Unternehmung restringierten, wohl aber die entsprechenden Pönalisierungen. D.h. einzig aufgrund der Einschränkung der zukünftigen Handlungsmöglichkeiten des Investors und seiner Verfügungsrechte über seine Unternehmung kommt es zu Kaufpreisabschlägen.

Theoretisch korrekt nimmt der Regressionskoeffizient b_5 der Variable Gewinn/Umsatz in allen signifikanten Ausprägungen ein positives Vorzeichen an. Das Signifikanzniveau beträgt in diesen Branchen und branchenübergreifend sogar 1%. Der Koeffizient beträgt zwischen 1074,20 (Textil und Bekleidung) und 2047,82 (EMB-Waren). Branchenübergreifend wird ein Regressionskoeffizient in Höhe von 1751,78 geschätzt. Das heißt, eine erwartete Gewinnsteigerung um 1 DM/Umsatz müßte ein Investor mit durchschnittlich 1751,78DM/Umsatz bezahlen.

Regressionskoeffizienten für poen1_va und poen2_va können auch hier nicht auf der Branchenebene spezifiziert werden, weil sie selbst branchenspezifisch ermittelt wurden. Für die branchenübergreifende Spezifizierung der Regressionsfunktion sind diese Variablen poen1_va und poen2_va insignifikant. Diese Regressoren-Spezifikationen deuten auf eine Kontinuität der Privatisierungsstrategie der Treuhandanstalt bezüglich der Vertragsstrafen hin, auch wenn die Schwerpunkte der Privatisierungsstrategie im Laufe der Treuhand-Tätigkeit wiederholt neu gesetzt wurden.

Auch bei dem Indikator für die unternehmensseitige Unsicherheit (gv_ue_va) handelt es sich um eine branchenspezifisch ermittelte Größe, die für einzelne Branchen deshalb nicht regressionstechnisch spezifiziert werden kann. Auch diese Variable ist in der Regression aller M&A-Beobachtungen insignifikant.

Die Präsenz auf dem Markt für Unternehmungen weist auch unter den M&A-Beobachtungen für einzelne Branchen keine einheitliche Richtung auf. Als Indikator für die Intensität des Investorensuchprozesses der Treuhandanstalt hat dieser Suchprozeß in den Branchen Maschinenbau, Fahrzeugbau und Nahrung/Genuß zu steigenden Unternehmenskaufpreisen geführt. In den Branchen Chemie und in der Holzindustrie hingegen mußte die Treuhandanstalt aufgrund einer längeren Investorensuche den Investoren Preiszugeständnisse machen (vgl. hierzu die unter 4.1 gemachten Erläuterungen zu den Gesamtbeobachtungen). Diese für beide Branchen negativen Vorzeichen des Regressionskoeffizienten markttag deuten übereinstimmend darauf hin, daß die Treuhandanstalt mit fortschreitender Annäherung an das Ende ihres Privatisierungsauftrages unter Druck geriet und in zunehmenden Maße ihre Desinvestitions-Option einbüßte. Auch branchenübergreifend ist der Regressionskoeffizient der Variable markttag signifikant und trägt ein positives Vorzeichen.

Für den Einfluß der Unternehmensgröße auf die Unternehmensverkaufspreise, repräsentiert durch den Indikator arbeitpl, konnte keine auf dem 5%-Niveau (für den t-Wert) signifikante Ausprägung ermittelt werden. Der Einfluß der Unternehmensgröße wird größtenteils durch die Umsatznormierung der oben diskutierten Variablen aufgefangen.

Der Indikator der Liquiditätsrestriktionen der Investoren (buerg) weist für alle signifikanten Regressionskoeffizienten das theoretisch richtige negative Vorzeichen auf. Er ist in den Branchengruppen Eisen/NE-Metalle und Nahrung/Genuß und branchenübergreifend auf dem 5%-Niveau signifikant. Die Branche Steine und Erden weist ein Signifikanzniveau von 9,5%, die Holzindustrie wäre auf mit 11,96% signifikant, wird aufgrund der Ausschlußkriterien jedoch nicht mehr in die Regressionsgleichung aufgenommen. Insgesamt zeigt sich hier die große restringierende Wirkung, die die von der Treuhandanstalt geforderte Bereitstellung einer Bankbürgschaft für den Unternehmenskauf hatte. Wie bereits im Abschnitt zu den Gesamtbeobachtungen ausgeführt, restringierte die Treuhandanstalt einerseits selbst ihre Option auf Desinvestition von ihren Objekten, mußte sich aber andererseits selbstverständlich in dieser Hinsicht auch absichern, um ihre Gegenleistung (die Kaufpreiszahlung) für die Hingabe ihrer Unternehmungen zu erhalten.

Der Indikator gesetz repräsentiert das Bündel von Gesetzesnovellen zur Förderung von Investitionen und Unternehmensübernahmen in Ostdeutschland, das über eine verstärkte Nachfrage nach Treuhand-Unternehmungen zu höheren Preisen für diese führen sollte. Wie bereits bei der Analyse der Gesamtbeobachtungen unter Abschnitt 4.1 aufgezeigt, kann ein solcher positiver Mechanismus signifikant nur für die chemische Industrie (auf dem 10%-Niveau) festgestellt werden. In den übrigen Branchen mit signifikantem Regressionskoeffizienten für den Gesetzesindikator (Maschinenbau, Fahrzeugbau, und Nahrungs-/Genußmittel) hat dieses Gesetzesbündel keinen positiven Einfluß auf eine erhöhte Nachfrage nach Treuhand-Unternehmungen und Preissteigerungen für diese ausgelöst.

Für den Indikator des Branchenrisikos (gv_va) weist die Regressionsschätzung in Übereinstimmung mit der Theorie in der alle M&A-Beobachtungen umfassenden Regression ein negatives Vorzeichen auf und ist auf dem 0,04%-Niveau signifikant. Da es sich bei diesem Indikator um eine branchenspezifische Größe handelt, sind Regressionsanalysen für einzelne Branchen nicht durchführbar.

Nachdem oben herausgearbeitet werden konnte, welche Faktoren in Form von unabhängigen Variablen einen signifikanten Einfluß auf die Unternehmenspreise hatten und welcher Richtungszusammenhang zwischen ihnen besteht, sollen in dem nun folgenden Abschnitt anhand der Beta-Koeffizienten Aussagen darüber getroffen werden, mit welchen Gewichten die erklärenden Variablen die Kaufpreise beeinflußt haben.

In der nachfolgenden Tabelle 16a werden die Variablen mit ihren Beta-Koeffizienten von links nach rechts in absteigender Reihenfolge der absoluten Beta-Beträge nach Branchen aufgeführt.

Anders als bei dem Gesamtsample nimmt die Gewinn-/Verlustvariable in fünf Branchengruppen den ersten Rang ein und wird durch Investitions- und Arbeitsplatzgarantien und die entsprechenden Pönalisierungen in der Anzahl der ersten Rangfolgen nicht übertroffen. Dies wird auch durch die Spezifikation der branchenübergreifenden Regressionsfunktion aller M&A-Beobachtungen bestätigt. Auf der Basis aller M&A-Beobachtungen kommt den Investitions- bzw. Arbeitsplatzgarantien die zweit- bzw. drittgrößte Bedeutung zu, sie liegen damit noch vor dem Risikoindikator gv_var. Interessanterweise nimmt der Indikator für die Verweildauer auf dem Unternehmensmarkt in drei Branchengruppen den ersten Rang ein. Auch wenn die Variablen buerg und gesetz tendenziell nachfolgende Ränge belegen, ist ihr absoluter Abstand zum Beta-Wert der vorhergehenden Variable häufig nicht außerordentlich groß.

Tab. 16a: Beta-Koeffizienten der M&A-Beobachtungen nach Branchengruppen

Branchengruppe		Variablengewichte 1. Zeile: Variable 2. Zeile: Beta-Koeffizient						
Code	Bezeichnung	Rang 1	Rang 2	Rang 3	Rang 4	Rang 5	Rang 6	Rang 7
200	Chem. Industrie	markttag -0,695 ***	gesetz 0,6181 ***	-- --	-- --	-- --	-- --	-- --
220	Steine und Erden	gv_ue 3,2262	i_ue 2,2803	poenal1 -0,0675	buerg -0,0534 ***	-- --	-- --	-- --
230	Eisen u. NE-Metalle	ap_ue -0,8159	buerg -0,3437	-- --	-- --	-- --	-- --	-- --
242	Maschinenbau	gv_ue 0,4964	ap_ue 0,4175	markttag 0,3528	gesetz -0,3016	poenal1 -0,1895	-- --	-- --
244	Fahrzeugbau	markttag 0,8329	gv_ue 0,7990	poenal1 -0,6971	i_ue 0,4566	gesetz -0,4558 ***	poenal2 -0,2825	-- --
250	Elektronik	i_ue 0,7177	-- --	-- --	-- --	-- --	-- --	-- --
256	EMB-Waren	gv_ue 0,6437	-- --	-- --	-- --	-- --	-- --	-- --
260	Holzindustrie	gv_ue 0,4884	markttag -0,3362	-- --	-- --	-- --	-- --	-- --
264	Papier und Druck	poenal1 -0,7516	i_ue -0,4720	-- --	-- --	-- --	-- --	-- --
275	Textil, Bekleidg.	gv_ue 0,6808	-- --	-- --	-- --	-- --	-- --	-- --
280	Nahrung, Genuß	markttag 0,5259	poenal1 -0,4729	ap_ue 0,4607	i_ue 0,4125	gesetz -0,3694	buerg -0,2504	-- --
300	Bauhauptgewerbe	ap_ue 0,9971	-- --	-- --	-- --	-- --	-- --	-- --
	alle Branchen	gv_ue 1,5773	i_ue 0,6591	ap_ue 0,6142	gv_var -0,1237	markttag 0,1187	buerg -0,1168	poenal2 -0,0759
*** 10% Signifikanz sonst 5% Signifikanz								

Quelle: eigene Berechnungen

4.3 Analyse von Management-Buyouts

Tabelle 17 gibt für die Management-Buyouts eine Übersicht über die letztendlich nach der Normierung einzelner Indikatoren mit dem Unternehmensumsatz in die Regressionsanalyse einfließenden Beobachtungen (vgl. rechte Spalte der Tabelle, links davon sind zum Vergleich wiederum die ursprünglich vorhandenen Verkaufskontrakte aufgeführt).

Einzelne untersuchte Branchengruppen, die mit 15 oder mehr Beobachtungen überhaupt erst regressionstechnisch analysiert werden können, sind der Maschinenbau, Fahrzeugbau, das Nahrungs- und Genußmittelgewerbe und das Bauhauptgewerbe. Darüber hinaus wird auch für die Summe aller MBO-Beobachtungen eine Regression durchgeführt.

Tab. 17: Verteilung der Privatisierungskontrakte und der Indikatoren der MBO-Privatisierungen nach Branchengruppen

Branchen-gruppen-code	Bezeichnung der Branchengruppen	Anzahl Verträge im Sample	Anzahl Beobachtungen der Indikatoren
200	Chemische Industrie	13	3
210	Kunststoff-, Gummi- und Asbestverarbeitung	13	4
220	Gewinnung und Verarbeitung von Steinen und Erden; Feinkeramik und Glasgewerbe	23	7
230	Eisen- und NE-Metallerzeugung, Gießerei und Stahlverformung	26	5
240	Stahl- und Leichtmetallbau	19	8
242	Maschinenbau	93	45
244	Fahrzeugbau	53	17
250	Elektrotechnik, Elektronik	32	12
252	Feinmechanik und Optik	6	5
256	EMB-Waren, Musikinstrumente, Sportgeräte, Spiel- und Schmuckwaren	25	9
260	Holzindustrie	48	12
264	Papier- und Druckgewerbe	25	5
270	Leder- und Schuhindustrie	13	5
275	Textil- und Bekleidungsindustrie	35	11
280	Nahrungs- und Genußmittelgewerbe	73	22
300	Bauhauptgewerbe	185	53
310	Ausbau- und Bauhilfsgewerbe	41	8
Summe		**723**	**231**

Quelle: eigene Darstellung

Die Analyse des eingangs dieses 4. Abschnitts aufgestellten Regressionsmodells erbringt für die MBOs bei Verwendung eines Signifikanzniveaus des t-Wertes von 5%

für die Aufnahme in die Regressionsgleichung und 10% für den Ausschluß einer Variablen folgende Spezifikation (vgl. Tabelle 18).

Das angepaßte Bestimmtheitsmaß R^2 beträgt für alle MBO-Beobachtungen zusammen 0,9996, d.h. nahezu 100% der Gesamtstreuung der abhängigen Variablen wird durch in die Regressionsgleichung aufgenommenen Variablen erklärt. Ein ähnlich hohes Bestimmtheitsmaß wurde auch für den Maschinenbau ermittelt. Die angepaßten R^2 der Branchen Fahrzeugbau und Nahrung/Genuß betragen zwar nur 0,5235 bzw. 0,4838, können damit aber durchaus als zufriedenstellend eingestuft werden. Die F-Werte der Regressionsspezifizierungen sind durchweg hochsignifikant gegen Null gesichert.

Über alle MBO-Beobachtungen hinweg besteht eine deutliche Kolliniarität zwischen den Variablen i_ue und ap_ue, zwischen anderen Variablen jedoch nicht. In einzelnen Branchen verhält es sich mit den Kolliniaritäten wie folgt: Eine deutliche Kolliniarität besteht in keiner Branche. Mäßige Kolliniarität besteht zwischen buerg und gesetz der Branche 244 und zwischen i_ue, ap_ue, poenal1 und gv_ue der Branche 280. In Branche 242 besteht keine Kolliniarität.

Für die MBO-Beobachtungen werden für alle Branchen und branchenübergreifend sehr gute bis akzeptable Durbin-Watson-Koeffizienten beobachtet.

Der Zusammenhang zwischen Investitionszusagen und Unternehmenspreisen ist bei allen (sowohl nach Branchen als auch über alle Branchen hinweg) signifikanten Koeffizienten b_1 positiv und signifikant auf dem 1%-Niveau. D.h. die Investitionszusagen per se haben die Schwelle einer realoptionsrestringierenden Wirkung nicht erreicht und wirkten nicht kaufpreisreduzierend. Die Regressionskoeffizienten b_1 streuen relativ wenig; sie betragen 0,2171 für den Maschinenbau und 0,3279 für das Nahrungs- und Genußmittelgewerbe. Damit liegen die für diese beiden Branchen ermittelten Regressionskoeffizienten recht nahe an dem b_1 in Höhe von 0,2458, das für alle 231 MBOs ermittelt wurde. Eine um 1,-- DM höhere Investitionszusage/Umsatz durch den Investor führt damit zu Kaufpreis/Umsatz-Steigerungen von 0,33 DM im Nahrungs- und Genußmittelgewerbe und 1,22 DM im Fahrzeugbau. Bei Betrachtung der Beobachtungen aller Branchen des MBO-Samples wurde eine Kaufpreis/Umsatz-Steigerung um 0,25 DM für jede zusätzlich zugesagte 1,-- DM Investition/Umsatz geschätzt. Damit liegt der Durchschnittswert für b_1 aller MBO-Beobachtungen ungefähr gleichauf mit dem Durchschnittsregressionskoeffizienten von 0,22 aller vorhandenen Beobachtungen der Stichprobe (vgl. oben 4.1 zu den Investitionszusagen).

Arbeitsplatzzusagen des Managements sind nur in einer Branchengruppe (Nahrung/-Genuß) signifikant und zwar lediglich auf einem Signifikanzniveau von 8,4%. Das Vorzeichen des Regressionskoeffizienten b_2 ist sowohl in der Branche Nahrung/Genuß als auch für alle Branchen zusammen negativ, d.h. die für die privatisierte Unternehmung realoptionsrestringierende Schwelle der Arbeitsplatzgarantien wurde bei den MBOs erreicht und wirkte kaufpreismindernd. Der Regressionskoeffizient b_2 nimmt mit -19.721,61 für die Branchengruppe Nahrung/Genuß im Vergleich zu dem entsprechenden Regressionskoeffizienten aller MBOs (-803,90) einen relativ hohen Wert an.

Tab. 18: Regressionsergebnisse der MBO-Beobachtungen nach Branchengruppen

Branchengruppe		geschätzterRegressionskoeffizient 1. Zeile: Regressor 2. Zeile: P-Wert der t-Statistik														adj. R2 P-Wert / F-Statistik Durbin-Watson-Wert
Code	Bezeichnung	b0 Konst.	b1 i_ue	b2 ap_ue	b3 poenal1	b4 poenal2	b5 gv_ue	b6 poen1_va	b7 poen2_va	b8 gv_ue_va	b9 markttag	b10 arbeitpl	b11 buerg	b12 gesetz	b13 gv_var	
242	Maschinenbau	448,2833 0,0128	0,2171 0,0000	-- --	-- --	-- --	1018,4193 0,0000	n.a.	n.a.	n.a.	-- --	-- --	-602,0600 0,0041	-- --	n.a.	0,9999 0,0000 2,0192
244	Fahrzeugbau	354,3724 0,0038	-- --	-- --	-- --	-- --	-- --	n.a.	n.a.	n.a.	-- --	-- --	-336,4150 0,0119	-399,3715 0,0041	n.a.	0,5235 0,0022 1,7860
280	Nahrung, Genuß	609,1376 0,0215	0,3279 0,0011	-19721,613 0,0837	-531,0797 0,0400	-- --	2434,7981 0,0002	n.a.	n.a.	n.a.	-- --	-- --	-- --	-- --	n.a.	0,4838 0,0036 1,6990
300	Bauhauptgewerbe	-- --	-- --	-- --	-- --	-- --	-- --	n.a.	n.a.	n.a.	-- --	-- --	-- --	-- --	n.a.	-- -- --
	alle Branchen	948,4441 0,0000	0,2458 0,0000	-803,9029 0,0000	-- --	-- --	2211,7188 0,0000	-- --	-5253,1510 0,0957	-- --	-- --	-- --	-536,2969 0,0455	-- --	-- --	0,9996 0,0000 1,9341

Quelle: eigene Berechnungen

Letzterer liegt jedoch recht nahe an dem für alle 784 Beobachtungen geschätzten Regressionskoeffizienten b_2 in Höhe von -771,39 (vgl. Tabelle 14).

Das für das Gesamtsample konstatierte Verhältnis von Investitions- und Arbeitsplatzzusagen, daß grundsätzlich nur von einem der beiden Indikatoren eine kaufpreisrestringierende Wirkung ausgeht, kann auch für die MBOs bestätigt werden.

Der Regressionskoeffizient b_3 der Investitionspönalisierungen ist in lediglich einer einzelnen Branchengruppe (Nahrung/Genuß) signifikant auf dem 5%-Niveau und weist ein mit den theoretischen Vorarbeiten übereinstimmendes negatives Vorzeichen auf. Auch hier zeigt sich, daß die Pönalisierung realoptionsrestringierend sein kann, wenn die entsprechende Zusage selbst noch keine restringierende Wirkung hat. Über alle Branchen hinweg ist die Investitionspönalisierung jedoch insignifikant, bei bereits positiv signifikanten Investitionszusagen.

Pönalisierungen der Arbeitsplatzzusagen sind in keiner Branche und auch für die gesamten MBO-Beobachtungen insignifikant, bei jedoch bereits signifikant negativen Arbeitsplatzgarantien auf der Gesamt-MBO-Ebene.

Im Gegensatz zu den M&As stellen sich die Privatisierungsergebnisse hinsichtlich der Investitions- und Arbeitsplatzgarantien und ihrer Pönalisierungen bei den MBOs so dar, daß die Arbeitsplätze per se die Realoptionen der privatisierten Unternehmung restringierten (also bereits die kritische Schwelle überschritten wurde), nicht aber die entsprechenden Pönalisierungen. D.h. die primär bereits negativ wirkende Arbeitsplatzgarantie selbst überlagert hier die aufgrund der Pönalisierung latent vorhandene Optionsrestriktion, die erst dann hervorträte, wenn die Investitions- bzw. Arbeitsplatzgarantien noch nicht die optionsrestringierende Schwelle erreicht hätten.

Theoretisch korrekt nimmt der Regressionskoeffizient b_5 des Indikators Gewinn/-Umsatz in allen signifikanten Ausprägungen ein positives Vorzeichen an. Das Signifikanzniveau liegt in den Branchen und branchenübergreifend sogar noch unter 1%. Der Koeffizient beträgt 1018,42 im Maschinenbau und 2434,80 im Nahrungs-/Genußmittelgewerbe. Branchenübergreifend wird ein Regressionskoeffizient in Höhe von 2211,72 geschätzt. Das heißt, eine erwartete Gewinnsteigerung um 1 DM/Umsatz müßte ein Investor mit durchschnittlich 2211,72 DM/Umsatz bezahlen. Damit wurden für den Umsatz der MBO-Unternehmungen durchschnittlich 331,75 DM mehr bezahlt als im Durchschnitt aller Beobachtungen (vgl. oben Abschnitt 4.1, Tabelle 14) und mit 459,94 DM mehr als im Durchschnitt der M&A-Beobachtungen (vgl. Abschnitt 4.2, Tabelle 16).

Der Regressionskoeffizient für poen1_va ist nicht signifikant. Derjenige für poen2_va konnte auf der Ebene der gesamten MBO-Beobachtungen auf dem 10%-Signifikanzniveau mit einem mit der Theorie in Einklang stehenden negativen Vorzeichen spezifiziert werden. Diese Regressoren-Spezifikation deutet darauf hin, daß bei Privatisierungsverhandlungen mit MBO-Teams hinsichtlich der Arbeitsplatzgarantien sehr "unregelmäßige" Verhandlungsergebnisse erzielt wurden. Dies bedeutet eine erhöhte Unsicherheit insbesondere für die Privatisierungsagentur, weil sie bei MBOs offensichtlich eine geringere Kontinuität in bezug auf die Durchsetzung von Arbeitsplatzgarantien wahren konnte, als es insgesamt über alle Beobachtungen hinweg und für das M&A-Sample der Fall war.

Bei dem Indikator für die unternehmensseitige Unsicherheit (gv_ue_va) handelt es sich um eine branchenspezifisch ermittelte Größe, die für einzelne Branchen deshalb nicht regressionstechnisch spezifiziert werden kann. Auch diese Variable ist in der Regression aller MBO-Beobachtungen insignifikant.

Die Präsenz auf dem Markt für Unternehmungen ist wider Erwarten weder für einzelne Branchen noch für die gesamten MBO-Beobachtungen signifikant. Das gleiche gilt auch für den Unternehmensgrößenindikator arbeitpl.

Der Indikator der Liquiditätsrestriktionen der Investoren (buerg) weist für alle signifikanten Regressionskoeffizienten das theoretisch richtige negative Vorzeichen auf. Er ist in den Branchengruppen Maschinenbau, Fahrzeugbau und branchenübergreifend auf dem 5%-Niveau signifikant. Im Vergleich zur entsprechenden Koeffizientenschätzung der Gesamtbeobachtungen und der gesamten M&A-Schätzungen zeigt sich hier, daß die kaufpreismindernde Wirkung der zu stellenden Bankbürgschaften bei den MBOs am geringsten ist. Sie beträgt hier durchschnittlich -536,30, bei den M&As -1419,74 und bei den gesamten Beobachtungen durchschnittlich -934,75. Dieser Sachverhalt läßt sich bei einer offenkundig stärkeren Kreditrationierung von in der Treuhand-Unternehmung tätigen Ost-Managern nur dadurch erklären, daß die Privatisierungsagentur in stärkerem Maße, als dies bei M&A-Privatisierungen der Fall war, auf Bankbürgschaften verzichten mußte und selbst einen Teil des späteren Gesamtvollstreckungsrisikos übernahm.

Der Indikator für das Bündel an Gesetzesnovellen zur Förderung von Investitionen und Unternehmensübernahmen in Ostdeutschland ist bei den MBOs lediglich für die Branchengruppe Fahrzeugbau signifikant. Der Regressionskoeffizient erreicht sogar das 1% Signifikanzniveau. Die Gesetzesnovellen hatten jedoch keine positive Wirkung auf die Verkaufspreise der im Wege von MBOs privatisierten Treuhand-Unternehmungen.

Interessant ist das Ergebnis, daß für den Indikator des Branchenrisikos (gv_va) kein signifikanter Regressionskoeffizient geschätzt werden konnte, obwohl dieser Indikator sowohl bei den gesamten Beobachtungen und den gesamten M&A-Beobachtungen signifikant und negativ war (vgl. Tabellen 14 und 16). Dies deutet darauf hin, daß MBOs stärker bei solchen Unternehmungen und in solchen Branchen durchgeführt wurden, die weniger risikobehaftet waren. Die Standardabweichung der letzten Gewinne/Verluste aller MBOs betrug denn auch nur 1922,122 im Vergleich zur entsprechenden Standardabweichung in Höhe von 8733,595 bei den M&As. Das heißt MBO-Unternehmungen waren 4,5 mal weniger risikobehaftet als M&A-Unternehmungen. Bei Betrachtung der jeweiligen Branchen läßt sich dieser Sachverhalt vor allem auf die starke Gewichtung folgender Branchengruppen innerhalb des MBO-Samples zurückführen: 244 Fahrzeugbau: die Standardabweichung der Branchengewinne/verluste betrug bei den M&As 13710, bei den MBOs lediglich 867; 270 Leder: die Standardabweichung der Branchengewinne/verluste betrug bei den M&As 4364, bei den MBOs lediglich 1088; 275 Textil- und Bekleidungsindustrie: die Standardabweichung der Branchengewinne/verluste betrug bei den M&As 6259, bei den MBOs lediglich 1432; 300 Bauhauptgewerbe: die Standardabweichung der Branchengewinne/verluste betrug bei den M&As 7407, bei den MBOs lediglich 886.

Nachdem oben herausgearbeitet werden konnte, welche Faktoren in Form von unabhängigen Variablen einen signifikanten Einfluß auf die Unternehmenspreise hatten und welcher Richtungszusammenhang zwischen ihnen besteht, sollen in dem nun folgenden Abschnitt anhand der Beta-Koeffizienten Aussagen darüber getroffen werden, mit welchen Gewichten die erklärenden Variablen die Kaufpreise beeinflußt haben.

In der nachfolgenden Tabelle 18a werden die Variablen mit ihren Beta-Koeffizienten von links nach rechts in absteigender Reihenfolge ihrer Absolutbeträge nach Branchen aufgeführt.

Tab. 18a: Beta-Koeffizienten der MBO-Beobachtungen nach Branchengruppen

Branchengruppe		Variablengewichte 1. Zeile: Variable 2. Zeile: Beta-Koeffizient				
Code	Bezeichnung	Rang 1	Rang 2	Rang 3	Rang 4	Rang 5
242	Maschinenbau	i_ue 0,9996	gv_ue 0,0020	buerg -0,0013	-- --	-- --
244	Fahrzeugbau	gesetz -0,5924	buerg -0,4990	-- --	-- --	-- --
280	Nahrung, Genuß	gv_ue 1,2501	i_ue 1,1665	poenal1 -0,3805	ap_ue -0,3745 ***	-- --
	alle Branchen	i_ue 1,1323	ap_ue -0,1340	gv_ue 0,0450	buerg -0,0027	poen2_va -0,0022 ***
*** 10%	Signifikanz					
sonst 5%	Signifikanz					

Quelle: eigene Berechnungen

Im Vergleich zu den M&A-Privatisierungen tritt die Gewinn-/Verlust-Variable auf der Basis aller MBO-Beobachtungen an Bedeutung deutlich hinter die Investitions- und Arbeitsoplatzgarantien zurück. Wie oben bereits ausgeführt, ist der Indikator für das Branchenrisiko insignifikant, stattdessen kommt dem Indikator der Liquiditätsrestriktion eine höhere Bedeutung zu. Die optionsrestringierende Bedeutung der Arbeitsplatzgarantien wird noch durch die Unsicherheit der Arbeitsplatzpönalisierungen verstärkt, die hier branchenübergreifend den fünften Rang einnehmen.

4.4 Analyse von Management-Buyins

Eine Regressionsanalyse der einzelnen Branchengruppen ist für Management-Buyins in der überwiegenden Zahl der Branchen nicht sinnvoll, weil nach der Normierung mit dem Umsatz jeweils deutlich weniger als 15 Beobachtungen verbleiben. Die Regressionsanalyse wird deshalb nur für die Branchen Maschinenbau und Nahrungs- und Genußmittel und branchenübergreifend für alle 93 MBI-Beobachtungen durchgeführt.

Tab. 19: Verteilung der Privatisierungskontrakte und der Indikatoren der MBI-Privatisierungen nach Branchengruppen

Branchen-gruppen-code	Bezeichnung der Branchengruppen	Anzahl Verträge im Sample	Anzahl Beobachtungen der Indikatoren
200	Chemische Industrie	4	1
210	Kunststoff-, Gummi- und Asbestverarbeitung	9	4
220	Gewinnung und Verarbeitung von Steinen und Erden; Feinkeramik und Glasgewerbe	17	5
230	Eisen- und NE-Metallerzeugung, Gießerei und Stahlverformung	11	6
240	Stahl- und Leichtmetallbau	7	1
242	Maschinenbau	46	16
244	Fahrzeugbau	11	4
250	Elektrotechnik, Elektronik	12	1
252	Feinmechanik und Optik	1	0
256	EMB-Waren, Musikinstrumente, Sportgeräte, Spiel- und Schmuckwaren	7	4
260	Holzindustrie	21	9
264	Papier- und Druckgewerbe	11	4
270	Leder- und Schuhindustrie	1	0
275	Textil- und Bekleidungsindustrie	18	9
280	Nahrungs- und Genußmittelgewerbe	37	15
300	Bauhauptgewerbe	40	13
310	Ausbau- und Bauhilfsgewerbe	6	1
Summe		**259**	**93**

Quelle: eigene Darstellung

Die Analyse des eingangs dieses 4. Abschnitts aufgestellten Regressionsmodells erbringt für die MBIs unter Verwendung eines Signifikanzniveaus des t-Wertes von 5% für die Aufnahme einer Variablen in die Regressionsgleichung und 10% für den Ausschluß folgende Spezifikationen (vgl. Tabelle 20).

Tab. 20: Regressionsergebnisse der MBI-Beobachtungen nach Branchengruppen

Branchengruppe		geschätzterRegressionskoeffizient 1. Zeile: Regressor 2. Zeile: P-Wert der t-Statistik														adj. R2 P-Wert / F-Statistik Durbin-Watson-Wert
Code	Bezeichnung	b0 Konst.	b1 i_ue	b2 ap_ue	b3 poenal1	b4 poenal2	b5 gv_ue	b6 poen1_va	b7 poen2_va	b8 gv_ue_va	b9 markttag	b10 arbeitpl	b11 buerg	b12 gesetz	b13 gv_var	
242	Maschinenbau	1056,5807 0,0636	-- --	35317,308 0,0054	-- --	-- --	847,9898 0,0095	n.a.	n.a.	n.a.	-2,4224 0,0114	-- --	-569,8895 0,0444	1860,2877 0,0017	n.a.	0,6246 0,0081 3,0195
280	Nahrung, Genuß	59,7499 0,5541	-0,3276 0,0000	-- --	-- --	-- --	-- --	n.a.	n.a.	n.a.	-- --	-- --	-- --	-- --	n.a.	0,7643 0,0000 2,0524
	alle Branchen	-178,3926 0,6860	-0,3458 0,0328	49219,666 0,0154	-- --	-- --	2532,1385 0,0000	-- --	-- --	-- --	-- --	-- --	-- --	-- --	-- --	0,3412 0,0000 2,1177

Quelle: eigene Berechn.ungen

Das angepaßte Bestimmtheitsmaß R^2 beträgt für alle MBI-Beobachtungen zusammen 0,3412 und kann angesichts der schlechten Datenqualität und der Umsatznormierung bestimmter Indikatoren als befriedigend eingestuft werden. Die angepaßten Bestimmtheitsmaße der Branchen Maschinenbau und Nahrung/Genuß weisen mit 0,6246 bzw. 0,7643 ein deutlich höheres Erklärungspotential auf. Die F-Werte der Regressionsspezifizierungen sind durchweg hochsignifikant gegen Null gesichert.

Wie auch bei den MBO-Beobachtungen besteht über alle MBI-Beobachtungen hinweg eine deutliche Kolliniarität zwischen den Variablen i_ue und ap_ue, zwischen anderen Variablen jedoch nicht. Eine mäßige bis deutliche Kolliniarität besteht in Branche 242 zwischen ap_ue und gv_ue und zwischen markttag und gesetz. In Branche 280 ist nur die Variable i_ue in die Regressionsgleichung aufgenommen worden, so daß keine Kolliniarität mit anderen exogenen Variablen bestehen kann.

Für die MBI-Beobachtungen werden für die Branche Nahrung/Genuß und branchenübergreifend sehr gute Durbin-Watson-Koeffizienten beobachtet. Der Koeffizient ist im Maschinenbau mit 3,0195 jedoch sehr hoch und deutet auf ein erhebliches Maß an Autokorrelation der Residuen hin.

Der Zusammenhang zwischen Investitionszusagen und Unternehmenspreisen ist in der Branche Nahrung/Genuß und branchenübergreifend für alle MBIs signifikant negativ. D.h. die Investitionszusagen per se haben die Schwelle einer realoptionsrestringierenden Wirkung erreicht und wirkten kaufpreisreduzierend. Damit ist das MBI-Sample das einzige, für das bereits die Investitionsgarantien per se restringierend wirkten. Der Regressionskoeffizient b_1 war für die gesamten M&A- und MBO-Beobachtungen und für die Beobachtungen der gesamten Stichprobe durchschnittlich positiv. Arbeitsplatzzusagen der Investoren sind nur in der Branchengruppe Nahrung/Genuß und branchenübergreifend positiv und signifikant, d.h. die für die privatisierte Unternehmung realoptionsrestringierende Schwelle der Arbeitsplatzgarantien wurde bei den MBIs nicht überschritten und wirkte nicht kaufpreismindernd. In diesem Indikator ähnelt das Ergebnis dem der M&As, bei dem auch ein positiver Regressionskoeffizient für die Arbeitsplatzzusagen ermittelt wurde, der eine Ausprägung von 65.011,16 annahm, während für die MBIs ein Wert von 49.219,66 ermittelt wurde. Dieses Ergebnis steht jedoch im Gegensatz zu denen der MBOs und der Gesamtbeobachtungen, in denen jeweils negative Vorzeichen ermittelt werden.

Auch für die MBIs kann bestätigt werden, daß grundsätzlich nur von einer der beiden Indikatoren Investitions- und Arbeitsplatzzusagen eine optionsrestringierende und kaufpreismindernde Wirkung ausgeht.

Die Regressionskoeffizienten b_3 und b_4 der Investitions- bzw. Arbeitsplatzpönalisierungen sind weder auf Branchenebene noch für die gesamten MBI-Beobachtungen auf dem 10%-Niveau signifikant. Wie bereits bei den MBOs festgestellt werden konnte, wird dann, wenn die Garantien (für Investitionen oder Arbeitsplätze) per se bereits restringierend gewirkt haben, die aufgrund der Pönalisierung latent vorhandene Optionsrestriktion überlagert, die erst dann sichtbar würde, wenn die Investitions- oder Arbeitsplatzgarantien noch nicht die optionsrestringierende Schwelle erreicht haben.

Theoretisch korrekt nimmt der Regressionskoeffizient b_5 der Variable Gewinn/Umsatz in den signifikanten Ausprägungen ein positives Vorzeichen an. In der Branche Maschinenbau und branchenübergreifend wird ein Signifikanzniveau von 1% erreicht. Der Koeffizient beträgt im Maschinenbau 847,99 und branchenübergreifend 2532,14. Damit wurden im Vergleich zu den anderen Übernahmeformen bei den MBIs die mit den Unternehmungen gekauften Gewinne bzw. Verluste mit den höchsten Preisen bezahlt. Bei den MBOs betrug der pro Grenzumsatz gezahlte Preis 2211 DM, bei den M&As 1752 DM und durchschschnittlich für das Gesamtsample 1880 DM (vgl. Tabellen 14, 16 und 18).

Die Regressionskoeffizienten für poen1_va, poen2_va, gv_ue__va und arbeitpl sind wider Erwarten insignifikant.

Der Indikator für die Präsenz auf dem Markt für Unternehmungen ist lediglich für den Maschinenbau signifikant mit negativem Vorzeichen. Dies deutet darauf hin, daß hier tendenziell Unternehmungen von vergleichsweise schlechterer Qualität erst relativ spät privatisiert werden konnten, als die Desinvestitions-Option der Treuhandanstalt stärker an Zeitwert verlor.

Auch der Indikator der Liquiditätsrestriktionen der Investoren (buerg) weist lediglich für den Maschinenbau einen auf dem 5%-Niveau signifikanten Regressionskoeffizienten mit dem theoretisch richtigen negativen Vorzeichen auf. MBIs stellen das einzige Sub-Sample dieser Untersuchung dar, in dem auf der branchenübergreifenden Ebene buerg nicht signifikant ist. Für die gesamten MBIs kann daraus geschlossen werden, daß bei denjenigen Privatinvestoren, die hier Kaufverträge mit der Privatisierungsagentur abgeschlossen haben, die Grenze der Kreditrationierung nicht erreicht wird. Die Beobachtungen geben jedoch keinen Anhaltspunkt darüber, wieviele liquiditätsbeschränkte interessierte Investoren während der Informations- und Verhandlungsphase mit der Privatisierungsagentur aus diesem Prozeß ausgeschieden sind.

Der Indikator für das Bündel an Gesetzesnovellen zur Förderung von Investitionen und Unternehmensübernahmen in Ostdeutschland ist bei den MBIs lediglich für die Branchengruppe Maschinenbau signifikant positiv. Der Regressionskoeffizient erreicht das 1% Signifikanzniveau. Die Gesetzesnovellen hatten für westliche Manager, die sich in Treuhand-Unternehmungen des Maschinenbaus einkaufen wollten, mithin auch tatsächlich eine positive Wirkung auf die Verkaufspreise dieser Unternehmungen. Dies gilt jedoch nicht für die MBI-Privatisierungen insgesamt. Auf dieser Ebene ist gesetz insignifikant.

Wie bereits bei den MBOs gezeigt werden konnte, ist auch bei den MBIs der Indikator des Branchenrisikos (gv_va) insignifikant. Auch hier ist dies ein Hinweis darauf sein, daß MBIs stärker bei solchen Unternehmungen und in solchen Branchen durchgeführt wurden, die weniger risikobehaftet waren. Die Standardabweichung der letzten Gewinne/Verluste aller MBIs betrug denn auch nur 4601 im Vergleich zur entsprechenden Standardabweichung in Höhe von 8733 bei den M&As. Damit lag das Unternehmensrisiko der MBIs aber deutlich über dem der MBOs mit einem Wert in Höhe von 1922. Bei Betrachtung der Standardabweichungen der Gewinn-/Verlustangaben der einzelnen

Branchen jeweils für MBI und M&A-Privatisierungen läßt sich feststellen, daß die Standardabweichungen in jeder Branche (mit Ausnahme der Branchen Steine/Erden, Stahl- und Leichtmetallbau und EMB-Waren) bei den M&As höher ist als bei den MBIs. Da die Gewinn- und-Verlust-Varianzen auf der Branchenebene teilweise aufgrund sehr geringer Beobachtungen berechnet werden, liegen sie zudem nicht unverzerrt vor.

Nachdem oben herausgearbeitet werden konnte, welche Faktoren in Form von unabhängigen Variablen einen signifikanten Einfluß auf die Unternehmenspreise hatten und welcher Richtungszusammenhang zwischen ihnen besteht, sollen in dem nun folgenden Abschnitt anhand der Beta-Koeffizienten Aussagen darüber getroffen werden, mit welchen Gewichten die erklärenden Variablen die Kaufpreise beeinflußt haben.

In der nachfolgenden Tabelle 20a werden die Variablen mit ihren Beta-Koeffizienten von links nach rechts in absteigender Reihenfolge ihrer Absolutbeträge nach Branchen aufgeführt.

Tab. 20a: Beta-Koeffizienten der MBI-Beobachtungen nach Branchengruppen

Branchengruppe		Variablengewichte 1. Zeile: Variable 2. Zeile: Beta-Koeffizient				
Code	Bezeichnung	Rang 1	Rang 2	Rang 3	Rang 4	Rang 5
242	Maschinenbau	gesetz 1,2733	markttag -0,8992	ap_ue 0,7281	gv_ue 0,6476	buerg -0,3909
280	Nahrung, Genuß	i_ue -0,8838	-- --	-- --	-- --	-- --
	alle Branchen	gv_ue 0,5142	ap_ue 0,4725	i_ue -0,4671	-- --	-- --
überall 5% Signifikanz						

Quelle: eigene Berechnungen

Das Ergebnis der MBI-Privatisierungen hat auf der branchenübergreifenden Ebene Ähnlichkeit mit dem Ergebnis für Mergers&Acquisitions. Bei beiden Investorengruppen geht der Gewinn/Verlust mit der größten Gewichtung in die Regressionsschätzung ein und folgen die Investitions- und Arbeitsplatzgarantien auf den nächsten beiden Rängen. Während bei den M&As die Garantien selbst nicht optionsrestringierend wirkten, sondern erst mit Unterstützung durch die Arbeitsplatzpönalisierung, wirkte hingegen bei den MBIs die Investitionsgarantie per se bereits optionsrestringierend. Im Vergleich zu den M&As haben Investitions- und Arbeitsplatzgarantien ihre Plätze getauscht. In beiden Sub-Samples liegen die Beta-Koeffizienten jedoch so nahe beieinander, daß Investitions- und Arbeitsplatzzusagen als gleichgewichtig eingestuft werden können.

4. Kapitel
Schlußbetrachtung

Der Privatisierungsprozeß wurde aus zwei Blickwinkeln unterschiedlicher Interessenlagen beleuchtet. Auf Verkäuferseite stand die Privatisierungsagentur mit ihren Gemeinwohlinteressen im Mittelpunkt der Betrachtungen, auf Käuferseite die Investoren mit Gewinnmaximierungsinteressen. Der gesetzliche gemeinwohlorientierte Auftrag der Treuhandanstalt führte zu Vertragsgestaltungen mit entsprechenden Absicherungen gegen eine Desinvestition des Investors aus der privatisierten Unternehmung. Die wichtigsten vertraglichen Absicherungen bestanden in Investitions- und Arbeitsplatzgarantien des Investors, die zudem pönalisiert wurden. Daneben gab es gesetzliche Restriktionen der Privatisierung, die vor allem im Grundsatz der Restitution bestanden. Verschiedene Kontrollinstitutionen wachten darüber, daß sich die Privatisierungsagentur an ihre öffentlich-rechtlichen Vorgaben hielt. Ihr standen Investoren mit Gewinnmaximierungsmotiven gegenüber, die sie jedoch nicht kurzfristig verfolgten, sondern Investoren betrachteten die Übernahme von Treuhand-Unternehmungen im ersten Schritt als strategische Investitionen, wie Marktanteilssicherung im bestehenden Markt, Erschließung neuer Märkte, Erweiterung der Produktpalette, Diversifikation in neue Branchen und Sprungbrett in den Osten. Ein weiterer Aspekt, der die unterschiedlichen Verhandlungspositionen von Privatisierungsagentur und Investor unterstreicht, ist die asymmetrische Informationsverteilung zugunsten des Investors hinsichtlich der Qualität der zu privatisierenden Unternehmungen.

Gerade die strategischen Überlegungen der Investoren hätten einerseits zu einem ausgeprägten Bieterwettbewerb um Treuhand-Unternehmungen führen müssen, andererseits hätten hohe Kosten für Sanierungs-, Ersatz- und Erweiterungsinvestitionen und Arbeitsplätze kein Hinderungsgrund für strategisch motivierte Unternehmensakquisitionen sein dürfen, denn diese Kosten müßten in den strategischen Investitionensrechnungen bereits antizipiert worden sein. Dennoch waren die Privatisierungserlöse für Treuhand-Unternehmungen deutlich geringer als ursprünglich erwartet. Diese Beobachtung führte zu der zentralen Hypothese, daß Kaufpreisabschläge dafür hingenommen werden mußten, daß den Akquisitionsobjekten resp. den Investoren Realoptionen benommen wurden, die selbst hohe eigenständige Werte annehmen können. Zum einen fallen hier diese Realoptionswerte selbst in erheblichen Umfang weg, zum anderen steigt der Anteil versunkener Kosten an Investitionen in Treuhand-Unternehmen durch diesen Wegfall der Realoptionen, je unsicherer das ökonomische Umfeld ist.

Nach einer kurzen Einführung in die Optionsbewertung als Ausgangspunkt für Realoptionen wurde kurz das Konzept der Realoptionen dargestellt und die Vorteile einer Bewertungsmöglichkeit von Flexibilität herausgearbeitet. In der Literatur zu Investitionen unter Unsicherheit werden fünf Realoptionstypen unterschieden, die hier aufgegriffen werden: die Timing-Option, die Expansions-Option, die Kontraktions-Option, die Desinvestitions-Option und die Switching-Option. Die Exklusivität von Realoptionen mußte kritisch beurteilt werden, weil Realoptionen durch die Handlungen der Wettbewerber beeinflußt werden und die daraus resultierenden potentiellen Restriktionen von Realoptionen nicht in Optionsbewertungsmodellen berücksichtigt werden. Es wurde auch darauf eingegangen, daß Investitionsprojekte nicht nur einzelne Realoptionen beinhalten, sondern aus einem komplexen Bündel interdependenter Realoptionen bestehen (bei ganzen Unternehmungen wird deren Zahl noch erhöht durch eine multiplikative Verknüpfung von Investitionsprojekten und Geschäftsfeldern). Investitionsprojekte müssen daher als konsekutive Glieder wechselseitig verknüpfter Investitionsprojekte angesehen werden, von denen die früheren Vorbedingung für die späteren sind. Die Initialinvestition kann deshalb als eine Option auf Optionen bezeichnet werden. Aus der Folgeinvestition ergeben sich unter Umständen weitere Folgeinvestitionen, so daß sich eine unendliche Kette von Optionen auf Optionen ergeben kann. Im Vergleich zur statischen Kapitalwertmethode mit Berücksichtigung von konsekutiven Ersatzinvestitionen würde der Realoptionsansatz wesentlich komplexer werden, wenn auch noch alle Realoptionsbündel von Folgeinvestitionen und deren Interdependenzen berücksichtigt werden sollten.

Im 2. Kapitel wurden die einer Privatisierungsagentur zur Verfügung stehenden Vehikel zur Unternehmensprivatisierung hinsichtlich ihrer Wirkungen auf Realoptionen analysiert. Dabei wurde sowohl nach ex ante- und ex post-Situation als auch nach Privatisierungsagentur und Privatisierungsobjekten bzw. Investoren als auch nach Realoptionstypen differenziert. Die thematische Fokussierung wurde auf Privatisierungsmodelle, die rechtliche Ausgestaltung von Unternehmenskaufverträgen und die Dimension Zeit gelegt. Die ex ante-Situation wird wesentlich durch die Privatisierungsverfahren charakterisiert. Es konnte herausgearbeitet werden, daß käuferseitig die *Timing-Option* um so stärker restringiert wird, je formalisierter der Bietprozeß ist, während seitens der Privatisierungsagentur keine grundsätzliche Beeinträchtigung der Timing-Option festzustellen war. Die *Expansions-Option* des Investors wird um so weniger unterstützt, je formalisierter das Privatisierungsverfahren ist. Der Auftrag der Privatisierungsagentur läßt bei ihr eine Expansions-Option irrelevant werden. Die *Kontraktions-Option* - verstanden als Unternehmensaufspaltungen zur Schaffung kleinerer Unternehmenseinheiten - konnte durch den Käufer und Verkäufer um so weniger beeinflußt werden, je formalisierter das Privatisierungsverfahren ausgestaltet wurde. Eine *Desinvestitions-Option* ist für den Käufer ex ante nicht relevant, bei der Privatisierungsagentur wird sie hingegen um so stärker unterstützt, je formalisierter das Verkaufsverfahren ausgestaltet ist. Eine Form der Desinvestitions-Option - die Liquidations-Option der Privatisierungsagentur - wurde im wesentlichen durch sozial-motivierte Akteure restringiert, indem diese politischen Druck auf die Treuhandanstalt ausübten, wodurch die Treuhandanstalt gezwungen wurde, ihre Unternehmungen zu subventionieren, statt zu liquidieren, um Arbeitsplätze zu sichern. Die *Switching-Option* des Käufers und des Verkäufers wurde im wesentlichen kaum durch die Verkaufsverfahren beeinflußt.

Die Privatisierungsagentur setzte Instrumente des Privatisierungsmarketings und bestimmte operative Verkaufsverfahren zur Unterstützung ihrer Desinvestitions-Option ein. Besondere Bedeutung kam der Privatisierung im Wege des MBO bzw. MBI zu. Sie eröffneten der Privatisierungsagentur in geeigneten Branchen und Unternehmensgrößenstrukturen, ihre Desinvestitions-Option auszuüben. Bei diesen Privatisierungen konnte spezifisches Humankapital in Form von ostdeutscher resp. westlicher Sanierungsexpertise und weitgehend unspezifisches Finanzkapital bereitgestellt werden. Aufgrund der umfangreichen Unternehmens- und Marktkenntnisse der MBO-Investoren war zu erwarten, daß die Umfeldunsicherheit keine so starke negative Wirkung auf die Privatisierungserlöse haben würde, wie dies bei Übernahmen durch Externe der Fall wäre. Dies konnte statistisch verifiziert werden. Finanzkapital bildete bei MBOs einen stark ausgeprägten Engpaß und damit eine relativ starke Realoptionsrestriktion, wie mit Hilfe der Bürgschaftsvariable statistisch verifiziert werden konnte.

Unter der Behandlung des rechtlichen Rahmens der Privatisierung und der rechtlichen Ausgestaltungen der Unternehmenskaufverträge wurde herausgearbeitet, daß hier die hauptsächlichen Ursachen für Realoptionsrestriktionen des Investors in der ex post-Phase liegen. Im einzelnen haben pönalisierte Beschäftigungs- und Investitionsverpflichtungen, Betriebsfortführungsklauseln und Spekulationsklauseln die Desinvestitions-Optionen bzw. Expansions-Optionen des Investors / des Privatisierungsobjektes restringiert und Investitionen in THA-Unternehmungen bereits ex ante zu potentiellen Sunk Cost werden lassen. Da grundsätzlich die Interessen von Restitutionsberechtigten zu berücksichtigen waren, führten auch spätere Novellierungen der Restitutionsregelungen, mit dem Ziel der Förderung investiver Verwendungen der THA-Unternehmungen, zu keiner wesentlichen Begrenzung der rechtlichen Unsicherheit.

Im 3. Kapitel wurden die im theoretischen Teil erarbeiteten qualitativen Aussagen regressionsanalytisch getestet. Die Arbeit hat sich im wesentlichen auf Vertragsausgestaltungen, operative Verkaufsverfahren (MBO, MBI, M&A) und die zeitliche Dimension konzentriert. Privatisierungs*modelle* (Auktionsmodell, Verhandlungsmodell, Vermarktungsverfahren der Praxis) konnten mit dem vorhandenen Datenmaterial nicht getestet werden.

Mit Hilfe der Regressionsanalysen konnte festgestellt werden, daß von den Garantien, die der Investor der Privatisierungsagentur geben mußte, in der Regel nur *eine* Garantie als realoptionsrestringierend eingestuft werden konnte. Dabei ist es wichtig, nicht nur die garantierten Beträge selbst zu analysieren, sondern auch die mit ihnen verbundenen Pönalisierungen. So können auf Branchenebene der verschiedenen Investorengruppen (und für die M&As auch branchenübergreifend) die Pönalisierungen gerade dort optionsrestringierend und daher kaufpreisreduzierend gewirkt haben, wo durch die vertraglich garantierten Investitions- und Arbeitsplatzzusagen per se noch keine kaufpreisreduzierende Wirkung festgestellt werden konnte. In der Branche Steine/Erden der Gesamtbeobachtungen und in der Branche Nahrung/Genuß im MBO-Sample war zu beobachten, daß dann, wenn nur *eine* der Garantien optionsrestringierend wirkte, der andere Bereich (also Investitionen oder Arbeitsplätze) zusätzlich erst durch die entsprechende Pönalisierung zur Restriktion wurde. Bei dieser um die Pönalisierungen erweiterten Betrachtung der Investitionen und Arbeitsplätze konnte es deshalb fallweise sein, daß beide Bereiche optionsrestringierend und kaufpreisreduzierend wirkten. Die Kaufpreisreduzierung trat teilweise erst durch die Indikatoren für Realoptionsrestriktionen (die Pönalisierungen) ein - also nicht durch tatsächlich bereits im Zeitpunkt der Unternehmensübernahme feststehende Kosten der Investitions- und Arbeitsplatzgarantien. Die Werthaltigkeit von Realoptionen und die Wirkung ihrer Restriktion konnte damit in diesem Bereich verifiziert werden.

Tab. 21: Rangfolgen der Privatisierungsergebnisse nach Investorengruppen

	geschätzter Regressionskoeffizient 1. Zeile: Investorengruppe 2. Zeile: Regressor													
Rang	b0 Konst.	b1 i_ue	b2 ap_ue	b3 poenal1	b4 poenal2	b5 gv_ue	b6 poen1_va	b7 poen2_va	b8 gv_ue_va	b9 markttag	b10 arbeitpl	b11 buerg	b12 gesetz	b13 gv_var
1. (höchste Ausprägung)	MBO 948,4441	MBO 0,2458	M&A 65.011,159	-- --	M&A -1.423,7931	MBI 2.532,1385	-- --	MBO -5.253,1510 ***	-- --	M&A 2,5027	-- --	MBO -536,2969	-- --	M&A -0,0000058
2.	--	M&A 0,1338	MBI 49.219,666	-- --	-- --	MBO 2.211,7188	-- --	-- --	-- --	-- --	-- --	M&A -1.419,7421	-- --	-- --
3. (niedrigste Ausprägung)	--	MBI -0,3458	MBO -803,9029	-- --	-- --	M&A 1.751,7772	-- --	-- --	-- --	-- --	-- --	-- --	-- --	-- --
Gesamt-Beobachtungen	903,5593	0,2245	-771,3863	--	--	1.879,9712	--	--	--	--	--	-934,7462	--	-0,0000074

*** 10% Signifikanz

Alle nicht gekennzeichneten Regressoren sind mind. auf 5% signifikant.

Quelle: eigene Berechnungen

Bei Betrachtung der Gewichtung der erklärenden Variablen für die Erklärung von Unternehmenspreisen wurde deutlich, daß neben den "harten" Faktoren Gewinne und Risiko, die Indikatoren für Realoptionen eine mindestens ebenso große Gewichtung annehmen. Bei den Management-Buyouts hatten die Realoptionen sogar einen stärkeren Einfluß auf die Unternehmenskaufpreise als der Gewinn.

Betrachtet man vergleichend die Investorengruppen M&As, MBOs und MBIs in Tabelle 21 daraufhin, bei welchen von ihnen die einzelnen untersuchten Indikatoren den größten Einfluß auf die Unternehmenskaufpreise haben, stellt man fest, daß bei MBOs und MBIs eine Realoptionsrestriktion und Kaufpreissenkung von den Investitionsgarantien ausging, während diese selbst bei M&As noch nicht die realoptionsrestringierende Schwelle überschritten hatten. Bei M&As ging jedoch eine latente Realoptionsrestriktion von der Pönalisierung der Arbeitsplatzgarantien aus, die in einer Kaufpreisreduktion antizipiert wurde. Andererseits mußten die MBO- und MBI-Investoren die höchsten Preise für die erworbenen Gewinne zahlen, die M&A-Investoren die niedrigsten. Wichtig ist das Resultat, daß MBO- und MBI-Investoren kein signifikantes Risiko übernommen haben (was von der Privatisierungsagentur zumindest für MBOs auch beabsichtigt war), die M&A-Privatisierungen aber gerade auch für risikobehaftete Unternehmungen bzw. Branchen durchgeführt werden konnten. Eine solche Risikentransformation ist für eine Privatisierungsagentur in einem durch hohe Unsicherheit geprägten Umfeld der Transformation ein nicht zu unterschätzendes Gut.

Im Ergebnis konnte für die Erwerberseite sowohl theoretisch als auch statistisch festgestellt werden, daß die Restriktionen von Expansions-, Kontraktions- und Desinvestitions-Optionen einen erheblichen negativen Einfluß auf die Kaufpreise für Treuhand-Unternehmungen hatten.

***

Anhänge

A Nettoproduktion im verarbeitenden Gewerbe in den neuen Bundesländern in der Zeit vom dritten Quartal 1990 bis Ende 1992

Wirtschaftszweig	Entwicklung: 2. Halbjahr 1990 = 100						Strukturwandel: Gewichtung in vH 3)			
	1990		1991		1992		1990	1992	Nachrichtlich in Westdeutschland	
	3. Vj.	4. Vj.	1. Hj.	2. Hj.	1. Hj.	2. Hj.	2. Hj. 4)	2. Hj.	1985 5)	2. Hj. 1992
Produzierendes Gewerbe, insgesamt	102,5	97,3	76,3	77,4	75,6	82,2	100	100	100	100
Elektrizitäts- und Gasversorgung	97,5	102,6	107,7	98,3	94,6	98,8	12,42	14,9	6,37	6,1
Bergbau	91,4	108,8	78,7	61,3	51,9	48,9	9,56	5,7	2,87	1,9
Verarbeitendes Gewerbe	105,7	94,1	64,5	67,0	62,5	66,7	59,95	48,6	84,69	84,7
Grundstoff- und Produktionsgütergewerbe	107,5	92,3	72,4	78,7	79,0	77,9	11,51	10,9	22,78	21,4
darunter:										
Mineralölverarbeitung	108,9	91,1	117,7	130,6	129,4	134,5	1,27	2,1	3,22	3,1
Gewinnung und Verarbeitung von Steinen und Erden	123,4	75,9	52,4	71,1	81,3	111,9	2,51	3,4	1,92	2,2
Eisenschaffende Industrie	119,3	80,5	73,3	58,7	60,1	60,3	0,79	0,6	2,41	1,7
Gießerei	109,3	90,4	60,7	49,5	49,0	36,3	1,07	0,5	1,20	0,9
Chemische Industrie	93,8	106,2	73,4	82,3	76,1	55,5	4,04	2,7	10,30	9,8
Investitionsgüter produzierendes Gewerbe	106,7	93,1	55,0	56,8	47,5	53,9	32,90	21,6	41,55	41,9
darunter:										
Stahl- und Leichtmetallbau,Schienenfahrzeugbau	100,0	99,7	93,3	124,4	124,5	156,0	2,93	5,6	1,67	1,9
Maschinenbau	107,7	92,2	50,1	52,5	33,5	31,7	15,24	5,9	11,32	10,9
Straßenfahrzeugbau, Reparatur von Kraftfahrzeugen	107,7	91,7	55,6	42,1	46,5	63,3	2,71	2,1	9,80	9,8
Elektrotechnik, Reparatur von Haushaltsgeräten	107,0	92,7	47,5	47,5	43,3	52,2	8,51	5,4	10,01	11,1
Feinmechanik, Optik, Herstellung von Uhren	84,0	115,7	30,1	16,9	16,6	41,7	1,09	0,6	1,37	1,3
Herstellung von Büromaschinen, ADV-Geräten und -Einrichtungen	120,0	79,2	42,1	25,5	24,2	16,3	0,88	0,2	2,10	1,5
Verbrauchsgüter produzierendes Gewerbe	104,2	95,6	67,8	70,8	73,4	74,4	7,22	6,5	12,19	12,2
darunter:										
Holzverarbeitung	96,1	103,9	77,5	72,7	79,8	78,2	1,53	1,5	1,76	1,9
Druckerei, Vervielfältigung	107,8	92,0	102,1	130,8	137,8	146,8	1,33	2,4	1,47	1,7
Textilgewerbe	108,7	90,9	45,8	39,6	35,1	29,2	1,69	0,6	1,73	1,3
Nahrungs- und Genußmittelgewerbe	100,2	99,6	90,4	90,0	91,7	96,9	8,32	9,8	8,17	9,1
davon:										
Ernährungsgewerbe	104,7	95,6	84,2	85,3	93,9	96,5	6,90	8,1	5,82	6,7
Tabakverarbeitung	80,0	120,2	117,9	111,0	82,3	99,3	1,42	1,7	2,35	2,4
Bauhauptgewerbe	101,4	98,3	92,3	105,6	117,7	139,7	18,07	30,7	6,07	7,4
davon:										
Hochbauleistungen	102,9	96,7	102,7	104,4	116,1	130,6	8,79	14,0	3,17	4,0
Tiefbauleistungen	100,0	99,8	82,5	106,7	119,2	148,4	9,28	16,8	2,90	3,4

1) Angaben schließen Berlin-Ost ein. - 2) Arbeitstäglich bereinigt Index der Nettoproduktion im Produzierenden Gewerbe, fachliche Unternehmensteile. 3) Berechnet aus dem Index der Nettoproduktion. - 4) Gewichtung im Originalindex, 2. Halbjahr 1990 = 100. Die Gewichtung der Wirtschaftszweige zu Wirtschaftsgruppen und Hauptgruppen nach der Systematik im Produzierenden Gewerbe erfolgt mit den Anteilen der Bruttowertschöpfung (ohne Umsatzsteuer) aus der Kostenstrukturerhebung, die für das 2. Halbjahr 1990 als eigenständige Statistik für die neuen Bundesländer und Berlin-Ost durchgeführt worden ist. - 5) Gewichtung im Originalindex, 1985 = 100.

Quelle: Statistisches Bundesamt, zitiert nach W. Fischer et al. (Hrsg.), Treuhandanstalt, 1993, S. 540.

B Mittelwerte, Standardabweichungen, Maxima und Minima der betrachteten Indikatoren (jeweils auf branchenübergreifender Ebene)

Gesamtsample

Variable	Mittelwert	Standardab-weichg.	Maximum	Minimum
kp_ue [DM]	5.929,247	4.716,819	3.700.000,00	-80.879,602
i_ue [DM]	8.024,214	4.664,204	7.000.000,00	0,000
ap_ue [Köpfe]	0,262	0,166	250,000	0,000
poenal1 [1,0]	0,669	0,009	1,000	0,000
poenal2 [1,0]	0,767	0,008	1,000	0,000
gv_ue [DM]	-0,400	0,092	2,102	-114,500
poen1_va [0,1]	0,219	0,000	0,261	0,170
poen2_va [0,1]	0,176	0,001	0,240	0,122
gv_ue_va [DM]	11,580	0,771	149,395	0,019
markttag [Tage]	676,516	5,710	1.426,000	93,000
arbeitpl [Köpfe]	294,835	615,985	8.025,000	0,000
buerg [0,1]	0,425	0,010	1,000	0,000
gesetz [0,1]	0,275	0,009	1,000	0,000
gv_var [DM]	47.379.954,90	1.407.249,680	372.799.828,00	293.555,956

M&As

Variable	Mittelwert	Standardab-weichg.	Maximum	Minimum
kp_ue [DM]	7.253,411	7.323,812	3.700.000,000	-80.879,602
i_ue [DM]	5.133,170	2.970,245	3.000.000,000	0,000
ap_ue [Köpfe]	0,084	0,059	58,000	0,000
poenal1 [1,0]	0,640	0,012	1,000	0,000
poenal2 [1,0]	0,723	0,011	1,000	0,000
gv_ue [DM]	-0,464	0,147	2,102	-114,500
poen1_va [0,1]	0,228	0,000	0,269	0,165
poen2_va [0,1]	0,198	0,001	0,244	0,115
gv_ue_va [DM]	18,779	1,403	191,873	0,035
markttag [Tage]	674,030	7,610	1.426,000	93,000
arbeitpl [Köpfe]	373,387	19,130	8.025,000	0,000
buerg [0,1]	0,424	0,012	1,000	0,000
gesetz [0,1]	0,289	0,011	1,000	0,000
gv_var [DM]	72.212.375,90	2.88.642,250	621.053.501,00	744.731,046

MBOs

Variable	Mittelwert	Standardab-weichg.	Maximum	Minimum
kp_ue [DM]	5.919,145	6.234,532	1.520.409,000	-27.508,652
i_ue [DM]	17.849,006	16.449,278	7.000.000,000	0,000
ap_ue [Köpfe]	0,797	0,627	250,000	0,000
poenal1 [1,0]	0,719	0,017	1,000	0,000
poenal2 [1,0]	0,849	0,013	1,000	0,000
gv_ue [DM]	-0,274	0,088	0,337	-30,615
poen1_va [0,1]	0,196	0,001	0,300	0,114
poen2_va [0,1]	0,126	0,002	0,257	0,000
gv_ue_va [DM]	2,587	0,462	70,967	0,003
markttag [Tage]	660,353	9,561	1.387,000	191,000
arbeitpl [Köpfe]	134,658	7,376	2.677,000	0,000
buerg [0,1]	0,398	0,018	1,000	0,000
gesetz [0,1]	0,213	0,015	1,000	0,000
gv_var [DM]	3.459.650,480	271.565,252	39.148.791,400	11.891,640

MBIs

Variable	Mittelwert	Standardab-weichg.	Maximum	Minimum
kp_ue [DM]	-813,806	400,333	8.713,838	-25.533,453
i_ue [DM]	1.283,442	313,958	44.776,119	0,000
ap_ue [Köpfe]	0,020	0,003	0,270	0,000
poenal1 [1,0]	0,710	0,028	1,000	0,000
poenal2 [1,0]	0,807	0,025	1,000	0,000
gv_ue [DM]	-0,377	0,060	0,358	-6,866
poen1_va [0,1]	0,196	0,004	0,267	0,048
poen2_va [0,1]	0,155	0,004	0,286	0,000
gv_ue_va [DM]	0,420	0,073	6,374	0,001
markttag [Tage]	737,255	17,187	1.387,000	148,000
arbeitpl [Köpfe]	256,285	34,178	5.171,000	0,000
buerg [0,1]	0,506	0,031	1,000	0,000
gesetz [0,1]	0,355	0,030	1,000	0,000
gv_var [DM]	19.165.462,30	2.206.387,840	140.684.772,00	11.681,300

C Partielle Korrelationskoeffizienten (jeweils auf branchenübergreifender Ebene)

Gesamtsample

kp_ue/i_ue	+0,988	poenal2/gv_ue	-0,026
kp_ue/ap_ue	+0,978	poenal2/poen1_va	-0,038
kp_ue/poenal1	+0,012	poenal2/poen2_va	-0,074
kp_ue/poenal2	+0,010	poenal2/gv_ue_va	-0,029
kp_ue/gv_ue	+0,042	poenal2/markttag	+0,305
kp_ue/poen1_va	-0,017	poenal2/arbeitpl	-0,111
kp_ue/poen2_va	-0,018	poenal2/buerg	+0,074
kp_ue/gv_ue_va	-0,015	poenal2/gesetz	+0,196
kp_ue/markttag	-0,022	poenal2/gv_var	-0,001
kp_ue/arbeitpl	+0,008		
kp_ue/buerg	-0,056	gv_ue/poen1_va	-0,033
kp_ue/gesetz	-0,037	gv_ue/poen2_va	-0,049
kp_ue/gv_var	-0,014	gv_ue/gv_ue_va	-0,170
		gv_ue/markttag	-0,060
i_ue/ap_ue	+0,982	gv_ue/arbeitpl	+0,009
i_ue/poenal1	+0,019	gv_ue/buerg	-0,065
i_ue/poenal2	+0,014	gv_ue/gesetz	-0,065
i_ue/gv_ue	-0,094	gv_ue/gv_var	+0,003
i_ue/poen1_va	-0,013		
i_ue/poen2_va	-0,013	poen1_va/poen2_va	+0,842
i_ue/gv_ue_va	+0,009	poen1_va/gv_ue_va	+0,246
i_ue/markttag	-0,013	poen1_va/markttag	-0,094
i_ue/arbeitpl	+0,007	poen1_va/arbeitpl	+0,024
i_ue/buerg	-0,038	poen1_va/buerg	-0,153
i_ue/gesetz	-0,027	poen1_va/gesetz	-0,068
i_ue/gv_var	-0,004	poen1_va/gv_var	+0,226
ap_ue/poenal1	+0,019	poen2_va/gv_ue_va	+0,331
ap_ue/poenal2	-0,005	poen2_va/markttag	-0,093
ap_ue/gv_ue	-0,002	poen2_va/arbeitpl	-0,004
ap_ue/poen1_va	-0,031	poen2_va/buerg	-0,107
ap_ue/poen2_va	-0,030	poen2_va/gesetz	-0,056
ap_ue/gv_ue_va	-0,009	poen2_va/gv_var	+0,103
ap_ue/markttag	-0,018		
ap_ue/arbeitpl	+0,007	gv_ue_va/markttag	+0,014
ap_ue/buerg	-0,036	gv_ue_va/arbeitpl	-0,036
ap_ue/gesetz	-0,037	gv_ue_va/buerg	+0,027
ap_ue/gv_var	-0,005	gv_ue_va/gesetz	-0,022
		gv_ue_va/gv_var	-0,066
poenal1/poenal2	+0,482		
poenal1/gv_ue	-0,029	markttag/arbeitpl	-0,065
poenal1/poen1_va	-0,104	markttag/buerg	+0,244
poenal1/poen2_va	-0,091	markttag/gesetz	+0,817
poenal1/gv_ue_va	-0,006	markttag/gv_var	+0,072
poenal1/markttag	+0,347		
poenal1/arbeitpl	-0,111	arbeitpl/buerg	-0,069
poenal1/buerg	+0,110	arbeitpl/gesetz	-0,022
poenal1/gesetz	+0,214	arbeitpl/gv_var	+0,126
poenal1/gv_var	-0,022		
		buerg/gesetz	+0,181
gesetz/gv_var	+0,051	buerg/gv_var	-0,026

M&As

kp_ue/i_ue	-0,448
kp_ue/ap_ue	-0,048
kp_ue/poenal1	-0,043
kp_ue/poenal2	-0,041
kp_ue/gv_ue	+0,479
kp_ue/poen1_va	-0,019
kp_ue/poen2_va	-0,000
kp_ue/markttag	-0,041
kp_ue/arbeitpl	+0,012
kp_ue/buerg	-0,139
kp_ue/gesetz	-0,061
kp_ue/gv_var	-0,129
i_ue/ap_ue	+0,747
i_ue/poenal1	+0,035
i_ue/poenal2	+0,024
i_ue/gv_ue	-0,993
i_ue/poen1_va	+0,036
i_ue/poen2_va	+0,053
i_ue/markttag	+0,026
i_ue/arbeitpl	-0,022
i_ue/buerg	+0,039
i_ue/gesetz	+0,042
i_ue/gv_var	-0,021
ap_ue/poenal1	+0,020
ap_ue/poenal2	+0,051
ap_ue/gv_ue	-0,726
ap_ue/poen1_va	-0,007
ap_ue/poen2_va	+0,016
ap_ue/markttag	-0,054
ap_ue/arbeitpl	-0,083
ap_ue/buerg	+0,039
ap_ue/gesetz	-0,060
ap_ue/gv_var	-0,042
poenal1/poenal2	+0,577
poenal1/gv_ue	-0,031
poenal1/poen1_va	-0,087
poenal1/poen2_va	-0,054
poenal1/markttag	+0,433
poenal1/arbeitpl	-0,145
poenal1/buerg	+0,136
poenal1/gesetz	+0,281
poenal1/gv_var	+0,003
poenal2/gv_ue	-0,026
poenal2/poen1_va	-0,031
poenal2/poen2_va	-0,048
poenal2/markttag	+0,369
poenal2/arbeitpl	-0,168
poenal2/buerg	+0,117
poenal2/gesetz	+0,268
poenal2/gv_var	+0,011
gv_ue/poen1_va	-0,027
gv_ue/poen2_va	-0,041
gv_ue/markttag	-0,050
gv_ue/arbeitpl	+0,015
gv_ue/buerg	-0,061
gv_ue/gesetz	-0,060
gv_ue/gv_var	+0,012
poen1_va/poen2_va	+0,852
poen1_va/markttag	-0,045
poen1_va/arbeitpl	+0,026
poen1_va/buerg	-0,113
poen1_va/gesetz	-0,003
poen1_va/gv_var	+0,187
poen2_va/markttag	-0,111
poen2_va/arbeitpl	-0,010
poen2_va/buerg	-0,119
poen2_va/gesetz	-0,067
poen2_va/gv_var	+0,099
markttag/arbeitpl	-0,095
markttag/buerg	+0,228
markttag/gesetz	+0,820
markttag/gv_var	+0,092
buerg/arbeitpl	-0,082
buerg/gesetz	+0,147
buerg/gv_var	-0,053
gesetz/gv_var	+0,067
gesetz/arbeitpl	-0,035
gv_var/arbeitpl	+0,165

MBOs

kp_ue/i_ue	+0,999	poenal2/gv_ue	-0,044
kp_ue/ap_ue	+0,982	poenal2/poen1_va	-0,069
kp_ue/poenal1	+0,023	poenal2/poen2_va	-0,160
kp_ue/poenal2	+0,024	poenal2/gv_ue_va	+0,060
kp_ue/gv_ue	+0,002	poenal2/markttag	+0,215
kp_ue/poen1_va	-0,114	poenal2/arbeitpl	+0,096
kp_ue/poen2_va	-0,067	poenal2/buerg	-0,006
kp_ue/gv_ue_va	-0,011	poenal2/gesetz	+0,092
kp_ue/markttag	-0,023	poenal2/gv_var	+0,086
kp_ue/arbeitpl	+0,096		
kp_ue/buerg	-0,075	gv_ue/poen1_va	+0,077
kp_ue/gesetz	-0,050	gv_ue/poen2_va	-0,014
kp_ue/gv_var	-0,010	gv_ue/gv_ue_va	-0,382
		gv_ue/markttag	-0,135
i_ue/ap_ue	+0,986	gv_ue/arbeitpl	+0,032
i_ue/poenal1	+0,026	gv_ue/buerg	-0,090
i_ue/poenal2	+0,021	gv_ue/gesetz	-0,127
i_ue/gv_ue	-0,038	gv_ue/gv_var	-0,010
i_ue/poen1_va	-0,115		
i_ue/poen2_va	-0,065	poen1_va/poen2_va	+0,379
i_ue/gv_ue_va	+0,006	poen1_va/gv_ue_va	-0,160
i_ue/markttag	-0,017	poen1_va/markttag	-0,192
i_ue/arbeitpl	+0,095	poen1_va/arbeitpl	+0,025
i_ue/buerg	-0,068	poen1_va/buerg	-0,113
i_ue/gesetz	-0,046	poen1_va/gesetz	-0,149
i_ue/gv_var	+0,009	poen1_va/gv_va	+0,112
ap_ue/poenal1	+0,029	poen2_va/gv_ue_va	+0,118
ap_ue/poenal2	-0,014	poen2_va/markttag	-0,079
ap_ue/gv_ue	-0,003	poen2_va/arbeitpl	+0,083
ap_ue/poen1_va	-0,106	poen2_va/buerg	-0,141
ap_ue/poen2_va	-0,065	poen2_va/gesetz	-0,021
ap_ue/gv_ue_va	-0,009	poen2_va/gv_var	-0,082
ap_ue/markttag	-0,022		
ap_ue/arbeitpl	+0,094	gv_ue_va/markttag	+0,121
ap_ue/buerg	-0,058	gv_ue_va/arbeitpl	-0,027
ap_ue/gesetz	-0,057	gv_ue_va/buerg	+0,021
ap_ue/gv_var	+0,008	gv_ue_va/gesetz	+0,031
		gv_ue_va/gv_var	-0,062
poenal1/poenal2	+0,482		
poenal1/gv_ue	-0,029	markttag/arbeitpl	-0,053
poenal1/poen1_va	-0,104	markttag/buerg	+0,262
poenal1/poen2_va	-0,091	markttag/gesetz	+0,821
poenal1/gv_ue_va	-0,006	markttag/gv_var	+0,086
poenal1/markttag	+0,347		
poenal1/arbeitpl	-0,111	arbeitpl/buerg	-0,099
poenal1/buerg	+0,110	arbeitpl/gesetz	-0,044
poenal1/gesetz	+0,214	arbeitpl/gv_var	+0,034
poenal1/gv_va	-0,022		
		buerg/gesetz	+0,197
gesetz/gv_va	+0,082	buerg/gv_va	+0,062

MBIs

kp_ue/i_ue	-0,397	poenal2/gv_ue	-0,073
kp_ue/ap_ue	-0,238	poenal2/poen1_va	+0,143
kp_ue/poenal1	-0,090	poenal2/poen2_va	-0,244
kp_ue/poenal2	-0,058	poenal2/gv_ue_va	-0,266
kp_ue/gv_ue	+0,564	poenal2/markttag	+0,252
kp_ue/poen1_va	+0,148	poenal2/arbeitpl	+0,079
kp_ue/poen2_va	-0,136	poenal2/buerg	+0,022
kp_ue/gv_ue_va	-0,269	poenal2/gesetz	+0,147
kp_ue/markttag	-0,162	poenal2/gv_var	-0,032
kp_ue/arbeitpl	+0,032		
kp_ue/buerg	-0,236	gv_ue/poen1_va	+0,128
kp_ue/gesetz	-0,083	gv_ue/poen2_va	-0,116
kp_ue/gv_var	-0,070	gv_ue/gv_ue_va	-0,394
		gv_ue/markttag	-0,075
i_ue/ap_ue	+0,894	gv_ue/arbeitpl	-0,002
i_ue/poenal1	+0,081	gv_ue/buerg	-0,227
i_ue/poenal2	+0,039	gv_ue/gesetz	-0,032
i_ue/gv_ue	-0,684	gv_ue/gv_var	-0,214
i_ue/poen1_va	-0,058		
i_ue/poen2_va	+0,032	poen1_va/poen2_va	+0,229
i_ue/gv_ue_va	+0,395	poen1_va/gv_ue_va	-0,212
i_ue/markttag	-0,189	poen1_va/markttag	-0,102
i_ue/arbeitpl	-0,070	poen1_va/arbeitpl	+0,030
i_ue/buerg	+0,010	poen1_va/buerg	-0,261
i_ue/gesetz	-0,163	poen1_va/gesetz	-0,127
i_ue/gv_var	-0,001	poen1_va/gv_var	+0,060
ap_ue/poenal1	+0,044	poen2_va/gv_ue_va	+0,341
ap_ue/poenal2	+0,014	poen2_va/markttag	-0,052
ap_ue/gv_ue	-0,570	poen2_va/arbeitpl	-0,041
ap_ue/poen1_va	-0,069	poen2_va/buerg	+0,096
ap_ue/poen2_va	-0,114	poen2_va/gesetz	-0,109
ap_ue/gv_ue_va	+0,313	poen2_va/gv_var	-0,119
ap_ue/markttag	-0,276		
ap_ue/arbeitpl	-0,105	gv_ue_va/markttag	-0,171
ap_ue/buerg	-0,040	gv_ue_va/arbeitpl	-0,024
ap_ue/gesetz	-0,213	gv_ue_va/buerg	+0,176
ap_ue/gv_var	+0,042	gv_ue_va/gesetz	-0,191
		gv_ue_va/gv_var	-0,021
poenal1/poenal2	+0,413		
poenal1/gv_ue	-0,118	markttag/arbeitpl	-0,032
poenal1/poen1_va	-0,247	markttag/buerg	+0,257
poenal1/poen2_va	-0,182	markttag/gesetz	+0,784
poenal1/gv_ue_va	+0,078	markttag/gv_var	+0,092
poenal1/markttag	+0,210		
poenal1/arbeitpl	+0,082	arbeitpl/buerg	-0,127
poenal1/buerg	+0,150	arbeitpl/gesetz	-0,058
poenal1/gesetz	+0,098	arbeitpl/gv_var	+0,178
poenal1/gv_var	-0,128		
		buerg/gesetz	+0,287
gesetz/gv_var	-0,025	buerg/gv_var	+0,013

Quellenverzeichnis

Akerlof, George A.; Rose, Andrew K.; Yellen; Janet L.; Hessenius, Helga
East Germany in From the Cold: The Economic Aftermath of Currency Union, in: Brookings Papers of Economic Activity, 1991, Nr. 1 , S. 1-105.

Baltensperger, Ernst; Devinney, Timothy M.
Credit Rationing Theory: A Survey and Synthesis, in: Zeitschrift für die gesamte Staatswissenschaft, 141. Jg. (1985), S. 475-502.

Balz, Manfred
Konzernrecht und Treuhandanstalt: Zur Rolle der Unternehmensbewertung bei der Privatisierung, in: WPg, 46. Jg. (1993), Nr. 1/2, S. 8-13.

Bamberg, Günter; Spremann, Klaus (Hrsg.)
Capital Market Equilibria, Berlin u.a. 1986.

Barone-Adesi, Giovanni; Whaley, Robert E.
Efficient Analytic Approximation of American Option Values, in: JoF, Vol. 42 (1987), S. 301-320.

Bauer, Tamás
Building Capitalism in Hungary, in: Siebert, Horst (Hrsg.), The Transformation of Socialist Economies, Symposium 1991, Tübingen 1992, S. 287-303.

Bauer, Wolfgang; Sonnemann, Erik
Modellrechnungen für das Zusammenwirken der unterschiedlichen Investitionsfördermaßnahmen, in: KPMG Deutsche Treuhand Gruppe (Hrsg.). Investitionen in den neuen Bundesländern: Fördermaßnahmen, Restrukturierungen, Unternehmenskauf, Düsseldorf 1992, S. 53-94.

Becker, Wolfgang; Weber, Jürgen
Scoring-Modelle, in: Management-Enzyklopädie, Bd. 8, 2. Aufl., Landsberg am Lech 1984, S. 345-359.

Bellinger, Bernhard; Vahl, Günther
Unternehmensbewertung in Theorie und Praxis, Wiesbaden 1984.

Bellinger, Bernhard; Vahl, Günter
Zweckgerechte Werte für Unternehmen und Unternehmensanteile: Stellungnahme zu dem "Erhebungsbogen zur Unternehmensbewertung" des IDW, in: DB, 42. Jg. (1989), H. 31, S. 1529-1534.

Bierle, Klaus
16. Bewertungsobjekt und Wertansätze bei der Unternehmensbewertung, in: Peemöller, Volker H. (Hrsg.), Handbuch Unternehmensbewertung, I. Allgemeiner Teil, Landsberg am Lech 1984.

Black, Fischer; Scholes, Myron
The Pricing of Options and Corporate Liabilities, in: JoPE, Vol. 81 (1973), Nr. 3, S. 637-654.

Bohnet, Armin; Ohly, Claudia
Zum gegenwärtigen Stand der Transformationstheorie: Eine Literaturstudie, in: Zeitschrift für Wirtschaftspolitik, 41. Jg. (1992), H. 1, S. 27-50.

Bracklo, Marcus
Dealing with Value Uncertainty, in: OECD (Hrsg.), Valuation and Privatisation, Paris 1993, S. 103-107.

Brealey, Richard A.; Myers, Stewart C.
Principles of Corporate Finance, 3rd Ed., New York et al. 1988.

Brealey, Richard A.; Myers, Stewart C.
Principles of Corporate Finance, 4th Ed., New York et al. 1991.

Brennan Michael; Schwartz, Eduardo
Evaluating Natural Resource Investments, in: Journal of Business, Vol. 58 (1985), April, S. 135-157.

Bretzke, Wolf-Rüdiger
Das Prognoseproblem bei der Unternehmensbewertung: Ansätze zu einer risikoorientierten Bewertung ganzer Unternehmungen auf der Grundlage modellgestützter Erfolgsprognosen, Düsseldorf 1975.

Breuel, Birgit
Vorwort, in: Treuhandanstalt (Hrsg.), Initiative Mittelstand: Wege in die Selbständigkeit - Firmenprofile: kleine und mittelständische Unternehmen, Berlin Dezember 1992.

Brosius, Gerhard; Brosius, Felix
SPSS: Base System und Professional Statistics, Bonn 1995.

Brücker, Herbert
Privatisierung in Ostdeutschland: eine institutionenökonomische Analyse, Frankfurt a.M. 1995

Bürgerliches Gesetzbuch (BGB)

Bundeshaushaltsordnung (BHO) vom 19.8.1969, BGBl 1969, Teil I, S. 1284, zuletzt geändert durch Gesetz vom 18.7.1990, BGBl. 1990, Teil I, S. 1447.

Bundesministerium der Justiz (Hrsg.)
Vorrang für Investitionen in den neuen Bundesländern - Empfehlung zur Anwendung des InVorG für Immobilien 1.9.1992, in: Bundesanzeiger Sonderbeilage 13a/1993, 2. A. 1993, S. 91.

Charap, Josua; Dyba, Karl; Kupka, Martin
The Reform Process in Czechoslavakia: an Assessment of Recent Developments and Prospects for the Future, in: Communist Economies and Economic Transformation, 4. Jg. (1992), Nr. 1, S. 3-22.

Clague, Christopher; Rausser, Gordon C. (Hrsg.)
The Emergence of Market Economies in Eastern Europe, Cambridge, Mass. 1992.

Copeland, Thomas E.; Koller, Tim; Murrin, Jack
Valuation: Measuring and Managing the Value of Companies, 2nd Ed., New York 1996.

Copeland, Thomas E.; Weston, J.Fred
Financial Theory and Corporate Policy, 3rd. Ed., Reading/Massachusetts, 1988, Reprint 1992.

Cox, John C.; Ross, Stephen A.; Rubinstein, Mark
Option Pricing: A Simplified Approach, in: JoFE, Vol. 7 (1979), S. 229-263.

Cox, John C.; Rubinstein, Mark
Options Markets, Englewood Cliffs, N.J., 1985.

Csik, Andreas
9. Rechtsprechung und Unternehmensbewertung, in: Peemöller, Volker H. (Hrsg.), Handbuch Unternehmensbewertung, I. Allgemeiner Teil, Landsberg am Lech 1984.

Czada, Roland
Die Treuhandanstalt im Umfeld von Politik und Verbänden, in: Fischer, Wolfram; Hax, Herbert; Schneider, Hans Karl (Hrsg.). Treuhandanstalt: Das Unmögliche wagen, Berlin 1993, S. 148-173.

Deutsches Institut für Wirtschaftsforschung; Institut für Weltwirtschaft
Gesamtwirtschaftliche und unternehmerische Anpassungsprozesse in Ostdeutschland, Siebter Bericht, in: DIW-Wochenbericht, 59. Jg. (1992), Nr. 52, S. 710-738.

Deutsches Institut für Wirtschaftsforschung; Institut für Weltwirtschaft
Gesamtwirtschaftliche und unternehmerische Anpassungsprozesse in Ostdeutschland, Achter Bericht, in: DIW-Wochenbericht, 60. Jg. (1993), Nr. 13, S. 131-157.

Diedrich, Ralf
Substanzwertorientierte Verfahren zur Bewertung von Unternehmen in der ehenaligen DDR, in: BFuP, 43. Jg. (1991), Nr. 2, S. 155-167.

Dierk, Günther
Das schematisierte Verfahren bei der Privatisierung des Handels, in: Treuhandanstalt, Ost-Ausschuß der Deutschen Wirtschaft, Bundesverband der Deutschen Industrie (Hrsg.). Privatisieren: miteinander in die Soziale Marktwirtschaft, Köln 1992, 93-95.

Dixit, Avinash K.; Pindyck, Robert S.
Investment under Uncertainty, Princeton, New Jersey 1994.

Dornberger, Gerhard; Dornberger, Ute
Zum Zweiten Vermögensrechtsänderungsgesetz, in: DB, 45. Jg. (1992), H. 32, S. 1613-1621.

Dreyer, Arend
Scoring-Modelle bei Mehrfachzielsetzungen: Eine Analyse des Entwicklungsstandes von Scoring-Modellen, in: ZfB, 44. Jg. (1974), H. 4, S. 255-274.

Durchführungsverordnung zum Treuhandgesetz, Erste
vom 15.8.1990, GBl DDR I, Nr. 53, S. 1076.

Durchführungsverordnung zum Treuhandgesetz, Zweite
vom 22.8.1990, GBl DDR I, Nr. 56, S. 1260.

Durchführungsverordnung zum Treuhandgesetz, Dritte
vom 29.8.1990, GBl DDR I, Nr. 57, S. 1333.

Durchführungsverordnung zum Treuhandgesetz, Vierte
vom 12.9.1990, GBl DDR I, Nr. 60, S. 1465.

Durchführungsverordnung zum Treuhandgesetz, Fünfte
vom 12.9.1990, GBl DDR I, Nr. 60, S. 1466.

Dyl, Edward A.; Long, Hugh W.
Abandonment Value and Capital Budgeting: Comment, in: Journal of Finance, 24. Jg. (1969), Nr. 1, S. 88-95.

Ebbing, Frank
Die Verkaufspraxis der Treuhandanstalt: Rechtliche Grundlage der Unternehmens- und Grundstücksverkäufe, Vertragsgestaltungen, Nachverhandlungen, Köln 1995.

Espey, Günther; Jaenecke, Kai
Stehen Restitutionsansprüche auf Gegenstände des Betriebsvermögens der Privatisierung von Treuhand-Unternehmen entgegen?, in: BB, 46. Jg. (1991), H. 29, S. 2025-2027.

Feldstein, Martin (Hrsg.)
The Effects of Taxation on Capital Accumulation, Chicago, Illinois 1987.

Fischer, Helmut
Teil II: Bewertung, in: Hölters, Wolfgang (Hrsg.), Handbuch des Unternehmens- und Beteligungskaufs, 4. völlig überarb. und erw. Aufl., Köln 1996, S. 63-197.

Fischer, Kay M.
Realoptionen: Anwendungsmöglichkeiten der finanziellen Optionstheorie auf Realinvestitionen im In- und Ausland, Diss., Hamburg 1996.

Fischer, Stanley
Call Option Pricing When the Exercise Price Is Uncertain and the Valuation of Index Bonds, in: Journal of Finance, 33. Jg. (1978), Nr. 1, S. 169-176.

Fischer, Stanley
Privatization in East European Transformation, in: Clague, Christopher und Gordon C. Rausser (Hrsg.), The Emergence of Market Economies in Eastern Europe, Cambridge, Mass. 1992, S. 227-243.

Fischer, Wolfram; Hax, Herbert; Schneider, Hans Karl (Hrsg.)
Treuhandanstalt: Das Unmögliche wagen; Forschungsberichte, Berlin 1993.

Fischer, Wolfram; Schröter, Harm
Die Entstehung der Treuhandanstalt, in: W. Fischer et al., (Hrsg.), Treuhandanstalt, 1993, S. 17-40.

Forelle
Öffentliche Kreditprogramme, in: Industriekreditbank AG (Hrsg.). IKB-Mitteilungen, Düsseldorf 1991, Nr. 1, 32f.

Frisch, Thomas
Zusammenschlüsse mit ostdeutschen Unternehmen, HWWA-Report Nr. 89, Hamburg 1991.

Frisch, Thomas
Privatisierung und Unternehmenskäufe in Ostdeutschland: Statistische Auswertung der Zusammenschlüsse mit ostdeutschen Unternehmen und Analyse ausgewählter Branchen, HWWA-Report Nr. 104, Hamburg 1992.

Frisch, Thomas
Unternehmenszusammenschlüsse in den neuen Bundesländern: Statistische Auswertung der Zusammenschlüsse mit ostdeutschen Unternehmen und ausgewählte Probleme der Privatisierung, HWWA-Report Nr. 119, Hamburg 1993.

Funke, Michael; Willenbockel, Dirk
Steuerliche Investitionsförderung in den neuen Bundesländern - Maßnahmen und Auswirkungen, in: Finanzarchiv, 49. Jg. (1992), S. 457-480.

Furubotn, Eirik G.; Pejovich, Svetozar
Property Rights and Economic Theory: A Survey of Recent Literature, in: JEL, 1. Jg. (1972), Nr. 4, S. 1137-1162.

Gesetz über Kapitalanlagegesellschaften (KAGG) vom 14.1.1970, BGBl. 1970, Teil I, S.127.

Gesetz zum Abbau von Hemmnissen bei Investitionen in der Deutschen Demokratischen Republik einschließlich Berlin (Ost), (DDR-Investitionsgesetz - DDR-IG) vom 6.6.1990, BGBl 1990, Teil I, S. 1143ff.

Gesetz zur Privatisierung und Reorganisation des volkseigenen Vermögens (Treuhandgesetz - TreuhG), (THG), vom 17.6.1990, GBl. DDR I, Nr. 33, S. 300.

Gesetz zur Regelung offener Vermögensfragen (Vermögensgesetz - VermG) vom 23.9.1990, BGBl. 1990, Teil II S. 885ff.; Neufassung vom 18.4.1991, BGBl 1991, Teil I, S. 957ff, berichtigt durch S. 1928; Neufassung vom 3.8.1992, BGBl 1992, Teil I, S. 1446ff, berichtigt durch S. 1811; Neubekannmachung vom 2.12.1994, BGBl 1994, Teil I, S. 3610ff.

Gesetz über das Vermögen der Gemeinden, Städte und Landkreise (Kommunalvermögensgesetz - KVG) vom 6.7.1990, GBl. DDR I, S. 600.

Gesetz über besondere Investitionen in der DDR (Investitionsgesetz - BInvG) vom 23.9.1990, BGBl. 1990, Teil II S. 889ff.; Neufassung vom 22.4.1991, BGBl 1991, Teil I, 995ff, berichtigt durch S. 1928.

Gesetz zur Beseitigung von Hemmnissen bei der Privatisierung von Unternehmen und zur Förderung von Investitionen (Hemmnisbeseitigungsgesetz - PrHBG) vom 22.3.1991, BGBl. 1991, Teil I, S. 766ff.

Gesetz über die Feststellung der Zuordnung von ehemals volkseigenem Vermögen (Vermögenszuordnungsgesetz - VZOG) vom 22.3.1991, BGBl. 1991, Teil I, S. 784-786.

Gesetzes über die Spaltung der von der Treuhandanstalt verwalteten Unternehmen (Spaltungsgesetz - SpTrUG) vom 5.4.1991, BGBl. 1990, Teil I, S. 854- 858.

Gesetz zur Regelung der Aufnahme von Krediten durch die Treuhandanstalt (Treuhandkreditaufnahmegesetz - THA KredG) vom 3.7.1992, BGBl. 1992, Teil I, S. 1190.

Gesetz zur Änderung des Vermögensgesetzes und anderer Vorschriften (Zweites Vermögensrechtsänderungsgesetz - 2. VermRÄndG) vom 14.7.1992, BGBl 1992, Teil I, S. 1257ff.

Gesetz über den Vorrang für Investitionen bei Rückübertragungsansprüchen nach dem VermG (Investitionsvorranggesetz - InVorG) vom 14.7.1992, BGBl. 1992, Teil I, S. 1368 ff.

Gesetz über die Eröffnungsbilanz in Deutscher Mark und die Kapitalneufestsetzung (D-Markbilanzgesetz - DMBilG), Neufassung vom 4.8.1994, BGBl. 1994, Teil I, S.1843ff.

Gesetz zur Anpassung vermögensrechtlicher und anderer Vorschriften (Vermögensrechtsanpassungsgesetz - VermRAnpG) vom 4.7.1995, BGBl. 1995, Teil I, S. 895ff.

Geske, Robert ;Trautmann, Siegfried
Option Valuation: Theory and Empirical Evidence, in: G. Bamberg und K. Spremann (Hrsg.), Capital Market Equilibria, Berlin u.a. 1986, S. 79-133.

Giersch, Herbert (Hrsg.)
Towards a Market Economy in Central and Eastern Europe, Heidelberg 1991.

Haley Charles W.; Schall, Lawrence D.
The Theory of Financial Decisions, 2. Aufl., New York 1979.

Handelsgesetzbuch (HGB)

Hannemann, Karl-Heinz; Bergmann, Siegfried
Zur Gesetzgebung in der DDR nach dem 18.3.1990, in: Deutsch-deutsche Rechtszeitschrift, 1. Jg. (1990), H. 5, S. 183-188.

Hau, Harald
Privatization under Political Interference: Evidence from Eastern Germany, Discussion Paper, Princeton University, Princeton NJ 11. Dezember 1994.

Hauptfachausschuß (HFA) des Instituts der Wirtschaftsprüfer (IDW), Verlautbarungen des

Bilanzielle Berücksichtigung von vertraglichen Vereinbarungen zwischen der Treuhandanstalt und Treuhandunternehmen über die Übernahme von Altlastenverpflichtungen durch die Treuhandanstalt, in: IDW-Verlag (Hrsg.), Rechnungslegung und Prüfung in den neuen Bundesländern, Sammlung von Verlautbarungen der Treuhandanstalt und des Instituts der Wirtschaftsprüfer, Düsseldorf 1993, S. 169f.

Hax, Herbert

Privatization Agencies: The Treuhand Approach, in: Siebert, Horst (Hrsg.). Privatization, Symposium in Honor of Herbert Giersch, Tübingen 1992, S. 143-155.

Hochstetter, Ulrich K.

Der richtige Wert junger Unternehmen: Neue Ansätze für die Bewertung von Unternehmen, in: Unternehmensbeteiligungen, Verlagsbeilage zur FAZ Nr. 93 vom 22.4.1997, S. B21.

Hölters, Wolfgang (Hrsg.)

Handbuch des Unternehmens- und Beteilgungskaufs, 4. völlig überarb. und erw. Aufl., Köln 1996.

Hommelhoff, Peter (Hrsg.)

Treuhandunternehmen im Umbruch: Recht und Rechtswirklichkeit beim Übergang in die Marktwirtschaft, Köln 1991.

Horn, Norbert

Privatisierung und Reprivatisierung von Unternehmen. Eigentumsschutz und Investitionsförderung im Lichte der neuesten Gesetzgebung, in: P. Hommelhoff (Hrsg.) Treuhandunternehmen im Umbruch, 1991, S. 133-172.

Hsia, Chi-Cheng

On Binomial Option Pricing, in: JoFR, Vol. 6 (1983), S.41-46.

Hull, John C.

Options, Futures, and Other Derivatives, 3. A., Upper Saddle River, NJ, 1997.

Huydts, Henrik J.M.A.

Management Buyout als strategische Option zur Regelung der Nachfolge in mittelgrossen Familienunternehmen: Erfolgsfaktoren und Gestaltungsvarianten, Frankfurt a.M. 1993.

Industriekreditbank AG (Hrsg.)

IKB-Mitteilungen, Düsseldorf 1991, Nr. 1.

IDW-Verlag (Hrsg.)
Rechnungslegung und Prüfung in den neuen Bundesländern: Sammlung von Verlautbarungen der Treuhandanstalt und des Instituts der Wirtschaftsprüfer, Düsseldorf 1993.

Institut der Wirtschaftsprüfer (IDW)
Bewertung von Unternehmen in der DDR - Stellungnahmen des Instituts der Wirtschaftsprüfer (IDW) und Hinweise des Ministeriums der Finanzen der DDR, Düsseldorf 1990.

Institut der Wirtschaftsprüfer (IDW)
Grundsätze zur Durchführung von Unternehmensbewertungen (HFA 2/1983), in: IDW (Institut der Wirtschaftsprüfer): Bewertung von Unternehmen in der DDR, Düsseldorf 1990, S. 63-94.

Institut der Wirtschaftsprüfer (IDW)
Anwendung der Grundsätze zur Durchführung von Unternehmensbewertungen bei Bewertungen in der DDR (HFA 2/1990), in: IDW (Institut der Wirtschaftsprüfer): Bewertung von Unternehmen in der DDR - Stellungnahmen des Instituts der Wirtschaftsprüfer (IDW) und Hinweise des Ministeriums der Finanzen der DDR, Düsseldorf 1990, S. 57-62.

Jaensch, Günter
Wert und Preis der ganzen Unternehmung - Beiträge zur betriebswirtschaftlichen Forschung, Bd. 23, Frankfurt a.M. 1966, S. 3-20.

Jensen, Michael C.; Meckling, William F.
Theory of the Firm: Managerial Behaviour, Agency Costs, and Capital Structure, in: Journal of Financial Economics, 3. Jg. (1976), Nr. 4, S. 305-360.

Jorgensen, Dale W.
Capital Theory and Investment Behavior, in: American Economic Review, Vol. 53 (1963), S. 247-259.

Joy, O. Maurice
Abandonment Values and Abandonment Decisions: A Clarification, in: Journal of Finance, 31. Jg. (1976), Nr. 4, S. 1225-1228.

Judge, George G.; Hill, R. Carter; Griffiths, William E.; Lütkepohl, Helmut; Lee, Tsoung-Chao (G.G. Judge et al.)
Introduction to the Theory and Practice of Econometrics, 2. Aufl., New York et al. 1988.

Jung, Willi
Praxis des Unternehmenskaufs: eine systematische Darstellung der Planung und Durchführung einer Akquisition, 2., überarb. und erw. Aufl., Stuttgart 1993.

Jurgeit, Ludwig
Bewertung von Optionen und bonitätsrisikobehafteten Finanztiteln, Wiesbaden 1989.

Kann
Finanzierungshilfen für Investitionen in den neuen Bundesländern, in: Industriekreditbank AG (Hrsg.). IKB-Mitteilungen, Düsseldorf 1991, Nr. 1, S. 35-37.

Keil, Martin
Ungeklärte Eigentumsverhältnisse als praktische Probleme bei der Privatisierung von Treuhandunternehmen, in: VIZ - Zeitschrift für Vermögens- und Investitionsrecht, 2. Jg. (1992), H. 4, S. 121-125.

Keil, Martin
Investitionsvorrang in der Praxis, in: VIZ - Zeitschrift für Vermögens- und Investitionsrecht, 3. Jg. (1993), H. 3, S. 89-96.

Kerber, Markus
Unternehmenssanierung durch die Treuhand, in: DZWir, 3. Jg. (1993), Juni, S. 221-227.

Kern, Horst; Sabel, Charles
Die Treuhandanstalt: Experimentierfeld zur Entwicklung neuer Unternehmensformen, in: Fischer, Wolfram; Hax, Herbert; Schneider, Hans Karl (Hrsg.). Treuhandanstalt: Das Unmögliche wagen, Berlin 1993, S. 481-504.

Kester, Carl W.
Capital Allocation - Hurdle Rates, Budget, or Both?, in: Sloan Management Review, Spring 1989, S. 83-90.

Kiethe, Kurt
Nachverhandlungen mit der Treuhandanstalt, Köln 1994.

Kilka, Michael
Realoptionen: optionspreistheoretische Ansätze bei Investitionsentscheidungen unter Unsicherheit, Frankfurt a.M. 1995.

Klaus, Václav
Main Obstacles to Rapid Economic Transformation of Eastern Europe: The Czechoslovak View, in: Giersch, Herbert (Hrsg.). Towards a Market Economy in Central and Eastern Europe, Heidelberg 1991, S. 77-91.

Klein, Cornelia
Vertragsgestaltung und Vertragsverhandlung mit der Treuhandanstalt, in: KPMG Deutsche Treuhand Gruppe (Hrsg.), Investitionen in den neuen Bundesländern, 1992, S. 151-159.

Kloepfer, Michael
Öffentlich-rechtliche Vorgaben für die Treuhandanstalt, in: W. Fischer et al. (Hrsg.), Treuhandanstalt, Berlin 1993, S. 41-84.

Klöttschen, Karlhermann
Kapitalbeteiligungsgesellschaften und Fonds, in: Treuhandanstalt et al. (Hrsg.), Privatisieren, Köln 1992, S. 122-124.

Klump, R.
Wiener-Prozeß und das Itô-Teorem, in: WiSt, 14. Jg. (1985), Nr. 4, S. 183-185.

Kokalj, Ljuba und P. Hüfner
Management-Buy-Out / Buy-In als Übernahmestrategie ostdeutscher Unternehmen, Stuttgart 1994.

Kornai, János
Economics of Shortage, Amsterdam et al. 1980, Bd. 2.

Kornai, János
The Soft Budget Constraint, in: Kyklos, 39. Jg. (1986), Nr. 1, S. 3-30.

KPMG Deutsche Treuhand Gruppe (Hrsg.)
Investitionen in den neuen Bundesländern: Fördermaßnahmen, Restrukturierungen, Unternehmenskauf, Düsseldorf 1992.

Krahnen, Jan Pieter
Sunk Costs und Unternehmensfinanzierung, Wiesbaden 1991.

Krüger, Reinald
Privatisierung ostdeutscher Unternehmen in EG-koordinierten Krisenbranchen, in: Wirtschaftsdienst, 72. Jg. (1992), Nr. XI, S. 594-601.

Kruschwitz, Lutz; Schöbel, Rainer
Eine Einführung in die Optionspreistheorie, in: WISU, 13. Jg. (1984), Nr.2, S. 68-72.

Kruschwitz, Lutz; Schöbel, Rainer
Eine Einführung in die Optionspreistheorie, in: WISU, 13. Jg. (1984), Nr.3, S. 116-121.

Küpper, Hans-Ulrich
Vertragsgestaltung und Vertragsmanagement der Treuhandanstalt, in: W. Fischer et al. (Hrsg.), Treuhandanstalt, 1993, S. 315-353.

Laux, Manfred
Investmentgeschäft, in: Banklexikon: Handwörterbuch für das Geld-, Bank- und Börsenwesen, 10., vollständig überarbeitete und erweiterte Aufl., Wiesbaden 1988, Sp. 1173-1186.

Lehmann, Christoph
Unternehmenskauf von der Treuhandanstalt - Praktische Hinweise zur Vertragsgestaltung, in: DStR 30. Jg. (1992), Nr. 37, S. 1287-1290.

Leipold, Helmut (Hrsg.)
Privatisierungskonzepte im Systemwandel, Marburg Juni 1992.

Leipold, Helmut
Das Eigentumsproblem in der Transformationspolitik, in: Leipold, Helmut (Hrsg.), Privatisierungskonzepte im Systemwandel, Marburg Juni 1992, S. 1-29.

Leutheusser-Schnarrenberger, Sabine
Zur Struktur der Rechtsangleichung im vereinten Deutschland, in: Neue Juristische Wochenschrift, 46. Jg. (1993), H. 39, S. 2465-2470.

Liebler, Hans
Strategische Optionen: eine kapitalmarktorientierte Bewertung von Investitionen unter Unsicherheit, Konstanz 1996.

Link, Franz Josef
Makroökonomischer Rahmen, Investitions- und Transferbedarf, Vorabdruck der iw-trends, 1992, Nr. 3, S. 1-21.

Lipfert, Helmut
Devisenhandel mit Devisenoptionshandel, 3., neu bearb. und erw. Aufl., Frankfurt a.M. 1988.

Lipton, David; Sachs, Jeffrey D.
Privatization in Eastern Europe: The Case of Poland, in: Brookings Papers of Economic Activity, 1990, Nr. 2, S. 293-339.

Lösch, Dieter
Der Weg zur Marktwirtschaft: Grundzüge einer Theorie der Transformationspolitik. Veröffentlichungen des HWWA-Instituts für Wirtschaftsforschung - Hamburg, Bd. 4, Baden-Baden 1993.

Lohse, Dieter; Lornsen-Veit, Birgitt; Sonnemann, Erik
Fördermaßnahmen, in: KPMG Deutsche Treuhand Gruppe (Hrsg.). Investitionen in den neuen Bundesländern: Fördermaßnahmen, Restrukturierungen, Unternehmenskauf, Düsseldorf 1992, S. 11-51.

Lubbe
Präferenzen für unternehmerische Engagements in Berlin, in: Industriekreditbank AG (Hrsg.). IKB-Mitteilungen, Düsseldorf 1991, Nr. 1, S. 34.

Lucke, Bernd
Die Privatisierungspolitik der Treuhandanstalt - Eine ökonometrische Analyse, in: ZWS, 115. Jg. (1995), Nr. 3, S. 1-36.

Luttosch, Gabriele; Schlabrendorff, Fabian von
DDR-Reformgesetzgebung vom 9.11.1989 bis 18.3.1990, in: Deutsch-deutsche Rechtszeitschrift, 1. Jg. (1990), H. 2-3, S. 60-68.

Majd, Saman; Pindyck, Robert S.
Time to Build, Option Value, and Investment Decisions, in: Journal of Financial Economics, Vol. 18 (1987), March, S. 7-27.

Margrabe, William
The Value of an Option to Exchange One Asset for Another, in: Journal of Finance, 33. Jg. (1978), Nr. 1, S. 177-186.

Maskin, Eric S.
Auctions and Privatization, in: Siebert, Horst (Hrsg.). Privatization, Symposium in Honor of Herbert Giersch, Tübingen 1992, S. 115-136.

Matschke, Manfred J.
Der Entscheidungswert der Unternehmung, Bd. 21 der Schriftenreihe "Betriebswirtschaftliche Beiträge" hrsg. von Hans Münstermann, Wiesbaden 1975.

Matschke, Manfred J.
Funktionale Unternehmensbewertung. Bd. II: Der Arbitriumwert der Unternehmung, Wiesbaden 1979.

Maurer, Rainer; Sander, Birgit; Schmidt, Klaus-Dieter
Privatisierung in Ostdeutschland - Zur Arbeit der Treuhandanstalt, in: Die Weltwirtschaft, 1991, Nr. 1, S. 45-65.

Mayr, Robert
Die Privatisierungspolitik der Treuhandanstalt: eine Analyse zum Vertragscontrolling auf der Basis einer empirischen Untersuchung, Stuttgart 1995.

McAffee, Preston R.; McMillan, John
Auctions and Bidding, in: JEL, 25. Jg. (1987), S. 699-788.

McDonald, Robert; Siegel, Daniel
The Value of Waiting to Invest, in: Quarterly Journal Economics, Vol. 101 (1986), November, S. 707-728.

Mcneil, Ian R.
Contracts: Adjustment of Long-Term Economic Relations under Classical, Neoclassical, and Relational Contract Law, in: Northwestern University Law Review, Vol. 72 (1978), No. 6, S. 854-905.

Merton, Robert C.
Theory of Rational Option Pricing, in: BJoE, Vol. 4 (1973), S. 141-183.

Ministerium der Finanzen der DDR
Hinweise für die Bewertung von Unternehmen, in: IDW (Institut der Wirtschaftsprüfer): Bewertung von Unternehmen in der DDR, Düsseldorf 1990, S. 9-56.

Mostowfi, Mehdi
Bewertung von Investitionen unter Berücksichtigung zeitlicher Flexibilität, in: BFuP, 49. Jg. (1997), H. 5, S. 580-592.

Moxter, Adolf
Grundsätze ordnungsmäßiger Unternehmensbewertung, 3. A., Wiesbaden 1991.

Müller, Klaus
Branchenorientiertes Privatisierungsmarketing, in: Treuhandanstalt, Ost-Ausschuß der Deutschen Wirtschaft, Bundesverband der Deutschen Industrie (Hrsg.). Privatisieren: miteinander in die Soziale Marktwirtschaft, Köln 1992, S. 60-70.

Myers, Stewart C.
Determinants of Corporate Borrowing, in: JoFE, Vol. 5 (1977), Nr. 2, S. 147-175.

Nissel, Reinhard
Fortgeltendes DDR-Recht nach dem Einigungsvertrag, Deutsch-deutsche Rechtszeitschrift, 1. Jg. (1990), H. 9, S. 330-333.

Oelsnitz, Dietrich von der
Management-Buy out in den neuen Bundesländern: Erfahrungen und Entwicklungstendenzen, in: WiSt 22. Jg. (1993), H. 12, S. 629-632..

Organisation for Economic Co-Operation and Development - OECD (Hrsg.)
Foreign Direct Investment in Selected Central and Eastern European Countries and New Independent States: Policies and Trends in Fourteen Economies in Transition, OECD Working Papers, Vol. II, Paris 1993, No. 11.

Organisation for Economic Co-Operation and Development - OECD (Hrsg.)
Valuation and Privatisation, Paris 1993.

o.V.
Genex-Nachfolger beschenkten sich selbst, in: Süddeutsche Zeitung, Nr. 102 vom 3.5.1991.

o.V.
Interflug-Liquidator prüft wegen Betruges, in: FAZ, Nr. 116 vom 22.5.1991.

o.V.
Südmilch in Stuttgart ausgesetzt, in: Börsenzeitung, Nr. 139 vom 24.7.1993.

o.V.
Südmilch-Verwalter sieht Chancen für einen Vergleich mit Gläubigern, in: Süddeutsche Zeitung, Nr. 172 vom 29.7.1993.

o.V.
Anzeige der EFBE Verwaltungs GmbH & Co. Management KG, in: HB, vom 14.9.1994.

o.V.
Anzeige der EFBE Verwaltungs GmbH & Co. Management KG, in: FAZ, vom 14.9.1994.

o.V.
Aus einer Treuhandanstalt werden vier Gesellschaften und eine Anstalt, in: FAZ, 29.12.1994.

o.V.
Sero-Aktien kommen zu 22,50 DM, in: HB vom 1.3.1995.

o.V.
US-Investor Advent kauft Ost-Waggonbau, in: HB, vom 27.6.1995.

o.V.
Bahntechnik-Riese noch zu groß, in: HB vom 27.6.1995.

o.V.
Die Bankenmilliarde geht zur Neige, in: HB, vom 23.8.1995.

Peemöller, Volker H. (Hrsg.)
Handbuch Unternehmensbewertung, Landsberg am Lech 1984.

Peemöller, Volker H.
1. Aufgaben und Anlässe der Unternehmensbewertung, in: Peemöller, Volker H. (Hrsg.), Handbuch Unternehmensbewertung, I Allgemeiner Teil, Landsberg am Lech, 1984.

Picot, Gerhard (Hrsg.)
Kauf und Restrukturierung von Unternehmen: Handbuch zum Wirtschaftsrecht, München 1995.

Pietzcker, Jost
Der Staatsauftrag als Instrument des Verwaltungshandelns: Recht und Praxis der Beschaffungsverträge in den Vereinigten Staaten von Amerika und der Bundesrepublik Deutschland, Habil.-Schr., Tübingen 1978.

Preu, Peter
Wie wirksam schützt § 3a VermG den Käufer eines Treuhandunternehmens vor Rückgabeansprüchen?, in: DB 45. Jg. (1992), H. 10, S. 513-517.

Price Waterhouse Corporate Finance Beratung GmbH (Hrsg.)
Die Zeit danach: Was wurde aus den Treuhand-Verkäufen?, Leipzig 17. Juni 1993.

Priewe, Jan
Sanieren, dezentralisieren, demokratisieren: Plädoyer für die Neufassung des Treuhandgesetzes, in: Blätter für deutsche und internationale Politik, 1991, Nr. 7, S. 843-850.

Quick, Reiner
Management Buy-Out und Unternehmensbewertung, in: Betrieb und Wirtschaft, 46. Jg. (1992), Nr. 5, S. 145-151.

Rengeling, Hans-Werner
Das vereinte Deutschland in der Europäischen Gemeinschaft: Grundlagen zur Geltung des Gemeinschaftsrechts, in: Deutsches Verwaltungsblatt, 105. Jg. (1990), H. 23, S. 1307-1314.

Robichek Andrew A.; van Horne, James C.
Abandonment Value and Capital Budgeting, in: JoF, Vol. 22 (1967), December, S. 577-589.

Rühmann, Peter
Kaufoptionen - ein Ansatzpunkt zur Privatisierung von Treuhandunternehmen?, in: Wirtschaftsdienst, 72. Jg. (1992), Nr. V, S. 247-249.

Ruhnke, Klaus
Unternehmensbewertung: Ermittlung der Preisobergrenze bei strategisch motivierten Akquisitionen, in: DB, 44. Jg. (1991), H. 37, S. 1889-1894.

Sachverständigenrat zur Begutachtung der gesamtwirtschaftlichen Entwicklung (SVR)
Marktwirtschaftlichen Kurs halten: Zur Wirtschaftspolitik der neuen Bundesländer, Sondergutachten vom 13. April 1991.

Scheifele, Bernd
Praktische Erfahrungen beim Unternehmenskauf in den neuen Bundesländern (Erster Teil), BB, 46. Jg. (1991), H. 9, S. 557-563.

Scheifele, Bernd
Praktische Erfahrungen beim Unternehmenskauf in den neuen Bundesländern (Zweiter Teil), BB, 46. Jg. (1991), H. 10, S. 629-636.

Scheifele, Bernd
Zur Anwendung des § 3a Vermögensgesetz durch die Treuhandanstalt, in: BB, 46. Jg. (1991), H. 20, S. 1350-1359.

Schenk, Karl-Ernst; Klindt, Arne S.
Sanierung durch Privatisierung in Ostdeutschland: Eine institutionenökonomische Analyse der erfolgsrelevanten Engpaßfaktoren, Referat anläßlich des Symposiums Neue Politische Ökonomie der Regulierung, Deregulierung und Privatisierung, Münster 15.-17. September 1993.

Schipke, Alfred; Taylor, Alan M. (Hrsg.)
The Economics of Transformation: Theory and Practice in the New Market Economies, Heidelberg 1994.

Schipke, Alfred
The Political Economy of Privatization, in: Schipke, Alfred und Alan M. Taylor (Hrsg.), The Economics of Transformation: Theory and Practice in the New Market Economies, Heidelberg 1994, S. 171-189.

Schmidt, Hartmut
Wertpapierbörsen, München 1988.

Schmidt, Herbert B.
Das Instrument der Ausschreibung, in: Treuhandanstalt, Ost-Ausschuß der Deutschen Wirtschaft, Bundesverband der Deutschen Industrie (Hrsg.). Privatisieren: miteinander in die Soziale Marktwirtschaft, Köln 1992, S. 72f.

Schmidt, Klaus-Dieter
Strategien der Privatesierung, in: Fischer, Wolfram; Hax, Herbert; Schneider, Hans Karl (Hrsg.). Treuhandanstalt: Das Unmögliche wagen, Berlin 1993, S. 211-240.

Schmidt, Klaus-Dieter
Treuhandanstalt and Investment Acquisitions: How to Ensure that Contracts are Kept?, Kiel Working Papers No. 632, Kiel 1994.

Schmidt, Reiner
Aufgaben und Struktur der Treuhandanstalt im Wandel der Wirtschaftslage, in: Hommelhoff, Peter (Hrsg.), Treuhandunternehmen im Umbruch: Recht und Rechtswirklichkeit beim Übergang in die Marktwirtschaft, Köln 1991, S. 17-38.

Schmidt-Räntsch, Jürgen
Das Gesetz über besondere Investitionen in der DDR, in: ZIP - Zeitschrift für Wirtschaftsrecht, 12. Jg. (1991), H. 2, S. 126.

Schmidt-Räntsch, Jürgen
Das Zweite Vermögensrechtsänderungsgesetz, in: DtZ, 3. Jg. (1992), H. 10, S. 314-317.

Schmitz, Ronaldo H.
Wie weit ist für Ost-Unternehmen der Weg zur Börse noch?, in: WM, 46. Jg. (1992), Nr. 9, S. 348.

Schwalbach, Joachim
Begleitung sanierungsfähiger Unternehmen auf dem Weg zur Privatisierung, in: Fischer, Wolfram et al. (Hrsg.), Treuhandanstalt, Berlin 1993, S. 177-210.

Seibel, Wolfgang
Die organisatorische Entwicklung der Treuhandanstalt, in: Fischer, Wolfram; Hax, Herbert; Schneider, Hans Karl (Hrsg.), Treuhandanstalt: Das Unmögliche wagen, Berlin 1993, S. 111-147.

Senghas, Norbert
Präferenzfreie Bewertung von Kapitalanlagen mit Options-Charakter, Königstein i.Ts., 1981.

Sieben, Günter
Der Entscheidungswert in der Funktionenlehre der Unternehmensbewertung, in: BFuP, 28. Jg. (1976), S. 491-504.

Sieben, Günter
Funktionen der Bewertung ganzer Unternehmen und von Unternehmensanteilen, in: WISU, 12. Jg. (1983), H. 12, S. 539-542.

Sieben, Günter
Zur Wertfindung bei der Privatisierung von Unternehmen in den neuen Bundesländern durch die Treuhandanstalt, in: DB, 45. Jg. (1992), H. 41, S. 2041-2051.

Siebert, Horst (Hrsg.)
The Transformation of Socialist Economies, Symposium 1991, Tübingen 1992.

Siebert, Horst (Hrsg.)
Privatization, Symposium in Honor of Herbert Giersch, Tübingen 1992.

Siebert, Horst
Das Wagnis der Einheit. Eine wirtschaftspolitische Therapie, Stuttgart 1992.

Sinn, Gerlinde; Sinn, Hans-Werner
Kaltstart: volkswirtschaftliche Aspekte der deutschen Vereinigung, Tübingen 1991.

Sinn, Hans-Werner
Schlingerkurs: Lohnpolitik und Investitionsförderung in den neuen Bundesländern, Working Paper No. 67, München 1994.

Sinn, Hans-Werner
Magere Erlöse, in: Wirtschaftswoche Nr. 1/2 vom 7.1.1994, S. 36-40.

Smith Jr., Clifford W.
Option Pricing: A Review, in JoFE, Vol. 3 (1976), S.3-51.

Smith, Roy C.
Privatization Programs of the 1980s: Lessons for the Treuhandanstalt, Kieler Vorträge, N.F. 119, Kiel 1991.

Söffing, Matthias
Steuerliche Förderung der Unternehmen im Beitrittsgebiet, in: Betrieb und Wirtschaft, 45. Jg. (1991), H.6, S. 217-223.

Spoerr, Wolfgang
Treuhandanstalt und Treuhandunternehmen zwischen Verfassungs-, Verwaltungs- und Gesellschaftsrecht, Köln, 1993.

Strobel, Wilhelm
Das Zweite Vermögensrechtsänderungsgesetz mit dem neuen Investitionsvorranggesetz, in: GmbHR, (1992), Nr. 8, S. 497-504.

Stützel, Wolfgang
Wert und Preis, in: Handwörterbuch der Betriebswirtschaft, Bd. I/3, 4. völlig neugest. Aufl., Stuttgart 1976, Sp. 4404-4425.

Summers, Lawrence H.
Investment Incentives and the Discounting of Depreciation Allowances, in: M. Feldstein (Hrsg.), The Effects of Taxation on Capital Accumulation, Chicago, Illinois 1987, S. 295-304.

Tobin, James
A General Equilibrium Approach to Monetary Theory, in: Journal of Money, Credit and Banking, Vol. 1 (1969), February, S. 15-29.

Treuhandanstalt (Hrsg.)
Fragen und Antworten zur Privatisierung ehemaligen Volksvermögens in den neuen Bundesländern, 2. Aufl., Berlin August 1991.

Treuhandanstalt (Hrsg.)
Treuhand-Informationen, Ausgabe 6, 10. Oktober 1991.

Treuhandanstalt (Hrsg.)
Treuhand-Informationen, Ausgabe 12, 6. April 1992.

Treuhandanstalt (Hrsg.)
Treuhand-Informationen, Ausgabe 21, 30. Dezember 1994.

Treuhandanstalt (Hrsg.)
Treuhand-Initiative Mittelstand, September 1992.

Treuhandanstalt (Hrsg.)
Initiative Mittelstand: Wege in die Selbständigkeit - Firmenprofile: kleine und mittelständische Unternehmen, Berlin Dezember 1992.

Treuhandanstalt (Hrsg.)
Treuhand-Initiative Mittelstand, September 1993.

Treuhandanstalt; Ostausschuß der Deutschen Wirtschaft; Bundesverband der Deutschen Industrie (Hrsg.)
Privatisieren: miteinander in die Soziale Marktwirtschaft, Köln 1992.

Trigeorgis, Lenos G.
Option Interactions and the Valuation of Investments with Multiple Real Options, Working Paper 90-75, Boston University, Boston, MA, Oktober 1990.

Trippi, Robert R.
Estimating the Relationship between Price and Time to Sale for Investment Property, in: Management Science, 23. Jg. (1977), Nr. 8, S. 838-842.

Uechtritz, Michael
Sicherer Erwerb restitutionsbelasteter Grundstücke und Unternehmen trotz angefochtener Investitionsvorrangentscheidung?, in: BB, 47. Jg. (1992), H. 9, S. 581-588.

Uechtritz, Michael
Das Zweite Vermögensrechtsänderungsgesetz - Zu den Neuregelungen für Restitution und Investitionsvorrang, in: BB, 47. Jg. (1992), H. 24, S. 1649-1661.

Uhlir, Helmut; Steiner, Peter
Wertpapieranalyse, Heidelberg, Wien 1986.

Valcárcel, Sylvia
Ermittlung und Beurteilung des "strategischen Zuschlags" als Brücke zwischen Unternehmenswert und Marktpreis, in: DB, 45. Jg. (1992), H.12, S. 589-595.

Verordnung zum Vermögensgesetz über die Rückgabe von Unternehmen (Unternehmensrückgabeverordnung - URüV) vom 13.7.1991, BGBl 1991, Teil II, S. 1542ff.

Vertrag zwischen der Bundesrepublik Deutschland und der Deutschen Demokrat-ischen Republik über die Herstellung der Einheit Deutschlands (Einigungsvertrag -EVertr) vom 31. August 1990, BGBl. 1990, Teil II, S. 899.

Vickers, John; Yarrow, George
Privatization: An Economic Analysis, Cambridge, Massachusetts 1988.

Vickrey, William
Counterspeculation, Auctions, and Competitive Sealed Tenders, in: Journal of Finance, 16. Jg. (1961), Nr. 1, S. 44-61.

Vorstand der Treuhandanstalt
Bericht des Vorstandes der Treuhandanstalt über den Abschluß der Arbeiten zum 31.12.1994, in: Treuhandanstalt (Hrsg.), Treuhand-Informationen, Ausgabe 21, 30. Dezember 1994, S. 5-17.

Wächter, Gerd H.
Rückübertragungsklauseln in Privatisierungsverträgen nach dem II. Vermögensrechtsänderungsgesetz, Teil I, in: WM, 46. Jg. (1992), Nr. 45, S. 1841-1848.

Wächter, Gerd H.; Kaiser, Thomas; Krause, Michael
Klauseln in Unternehmenskaufverträgen mit der Treuhandanstalt, Teil I, in: WM, 46. Jg. (1992), Nr. 8, S. 293-303.

Wächter, Gerd H.; Kaiser, Thomas; Krause, Michael
Klauseln in Unternehmenskaufverträgen mit der Treuhandanstalt, Teil II, in: WM, 46. Jg. (1992), Nr. 9, S. 337-347.

Wagenhofer, Alfred
Der Einfluß von Erwartungen auf den Argumentationspreis in der Unternehmensbewertung, in: BFuP, (1988), H. 6, S. 532-552.

Wandel, Eckhard
Abwicklung nicht sanierungsfähiger Unternehmen durch die Treuhandanstalt, in: Fischer, Wolfram et al. (Hrsg.), Treuhandanstalt, 1993, S. 283 -314.

Weimar, Robert
Treuhandanstalt und Treuhandgesetz, in: Betriebsberater, 43. Jg. (1990), Beilage 40, S.10-15.

Weimar, Robert
Der Vorrang der Investition und seine Grenzen - Zur Prioritätenregelung des Vermögensgesetzes, in: DB, 44. Jg. (1991), H. 49, S. 2527-2531.

Weimar, Robert
Entscheidungspraxis der Treuhandanstalt zwischen unternehmerischer Freiheit und verwaltungsrechtlichem Ermessen, in: Deutsche Zeitschrift für Wirtschaftsrecht, 2. Jg. (1992), H. 12, S. 493-500.

Westermann, Harm Peter
Der rechtliche Rahmen und seine Veränderung, in: W. Fischer et al. (Hrsg.), Treuhandanstalt, 1993, S. 85-110.

Wild, Klaus-Peter
Privatisierungsmarketing / Kapital- und Investorensuche, in: Treuhandanstalt; Ostausschuß der Deutschen Wirtschaft; Bundesverband der Deutschen Industrie (Hrsg.). Privatisieren: miteinander in die Soziale Marktwirtschaft, Köln 1992, S. 58-60.

Wilhelm, Jochen
Zum Verhältnis von Capital Asset Pricing Model, Arbitrage Pricing Theory und Bedingungen der Arbitragefreiheit, in: ZfbF, 33. Jg. (1981), S. 891-905.

Willgerodt, Hans
Wiedereinsetzung der Alteigentümer (Reprivatisierung), in: W. Fischer et al. (Hrsg.), Treuhandanstalt, 1993, S. 241-262.

Wirl, Franz; Dangl, Thomas
Investition bei Unsicherheit: Was Dixit und Pindyck verschweigen am Beispiel der optimalen Wartung und des Austauschs einer Maschine, Arbeitspapier der Otto-von-Guericke Universität Magdeburg 1997.

Zappei, Lando
Resümee des Workshops Privatisierungsmarketing / Kapital- und Investorensuche, in: Treuhandanstalt, Ost-Ausschuß der Deutschen Wirtschaft, Bundesverband der Deutschen Industrie (Hrsg.). Privatisieren: miteinander in die Soziale Marktwirtschaft, Köln 1992, S. 73f.

Geführtes Interview

Mosen, Marcus W.
P GU Abteilung Unternehmensentwicklung, Treuhandanstalt, zusammen mit
Schumann, Dr. Michael
Referatsleiter Vertragsmanagement Grundsätze,Treuhandanstalt, Leipziger Straße 5-7, 10100 Berlin, geführt am 17. Juni 1994.

Datenquellen

Daten der Unternehmenskaufverträge wurden gewonnen aus:
Datenbank VA-Vertragsabwicklung,

Daten zur Beschreibung der THA-Unternehmen wurden gewonnen aus:
Datenbank ISUD - Informationssystem Unternehmensdaten,

beide Treuhandanstalt, Leipziger Straße 5-7, 10100 Berlin.

FSC
www.fsc.org
MIX
Papier | Fördert gute Waldnutzung
FSC® C083411

Kolibri 360 GmbH
Ferdinand-Jühlke-Straße 7
99095 Erfurt, Deutschland
produktsicherheit@kolibri360.de

Druck:
CPI Druckdienstleistungen GmbH
im Auftrag der
Kolibri 360 GmbH
Ferdinand-Jühlke-Str. 7
99095 Erfurt